高等院校旅游学科21世纪规划教材

餐饮管理 （第二版）

徐文燕 编著

上海人民出版社 格致出版社

▰▶ 作者简介

　　徐文燕，管理学博士，南京财经大学旅游管理系教授，江苏省"青蓝工程"中青年学术带头人，主要从事旅游管理（含饭店管理）专业教学和科研工作。发表学术论文 50 余篇，主持教育部人文社科项目等省部级科研项目 6 项、其他科研项目 5 项，主编及参编教材 7 部，出版专著及合著 3 部。

▰▶ 内容提要

　　本教材参考国内外最新相关研究成果，结合高校旅游管理专业应用型人才培养目标的要求，在系统阐述餐饮管理基本理论的基础上，以案例教学为导向，较为全面地介绍了餐饮管理各个环节的主要内容，并注重理论与实践相结合，突出教材的实用性。

第一章　餐饮业概述　001

第一节　餐饮业的行业特殊性　001

第二节　餐饮业的发展态势　004

第二章　餐饮管理基本原理　019

第一节　餐饮管理的内容与职能　019

第二节　餐饮经营方式　023

第三节　餐饮经营战略　034

第四节　餐饮经营决策与计划　041

第三章　餐饮组织管理　056

第一节　餐饮组织结构　056

第二节　餐饮岗位管理　063

第四章　餐饮营销管理　094

第一节　餐饮经营选址　094

第二节　餐饮消费者分析　101

第三节　餐饮市场营销策略　106

第四节　餐饮品牌营销　115

第五章　餐饮产品管理　129

第一节　餐饮产品策略　129

第二节　菜单设计　132

第三节　餐饮产品定价　142

第六章　餐饮生产管理　164

第一节　餐饮原料管理　164

第二节　厨房生产过程管理　181

第三节　餐饮设施及设备管理　203

第七章　餐饮服务管理　232

第一节　餐厅服务流程管理　232

第二节　酒水销售服务管理　246

第三节　宴会经营与管理　275

第八章　餐饮质量管理　295

第一节　餐饮质量控制　295

第二节　餐饮质量保证　310

第九章　餐饮管理的创新趋势　331

第一节　餐饮管理职能创新　331

第二节　餐饮管理组织创新　336

参考文献　353

修订后记　355

第一章

餐饮业概述

学习要点

了解与掌握餐饮业的定义与分类、餐饮业的行业特征、中国餐饮业的发展进程以及餐饮企业发展的生命周期。

基本概念

餐饮业、饭店餐饮、社会餐饮

第一节　餐饮业的行业特殊性

餐饮业是一个历史悠久的行业,其主要功能是为顾客提供外出就餐服务。在现代社会,家务劳动的社会化使现代餐饮业正朝着设备舒适、环境优美、风味突出、质量优良的方向发展。

餐饮业的市场范围十分广泛,社会大众都能成为餐饮经营者的目标顾客。与此相适应,餐饮业的经营类型也十分复杂,饭店、餐馆、酒家、饭庄、快餐店以及各种类型的宾馆等市场主体,都可以从事餐饮经营。

一、餐饮业的定义与分类

餐饮业是指利用餐饮设备、固定场所和餐饮原料,从事饮食烹饪加工,为顾客提供社会生活服务产品的生产经营性服务行业。

餐饮经营的场所是餐饮产品经营主体的经营活动的必要条件,古今中外有很多称呼,如酒馆、餐馆、饭馆、菜馆、饮食店、餐厅、酒家、酒店等,不一而足。

餐饮业按照其经营目的及产品定位可以划分为以下三大类:

1. 饭店餐饮。餐饮作为饭店产品的一个重要组成部分,在餐饮经营理念、产品定位及资源管理等重要环节必须服从饭店整体经营的需要。例如:商务饭店、度假饭店、长住饭店、汽车饭店、会议饭店、机场饭店、休闲饭店、经济型饭店及培训中心等饭店企业内部的餐饮经营部门属于饭店餐饮。饭店餐饮是上述经营场所内部设置的餐饮系统,包括各种风味的中西式餐厅、酒吧、咖啡厅和泳池茶座等。

2. 社会餐饮。从事独立经营的餐饮服务机构在经营战略和管理决策上具有很大的独立性,这类独立经营的、以营利为目的的餐饮服务机构就是社会餐饮的组成部分。例如,各种风味餐厅、独立餐馆、酒楼、餐饮店、快餐店、小吃店、茶馆、酒吧和咖啡屋等独立经营的餐饮企业属于社会餐饮。

3. 公益餐饮。各类企事业单位及社会机构提供的餐饮服务,其经营不以营利为目的,这类餐饮服务机构属于公益餐饮。主要包括:企事业单位的食堂、餐厅,学校、幼儿园的食堂、餐厅,监狱、军队的食堂、餐厅,医院的食堂、餐厅等。

二、餐饮业的行业特征

餐饮业是利用餐饮设施为顾客提供餐饮实物产品和餐饮服务的生产经营性行业,是一个既古老又现代的行业。与其他行业相比,餐饮业在产业发展、顾客范围、产品生产与销售等方面具有很大差异。

第一,对旅游经济发展的依赖性。旅游业的食、住、行、游、购、娱六大要素中,餐饮处于最重要的地位,其发展规模和速度在一定程度上依赖于旅游经济发展的水平。旅游业越发达,客源数量越多,对餐饮产品的需求量就越大。同时,社会经济发展水平越高,人们的社会交往活动越频繁,居民对餐饮产品的需求量也越大。

第二,目标顾客的最为广泛性。民以食为天,各类人群均是餐饮市场的潜在顾客,因此,餐饮业面对的服务对象的范围十分广泛,各类目标顾客的需求也五花八门。面对巨大的市场,餐饮经营主体在经营规模、经营结构、经营方式、产品风味和花色品种方面也各不相同。

第三,餐饮产品的综合性。不同国家、不同地区、不同民族的地理、气候、生活习惯各不相同,各地食品原材料的种类也不相同,从而使餐饮产品形成了各种不同风味。此外,餐饮经营主体提供的餐饮产品不仅是有形的实物,同时也是有形产品与无形服务的结合。

第四,餐饮服务的一次性。餐饮服务具有服务产品的特性,其不可储存性决定了产品提供的一次性。虽然餐饮产品的原材料可以储存,但是餐食产品和服务时间不能储存,因此餐饮产品生产具有很大的灵活性。

第五,餐饮产品产、供、消的同时性。顾客点菜时,既是餐饮产品消费的开始,也是餐饮产品生产与销售的开始。顾客用餐的过程,也是服务提供的过程。餐饮产品不同于一般商品的生产、销售及消费过程,具有时空统一性,生产者与消费者直接接触,不经过任何中间环节,并且消费者参与产品生产过程。

第六,餐饮服务质量评价的主观性。现代餐饮业是劳动密集型与知识密集型相结合的行业,餐饮服务包含着大量的手工劳动和经验式的隐性知识,产品生产和服务中操作规程和工作手册的标准化管理具有实施与控制的主观性。餐饮产品的质量和服务技能主要依赖于员工的经验和态度,同一员工在不同的时间、不同的场合或者对于不同的对象所提供的同一餐饮产品或服务水平也可能不一、质量不同。而顾客对于餐饮产品质量的评价主要依靠个人的判断和主观感受。

三、餐饮业的战略地位

餐饮业是服务业的重要组成部分,也是服务业的重要支柱,主要为国民经济的发展提供社会生活服务,属于生活服务行业。虽然餐饮业是传统的生活服务业,但随着现代服务业的快速发展,餐饮业在现代服务业中的地位愈发不可替代。

第一,餐饮业是旅游业的重要构成要素。"食、住、行、游、购、娱"是旅游业的六大要素,"食"处于首要地位。旅游与餐饮密不可分,餐饮是重要的旅游吸引物,饮食文化也是重要的旅游资源。文化旅游资源的深入挖掘,创新文化旅游产品,均离不开餐饮文化资源的利用。发展旅游业、促进旅游业的转型与升级,以现代服务业的视角创建知识型餐饮企业将是未来旅游产业结构与产品结构升级的重要途径。

第二,餐饮业是相关行业产业链的重要环节。餐饮业的产业关联度很高,餐饮业的发展可以带动农业、建筑业、制造业等产业发展。餐饮业是消费的终端,餐饮业的迅速发展,需要相关产业提供基础设施、生产技术设备、物资用品、食品原材料等生产要素,这必然促进建筑、装潢、交通、运输、食品生产等相关行业的发展。

第三,餐饮业是促进消费结构升级的重要行业。餐饮业的发展规模、速度和水平,往往直接反映一个国家、一个地区的经济繁荣和市场活跃程度。餐饮业的发展还是国民收入和人民生活水平迅速提高、消费方式和消费结构发生深刻变化的重要体现。现代餐饮业的大力发展将使家务劳动社会化,促进整个社会生活质量的提高。

第二节　餐饮业的发展态势

中国餐饮在先秦时期就已初步形成了南北风味,经汉、唐到了两宋时期,中国四大菜系已基本形成。改革开放以后,中国餐饮业取得了长足的发展,餐饮业已成为我国国民经济中增长最快的行业之一。

一、中国现代餐饮业的发展进程

我国现代餐饮业与饭店业的发展几乎是同步的,从产业发展进程来看,经历了推出阶段、上升阶段和成熟阶段。饭店餐饮和社会餐饮成为餐饮市场的主体,稳定、规范的饭店餐饮与灵活、多变的社会餐饮形成鲜明对比,餐饮市场的竞争也日趋多样化。

1. 饭店餐饮业的发展

我国饭店业(包括饭店餐饮业)的发展经历了三个不同阶段。一是推出阶段。起源于 1978 年,经过 10 年发展,保持了较高的增长速度。这一阶段的发展规模较小,市场供给不足,产业进入壁垒较高,具有很强的垄断特征。二是上升阶段。20 世纪 90 年代,饭店产业规模不断扩大,随着 1988 年饭店星级标准的颁布,饭店发展也逐步规范化。这一阶段由于市场需求增加,大众消费迅猛,导致饭店业投资增加,市场供过于求,价格战、质量战成为市场竞争的主要手段,服务质量整体水平不高。三是成熟阶段。进入 21 世纪,饭店业的发展由于多元投资造成产能规模过大,形成买方市场。在餐饮市场上,大众消费成为主流,客源市场迅速扩大。这一阶段饭店餐饮的发展面临社会餐饮的强大竞争,不可避免地出现产业结构的重组和调整。

随着饭店业的发展成熟,该产业必将进入集团化、连锁化发展阶段,而饭店餐饮的市场竞争也会发生变化。饭店餐饮产品的差异不断缩小,客户群也相对稳定,饭店餐饮的市场竞争将维持均势。与饭店业发展的历程相似,饭店餐饮业也经历了推出、上升、成熟的发展阶段,并将面临新的管理模式的变革。

2. 社会餐饮业的发展

我国餐饮业近二十年来一直保持较快发展势头,行业规模和经营领域不断扩大,成为国内消费市场中增长幅度最高、发展速度最快的行业之一。进入成熟期的社会餐饮业,其市场发展具有更加复杂的特点。

(1) 持续发展的餐饮市场

餐饮业已经成为我国第三产业的重要组成部分,在国民经济和社会发展中占有相当重要的地位。餐饮业以其市场大、增长快、投入少以及吸纳劳动力多的特点受到社会广泛重视,巨大的餐饮市场吸引着众多资本形态的进入,餐饮行业已经成为投资热点,不同水平、不同档次的餐饮企业已经基本形成全方位市场竞争格局。

(2) 变化难测的买方市场

我国餐饮业的发展存在巨大的买方市场。一方面,我国餐饮业基本实现了以面向大众消费为主的经营结构与经营方向的调整与转变。另一方面,为适应消费能力较高的顾客群体,餐饮市场上也出现了诸多的高端产品。作为买方市场的消费者日益成熟,对餐饮产品的需求经历了"求新、求廉、求优、求绿"的不同心理阶段,对产品的性价比敏感度上升,品牌意识增强,更加注重餐饮产品的整体价值。

(3) 激烈的市场竞争趋势

2006年,我国的餐饮企业数量达到400万个,市场竞争使得餐饮产品风味集中化,社会餐饮与饭店餐饮形成互补格局。同时餐饮市场的竞争也趋于激烈,市场细分化使餐饮经营特色与个性化更加突出,竞争焦点将集中地表现在创新能力、经营手段、管理水平与人才保证等方面。

(4) 创新经营的力度加强

一方面,餐饮行业正在由品种向品牌、数量向质量、单店经营向连锁经营的方向发展;另一方面,传统餐饮向现代餐饮的转化步伐加快,餐饮业向社会化、国际化和产业化方向发展。随着行业规模的扩大,注重营销是餐饮业面临的重要课题,加强品牌内涵挖掘、突出个性化特色、不断创新产品是餐饮业未来发展的趋势。

(5) 管理人才的作用更加突出

餐饮业的发展要依靠科学管理和人才素质,只有技术优势难以形成竞争与发展的保证。未来餐饮业的发展更加依赖于现代管理知识与管理手段的应用,以及人员素质水平的提高,只有这样,这一古老的行业才能在现代市场经济中焕发活力,才能赋予传统餐饮文化以新的生机,才能更好地推动行业与企业的持续性发展。

总之,饭店业全面进入买方市场是产业走向成熟化的重要标志。饭店餐饮产品已经被越来越多的消费者所熟悉,产品形态和工艺特点也已成熟;而社会餐饮业凭借着自身在产品研发机制上的灵活性,有效地避免了饭店餐饮产品日趋老化的弱点,因而表现出了令人震惊的比较优势。无论是饭店餐饮,还是社会餐饮,在获得新的发展动力的同时,发展空间发生了明显变化,发展战略上呈现出科学、系统、理性、规范的发展趋势。

二、我国餐饮业的发展现状与趋势

1. 我国餐饮业的发展现状

(1) 餐饮业规模保持高速增长

在 30 年的发展进程中,餐饮业作为我国第三产业中的一个传统服务性行业,始终保持着旺盛的发展势头。自 1991 年以来,全国餐饮业零售额每年增幅都保持在两位数以上,2005 年全国餐饮业零售额实现 8886.8 亿元,同比增长 17.7%,比 2004 年净增 1331 亿元。2006 年全国餐饮业零售额突破了 1 万亿元大关,达到 10345.5 亿元、同比增长了 16.4%,拉动社会消费品零售总额增长 2.2 个百分点,对社会消费品零售总额增长的贡献率为 15.8%,比 GDP 增速高出 5.7 个百分点。我国的餐饮行业正处在一个飞速发展的阶段,据有关资料显示,2007 年我国餐饮业零售额累计实现 12352 亿元,同比增长 19.4%,比 2006 年同期增幅高出 3 个百分点。2010 年至 2012 年,餐饮业继续保持增长,但增速有所下降。

(2) 新型业态不断涌现

餐饮业的持续快速发展,使得餐饮企业间的竞争已从单纯的价格竞争、产品质量的竞争,发展到产品与企业品牌的竞争、文化品位的竞争;从单店、单一业态竞争,发展到多业态、连锁化、集团化、规模化的竞争;从民营企业之间的竞争,发展到国内企业与外资企业的竞争。当前消费者的用餐需求已不仅是满足生理需求,更多的是满足心理和精神层面需求,越来越多的经营者把注意力转向打造自己的品牌,提高企业的文化品位上来。

餐饮业的业态已由过去少数比较高档的饭庄酒楼和比较简陋的摊点小馆,发展成为多种业态。其中包括:能够满足不同层次消费群体需要的高档餐厅与大型酒楼;环境较好的家常风味餐馆、快餐店;地方风味浓厚的小吃店和小吃街;购物、餐饮结合的超市食府;休闲、娱乐、餐饮于一体的休闲餐厅与文化广场;异国风情的专营店;方便居民的社区餐馆以及送餐上门的外卖店等等众多的业态。

(3)餐饮消费市场以大众消费为主

我国正处于消费增长的黄金阶段,伴随着劳动力与时间价值的增值,越来越多的人不愿意将时间用于自己做饭,而转向外出就餐。2008 年中国人均餐饮消费支出由 2007 年的 915 元增长到 1158 元,餐饮市场消费也将向多元化大众消费为主转变。

国内餐饮市场有一个显著的特点,就是公款消费出现逐步减少之势,个人消费日趋增加,家庭私人消费比例攀升,家庭私人消费在餐馆的消费比重已占至近六成,但其每次人均消费水平却有所下降。餐饮需求市场形成了"大众化增多,高中低兼顾,多方位发展"的格局。

(4)消费者更加注重精神层面体验

消费者对于餐饮消费的需求由传统的饱腹等生理需求转向对环境、身份、品位、文化等精神层面的满足与体验,因此餐饮市场更加细化,大批主题餐厅、休闲餐厅、音乐餐厅都应运而生。随着市场经济的不断发展,追求精神愉悦和满足将成为餐饮消费市场的最主要需求。

餐饮市场消费从原来的价格选择为主向价格、品位、氛围、服务和品牌文化等方向转变,选择性和理性化消费特点明显增强。顾客从原来的求饱的单一需求,发展为当今的特色餐饮、休闲餐饮、便捷餐饮的多种需求。

2. 我国餐饮业发展中的问题

国内餐饮市场的发展虽然形势看好,却仍然存在不少问题。诸如:行业发展不平衡;经营理念落后,从业人员的文化素质和技术素质偏低,缺乏知识产权观念和品牌营运意识;产品的创新能力不足,不善于开发名牌产品的文化附加值;产品质量不稳定；未能建立现代企业制度，技术与人才优势难以发挥等。

（1）行业集中度较低，个体、分散经营仍占大多数

2011年度餐饮百强企业营业额占全国餐饮业零售额的比重为7.69%，而同期美国前50名餐饮企业的营业额占比高达20%以上，中国餐饮行业集中度还比较低，餐饮企业处于分散经营、多元竞争的状态。我国餐饮业发展速度虽然很快，但由于体制、资金、管理等方面的限制，至今仍没有形成在全国范围内有较大影响力的餐饮品牌，规模也难以扩大，除百胜、麦当劳、小肥羊等个别外资快餐和火锅企业之外，其他企业规模偏小，整个行业集中度仍然较低。

（2）结构不合理，出现"两头较好，中间偏差"的态势

大型高档酒店的生意看好，尤其是周末生意时常爆满。近几年，还有一些大型酒店走规模经营的道路，降低经营成本，并根据餐饮需求市场的大众化趋势，采取渗透价格策略，以扩大市场占有率。由于大型酒店具有牌子响、环境美、硬件好、菜式新、服务优、价位低等优势，赢得不少顾客的青睐。

中型餐馆则度日维艰，多数能够维持，但营业额和营利率很不理想，少数餐馆很不景气，倒闭率高达10%左右。其原因在于：不少中型餐馆的环境设施与大型酒店相比，明显较差；没有能力接纳诸如婚宴、寿宴等较大的宴会，失去大宗客源；经营水平较低，缺乏特色菜品和规范的服务；且价位偏高，"猫腻"又多，市民信誉度低。

小型特色餐馆和大排档大都生意较为红火，因为它们一般不受大店和中店的冲击，基本上过得不错。如一些专门提供早餐、中餐的小型快餐厅，以经营夜市为主的大排档，平时都是门庭若市。其原因在于：不少小型餐馆或大排档都拥有独家秘笈绝活——特色菜式，虽然用餐环境差一些，但还是吸引了大批的回头客；贴近普通市民与外出打工族的生活，能满足较低层次消费的需求；灵活、机动、客多、低税、低成本、高利润；业主兢兢业业，且能与顾客保持较好的关系。

（3）专业技术人才和高层管理人才短缺

餐饮业特别是中餐向来以经验型、手工操作为主，在产品制作过程中随意性大，难以形成标准化，其发展更依赖于人的因素。企业跨地区发展、竞争优势的取得，也是基于人才数量和技术复制能力。在民营企业占主导的餐饮行业，家族式用人机制和家族式管理往往缺乏对员工的全面培训、考核、激励等科学的管理手段，餐饮行业人才流失现象较为严重，继续下去将严重制约民营企业的发展。另外，由于中国教育体制的限制，专业院校和餐饮培训机构培养的专业人才并不能适应餐

饮行业的发展要求。

（4）餐饮经营管理水平有待提高

国内餐饮企业盲目重视规模、环境、产品质量等硬件投入，缺乏战略目标，没有完善的企业文化和科学的管理体系，大部分餐饮企业没有从采购、生产、销售、人力资源管理等环节建立整体的、科学高效的管理机制。以百胜餐饮集团和麦当劳为代表的外商投资企业只占国内餐饮企业总数的 4.0%，但其 2006 年的利润总额却占餐饮企业总利润的 54.9%。相比于国际著名餐饮企业集团，大部分国内餐饮企业虽然数量占据绝对优势，但营业收入、利润水平仍然存在很大差距，这很大程度上受国内餐饮企业管理水平较低的影响。

3. 发展趋势

（1）餐饮企业将实现品牌化、规模化

品牌作为无形资产，可以有偿转让使用权，扩大市场占有率，是企业发展的有力杠杆。全聚德、东来顺、马兰拉面等优秀特许品牌的推出对促进餐饮企业的品牌经营和规模发展，起到了积极的推动作用。面对日益激烈的竞争，我国餐饮企业已逐渐意识到品牌的重要性，并逐步通过有形产品、服务、环境、文化等多种因素的整合打造出自己的品牌。

随着原材料和人力成本的上升，能否获得低成本经营的优势对企业来讲尤为重要。餐饮企业只有走连锁化、集团化经营之路，才能发挥规模经济的优势。

（2）创新将成为提高餐饮核心竞争力的主要手段

根据波特的企业竞争理论，企业的核心竞争力来自产品差异和低成本优势。产品差异来源于企业的产品创新、生产技术创新、服务创新等众多方面。我国传统餐饮业往往表现为手工随意性生产、单店作坊式经营、人为经验型管理，但随着餐饮市场需求的不断扩大和餐饮社会化、国际化与产业化进程的不断改变，只有不断创新，不断推出新产品、新服务满足消费者的新需求，才能提高企业的竞争力。引进和使用 PDA 无线点菜系统、库存管理系统、财务管理系统、客户管理系统等优秀管理软件，减少人力、降低成本，也将成为现代餐饮企业的选择。

随着餐饮需求市场的发展，餐饮服务方式也相应地发生了很大的变化，已经从早先的较单一的服务方式发展为当今的多种样式。

（3）餐饮企业更加重视人才培养

餐饮行业工种数量多，人员需求量大。如何选、用、育、留人，是一个企业能否成功的关键。餐饮行业的人员需求主要有管理人员、生产技术人员和服务人员三种，其中生产技术人员的培养难度最大、周期最长，但对餐饮的发展却起着至关重要的作用。越来越多的企业开始着手建立自己的培训中心、培训基地，并通过与学校、社会机构等的合作，保证餐饮企业快速发展的用人需求。

(4) 投资主体与市场格局呈现多元化

国营餐饮企业有日趋缩小之势。大多数国营老字号餐饮企业正面临或已经走向改制的道路，如厦门市饮食服务公司名下的好清香酒楼等已经改制。随着国有资产三至五年内从中小型零售商业中相继退出，它们将被改制、租赁或拍卖。国有饭店情形也类似，尤其是中低档饭店的餐饮部效益好的也为数不多。

合资和外资酒店发展比较平稳，近期内不会对内资餐饮企业形成太大的冲击。麦当劳、肯德基、比萨饼等洋快餐市场基本饱和，主要是吸引孩子和年轻人。由于它们的定位是快餐，主要目标市场是青少年，因此，不会对提供正餐和宴会服务的大中型中餐厅形成冲击。而像马可波罗、海景假日等豪华酒店的餐厅，由于它们门槛甚高，只被少数人青睐，或是人们用于商务和公务应酬，工薪阶层和普通市民与它尚有一定的距离，不太可能光顾。

非国有性质的民营餐饮企业占据了86%左右的市场份额。与国有餐饮企业相比，民营餐饮业的优势在于：一是体制活，不拘一格地吸纳资金和人才，便于自主管理和经营；二是网点多、分布广，遍及闹市区、旅游点和大街小巷；三是规模大、档次高，形成了一定的规模效应，在成本控制和市场营销方面比国有企业做得成功；四是随着企业成长为纳税大户和获利大户，造就了一批民营餐饮企业家。

(5) 连锁经营成为餐饮业发展的主导模式

国内餐饮市场中大型连锁发展尤其是直营连锁发展势头强劲，团体供餐异军突起，休闲餐饮方兴未艾，餐饮食品不断增加，送餐外卖发展加快，企业自主创新的能力不断加强。有关资料表明，全国限额以上(指企业年营业收入总额在人民币200万元以上)连锁餐饮企业，尤其是直营连锁快餐企业营业收入大幅增长。其中，东部省市快餐的营业规模明显超过正餐，江苏、上海、辽宁、北京、浙江、山东等省市也已达到50%以上；与此相反，中、西部省市除四川外，仍以正餐为主；内蒙古、北京、重庆、上海等省市的限额以上餐饮连锁企业零售额已占当地餐饮业零售额的10%以上，连锁经营已经成为餐饮业做大做强的主导经营模式。

案例分析 1

中国餐饮产业发展现状、问题及应对

一、发展现状

2012 年社会消费品零售总额 21.0307 万亿元,比上年增长 14.3%,扣除价格因素,实际增长 12.1%。按经营地统计,城镇消费品零售额 18.2414 万亿元,增长 14.3%;乡村消费品零售额 2.7893 万亿元,增长 14.5%。按消费形态统计,商品零售额 18.6859 万亿元,增长 14.4%;餐饮收入额 2.3448 万亿元,增长 13.6%。2010 年国家统计局调整了统计口径,将住宿和餐饮业零售额调整为餐饮收入。

餐饮业增速逐年下降。我国的餐饮收入尽管在 2010 年至 2012 年保持增长,但是增速逐年下降。同时,餐饮收入的增速比全社会消费零售总额的增速要低,餐饮收入占全社会消费品零售总额的比重也在下降。国家统计局 3 月份消费品市场数据显示,按消费形态分,2013 年 1 月至 2 月份,餐饮收入 4030 亿元,同比增长 8.4%,其中限额以上企业(单位)餐饮收入 1278 亿元,同比下降 3.3%,增速均创下历史低点。见表 1。

表 1 餐饮发展相关状况

年份	餐饮收入(亿元)	增长速度(%)	全社会消费品零售总额(亿元)	全社会消费品零售总额增速(%)	餐饮收入占全社会消费品零售总额比例(%)
2010	17648	18.1	156998	18.3	11.24
2011	20635	16.9	183919	17.1	11.22
2012	23448	13.6	210307	14.3	11.15

餐饮企业的连锁化已经成为一个主流的发展方向。从最近三年的数据来看,2010 年全国连锁餐饮企业的总店数突破了 400 家,2011 年达到 428 家,营业额突破了 1000 亿元,达到 1120 亿元左右的规模。见表 2。

在连锁餐饮企业发展的过程中,餐饮企业开始考虑如何在直营店与加盟店之间取得平衡,而不是盲目地追求短期快速的扩张。加盟店的门店数量在 2009 年突破 4000 个,而 2010 年跌回 4000 个以内,2011 年又上升到 4294 个。

表 2　连锁餐饮企业总体情况

项　　目	单位	2011 年	2010 年	2009 年
连锁总店数	个	428	415	
门店总数	个	16285	14427	13756
年末从业人员	人	832945	707455	634712
年末餐饮营业面积	平方米	8213689	7274218	6636853
年末餐位数	位	2770712	2495111	2384429
营业额	万元	11203910	9135903	8729661
其中,餐费收入及商品销售额	万元	10986593	8953243	8722247

二、应当关注的问题

第一,餐饮卫生与安全问题。近年来,食品卫生与安全问题日益成为社会关注的热门话题,而餐饮卫生与安全问题首当其冲。从国家层面来看,新的大部制改革方案提出,将食品安全办的职责、食品药品监管局的职责、质检总局的生产环节食品安全监督管理职责、工商总局的流通环节食品安全监督管理职责整合,组建国家食品药品监督管理总局。改革后,食品药品监督管理部门要转变管理理念,创新管理方式,充分发挥市场机制、行业自律和社会监督作用,建立让生产经营者真正成为食品药品安全第一责任人的有效机制,充实加强基层监管力量,切实落实监管责任,不断提高食品药品安全质量水平。

第二,劳动力成本不断上升。从全国层面来看,劳动年龄人口首次下降。国家统计局《统计公报》显示,2012 年末,15 岁至 59 岁的人口为 93727 万人,占总人口比重为 69.2%,人数比上年末减少 345 万人,比重比上年末下降 0.60 个百分点,这是多年增长后的首次下降。

第三,厉行节约风气对中国餐饮业态的影响。近年来,新一届中央领导集体带头改进工作作风,在全国厉行节约风气的持续发酵下,商务餐饮下降迅猛,进而影响到整个餐饮业消费。其中,新订单指数连续两个月回落,并且在 50% 以下运行。2013 年 2 月,餐饮业业务活动预期指数下降到 42.3%,创出自该数据调查以来的最低水平。而根据商务部的抽样调查,北京高档餐饮企业的营业额下降 35% 左右,上海市下降超过 20%。因此,高端餐饮企业应当有所警觉,一方面要关注目标顾客的变化,另一方面要积极调整自己的经营策略。

三、应对策略

第一,夯实中央厨房。嘉和一品投产的第三代中央厨房,占地 28000 多平方米,可以支持300家门店的菜品供应。自动化水平大幅度提高,如:肉类切丁原来是人工切丁,现在改用机器自动切丁,每小时可以切400公斤的肉丁;全自动包装机,每分钟可以包装26袋餐饮产品。除满足本企业供应之外,企业开始把富余的产能安排生产物美价廉的标准化餐饮产品供应第三方。和合谷发展"双厨房"的运营模式,中央厨房进行烹饪工业化探索,终端厨房探索应用标准化操作、多功能一体的智能化设备;同时,结合企业可持续发展的实践,继续进行卓越绩效评价准则(GB/T 19580—2012)贯标,提高公司整体的科学化、系统化、规范化管理水平。

第二,加大信息技术投入。湘鄂情开始探索电子商务模式,消费者通过该网络平台不仅可以订购湘鄂情"味之都"出品的各类快餐,也可以购买生鲜蔬菜、肉类制品,还可以预订湘鄂情中央厨房生产的各类半成品和成品。金百万开始启动金百万厨房订餐服务、金百万网上蛋糕定制服务。除了固有的16家餐厅,金百万在北京建立起了92万人的"CRM客户关系"会员网络,金百万规划了"利用餐厅的社区优势,实现五公里半径的社区餐饮数字化商圈"的商业模式,实现从坐店到跨界电子商务。老字号庆丰包子铺与北京客凯易科技有限公司签订战略合作协议,由客凯易为庆丰包子铺量身定做"Transight连锁餐饮管理信息系统"。首批运行此系统的庆丰包子铺有30余家门店,预计在2013年底将完成全部门店信息化系统的升级,形成总部、店铺及配送中心三位一体的监督管理模式,如果在一个营业时段内不符合企业标准的包子累计超过出售包子总数的2%时,系统就会自动向店铺发出报警,要求店铺按照企业标准制作产品;同时,总部督导部也会收到此条信息,提醒督导部人员核查。

第三,进行跨界投资。许多餐饮企业开始涉足商业地产、旅游地产乃至更多的领域。湘鄂情于2011年底开始酝酿业态转型,逐步收购龙德华团膳、味之都快餐。2011年3月,湘鄂情以6.53元/股的价格收购新华信托持有的ST中农3042万股股份,收购金额总计1.99亿元,占该公司总股本的10%。

第四,做大食品产业。全聚德集团已经在品牌食品市场化布局上初显成效,依托全聚德仿膳食品有限责任公司和全聚德三元金星食品有限责任公司两大食品生产基地以及老字号品牌集聚优势,公司积极推进食品产业化布局。到2012年上半年,仿膳食品实现净利润1662万元,同比增长34.3%;三元金星食品实现净利润1558万元,同比增长51.1%。两大食品生产基地均加大了新产品研发力度,继续面向旅游、休闲餐饮、大众餐桌市场开发糕点、面点、鸭系列休闲小食品、家常饼、风味酱以及卤味类熟食品,同时加大销售渠道扩张。

第五,提升餐饮文化内涵。拥有二十多年餐饮历史的净雅集团,一直以海鲜菜和航海文化而闻名。净雅餐厅未来城店位于沈阳市西滨河路,面积1万平方米,是净雅集团旗下专门提供海鲜美食的餐厅,经营战略定位于商务聚会和私人社交的高端场所。设计师摒弃了传统高档餐厅的金碧辉煌,在大厅的设计中将"牡丹"、"祥云"、"浮萍"、"瓦片"等元素运用其中,寄托了对东方文化的无限情感,强化了整体海洋文化特点,让消费者体验尊贵、品尝美食的同时感受来自净雅集团的文化气息。

案例来源:《中国餐饮产业发展报告(2013)》,社会科学文献出版社2013年版。

案例讨论

1. 中国餐饮产业的发展特点是什么?

2. 餐饮消费的趋势是什么?

3. 中国餐饮业发展中有哪些问题,如何应对?

案例分析2

我国餐饮业的转型与升级

2012年,在经济增速放缓、经营成本和食品安全三座大山的重压下,中国餐饮业投资放缓,收入增速明显下降,诸多餐饮企业经营利润大幅下滑,面临经营压力乃至生存危机。

一、粗放型增长导致不可持续发展

高速粗放增长是过去餐饮业发展的重要特征。中国餐饮业在改革开放三十多年来,实现了快速增长。到2011年,全国餐饮收入总额高达2.05433万亿元,而1978年,中国餐饮业全国零售额只有54.8亿元,2011年是1978年的近375倍,复合增长率高达19.7%。营业网点从1978年的不足12万家,发展到如今超过400多万家,就业人员从104.4万人增加到2200多万人。见图1。

进入21世纪后,在基数规模化的情况下,依然保持了高速增长。除了2003年因SARS导致餐饮收入增速跳水外,其余各年基本保持了16%以上的增长。2006年餐饮收入突破了1万亿大关,而到2011年仅仅用了5年时间就突破了2万亿大

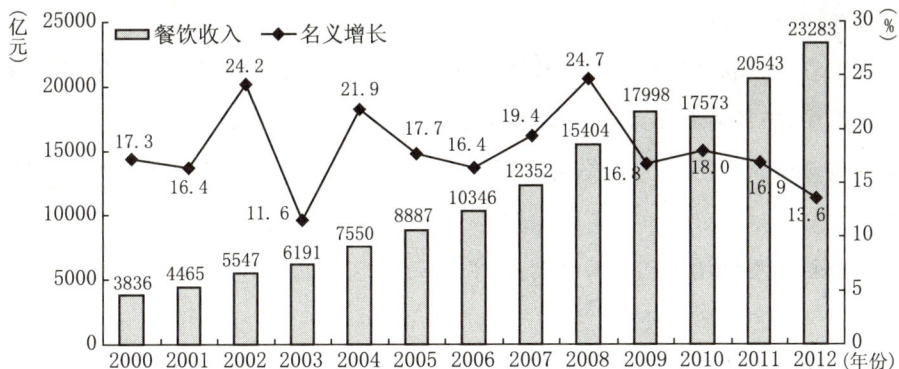

图1　2000—2012年我国餐饮收入及名义增长

关。餐饮业的高速增长反映了我国改革开放三十多年来对社会化餐饮的需求爆发。经济增长、城市化、居民收入增加、人口流动等都带来了餐饮的需求。

我国餐饮业过去三十多年的发展是以解决居民"温饱型"消费为主,这种抓住餐饮业市场化机遇和社会化餐饮需求大爆发实现的高速增长是粗放的,整个产业的能力增长并没有跟上产业规模的增长,主要体现在以下几个方面。

1. 产业化程度低

产业整体依然处于家庭作坊式生产力阶段,厨房加餐桌配上厨师和服务员就是典型的当前中国餐饮业的总体生产现状。产业的标准化、工业化水平很低,产业分工也处于较低水平。

2. 食品安全控制能力较弱

餐饮业产业规模的快速持续增长,也带来了餐饮业社会责任的加强,2万亿的产业规模一旦出现食品安全问题,所造成的影响是巨大的。当前已经有部分大型连锁餐饮企业通过HACCP等现代管理体系的引进,通过信息化管理、标准化和工业化生产,形成了较为完善的食品安全控制体系。但从全国总体来看,以家庭作坊式为主的餐饮业依然缺乏有效的食品安全控制体系和具有专业食品安全知识的人才。

3. 品牌实力较弱

品牌餐饮企业大量涌现,出现了小肥羊、味千拉面、全聚德、湘鄂情、唐宫海鲜等上市餐饮企业,以及真功夫、大娘水饺、海底捞、俏江南等知名连锁餐饮企业,但全国性的餐饮品牌依然较少,而且与国外餐饮企业相比差距很大,占据中国市场首位的依然是外资餐饮企业。

4. 创新能力较弱

中国餐饮业在快速增长中并没有实现创新能力的大幅增长，一方面，菜品同质化非常严重，市场对创新菜品的保护不足，导致很多投入菜品研发的企业无法获得研发的超额收益；另一方面，餐饮商业模式创新少，主要以模仿国外餐饮商业模式为主。

这种粗放型的增长已经面临诸多增长压力，只有转型升级，才能在未来实现持续增长。

一是消费大环境正发生重大转变。尽管中国把扩大内需、刺激消费作为宏观政策的重要方向，餐饮业依然处于宏观利好环境中，但是中国当前正处于消费转型期，餐饮消费需求从"饱"转向"质"，消费者对于餐饮的安全、品质、营养、绿色等要求越来越高，这些消费特性已经在北京、上海等城市以及东部沿海城市和中西部中心城市显现。

二是食品安全压力增大。一方面是消费者食品安全意识的觉醒，另一方面现代食品安全与过去食品安全的内容有了巨大的变化，以农药和添加剂残留与转基因食品安全隐患问题为代表的、基于技术使用风险和食品供应体系复杂化而引起的食品质量安全问题已经成为当今的主流。过去基于食品卫生管理的传统食品安全管理体系依然存在但无法满足新的要求。

三是成本压力增大。餐饮业成本一直处于上升的趋势，成本压力进一步加大，原有粗放型增长的利润空间被压缩，餐饮业整体处于微利时期。主要原因：人力资源成本进一步加大，餐饮企业面临着招工难、招工贵的问题，这个问题从2010年便开始凸显，在产业地位与产业技术没有实质性突破的前提下，这个问题将会长期困扰着餐饮产业的发展；租金成本进一步上升，租金成本是餐饮企业除劳务成本之外最大的营业成本，商业经营地段的竞争也越来越激烈；原材料成本进一步上涨，我国蔬菜、肉类等餐饮业原材料价格在"十一五"期间呈现快速上涨趋势，从2007年开始，我国食品消费价格呈现快速上涨趋势，超过了居民消费价格的上涨速度，其中肉禽及其制品的价格上涨幅度更大。见图2。

成本压力进一步加大这也体现在餐饮企业的成本转嫁能力不高上面，一方面餐饮企业竞争激烈，除了一些优秀的品牌餐饮企业存在品牌溢价，其他餐饮企业很难把成本压力过多地转嫁给消费者。这种粗放型增长所带来的产业问题逐渐凸显，主要包括整个产业结构不合理，食品安全问题频发，成本压力难以消化，餐饮企

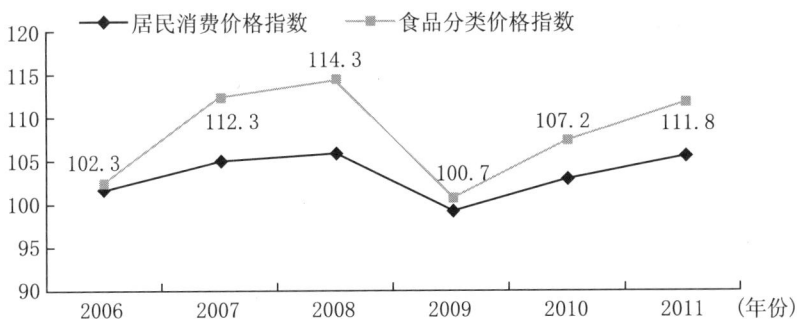

图2　2006—2011年我国居民消费价格指数及食品分类价格指数

业 IPO 受阻,等等。

　　二、餐饮业的转型与升级

　　餐饮业粗放型的增长仍有空间,但不可持续,只有转型升级才能在危机中抓住历史性战略机遇实现新的发展。餐饮业的转型升级是一项系统工程,不仅仅是微观主体餐饮企业的转型升级,而且要加快产业分工的深化,行业组织的转型升级。见图3。

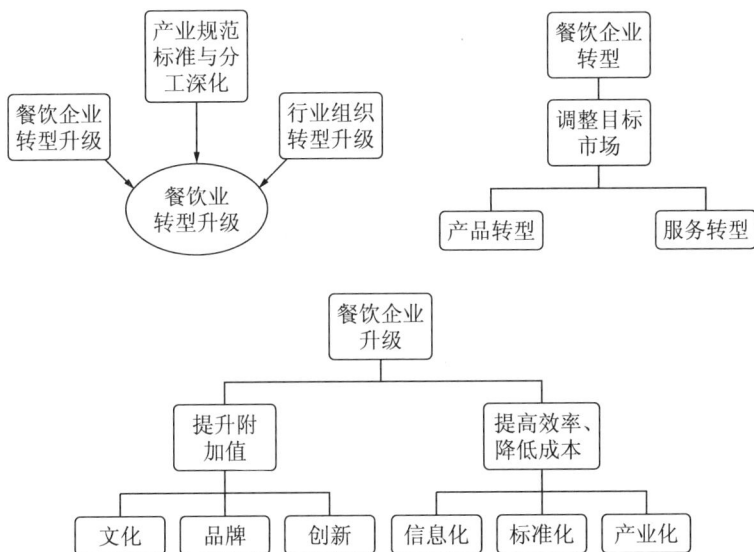

图3　餐饮业转型与升级模式选择

　　对于微观企业来说,转型升级包括了三种路径:一是转型,实际上就是企业变革业务模式,调整目标市场,通过产品和服务的转型实现结构调整,比如未来以快餐为代表的大众化餐饮、社区化餐饮、团餐,以及以月子餐、老年餐为代表的专业化餐饮等都将有较大的市场潜力。二是升级,一方面可以通过文化、品牌、创新、服务等方式提高餐饮产品和服务的附加值,另一方面通过信息化、标准化和产业化实现效率的提升和成本的降低。三是转型和升级相结合。

案例来源:《中国餐饮产业发展报告(2013)》,社会科学文献出版社 2013 年版。

案例讨论

1. 我国餐饮业转型与升级的模式选择。

2. 我国餐饮业增长方式落后的表现及原因。

3. 我国餐饮行业协会如何转型?

练习思考

1. 简述餐饮业的定义与分类。

2. 餐饮业具有哪些行业特征?

3. 餐饮企业生命周期说明了什么?

4. 如何理解中国现代餐饮业的产业发展进程?

实训作业

对本市餐饮行业进行一次调查和实地考察,了解餐饮业的分类,掌握餐饮业的行业发展特点,并分析调查结果。

第二章

餐饮管理基本原理

学习要点

了解餐饮管理的主要内容、现代餐饮管理模式的特点;掌握餐饮经营的基本内涵、餐饮连锁经营和餐饮特许经营的分类及特点、餐饮经营战略的选择以及餐饮经营计划的主要特点。

基本概念

餐饮管理、餐饮经营、连锁经营、特许经营、合作经营、餐饮经营计划

第一节　餐饮管理的内容与职能

管理是指组织为了达到个人无法实现的目标,通过各项职能活动,合理分配、协调相关资源的过程。餐饮管理就是餐饮经营者为了实现餐饮经营目标,通过计划、组织、指挥、协调和控制五项职能,合理配置有形与无形资源的过程。

一、餐饮管理的主要内容

餐饮业是以有形产品为依托并结合无形服务为顾客提供餐饮服务的服务性行

业,其管理活动环节众多、内容复杂。本书从餐饮经营者的角度,考察餐饮经营活动中的主要环节及问题,将餐饮管理的主要内容归纳如下:

1. 餐饮组织管理

餐饮组织管理主要包括餐饮组织设计及人力资源管理。根据餐饮经营主体的规模和经营目标,应采取适宜的组织结构和人员岗位安排,并通过餐饮市场发展和餐饮产品经营情况确定部门和层级数量以及员工结构。在餐饮组织管理中,选拔管理人才、强化员工培训是管理工作的重点。

2. 餐饮营销管理

餐饮营销管理不同于传统的餐饮销售管理,它包括营销计划、产品生产、产品销售和服务营销等全过程的管理。餐饮营销必须以市场分析为前提,采取适宜的营销策略组合,并在餐饮市场不断变化过程中强化品牌营销。因此,餐饮营销管理除了包括餐次筹划与安排等餐饮管理的基础工作之外,更重要的是在餐饮管理的各个环节要体现创新营销的理念。

3. 菜单与酒单筹划管理

在现代餐饮管理过程中,菜单和酒单已经成为餐饮销售与服务的主要管理工具。一份合格的菜单和酒单应反映餐厅和酒吧的经营特色、衬托餐厅环境和气氛、为餐饮经营者带来利润、为顾客留下美好印象。因此,菜单和酒单的筹划与设计已成为现代餐饮管理的关键内容。

4. 厨房生产管理

餐饮经营者提供的核心产品是餐食服务,因此餐饮管理的首要内容是厨房生产管理。菜肴是餐饮产品的核心部分,其开发与设计、生产与服务、质量与成本是餐饮管理的基础内容。此外,厨房原材料的采购与储备、厨房人员组织、设备布局、生产安全和卫生制度等都是厨房管理不可忽视的重要内容。

5. 餐厅服务管理

服务是餐饮产品中除了餐食以外的重要组成部分,尽管是无形产品,但却很容易被顾客识别或感受,服务质量的高低影响到顾客的满意度。此外,餐饮服务还是餐饮产品推销的过程,关系到菜肴和酒水的销售量,关系到餐饮经营收入。因此,服务管理是餐饮管理的主要内容之一。

6. 酒水经营管理

酒水是必不可少的餐饮产品,酒水不仅为餐饮经营者带来高额的利润,还可为餐厅带来声誉。在餐饮经营中,酒水的品种非常多,不同种类的酒水有着不同的饮用温度、饮用时间及服务方法的要求,因此,对酒水的管理需要专业化的知识和技能。此外,餐厅酒单的设计和筹划、酒水的开发、酒水的生产和配制、酒水服务技巧等都是餐饮管理的重要内容。

7. 餐饮质量管理

餐饮产品质量是建立在满足顾客的需求基础之上的,菜肴、酒水、设施、服务和环境总体上均要达到满足顾客需求的质量水平。现代餐饮产品质量不仅代表着经营管理水平,而且还反映出餐饮经营主体的形象和特色,因此是餐饮经营管理的重要内容。

8. 餐饮创新管理

餐饮产品同质化竞争的倾向表明,餐饮经营者仅仅依靠等级评定、餐厅名称和正宗的餐饮风味已不能充分实现经济效益。因此,餐饮管理必须寻求个性化的经营战略,不断创新餐饮管理职能,从而使餐饮经营不断走向成功。

9. 餐饮成本与价格控制

餐饮成本控制是餐饮经营管理的重要环节,需要专业化的管理工具和方法。由于餐饮成本制约着餐饮产品价格,而菜肴和酒水价格又影响餐饮需求及经营效果,因此餐饮成本管理就成为餐饮经营管理的关键控制点。在餐饮经营中,餐饮产品价格控制可以通过多种定价策略来实现,这也是本书关注的餐饮管理的重要内容之一。

二、餐饮管理的主要职能

早在 20 世纪初,法国的工业家法约尔就提出了所有管理者都行使的五种管理职能:计划、组织、指挥、协调和控制。餐饮管理的职能是指餐饮管理人员为开展业务经营活动而实施的一系列管理工作,主要包括以下内容。

1. 分析经营环境,设定管理目标

餐饮管理面临一定的环境,只有认真分析经营环境,才能结合内部实际,发现自己的长处和不足。分析经营环境的重点是展开市场调查,掌握市场动向,了解顾客需求变化,并注意政府的方针政策和有关法规等。

设定管理目标是分析经营环境的继续和深入。餐饮管理的目标按时间划分有长期目标、中期目标、短期目标;按内容划分有市场目标、销售目标、质量目标和效益目标;按层次划分有企业目标、部门目标、基层目标等。

2. 制订具体计划,合理分配资源

计划和目标是相辅相成的。管理目标一经确定,就要根据目标管理的要求做好统一规划,以保证餐饮经营各部门、各环节的协调发展。

餐饮管理发挥计划职能的重点包括三个方面:一是人员安排计划。要根据具体情况对采购、储藏、厨房生产和餐厅服务的管理人员、厨师和服务人员做好统一安排。二是服务项目计划。要根据顾客需求,对餐厅类型、服务内容、销售方式等做好统一规划,以满足顾客多层次的消费需求。三是业务活动计划。要对市场开发、客源组织、食品原材料供应以及厨房生产和餐厅、宴会服务等各项业务管理工作做好统一安排,形成互相联系、互相衔接的管理体系。

合理分配资源是发挥计划功能的必然结果。餐饮管理的资源主要是人、财、物三个方面。人力资源分配要以管理目标和任务为基础,根据定额、定员来确定;财务资源分配以资金消耗为主,要确定采购成本、生产成本、各种费用消耗、资金占用、资金周转等指标;物资资源分配是资金分配的转化形式,要确定库房定额、产品消耗定额。同时,要搞好综合平衡,合理安排各部门、各环节的各种资源分配的比例结构,最终达到物资流、资金流、信息流畅通,为完成餐饮管理目标提供资源保证。

3. 协调不同部门,组织业务经营

餐饮管理目标一经确定,在合理分配资源的基础上,就要根据管理目标和任务,逐级督导,检查各级人员的工作,以保证管理目标和计划任务的顺利完成。

协调不同部门要以控制计划进度,纠正偏差为主。同时要将定性管理和定量分析结合起来。凡属服务质量、服务态度等方面的问题,要深入实际去督导和检查;凡属收入、成本、费用、库存量、周转量等方面的问题,要运用财务信息反馈去督导和检查,以便和实际结果比较,发现各级、各部门的问题,有针对性地提出改进措施。

组织业务经营的重点是督导各级管理人员做好客源组织、采购储藏业务组织、厨房生产组织和餐厅服务组织等各项管理工作,管理人员要深入实际,制定管理制度,安排工作流程,充分发挥现场管理的作用。同时,要加强管理沟通,搞好内部协调,保证餐饮管理各项业务经营活动的顺利开展。

4. 激励员工士气,发挥领导职能

餐饮组织内部关系十分复杂,常常在资源分配、任务确定、人事交往、工作安排、利益分配等方面产生矛盾或摩擦。只有正确处理好这些关系，才能使各级管理人员和员工心情舒畅，形成向心力和凝聚力，发挥餐饮管理的集体效应。

激励员工士气，协调内部关系，要理顺餐饮管理体制，明确规定各级管理人员的职权和领导隶属关系。管理过程中发生矛盾或摩擦，要坚持沟通原则。团体气氛来源于员工对集体的热爱和关心，根源于对前途和事业的执著追求。

5. 控制工作进展，检查完成结果

控制工作进展是保证餐饮管理各部门、各环节的工作朝着既定目标和计划任务顺利进行的重要条件。在餐饮业务管理过程中，客源数量、营业收入、成本消耗、经济效益等各项指标是通过逐日、逐月、逐季开展业务经营活动来完成的。

控制工作进展要建立原始记录制度，做好统计分析，采用信息报表，及时发现问题，纠正偏差，保证管理任务的顺利完成；检查完成结果要以计划目标为标准，利用信息反馈资料，将完成结果和计划标准进行比较。同时，要建立奖罚制度，根据各级、各部门完成任务的好坏，奖优罚劣，这样才能调动干部职工的积极性，保证各项任务的顺利完成。

第二节　餐饮经营方式

餐饮经营的良性循环，一方面取决于餐饮管理职能的充分发挥，另一方面取决于餐饮经营战略的正确选择。餐饮经营活动不同于餐饮管理活动，餐饮经营要在更高的层面上关注与生存发展有关的重大战略和决策问题。餐饮经营方式的选择，对餐饮经营的持续发展意义重大。

一、餐饮经营的基本内涵

1. 经营与管理的区别

组织管理理论的代表人法国工业家法约尔认为，任何一个营利性组织都存在六种基本活动——技术活动、商业活动、财务活动、安全活动、会计活动和管理活动，管理只是其中的一种。经营就是努力确保六种基本活动的顺利运转，把组织拥有的资源变成最大的成果，从而导致组织目标的实现。这一观点明确了管理与经营的关系。

所谓经营,是指营利性组织为了自身的生存、发展和实现自己的战略目标所进行的决策,以及为实施这种决策而从各方面所做的努力。经营能力的高低以及经营效果的好坏,主要取决于对市场需求及其变化能否正确认识与把握、内部优势是否得到充分发挥,以及内部条件与市场协调发展的程度。换句话说,就是看适应市场能力的高低。

管理则是对一个组织内部计划、组织、指挥、控制和协调等一系列活动的总称,它是人们共同劳动和协作活动的客观要求,是社会化生产、交换等过程得以进行的必不可少的内在条件。

经营与管理作为现代企业发展过程中两项不可分离的重要活动,其主要区别在于:

(1) 功能不同

管理是由共同劳动所引起的一种"组织"、"协调"的职能,从有共同劳动开始就有了管理。随着共同劳动规模的扩大和内部分工越来越细,管理的内容和形式越来越复杂,管理的手段也越来越先进,但管理的职能并没有改变。经营则是由商品生产的发展而引起的一种"适应"的职能。在商品生产不是很发达、产品不是很丰富的时候,市场上的商品供不应求,企业生产的产品都能销售出去,企业只需要搞好内部管理,无须强调对外经营。随着商品生产的发展,商品日益增多,销售变得困难起来。在这种情况下,企业只搞好管理就不行了,还必须搞好经营。

(2) 范围不同

管理是由共同劳动所引起的,所以,凡是有共同劳动的组织,如机关、学校、文艺团体、医院、商店、工厂等,都需要管理。而经营的范围则没有管理这样宽,只有以营利为目的的经济组织才有经营。

(3) 层次不同

一般来说,管理解决的是企业战术性问题,即在既定的目标和人、财、物等资源条件下,合理安排和组织生产,合理配置和使用各种生产要素,以提高产品质量,降低成本,使生产某种产品的时间(包括物化劳动时间)尽可能少于社会必要劳动时间;而经营所要解决的则是企业战略方面的一些问题,如企业的发展方向,企业生产什么产品、生产多少、如何销售等。

(4) 角度不同

管理所解决的主要是企业内部的一些问题,如处理企业部门之间的相互关系,建立和健全必要的规章制度,合理使用企业内部的人、财、物等。而经营解决的则主要是企业外部的一些问题,以及协调企业内部活动与外部活动,以实现企业目标的一些综合性问题。

综上所述,经营与管理的区别正如著名的企业家和管理学者法约尔、斯隆等概括的:经营是决策过程,是确定目标,是解决"为什么要这样干"的方向问题;而管理是怎样实现目标,是解决"怎么干"的方法问题,因此管理是经营的一部分。

2. 餐饮经营的含义

所谓餐饮经营,是指餐饮经营主体为了实现长远发展所进行的战略决策过程,以及为实施决策目标所做的方案选择。

餐饮经营活动不同于餐饮管理活动,主要关注与生存发展有关的重大战略和决策,有其独特的功能。

(1) 预测餐饮市场变化

一个国家或地区经济政策的调整、产品价格的变动、社会购买力的提高、技术的进步、季节的变化、社会风俗习惯的改变以及竞争的加剧等,都会影响到餐饮市场的变化,使餐饮市场需求和供给永远处在不断的变化中。因此,作为一个子系统,餐饮经营主体要在社会经济环境这个大系统中生存发展,就必须具有预测餐饮市场变化的能力。

(2) 协调餐饮管理活动

餐饮管理活动分为两部分:一是内部的生产组织活动,包括按照自然规律和经济规律,对生产活动进行组织、指挥、监督、控制等,如采用先进的生产组织形式,合理地进行生产分工和组织协作,对生产、技术、设备、物资、资金等进行具体管理;二是外部的与市场有关联的各种活动,包括筹集资金、购买各种原材料和设备、招收员工、开展市场调查和预测、产品销售、技术服务等。餐饮经营者只有把这两个部分的活动有机地结合起来,才能实现预定的目标,才能适应餐饮市场的变化。

(3) 发现和利用餐饮市场机会

餐饮经营主体是在适应市场的变化中生存和发展的,因此,必须从餐饮市场的不断变化中发现有利于自己成长发展的各种机会,并善于利用这些机会发展壮大自己。

上述餐饮经营的独特功能决定了餐饮经营活动主要包括以下四方面的内容:

一是预测。包括进行餐饮市场调查,在调查研究的基础上,对餐饮市场需求和供给的现状及变化、技术的进步、资源的变化、竞争的发展、经营方式和经营战略的变化等,作出科学的预测。

二是决策。即在预测的基础上,依据有关信息对餐饮经营主体的发展方向、目标以及达到目标的重大方针政策等作出正确的决定。

三是计划。即将餐饮经营主体的发展方向与目标转化为具体的各种计划,以及实施这些计划的步骤和重要措施等。

四是执行。为实现餐饮经营主体的发展目标而展开的与市场活动有关的各种工作,如资金的筹集、原材料的采购、产品的销售、市场的开拓、新产品的研发、生产组织形式和管理机构的改革、发展同其他企业的协作关系等。

二、餐饮连锁经营方式

餐饮业的连锁经营是指多个餐饮实体,以共同进货或授受特许经营权的方式组织起来,在同一商业形态下从事经营,共享规模效益的餐饮经营组织形式。

1. 连锁经营的概念

连锁经营是一种特殊的经营形态,是经营者为应付时代趋势变迁及竞争压力而发展起来的。连锁经营方式自 19 世纪中后期在美国产生以来,至今已有 130 多年历史。目前它已成为国际上普遍采用的一种商业经营模式,被广泛应用于零售业和服务业等众多行业。连锁经营已被誉为"有史以来最成功的营销理念"。1859年,世界公认的第一家连锁店"大西洋和太平洋茶叶公司"在美国成立。20 世纪 60年代以后,连锁店在全球各地迅速发展起来。在近半个世纪的发展过程中,商业及服务业的连锁经营已成为流通产业中一种重要的经营形式。

（1）连锁经营的含义

所谓连锁经营是指经营同类商品或服务的若干个店铺以一定的形式组成一个联合体,在整体规划下进行专业化分工,并在分工基础上实施集中化管理,使复杂的商业活动简单化,以获取规模效益的商业组织形式。其中,管理各分店的机构称为总部,核心店(示范店或旗舰店)被称为总店,各分散经营的店铺叫做分店。

（2）连锁店的含义

连锁店从单店起步向多店发展,通常是单店经营成功、具备特色后,再向多店发展,但从单店走向连锁店发展需要具备足够的条件。单店指独立从事经营管理的店铺,大多具有一定的特色,偏向于特色经营;多店指在资金、人力的支持下,再加上单店的经验,发展多店铺经营,但各分店之间没有太大的联系,是一种单店的集合,往往发展到相当规模后,便无法突破瓶颈;连锁店指一种不同于单店、多店的经营网络,具有多店铺的特色,但是与多店相比,是一种新型商业组织形式。

（3）连锁经营的本质

连锁经营在本质上具有四个鲜明的一致性:经营理念、CIS（企业形象识别系统）、商品组合服务、经营管理。拥有这四个一致性的条件才算具备连锁经营的基础,才能真正成为连锁店,充分发挥连锁店的魅力。

一是经营理念连锁。经营方式、经营构想、经营依据的一致性。连锁店的经营理念应完全着眼于消费者,从消费者的立场出发,即为消费者提供物超所值的产品和服务。

二是形象识别系统（CIS）连锁。企业形象识别系统与连锁经营商标的一致性。连锁店达到一定规模时,消费者能识别该连锁店的系统并产生信赖感。

三是商品及服务连锁。商品组合的一致性。以消费需求为依据选择最佳的商品组合,并不断更新和调整,以适应消费者需求的变化。

四是经营管理连锁。经营战略、经营策略上集中管理的一致性。由总部统一规划,并对各分店授权,由分店直接执行。

在以上四个一致性的条件下,连锁经营才有可能形成专业管理及集中规划的组织网络,利用协同效应原理,加快资金周转,增强谈判能力,高效物流配送,取得显著的规模效益,实现企业快速成长,从而在市场上获得最大的竞争力。

（4）连锁经营的不同意义

从不同角度来考察,连锁经营概念还有以下三种描述:

一是统计意义上的概念。以单一资本直接经营 10 个分店以上的零售业或饮食业为连锁。此定义的阐述角度是统计上的规定,并未就经营方面界定。从管理的角度来看,连锁经营和非连锁经营的明确标志是分店数量达到 10 家左右,即会带来管理上的变化,就必须采取与单店经营完全不同的管理方式。

二是规模意义上的概念。连锁经营的分店总数要达到 200 家以上才能在经营上充分发挥连锁优势,带来规模效应,从而带来更多的收益。换言之,连锁经营的特色就是经营的产品、服务与营销、营运模式系统、经营管理方法皆按固定的模式执行。

三是经营意义上的概念。从消费者立场出发,以提高生活质量为原则,以大众日常生活必需品为经营对象,通过标准化和分店扩张发展的经营方式。

1997年,中国国内贸易部在以上概念的基础上,制定并公布了《连锁店经营管理规范意见》,指出"连锁店是指经营同类商品、使用统一商号的若干门店,在同一总部的管理下,采取统一采购或授予特许权等方式,实现规模效益的经营组织形式"。这一概念,较接近国际连锁经营的实际情况。

2. 连锁经营的特征

(1) 组织形式的联合化和标准化

从连锁经营方式在商业领域的应用情况来看,其组织形式是由一个总店和众多的分店构成的一种联合体,"联合化"是连锁经营的一个基本特征。连锁经营不同于传统的局部联合形式,而是整体性、稳定性、全方位的合作,所有的连锁店都使用统一的店名,具有统一的店貌,提供标准化的服务和商品,而且,企业形象一旦确立就极易在大众印象中扎根。

连锁经营又是标准化的联合。如果只有店名和店貌的统一而无服务和商品质量的标准统一,那就只有连锁经营外在的"形",而无连锁经营内在的"神",本质上就不是连锁经营。在连锁经营运作前,必须确定其流程、工艺、作业条件等环节能够持续性地进行,员工能根据标准体系开展持续性的工作。只有这样,才能向顾客提供所期望得到的优质商品,减少制造成本和销售成本,提供高效率的服务。

(2) 经营方式的一体化和专业化

连锁经营把传统流通体系中相互独立的各种商业职能有机地组合在一个统一的经营体系中,实现了采购、配送、批发、零售的一体化,从而形成了生产和销售一体化的流通格局,提高了流通领域的组织化程度。同时,由于连锁企业拥有大量的分店,具有大批量销售的市场优势,所以可以引导供应商真正做到根据市场需求和经营者的要求来进行生产,从而形成了以大商业为先导、以大工业为基础的现代经营格局。

在供应链上,连锁经营是一对多的关系,即总部向外面对众多的供应商,向内则面对众多的连锁分店,承担着产品集散的功能,连锁总部负责集中进货和配送,各连锁分店负责销售。统一采购和集中进货使连锁分店获得了低成本的优势,从而提高了分店的利润空间。由于连锁分店在布局上面广量大,满足了分散的消费者就近购物的消费习惯,也增加了消费者与连锁店之间的联系,从而有效地解决了传统经营中追求规模效益与消费分散性之间的矛盾。

（3）业务流程的简单化和明晰化

连锁经营的重要特征是"化繁为简"，就是将极为繁杂的作业流程简化成简单的程序和步骤，以便于运作。为维持规定的作业，连锁企业创造了任何人都能轻松且快速作业的条件。连锁经营由于分店多、体系大，为减少资源浪费，工作流程越简单，效率就越高。

3. 连锁经营的分类

连锁经营经过不断改造和发展，已经形成了以下三种类型：直营连锁、自由连锁和特许经营。

（1）直营连锁

直营连锁是连锁的基本形态，是单一资本统一经营的连锁经营类型，也称正规连锁。通常称以单一资本直接经营 10 家以上的零售业或餐饮业的组织为直营连锁企业。直营连锁的店铺均由公司总部全资或控股开设，在总部的直接领导下统一经营。总部对各店铺实施人、财、物及商流、物流、信息流等方面的统一管理。直营连锁需要大资本运作，利用连锁组织集中管理、分散销售的特点，充分发挥规模效应。但这种方式耗资巨大，不利于企业的迅速扩张。直营连锁的主要任务是"通路经营"，即通过分店的快速发展获取利润。

（2）自由连锁

自由连锁也称自愿连锁，连锁公司的店铺均为独立法人，各自的资产所有权关系不变，在公司总部的指导下共同经营。各成员店使用共同的店名，与总部签订有关购、销、宣传等方面的合同，并按合同开展经营活动。在合同规定的范围之外，各成员店可以自由活动。根据自愿原则，各成员店可自由加入连锁体系，也可自由退出。这种方式近年来也颇受餐饮界的青睐。

在这种体系下，总部与各分店间完全处于平等地位，合作的原因完全是基于自愿，以互惠互利的方式，来达成"多赢"的经营业绩。因此，自愿加盟连锁分店的运营，需要各加盟分店在认同这一"生命共同体"的前提下，同时保持加盟店自主运营的独立性，所以，总部与分店必须注重沟通，以达到理念一致的合作。

自愿加盟连锁的优势是，总部不需承担太大的投资及财务风险。因各加盟分店的财力及资本完全独立，所以各分店自行承担经营结果，加盟店也无须与他人分享经营成果。因此，双方能以较好的心态合作，费用低，自主性强。

自愿加盟连锁的劣势是，虽然加盟费用低，分店自主性强，但各分店间的管理体制及形象差异大,难以形成统一的品牌形象。由于是松散性合作,总部对各分店控制力较弱,虽然分店的数量可以形成规模,但各自为商,分店在乎的是各自的短期利益,而忽略体系整体的长期发展,较难达成连锁规模效应,易形成"规模不经济"。

(3) 特许经营

特许经营是目前最为流行的一种商业模式,也称特许加盟连锁,是总店和加盟店之间依靠合同结合而成的一种连锁经营形式。这也是餐饮业广泛采用的连锁经营形式。

三、餐饮特许经营方式

1. 特许经营的概念

特许经营是指特许者将自己所拥有的商标、商号、产品、专利和专有技术、经营模式等以特许经营合同的形式授予被特许者使用,被特许者按合同规定,在特许者统一的业务模式下从事经营活动,并向特许者支付相应的费用。由于特许企业的存在形式具有连锁经营的统一形象、统一管理等基本特征,因此也称之为特许连锁。这种方式因投资少、风险小、扩张迅速而在餐饮连锁经营诸形式中占据主导地位。

餐饮特许经营是指餐饮集团(让渡者)通过向餐饮实体(受让者)让渡其特许经营权(包括允许受让餐饮实体使用其名称、标志,或加入集团的销售网络等),扩大其成员,谋求相应利益的行为。一般来说,受让餐饮实体在财务上依然保持独立。特许权让渡者对受让餐饮实体在可行性研究、资金筹措、建筑设计、内部装修、员工培训、广告宣传、原料采购、服务管理、操作规程等方面给予指导与帮助。受让者则向让渡者支付特许权让渡使用费等作为回报。特许经营是餐饮经营活动中一种比较常见的经营方式。

餐饮特许经营20世纪60年代开始流行于美国。当时许多餐饮实体都采取了特许经营的形式。麦当劳、肯德基特许经营模式的成功,使特许经营成为一种重要的餐饮经营方式。但特许经营也出现了一些问题,比如有的特许者只醉心于扩大自己的规模或只满足于收取特许费用,没有在选址、经营模式和食品特色上下工夫,导致许多特许经营餐厅的生命力都比较短暂。

2. 特许经营的类型

按照特许权的内容可以将特许经营分为以下两种基本类型:产品商标特许和

经营模式特许。

（1）产品商标特许

又称产品分销特许，是指特许者向被特许者转让某一特定品牌产品的制造权和经销权。特许者向被特许者提供技术、专利和商标等知识产权以及在规定范围内的使用权，对被特许者的人事和生产经营活动并不做严格的规定。这类特许形式的典型例子有汽车经销商、加油站以及饮料的罐装和销售等。目前在国际上这种模式发展趋缓，正逐渐向经营模式特许演化。

（2）经营模式特许

这被称为第二代特许经营，通常所说的特许经营就是这种类型。目前餐饮业基本都采用这种形式。这种特许模式要求加盟店经营总店的产品、服务、质量标准、经营方针等都要按照特许者规定的方式进行。被特许者要缴纳加盟费和后续不断的权利金，特许者要为被特许者提供培训、广告、研究开发服务和后续支持等。

按照特许权的授权方式可以将特许经营分为单体特许、区域开发特许、二级特许和代理特许几种类型。

单体特许。指特许者赋予被特许者在某个地点开设一家加盟店的权利。特许者与加盟者直接签订特许合同，被特许者亲自参与店铺的运营，加盟者的经济实力普遍较弱。目前，在该类被特许者中，相当一部分是在原有网点基础上加盟。单体特许适用于在较小的空间区域内发展特许网点。

区域开发特许。指特许者赋予被特许者在规定区域、规定时间开设规定数量加盟网点的权利。由区域开发商投资、建立、拥有和经营加盟网点；加盟者不得再行转让特许权；开发商要为获得区域开发权缴纳一笔费用；开发商要遵守开发计划。该种方式运用得最为普遍。该方式适用于在一定的区域（如一个地区、一个省乃至一个国家）发展特许网络，特许者与区域开发商首先签署开发合同，赋予开发商在规定区域、规定时间内的开发权。

二级特许。指特许者赋予被特许者在指定区域销售特许权的权利，在该区域内，二级特许者扮演着特许者的角色并对特许者有相当的影响力；二级特许者要支付数目可观的特许费；特许者与二级特许者签订授权合同，二级特许者与加盟者签订特许合同。它是开展跨国特许的主要方式之一。洋快餐在中国的特许经营基本为这种方式。

代理特许。指特许代理商特许者授权为特许者招募加盟者。特许代理商作为特许者的一个服务机构,代表特许者招募加盟者,为加盟者提供指导、培训、咨询、监督和支持。特许者与特许代理商签订代理合同,特许者与加盟者签订特许合同,合同往往是跨国合同,因此必须了解和遵守所在国家的法律;代理商不构成特许合同的主体。它是开展跨国特许的主要方式之一。

3. 特许经营的利与弊

(1) 特许经营的优势

特许经营之所以受欢迎,成为很多餐饮实体扩大规模,尤其是集团企业进行跨国连锁经营的主要形式,究其原因,一是因为特许经营是一种经营技巧,是一种知识产权的授予,它不受资金、地域和时间的限制,可以在同一时间发展多家连锁店,而并不需要由集团企业进行投资或控股。二是因为特许经营是一种对行业发展、国家利益、让渡者、受让者和消费者都有好处的连锁经营方式。对国家而言,可以较好地引进有特色的特许经营项目和先进的管理经验,进而促进整个餐饮行业的发展;对消费者而言,到一家国内外知名的连锁餐厅去消费,所品尝的美味佳肴和所享受的服务都是名牌的,这既是一次难忘的就餐经历,也是一种难得的享受;对餐饮实体而言,则会带来更多的经营优势。

① 特许经营对受让者的好处。受让者进入被公众广泛接受和认可的餐饮集团,不必担心开张初期的客源问题,避开了开创初期经营的艰难,从而降低了创业风险,增加了成功的机会;受让者可以使用让渡者已被公认的驰名商标和无形资产,为自己的经营提高起点,打下较好的基础;受让者可以得到让渡者系统的管理训练和营业帮助,可以使受让者尽快统一经营管理和服务模式,提高管理的效率和服务质量,树立良好的市场形象;受让者还可以减少广告宣传费用等。

② 特许经营对让渡者的好处。让渡者可以不受资金的限制,迅速扩张规模;让渡者不需要自己去投资或控股,就可以较好地发展壮大自己的规模;可以增加让渡者的市场价值;受让者的数量、经营质量无疑会进一步促进让渡者的市场声誉和形象的提高;让渡者还可以降低经营费用等。

(2) 特许经营的劣势

特许经营有许多优势,但同时也存在风险,如果运用不当会给受让者和让渡者带来不利影响。

① 特许经营对受让者的不利之处。受让者的经营受到严格的限制,缺乏自主权,从而降低了经营的针对性;集团出现决策失误时,受让者也会受到牵连,无论是

产品研发,还是市场开拓,甚至集团扩张策略,都会对受让者产生重大影响;受让者要退出或转让合同时会受到限制;此外,特许经营费用是一笔沉重的负担,加盟者要把部分经营利润交给让渡者作为特许权使用费,甚至不管经营状况如何都要向集团交纳固定的费用。

② 特许经营对让渡者的不利之处。集团的声誉和形象会受到个别经营不好的受让者的影响,因此特许经营方式要求集团必须慎重考虑申请加盟者的实际情况,选择那些资金和信誉方面都符合条件者加盟进来,宁缺毋滥;当发现受让者不能胜任统一的经营管理和服务模式时,受合同等条件的制约,无法立即解除特许关系,从而影响整个集团。

4. 特许经营的选择原则

(1) 加盟选择

购买特许经营权必须考虑餐饮实体今后的经营方向和经营方式是否与其一致。此外,还必须考虑让渡者的声誉,让渡者的产品和服务以及合约的变更以及财务预测等。

(2) 法律问题

在特许经营中,应关注的法律问题有:让渡者施加压力强迫受让者接受过高或过低的经营指标;让渡者对受让者动辄取消或终止特许经营权,致使受让者投资受到损失;特许经营权的购买和使用费用过高,与受让餐饮实体的销售收入的比例失调,侵犯了受让者的利益;让渡者强行代理受让者采购物资设备及其他餐饮经营所需的物品,而不顾受让者能否从其他途径以更低价格采购到同类物品;让渡者不顾受让者所在市场的竞争环境,强行规定受让者产品的销售价格。

四、餐饮合作经营方式

除了上述连锁经营方式以外,在实践中,餐饮业还采取了其他的合作经营方式。主要包括:

1. 合约经营

餐饮实体采用合约经营的方式,餐饮集团须与餐厅所有者签订经营合约,接受委托经营管理餐饮实体。与特许经营不同的地方在于:特许经营让渡者仅仅出让特许经营的权利,一般不直接派员参加经营管理。在合约经营这种经营方式下,集团无须投资。在合同期内,集团派出包括总经理在内的主要经营管理人员,根据既定的餐饮实体经营决策、管理方法与操作规程,负责餐饮实体的日常经营管理活动,以保证达到合约确立的经营水平。

对集团来说,合约经营的优点是:不需要或只需要少量投资,不必冒很大的风险就能增加经营管理餐饮实体的数量,增加经营管理的收入。与特许经营相比,合约经营更容易统一服务质量标准,更易于维护自己的形象。

合约经营的缺点是:集团的收益局限于经营管理的报酬收入,通常只需关心餐饮实体的日常经营活动,对餐饮实体投资等重大决策没有多少权力,不利于餐饮实体的长远发展。

2. 租赁经营

租赁经营是指餐饮经营者通过与餐饮业主签订租约,长期租赁业主的餐饮实体、土地、建筑物及餐饮设备等,然后由餐饮经营者作为法人直接对业主的餐饮实体进行餐饮经营。

3. 合作联营

一些独立经营的餐饮实体自愿联合起来,采取使用统一标志、统一预定系统,进行统一的广告宣传,执行统一的质量标准,成立合作联营餐饮实体集团(餐饮实体联合体)。这些餐饮实体在经营管理上、财务上互不相关。合作联营的主要目的是创造整体形象,增强宣传推销效果和互送客源。联合行动所需费用按一定比例由各成员餐饮实体分摊。

第三节　餐饮经营战略

餐饮经营战略的选择要依据战略环境分析,包括外部环境、行业环境和企业内部环境。在此基础上餐饮经营者要进行基本战略、成长战略或防御战略等战略类型的选择,以确定餐饮经营发展的基本方向。

一、餐饮经营者竞争战略的选择

餐饮经营者的竞争战略,就是针对不同的市场竞争力量,采取合适的竞争战略,构造竞争优势。根据迈克尔·波特的观点,基本竞争战略主要有三种:成本领先战略、差异化战略与目标集聚战略。餐饮经营者采取何种竞争战略,取决于其发展目标、成本、产品或服务在顾客心目中的独特性。每种竞争战略都有各自的优势、条件与不同的实施途径。

1. 餐饮产品成本领先战略

成本领先战略就是总成本低于竞争对手的成本,甚至在同行业中处于最低,从而取得竞争优势的战略。成本领先战略强调以很低的单位成本为价格敏感的消费者提供标准化的产品与服务,故这种战略也叫价格竞争战略或低成本竞争战略。

(1) 成本领先战略的主要功能

渗透功能。成本领先战略可以低价渗透,迅速占领市场。如果经营者能够取得并保持全面的成本领先地位,就为其产品价格低于其他同类经营者提供了基础,有助于扩大市场份额,提高竞争地位。

获利功能。成本领先战略可以帮助经营者获得超额利润。良好的经济效益可以使经营者有能力进一步扩大规模,并增加服务项目,从而形成新的成本优势,实现良性循环。

主动功能。成本领先战略可以帮助经营者降低经营风险。面对价格敏感的顾客和供应商抬高资源价格的压力,处于成本优势地位的经营者往往有更大的讨价还价的余地。

壁垒功能。成本领先战略可以帮助经营者减轻竞争压力。与竞争对手相比,处在低成本的位置上,在价格竞争中就具有主动地位,并能在价格战中保护自己。同时,较低的成本与价格水平,可以防止新进入者侵蚀自身的市场份额。

(2) 成本领先战略的适用条件

餐饮经营者实施成本领先战略,需具备一些隐含条件。一是餐饮经营者所在的市场为完全竞争市场;二是在餐饮市场上,在顾客心目中,价格差别比产品或服务差别更重要;三是在餐饮行业,经营者之间的产品几乎是同质的或者是替代程度很高的,且大多数顾客的需求相似;四是随着经营规模的扩大、服务项目的增加,餐饮经营者可以迅速降低平均成本;五是餐饮经营者的产品需求弹性较大,降低价格就能有效刺激需求。

(3) 成本领先战略的潜在风险

尽管成本领先战略能给餐饮经营者带来巨大的经营优势,但在实施过程中也存在诸多风险:

一是采用低成本战略可能会使竞争者效法,降低了成本领先带来的优势,继而压低了整个餐饮业的营利水平。

二是顾客的价格敏感性可能下降,大多数人一般不愿意反复享用缺乏特色的同种餐饮产品,转而寻求更新颖、更高质量的服务。

三是为使成本最低而进行的投资,可能会使餐饮经营者局限于目前的战略计划而难以适应外部环境和顾客需求的变化。

(4) 成本领先战略的实施途径

一般而言,成本领先战略可以通过以下途径实施:在上游市场获得质优价廉的原材料或半成品;在生产或服务过程中通过有效的成本控制手段,尽可能地降低资源转化成本;在下游产品或者服务的销售过程中尽可能地减少销售成本、扩大销售规模,使总成本降到最低。餐饮经营者实施成本领先战略的有效途径主要有:

一是获得全行业的成本领先优势。餐饮经营者要在较长时期内保持成本处于同行业中的领先水平,并按照这一目标采取一系列措施。

二是提升价值链的整体成本优势。餐饮经营者向顾客提供的最终产品或服务的总成本降到最低,而不是在价值链条的某些环节成本最低。因此,餐饮经营者应该注重规模效益,在努力发挥经验曲线效应的基础上降低成本,并关注相关成本与管理费用的控制。

三是将成本优势表现为价格优势。虽然成本领先战略并不等同于最低价格战略,但餐饮经营者必须让顾客认识到,其价格具有非常明显的优势。

2. 餐饮产品差异化战略

差异化战略是指餐饮经营者提供的差异化的产品或服务,在行业范围中形成了顾客认可的独特品质。这是一种标新立异的战略,指导思想是餐饮经营者采用区别于竞争者的方式,力求独树一帜,使得同行业的其他经营者难以与之竞争,其替代品也很难在这个特定的领域与之抗衡。

(1) 差异化战略的主要功能

市场竞争的重点就在于特色经营。经营者实施差异化战略可以有效防御来自各方面的竞争压力,获得市场竞争的主动权。其功能主要体现在以下几个方面:

顾客忠诚功能。顾客对符合自己偏好的餐饮产品会形成一种忠诚心理,这种心理会有效降低顾客对价格的敏感性,在激烈的竞争中形成"隔离带",有效分解竞争对手的价格压力,跳出恶性竞争的陷阱。

壁垒功能。顾客对餐饮产品或服务特色的忠诚,还会形成强大的市场进入壁垒,从而有效阻止潜在竞争者的进入。

主动功能。差异化能缩小购买者的选择范围,这就削弱了购买者讨价还价的能力。餐饮经营者提供的餐饮产品越具有差别化,其讨价还价能力就越强。

收益功能。成功的差异化战略能使经营者以更高的价格出售其产品或服务,所带来的较高收益可以用于支付供应商较高的特殊原材料要价。对于少数特殊资源,由于价格昂贵,容易形成价格优势与服务优势。

优势功能。在与替代品的竞争中,有差别与特色的餐饮产品或服务无疑会比其他竞争者更有竞争力。

(2)差异化战略的适用条件

差异化战略是非常有效的竞争战略,餐饮经营者在实施过程中要注意其实施的条件。

一是餐饮经营者对消费者行为有深层次把握,了解不同消费者最需要什么,并能进行针对性的提供与改进,使之既符合消费者需求又与竞争者相区别。

二是差异化能最大限度地吸引更多的消费者,获得规模经济效益,以弥补为形成差异化而增加的成本。不能被顾客认同的差异化是毫无意义的,同样,顾客无法接受的特色也不能认为是特色。获得差异化优势要获得顾客认同,增加顾客感知到的差异化利益。

三是要有一定的知识技术含量,并依据相关的法律制度防止创新技术被侵权。对于餐饮经营者而言,餐饮产品的无专利性是其实施差异化战略的最大障碍。

(3)差异化战略的潜在风险

一是认知风险。真正弄清自己优势所在,抓住目标顾客群体的真实需求,从而创造性地将自身的优势与目标顾客群体的需求相结合,这并不是一件容易的事。因而,餐饮经营者在创造餐饮产品差异特色的过程中可能存在对顾客需求和顾客价值认知失误的风险。

二是模仿风险。竞争者的模仿可能缩小顾客差异化感知。差异化基于创新能力,而创新是需要付出代价的,但竞争对手则可能会以很小的代价来模仿这些差异特征。当许多餐饮经营者的产品或服务都开始拥有某种特色时,这种特色就失去了价值。

三是成本风险。餐饮经营者为使产品或服务具有特色所进行的投资会导致成本的增加,引起价格上升,从而使顾客转向低成本的竞争对手。虽然顾客愿意为有差异的产品或服务付出一定的费用,但要使目标顾客获得对差异化的认可往往并不容易。

四是顾客认知风险。顾客的需求会发生改变,顾客对餐饮产品差异化优势的认知受到竞争对手所提供的差异因素的影响,如果竞争对手通过产品、服务、营销创新等手段让顾客感觉到其产品和服务更好,顾客中的大部分就会流向竞争对手。

(4) 差异化战略的实施途径

差异化战略实施的关键在于提供与竞争对手不同的差异化产品或服务。餐饮经营者提供的产品是组合产品,包括有形产品部分(顾客实际消耗的有形产品,如食品、饮料)、感官享受部分(通过视觉、听觉、触觉、嗅觉对设备设施、环境气氛、服务技术、服务质量的体验)、心理感受部分(顾客在心理上对产品的感觉,从而引起的舒适程度和满意程度)。餐饮产品或服务可以在许多方面实现别具一格。

一是有形产品差异化。这一层面包含顾客在服务消费过程中接触或使用的环境和具体物品,如:建筑风格、内部装饰、环境氛围、餐饮设施、员工形象、食物的色香味等。

二是无形服务差异化。标准化的服务可以使顾客得到期望的服务,但是差异化的服务对顾客意味着超值和更不容易忘记的服务。餐饮产品的差异化主要体现在独特风味、服务模式和主题文化及服务活动中。

三是营销策略差异化。营销策略差异化是指采取有别于其他经营者的营销手段。差异化的营销策略要借助整合营销,围绕某一差异点推进营销创新。餐饮产品差异化的营销策略,必须有独特和系统的营销主题及相应的活动加以体现。

3. 餐饮经营目标集聚战略

目标集聚战略以在行业中很小的竞争范围内作出选择为基础,将经营目标集中在特定的细分市场,并在这一细分市场上建立起自身的产品差别与价格优势。

(1) 目标集聚战略的主要功能

目标集聚战略的优点在于餐饮经营者能够控制一定的产品势力范围,在此势力范围内,其他竞争者不易与之竞争,故其竞争优势地位较为稳定。具体来说,主要功能表现在以下几个方面:

一是防御功能。目标集聚战略可以使餐饮经营者有效抵御来自市场各个方面的压力与威胁。首先,以顾客偏好为基础所提供的专业化服务可以提高顾客满意度,降低顾客对价格的敏感性;其次,针对目标市场所设计的专业服务及经验会形成有效的进入壁垒,有效地降低竞争者的威胁;最后,专业化分工可以使服务效率大大提高,使经营者获得较高利润。

二是优势功能。目标集聚战略可以使资源与能力较为有限的餐饮经营者获得竞争优势。餐饮经营者能集中力量向某一特定市场提供最好的餐饮服务,而且经营目标集中,管理简单方便,可使经营成本有效降低,有利于集中使用资源,实现餐饮经营的专业化。

三是持续功能。目标集聚战略可以帮助餐饮经营者走上良性运行的轨道。专业化分工带来的餐饮服务特色与效率使餐饮经营者可以稳固自己的目标市场,由此得到较为理想的收益,可以进一步推动创新,形成自己在专一餐饮市场上的成本优势或鲜明特色,实现良性循环。

(2) 目标集聚战略的适用条件

一是目标顾客。餐饮市场中确有特殊餐饮需求的顾客存在,或在某一地区拥有特殊餐饮需求的顾客存在。

二是市场空间。现有餐饮经营者均有着各自的目标市场,且没有其他竞争对手试图在上述餐饮细分市场中采取目标集聚战略。

三是独特优势。餐饮经营者的经营实力较弱,不足以追求广泛的餐饮市场目标,但在某些特定的餐饮市场中具有一定的优势。

四是产品差别。餐饮经营者提供的产品或服务在各细分市场的规模、成长速度、获利能力、竞争强度等方面有较大的差别,因而使部分细分市场有一定的吸引力。

(3) 目标集聚战略的潜在风险

餐饮经营者实施目标集聚战略,可以发挥独特的优势,但是也存在一定的风险:

一是销售风险。市场细分使餐饮经营者的市场范围缩小,这就要求餐饮经营者通过提高自己在目标市场的份额来增加销售收入与利润。

二是适应风险。由于实施市场集中战略,餐饮经营者的经营好坏直接与自己的目标市场相联系,一损俱损、一荣俱荣,这种较紧密的联系无疑会增加餐饮经营活动的风险。同时,餐饮经营者提供的专业化服务增加了其他竞争者替代的难度,但一旦目标市场衰落或消费需求发生改变,进入其他细分市场的难度也同样增加了。

三是替代风险。竞争者可能在较小的目标市场内分解出更小的市场群,并以此为目标来实施目标集聚战略,从而向餐饮经营者原有的部分顾客提供更具专业化与针对性的产品或服务,瓜分原有市场。

四是维护风险。餐饮顾客的偏好和需求经常会发生变化,而目标集聚战略则往往缺少随机应变的能力。如何将餐饮经营者提供的产品和服务的信息有效地传送给特定的消费者,通常是一件具挑战性的任务。

(4) 目标集聚战略的实施途径

实施目标集聚战略,关键要发挥自身的优势,通过比较优势分析,清楚自身的优势和不足,采取扬长避短的策略,合理地选择目标市场,在自己有相对优势的市场领域谋求发展。

一是设施设备的针对性。实施目标集聚战略的餐饮经营者,其所有的设施与功能设计都应该是基于特定目标顾客的需求和偏好,要突出独特的餐饮文化主题。

二是顾客价值的专一性。实施目标集聚战略的餐饮经营者,其利益诉求必须满足特定目标顾客的欲求,提供的顾客价值具有专一性、独特性。

三是服务标准的专门化。实施目标集聚战略的餐饮经营者,其服务标准必须为特定目标顾客的需求而设计,要通过自己专门化、个性化的服务策略,使目标顾客产生忠诚。

二、餐饮经营战略的基本要素

1. 战略目标定位

餐饮经营战略目标定位是指餐饮经营者通过设定战略目标,确定业务领域,以在目标顾客中占据一个特定的位置。只有确定了餐饮经营的发展方向,明确经营范围,才能使全体员工对未来发展达成一致性认识。

战略目标定位就是将一般企业定位思想与餐饮这个特殊行业相结合,思考餐饮经营战略定位的要素、条件、步骤及策略,使定位真正成为成功的第一步,并带来决定性的优势。

餐饮经营者在确定战略目标时,必须以顾客的核心利益为出发点,满足顾客对餐饮产品的需求。战略目标定位的关键是确定餐饮经营者期望达成的战略目标,即餐饮经营活动所期望达到的成果。餐饮经营者建立目标体系是战略管理的重要阶段。在这一阶段，餐饮经营者要将发展方向转化为具体的、可考核的、可追溯的指标，即为战略目标设立战略标准与财务标准。

2. 战略路径选择

所谓战略路径选择即如何选择正确的方法完成战略目标，也就是餐饮经营者如何实现战略目标的问题。

战略目标定位完成以后，餐饮经营者就面临运作方式的选择问题。因此，确定战略方向之后，必须有明确的战略路径来保证战略目标的实施。战略路径选择是动态权变的，是多元的，而不是唯一确定的。它涉及餐饮经营战略全过程，既要考虑战略设计的方式，也要考虑优化战略实施、战略控制的方式。

3. 战略资源整合

战略资源整合考虑的是餐饮经营者如何有效配置资源达成战略目标的问题。战略资源是持续优势的来源，具有价值性、稀缺性、不完全模仿性和不可替代性等特征。餐饮经营发展战略的成功在很大程度上依托其本身的资源禀赋。

4. 战略措施设计

战略措施是指为贯彻战略思想、实现战略目标、完成战略重点而采取的重要对策，即餐饮经营者为实现战略使命目标而采取的重要措施和重要手段，它具有阶段性、具体性、针对性、灵活性等特征。

战略措施是实现战略目标、突出战略重点与兼顾战略全局的重要保证，但由于外部环境的不确定性，战略措施应保持机动灵活，以适应不断变化的新环境。

第四节　餐饮经营决策与计划

决策是指管理者识别并解决问题的过程，有时也指管理者利用机会的过程。餐饮经营决策作为一个管理活动过程，通常包含以下步骤：诊断问题（识别机会）、明确目标、拟定方案、筛选方案、执行方案、评估效果。

一、餐饮经营决策的影响因素

餐饮经营决策者在日常的决策过程中一方面要充分考虑决策的各种影响因

素,努力提高决策的效率,另一方面要谨防陷入各种决策陷阱之中。

1. 餐饮经营的宏观环境因素

(1) 餐饮经营宏观环境

一般来说,在餐饮经营者所处宏观环境(根据 PEST 模型分析)比较稳定的情况下,过去针对同类问题所做的决策具有较高的参考价值。在宏观环境剧烈变化的情况下,餐饮经营者所要做的决策通常是紧迫的,否则可能被环境淘汰;同时,过去所做的决策的借鉴意义也不大,为了更快地适应环境,餐饮经营者可能需要对餐饮经营活动的方向、内容与形式进行及时的调整。

(2) 餐饮行业市场结构

如果餐饮经营者面对的是垄断程度较高的市场,则其决策重点通常在于:如何改善餐饮产品与服务的供应条件,如何扩大销售规模,如何降低餐饮成本等。

如果餐饮经营者面对的是竞争程度较低的市场,其决策重点通常在于:如何密切关注竞争对手的动向,如何针对竞争对手的行为作出快速反应,如何不断向市场推出新的餐饮产品,如何完善餐饮营销网络等。

(3) 买卖双方在市场的地位

在买方市场条件下,餐饮经营者作为卖方,在市场居于被动、被支配的地位,所做的各种决策的出发点是餐饮市场的需求情况,即市场或顾客需要什么就生产什么,顾客需求什么就销售什么,"消费者主权"、"用户就是上帝"、"顾客永远是对的"等意识被融入餐饮经营决策中。

2. 餐饮经营主体的组织因素

(1) 餐饮经营文化的类型

保守型的文化倾向于维持现状,害怕变化,在这种文化氛围中,如果餐饮经营决策者想坚持实施一项可能给成员带来较大变化的行动方案,就必须首先勇于破除旧有的文化,建立一种欢迎变化的文化。在保守型文化中的人们不会轻易容忍失败,因而决策者就会产生顾虑,结果是,那些旨在维持现状的行动方案被最终选出并付诸实施,从而进一步强化了文化的保守性。

进取型的文化勇于创新,宽容地对待失败,进行决策的目的就是制造变化。此外,文化是否具有伦理精神也会对决策产生影响。具有伦理精神的餐饮文化会引导决策者采取符合伦理的行动方案,而没有伦理精神的餐饮文化可能会导致决策者为了达到目的而不择手段。

（2）餐饮管理信息化程度

信息化程度对决策的影响主要体现在其对决策效率的影响上。信息化程度较高的条件下可以快速获取质量较高的信息，决策者通常掌握着较先进的决策手段。高质量的信息与先进的决策手段便于决策者快速作出较高质量的决策，决策者的意图易被理解，决策者也较容易从他人那里获取反馈，使决策方案能根据实际情况进行调整从而得到较好的实施。

（3）餐饮管理应变的模式

餐饮经营管理中形成的对环境的应变方式会趋于稳定，形成对环境特有的应变模式。这种模式指导着餐饮经营者在面对环境变化时如何思考问题，如何选择行动方案。

3. 餐饮经营者的因素

（1）餐饮经营者对待风险的态度

餐饮经营者对待风险的态度通常有三种类型：风险厌恶型、风险中立型和风险爱好型。当餐饮经营决策者面临两个方案选择：一个方案是不管情况如何变化，都将会带来收益；另一个方案是，在情况向好的一面发展时，将得到一定的收益，而在情况向坏的一面发展时，将得不到任何收益，情况向好的一面发展和向坏的一面发展的可能性各占一半。如果决策者选择第一个方案，决策倾向于保守，属于风险厌恶型；如果决策者选择第二个方案，决策者勇于冒险，属于风险爱好型；如果决策者对于选择哪个方案都无所谓，采取中庸态度，则属于风险中立型。

（2）餐饮经营者的能力

餐饮经营决策者个人能力对决策的影响主要体现在以下方面：一是决策者对问题的认识能力越强，越有可能提出切中要害的决策；二是决策者获取信息的能力越强，越有可能加快决策的速度并提高决策的质量；三是决策者的沟通能力越强，提出的方案越容易获得通过；四是决策者的组织能力越强，方案越容易实施，越容易取得预期的效果。

（3）餐饮经营者的价值观

任何决策既有事实成分，也有价值成分。受决策者个人价值观的影响，决策者有什么样的价值观，就会作出什么样的判断。也就是说，个人价值观通过影响决策中的价值成分来影响决策。

（4）餐饮经营者的群体关系

如果决策是由群体作出的，那么群体的特征也会对决策产生影响。决策群体的关系融洽程度对决策的影响表现在：一是影响行动方案被通过的可能性，二是影响决策的成本。

二、餐饮经营计划的主要特点

从管理基本原理的角度看，计划包含将来行动的目标和方式。面向未来和面向行动是计划的两大显著特征。广义上，根据哈罗德·孔茨和海因·韦里克从抽象到具体的划分，计划具有不同的表现形式，包括目的或使命、目标、战略、政策、程序、规则、方案和预算。

餐饮经营计划是根据市场供求关系，在分析内外客观环境的基础上，对餐饮管理的任务和目标及其实现措施所作出的行动安排。其特点如下：

1. 目标性

从本质上说，计划管理就是确定目标，组织业务活动的开展，保证计划指标的实现。因此，餐饮经营计划必须以餐饮经营战略为指导，分析客观环境，掌握市场供求关系的变化。在收集信息的基础上，做好预测。然后通过各种形式的计划，对餐饮人力资源管理、组织设计、成本控制、利润目标等作出全面安排。这些指标一经确定和分解，就成为基层管理的具体目标，指导餐饮管理各项业务活动的开展。因此，餐饮经营计划实质上是目标管理的具体运用。

2. 层次性

餐饮经营计划从管理层次上看，包括店级计划、部门计划、基层作业计划；从餐饮部门内部管理流程来看，餐饮经营计划包括食品原材料采购计划、厨房生产计划、各餐厅销售计划、成本计划等。各级、各部门、各餐厅的计划都是互相联系、互相依存的。下一级的计划指标既是上一级计划指标的分解，又是更下一级计划指标的基础。

3. 综合性

计划是一项综合性较强的工作，它涉及各部门与各环节、各项业务活动的开展。广义的计划包括使命陈述、远景规划、战略制定、计划选择等内容。具体经营计划涉及采购、储藏、生产、销售、服务等内容。计划的贯彻执行涉及餐饮业务管理的全过程，体现在供、产、销活动的各个方面。因此，餐饮经营计划是以经济效益为中心、以销售预测为起点、以业务经营活动为主体、以经营措施为保证的复杂的行动方案，具有较强的综合性。

4. 专业性

餐饮经营计划是一项专业性、技术性较强的工作。在编制计划以前，要做好餐饮环境调查研究，分析经营环境，掌握市场供求关系的变化。在编制计划过程中，要做好销售预测和财政预算，合理安排各种指标。执行过程中又要利用信息反馈，掌握计划进展和可能出现的偏差，及时纠偏，发挥控制职能。因此，餐饮管理人员只有掌握这些专业技术，并善于灵活运用，才能做好计划管理工作。

三、餐饮经营计划的编制过程

餐饮经营计划工作是通过计划编制和计划执行来完成的，它体现在餐饮业务管理过程的始终。为保证编制的计划合理，计划编制要采取科学的方法。计划编制的步骤包括：确定计划目标、分析现在情况、研究过去经验、预测和确定计划前提条件、拟定和选择行动计划、制订计划、制订派生计划、制订预算等。

在餐饮经营目标确定的基础上，其计划的编制过程主要包括：

1. 分析市场环境，收集计划信息

分析市场环境、收集计划信息是餐饮计划编制的前提和基础。分析市场环境要求在认真做好市场调查的基础上，掌握市场动向、特点、发展趋势和市场竞争状况，然后结合本餐饮经营的实际情况，分析顾客类型、档次结构、需求变化、产品风味、花色品种、价格水平、服务质量等同市场需求的适应程度，找出优势和不足，为确定餐饮经营方向和计划目标提供客观依据。

计划信息主要包括地区旅游接待人次、增长比率、停留天数、旅客流等对餐饮计划目标的影响，各餐厅的接待人次、增长比率、餐厅上座率及人均消费情况，各餐厅的营业收入、营业成本、营业费用、营业利润及成本率、费用率、利润率等各项指标的完成结果及其变化规律。将这些资料收集起来，经过分析整理，同市场环境结合，即可为编制餐饮经营计划提供客观依据。

2. 预测计划前提，编制计划方案

餐饮市场营销计划和经营利润计划的实现要具备一定的前提条件，对计划实施的细节作出预测，以明确计划实施的重要条件。一是根据市场动向、特点和发展趋势，以调查资料为基础，预测各餐厅的上座率、接待人次、人均消费和营业收入。二是分析食品原材料消耗，制定各餐厅标准成本，预测成本额、成本率，确定成本降低率指标。三是根据业务需要和计划收入，分析流通费用构成及其比例关系，预测各项费用消耗,确定费用降低率指标。四是分析营业收入、营业成本、营业费用和营业利润的相互关系,预测餐饮利润目标。五是在上述预测分析的基础上,编制餐饮计划方案,初步确定各项计划指标。

3. 分析计划可行性,选择行动计划

分析计划可行性是计划管理的基本原则。餐饮计划方案选择应尽可能多,计划方案的提出可以采用集体决策方法,方案计划的数量是计划满意的保证。

对行动计划的选择还要进行评估,要审查收入、成本、费用和利润的相互关系;审查采购资金、储备资金、周转资金的比例关系,使之保持衔接和协调;审查收入、成本、费用和利润在各部门之间的相互关系,使资源分配和计划任务在各部门之间保持协调发展。评价行动计划要考察计划的制约因素、总体效益、有形与无形因素、静态与动态因素。在此基础上,经过分析讨论,作出计划选择决策。

4. 制订具体计划,将计划数字化

将所选定的计划用文字表述出来,作为管理文件。拟写计划的要素必须包含"5W1H",即做什么、为什么做、由谁做、何地坐、何时做、怎样做。基本计划还要有派生计划作为辅助文件。计划编制的最后一步是将计划数字化,即编制预算,一方面使计划指标体系更加明确,另一方面便于对计划进行控制。

四、餐饮经营计划指标体系

餐饮经营计划指标主要是根据国家旅游局、地方政府财务管理部门和行业上级主管部门的要求,结合企业餐饮管理需要来确定的。其内容比较复杂,主要包括52个具体指标(见表 2-1)。

表 2-1　餐饮经营管理计划指标体系

编号	名　称	公　式	含　义
1.	餐厅定员	座位数×餐次×计划期天数	反映餐厅接待能力
2.	职工人数	期初人数＋期末人数/2	反映计划期人员数量
3.	季节指数	月(季)完成数/全年完成数×100％	反映季节经营程度
4.	座位利用率	日就餐人次/餐厅座位数×100％	反映日均座位周转次数
5.	餐厅上座率	计划期接待人次/同期餐厅定员×100％	反映接待能力每餐利用程度
6.	食品人均消费	食品销售收入/接待人次	顾客食品消费水平
7.	饮料比率	饮料销售额/食品销售额×100％	饮料经营程度

编号	名　　称	公　　式	含　　义
8.	饮料计划收入	食品销售收入×饮料比率	反映饮料营业水平
9.	餐饮计划收入	接待人次×食物人均消费＋饮料收入＋服务费	反映餐厅营业水平
10.	日均营业额	计划期销售收入/营业天数	反映每日营业量大小
11.	座位日均销售额	计划期销售收入/餐厅座位数×营业天数	餐厅座位日营业水平
12.	月度分解指标	全年计划数×季节指数	反映月度计划水平
13.	餐饮毛利率	营业收入－原材料成本/营业收入×100％	反映价格水平
14.	餐饮成本率	原材料成本额/营业收入×100％	反映餐饮成本水平
15.	喜爱程度	某种菜肴销售份数/就餐客人次×100％	不同菜点销售程度
16.	餐厅销售份额	某餐厅销售/$\sum$各餐厅销售额×100％	餐厅经营程度
17.	销售利润率	销售利润额/销售收入×100％	反映餐饮销售利润水平
18.	餐饮流通费用	$\sum$各项费用额	反映餐饮费用大小
19.	餐饮费用率	计划期流通费用额/营业收入×100％	餐饮流通费用水平
20.	餐饮利润额	营业收入－成本－费用－营业税金 营业收入×（1－成本率－费用率－营业税率）	反映营业利润大小
21.	餐饮利润率	计划期利润总额/营业收入×100％	餐饮利润水平
22.	员工接待量	客人就餐人次/餐厅（厨房）员工人数	员工劳动程度
23.	员工劳效	计划期收入（创汇、利润）/员工平均人数	员工贡献大小
24.	员工出勤率	出勤工时数/定额工时数×100％	工时利用程度
25.	工资总额	平均工资×员工人数	人力资源成本大小
26.	计划期库存量	期初库存＋本期进货－本期出库	反映库存水平
27.	平均库存	期初库存＋期末库存/2	月度在库规模
28.	计划期初库存	年预计销售额/资金周转次数×0.5×（1＋月 度销售额/各月平均销售额）	计划期初库存安排
29.	计划期末库存	平均库存×2－期初库存	年末预计库存额
30.	月度流动资金平均占用	期初占用＋期末占用/2	年、季、月流动资金占用水平
	季度流动资金平均占用	$\sum$季度各月占用/3	
	年度流动资金平均占用	$\sum$各季度占用/4	
31.	流动资金周转天数	计划期营业收入/同期流动资金平均占用	流动资金管理效果
32.	流动资金周转次数	流动资金平均占用×计划天数/营业收入 流动资金平均占用/日均营业收入	
33.	餐饮成本额	营业收入×（1－毛利率）	反映成本大小
34.	边际利润率	毛利率－变动费用率 （营业收入－变动费用）/营业收入×100％ （销售份额－变动费用率）/销售份额×100％	反映边际贡献大小

(续表)

编号	名　称	公　式	含　义
35.	餐饮保本收入	固定费用/边际利润率	反映餐饮盈利点高低
36.	目标营业额	(固定费用＋目标利润)/边际利润率	计划利润下的收入水平
37.	餐饮利润额	计划收入×边际利润率－固定费用	计划利润下的收入水平
38.	成本利润率	计划期利润额/营业成本×100%	成本利用效果
39.	资金利润率	计划期利润额/平均资金占用×100%	资金利用效果
40.	流动资金利润	计划期利润额/流动资金平均占用×100%	流动资金利用效果
41.	投资利润率	年度利润/总投资×100%	投资效果
42.	投资偿还期	(总投资＋利息)/(年利润＋年折旧)×100%	投资回收效果
43.	库存周转率	出库货物总额/平均库存×100%	库存周转快慢
44.	客单平均消费	餐厅销售收入/客单总数	就餐顾客状况
45.	餐厅服务费	餐厅销售收入×服务费比率	服务费收入大小
46.	食品原材料净料率	净料重量/毛料重量×100%	原材料利用程度
47.	净料价格	毛料价格/(1－损耗率)	净料单位成本
48.	某种菜生产份数	就餐总人次×喜爱程度	产品生产份数安排
49.	附加价值	人力资源成本＋利润＋税金	劳动力所创造的新增价值
50.	附加价值率	附加价值/总收入×100%	劳动力对新增价值创造程度,考核总经理和餐饮部经理工作能力
51.	劳动分配率	人力资源成本/附加价值×100%	人力资源成本开支的合理程度
52.	利润分配率	实现利润/附加价值×100%	利润分配的合理程度

计划指标又叫管理参数,它是用数字来表示的在计划期内经营管理所要达到的水平或绩效。在餐饮管理中,计划指标主要发挥三种作用。

一是计划指标是计划目标数额大小的集中反映。二是计划指标是计算各种指标数额的客观依据。计划指标通常由三部分组成,即指标名称,它决定指标的性质和含义;计算方法,它用特定公式来反映本项指标和其他相关指标的关系;指标数额,它表示本项指标所要达到的水平或绩效。因此,各种计划指标一经明确,就成为计算指标数额的客观依据。三是计划指标是计划编制和指标分析的工具。餐饮经营计划的编制是根据计划指标来进行的。计划指标一经确定,管理过程中的计划完成结果又成为指标分析的工具。它可以和计划额、历史同期完成额、同行业同类指标的先进程度等比较,从而发现计划管理的好坏,发挥计划控制的作用。

案例分析1

权金城的发展战略

一、创业历程

权金城国际餐饮管理公司成立于 2000 年 9 月,以经营正宗韩式烧烤、韩式料理为主,是目前全国规模最大的韩餐连锁公司之一。公司总部设在北京,下设上海权金城酒店管理有限公司、北京松本楼餐饮管理有限公司、权金城权味国际快餐管理(北京)有限公司、权金城食品研发中心等子公司。

30 万的原始投入＋5 年时间＝数亿元固定资产＋2.04 亿元无形资产。如果一定要为这个"不等式"加上一些注解的话,那就是权金城集团董事长周建成的"三多"创业哲学。

从一家韩国烧烤店开始的小生意,在五年时间内成为一个集房产物业、酒店、商城、高尔夫球场、广告、装饰、文化、餐饮、休闲娱乐、科贸物流于一体的大型股份制企业集团,周建成的心得是"用多元化、多品牌、多伙伴创造多赢的快速成长"。

二、发展战略

1. 多元化——创造联动式增长

好商人要善于捕捉商机。2000 年当"韩流"袭来时,周建成正拿着以前做生意攒下的 30 万元,寻找生意的新感觉。

开餐厅如何开出差异化,如何与北京普通市民的饮食喜好合拍? 经多方市场调研之后,与韩餐从未有过接触的周建成选择了韩国烤肉,并且用一个韩国旅游胜地的名字"权金城"来命名,这个名字不仅充满了韩国风情,同时也暗藏了这个餐厅小老板私下里的野心:"要把'权金城'做到全京城!"

从 2000 年 9 月 26 日第一家店开业以来,权金城迅速成为京城最负盛名的韩式料理店。考虑到餐饮的周期性,权金城的策略是:迅速开连锁店,扩大知名度,占领市场,通过规模经营来降低经营成本。权金城开到二十多家餐饮连锁店时,家家顾客爆满,天天排队等座,仅北京地区 11 家连锁店每天的顾客接待量就超过了 15000人,经理们最头疼的事情就是如何让顾客不再费时等座。

怎么能让生意永远火下去,周建成有自己的朴素管理学:"总跟着市场走,那样迟早要被淘汰。我们就是要让市场跟着权金城走,领先一步。"开餐厅的第二年,权金城人决定向洗浴中心发展。凭着健康理念和低价策略,权金城在北京的近10家休闲家园连锁分店,每天的接待量均在8500人以上。

企业发展进入快速成长期之后,周建成发现了一连串的关联生意。比如店面的设计装修、商业物业的管理、广告传播等,多元化成为权金城自然发展的选择。"这会让我们的产业链成为一条'流水线'。这种模式的好处在于效率提高、沟通性好、环节少、成本低"。周建成认为:"权金城的多元化发展不是简单的扩张,而是配合'完善和重新布局城市功能'这一企业发展目标,将各行业的子公司有机地结合在一起。他们既可相互协作、互为补充,又可独立作战。"

2. 多品牌——迎合更大消费市场

只有韩餐和韩式休闲洗浴按摩是没办法满足所有消费者的需求的。为了做大做强权金城,周建成又采取了多品牌的发展策略。

权金城建立了以歌舞表演为特色的酒吧式餐厅——北京酷热音乐厨房连锁有限公司,用"酷热音乐厨房"作为品牌,针对那些年轻并且追求时尚的消费群体,推出特色餐饮产品。

权金城定位为泰式体验的洗浴中心,打出了"金沙泰国SPA养生馆"的品牌,从店内设计装潢到服务项目全部强调泰式风情,为权金城的休闲产业又创造了一条产品线。

2008年权金城又成功开拓了松本楼日式烤肉与权味国际快餐品牌,极大丰富了国内餐饮市场,也成为传播异国饮食文化的重要载体。

周建成的生意经是:"随着消费需求的多元化,一个消费群体分离成不同偏好的几个群体,单一品牌策略往往不能迎合复杂的消费需求,而且容易造成品牌个性不明显及品牌形象混乱,而多品牌策略正好解决这一问题。"

一个品牌有一个适当定位,可以赢得某一消费群;多个品牌各有特色,就可以赢得众多消费者,广泛占领市场。而且,多品牌策略有利于提高企业抗风险的能力。此外,权金城利用多种产品的差异,采用了会员卡营销模式。会员卡能在各个连锁店通用,平时还能打折,因此买卡的人很多。权金城通过销售会员卡预先笼住了资金,手里拥有庞大的现金流,便于企业良性循环。

3. 多伙伴——凝聚合力做大事业

"都说中国人的合作意识差,但是设立一个好的机制,广纳贤才、凝聚成合力能作出大事业"。周建成认为,做生意需要有一个大的目标和长远发展的心态,"钱不是一个人能挣完的,用强强联合的方式共同把事业快速做大,我自己得到的收益自然会增大"。周建成把自己创办企业、管理生意总结为三个阶段:认知市场时期、感性管理时期和理性成长时期。

在事业刚进入成长期时,周建成认为,需要用务实的心态和原始的经营合作模式去寻找双方的共同利益。"我投入资本,为真正有才能、有眼光的人才提供一个创业的平台和发展的机会,共同分享利益"。用这种方式,周建成投资的广告公司、装潢公司、文化公司等均实现了快速滚动式的增长。

当企业具备了相当的实力,伙伴模式的提升将会带给企业更强大的发展动力。权金城开始从与人的合作转向与企业的合作。权金城的伙伴名单中已经包括了翠微集团公司、牡丹电子集团公司等大型国有企业。

"最大的成功不在于赚了多少钱,而是被社会认可的价值以及这种价值所带来的成就感"。周建成的创业哲理显得大智若愚,"如果只想着自己挣钱,企业就不可能实现健康快速地大发展"。

周建成 2000 年 9 月开始创办权金城,开始仅是一家以韩国烧烤为特色的餐厅,经过五年跨越式的飞速发展,权金城成为集房产物业、酒店、商城、高尔夫球场、广告、装饰、文化、餐饮、休闲娱乐、科贸物流于一体的大型股份制企业,走上了产业化、多元化、规模化、国际化的发展道路,创造了一个民营企业的神话。

案例来源:http://quanjincheng. net/page/zhaopin/index. php;www. 28. com/cy/zt/n-84032. html 2010-5-29。

案例讨论

1. 案例中"权金城"的发展战略是什么?
2. 战略选择对于餐饮经营者的意义何在?
3. 餐饮经营战略选择的影响因素是什么?

案例分析 2

小肥羊的连锁经营

内蒙古小肥羊餐饮连锁有限公司于 1999 年 8 月诞生在草原鹿城——包头市,

以小肥羊特色火锅为主业。于2008年6月12日在香港上市,是内地首家在香港上市的品牌餐饮企业,被誉为"中华火锅第一股"。

一、企业发展

1999年8月8日,"内蒙古小肥羊餐饮连锁有限公司"的前身"小肥羊酒店"在包头市昆区乌兰道22号开张。就是这样一个小店,如今拥有一个调味品基地、两个肉业基地、一个物流配送中心、一个外销机构,360家火锅连锁店遍布全国各省、市、自治区以及美国、日本、加拿大、印度尼西亚、阿联酋等海外市场,成为一个国际性的大型餐饮连锁公司。

火锅涮羊肉的吃法在我国由来已久,但是传统的火锅涮羊肉都是蘸着小料食用,且其配料繁琐,加之羊肉的腥膻味道不被南方人所接受,因此这种饮食习惯具有一定的区域性。

"小肥羊"在传统涮羊肉的基础上进行了大胆革新,开创"不蘸小料涮羊肉"的食法:由几十种滋补调味品精制而成的锅底汤料取代了配料繁琐的小料,在去掉羊肉腥膻味的同时又保留了其味道的鲜美。这种创新食法较传统的涮羊肉更便捷、更科学,更适合现代人追求的健康和快捷餐饮理念。同时,"小肥羊"专用肉选自纯天然无污染的内蒙古草原,并且只选用平均6个月大小的驰名肉羊品种"乌珠穆沁羊"、"苏尼特羊"、"乌拉特滩羊",保证了肉质鲜嫩、不腥不膻。

严格的品质保障、别具一格的特色、公道合适的价格,让"小肥羊"在一开始就赢得了消费者的认可,良好的口碑在消费者中不胫而走。

由于小肥羊第一家店经营情况良好,两个月后创始人便在包头市青山区、东河区又成功开设了两家小肥羊火锅店,生意同样火爆。这让小肥羊创始人看到了连锁发展的希望。

从2000年4月起,小肥羊火锅开始走出包头市,从此开始了它在全国范围内的扩张发展之路。

二、公司管理

小肥羊公司完善的运营体系,强大的后台支持系统,安全、卫生的严格管理,成为其发展壮大的基础和保障。此外,公司在管理方面突出员工培训管理、对加盟店的管理和品牌文化管理。

1. 对员工的培训和管理。小肥羊公司从建店之初就注重对员工的培训,树立了"顾客至上"的经营思想,并为此制定了《员工守则》、《培训手册》、《操作手册》、

《岗位描述》、《经营实务》等规章制度。上述规定中对组织机构、工作纪律、仪容仪表、工作态度、服务语言、职业道德、店内卫生、个人卫生标准、专业技能、工作流程、对顾客投诉的处理、安全、岗位职责及员工奖惩等都做了科学的规定,为提高员工素质、加强酒店管理、提升服务质量起到了决定性的作用。

2. 对加盟店的管理。为认真严谨地对待加盟工作,小肥羊公司成立了加盟服务中心,旨在加强与各加盟店的沟通,帮助加盟店完成经营管理、原料供给、店面形象等标准化工作,以保障整体形象的统一和产品质量的统一。同时,法务中心也从法律的角度规范加盟商的经营管理活动。

3. 品牌文化的管理。小肥羊公司在发展过程中,秉承羊文化的精髓,打造感恩、奉献的企业文化,并且勇于承担社会责任,提炼出"品质为本、诚信至尚、伟业恒基、决胜千年"的企业精神。

三、连锁发展

小肥羊自1999年8月创立后,得到了消费者的广泛青睐,随后便迅速开始了连锁经营之路。从2000年开始,出现了一股加盟热潮。

1. 快速加盟

小肥羊的连锁采取了类似区域主加盟商的区域管理模式。在前期,这种模式可以化整为零,在各省找一个单店作为一级加盟商,对当地投资者进行言传身教,打开区域市场后,每一个店的成功便可以引来更多的加盟者。加盟者主要向一级加盟商申请,各地单店主要对一级加盟商负责,总部主要对一级加盟商负责管理,一级加盟商向总部汇报新的加盟者,这样就减少了很多繁琐环节,使公司迅速扩张。

但是,由于加盟控制的随意性太强,造成了小肥羊各地形象不统一,财务、预算监控不力,总部与单店沟通过少,责任模糊等诸多矛盾。加盟店要的是利益,而总部要的是规模效应。一些加盟店不顾品牌受损,被曝光出现卫生质量问题,甚至被当地卫生主管部门亮出了红灯,这些问题严重影响了小肥羊的品牌形象。

2. 清理调整

基于上述情况,从2002年底开始,公司采取了一系列措施以扭转加盟市场的混乱局面。核心是调整加盟政策,由原来的"以加盟为主,重点直营"变为"以直营为主,规范加盟"。

首先,成立加盟中心,负责与加盟商的接洽、管理以及服务。加盟中心成立以后几乎走遍了全国,对散落在各地的六百多家加盟店进行了全面深入的调查,为下一步取缔和整顿加盟店面提供了依据。

其次,暂停加盟业务,不新增加盟店。与此同时,公司分阶段、有重点地对加盟市场进行了一系列的规范和整顿。2003—2007 年,公司对加盟市场的大规模治理主要体现在:

"关",就是坚决取缔在清查中发现的不合格店面,以维护小肥羊品牌形象不受损害。"延",就是对虽然经营情况较差,但是能积极配合公司进行整改的店面予以保留,限期整改。"收",一方面,对在清查中发现的一批经营有序、营利能力强的店面进行收购,纳入公司直营店的规范管理体系中;另一方面,逐步收回各级到期总代理的代理权,并且不再续签合约。"合",就是与好的加盟商、代理商以参股、控股等方式合作。这一阶段的典型案例是与原甘肃总代理合作,将其收编为总部下属的分公司,共同开发西部市场。

从 2003 年年底开始,小肥羊抵御住了各地不断要求加盟的申请,大刀阔斧地进行了全面的战略调整,将前期追求加盟数量的扩张模式调整为专注品牌信誉、确保稳健经营的方向上来。对于各地合约到期又做不好的加盟者,小肥羊一律收回改为直营;坚定地将上海、北京、西安、深圳、天津等五大城市定为直营的战略城市;同时总部明令,只要是肯德基、麦当劳设点之处,邻近的小肥羊的店面全部都要直营。

"以加盟为主,重点直营"的经营政策为公司起步之初的快速发展带来了好处,同时也产生了许多弊端。加盟者素质、服务以及管理质量参差不齐,从而损害了公司的品牌形象和消费者的利益。而且由于早期"小肥羊"还不是注册商标,缺少有力打假维权的武器,致使假冒者横行,也严重伤害了小肥羊的品牌美誉度,使公司进一步发展受到制约。

经过几年来不间断的清理、调整和规范,小肥羊公司的连锁店数量已由最高峰时期的 721 家减少到 360 家。其中,取缔了合同到期以后随之关闭的不合格店面218 家(河南 72 家、山东 38 家、甘肃 24 家、陕西 39 家、青海 2 家、东北三省 43 家);因不能维护公司形象和信誉而被取缔的加盟店 36 家;因违规经营而被取缔的店面有 19 家;因超期经营被取缔的店面有 40 家;因重大投诉而被取缔的店面有 21 家;因经营不善自行关闭店面的有 53 家;因不可抗力而关闭的店面有 8 家。

3. 连锁发展的新时期

小肥羊坚持不懈地清理和规范加盟市场维护了公司品牌,提升了品牌竞争力。

从 2007 年 5 月起,为了满足市场需求和加盟者要求加盟的呼声,小肥羊公司重新规划开设高质量加盟店面,进入"不唯数量重质量"的发展阶段。

国内市场:一、二线城市以直营为主,二、三线城市以加盟为主,形成相互补充、相互促进的格局,且不再设任何形式的总代理。

国际市场:鉴于国际加盟呼声比较高,因此针对国际市场实际情况,会在开设直营店并取得充足经验的基础上,适度开设加盟店。其形式灵活掌握,既可以设置必要的总代理,也可以设置个体加盟店,以全面打开国际市场。

新的加盟政策提高了对加盟者的要求,也提高了对加盟者的服务标准,目的是为了提高加盟店经营的标准化水平从而达到高水平运营,实现消费者、加盟者、公司的三方共赢。

案例来源:http://baike.baidu.com/view/345605.htm。

案例讨论

1. 小肥羊连锁经营成功发展的原因是什么?

2. 小肥羊清理整顿加盟市场有哪些经验做法,取得了什么效果?

练习思考

1. 餐饮管理的主要内容包括什么?

2. 论述传统餐饮管理模式和现代餐饮管理模式的区别。

3. 简述餐饮连锁经营的优缺点。

4. 餐饮连锁经营与特许经营有什么区别?

5. 餐饮经营者的竞争地位如何确定?

6. 论述餐饮经营计划的主要特点。

实训作业

实地考察两个餐饮品牌的连锁经营现状,比较分析国内餐饮连锁店和国外餐饮连锁店的差别。

第三章

餐饮组织管理

学习要点

了解和掌握餐饮组织结构设计的原则、餐饮岗位职责的内容、餐饮组织结构的基本类型、餐饮人力资源管理的主要内容及员工激励的主要途径。

基本概念

餐饮组织结构类型、餐饮岗位职责、餐饮员工激励

第一节　餐饮组织结构

餐饮经营管理的所有创新活动最终都将通过一定的组织技巧来转化为组织知识和员工个人的行为习惯。对于现代产业环境下的餐饮管理者来说,发挥组织职能就是要有效地将餐饮组织从单纯追求数字效益的思维惯性转变到高度重视组织能力和组织成长性的管理范式上来,提高一线员工的效率和业绩。

一、餐饮组织结构设计的内容与原则

1. 餐饮组织结构设计的内容

餐饮组织结构是针对餐饮经营管理目标,为筹划和组织餐饮产品的供、产、销

活动而设立的专业性的业务管理机构的组合。

为达到组织设计的理想效果,餐饮组织设计的主要内容包括:

(1)职能与职务的分析与设计

餐饮经营者要对总的经营目标进行层层分解,分析并确定完成总目标任务究竟需要哪些基本的职能与职务,然后设计和确定从事具体管理工作所需的各类职能部门以及各项管理职务的类别和数量,分析每位职务人员应具备的资格条件、应享有的权利范围和应负的职责。

在创构餐饮组织结构时,可以根据餐饮经营的宗旨、任务目标以及内外环境的变化,自上而下地确定餐饮经营所需要的部门、职位及相应的权责,自上而下绘制组织系统图。另外,组织设计工作也可以根据内部的资源条件,在经营总目标层层分解的基础上从基层开始自下而上地进行。

(2)部门设计

根据每位职务人员所从事的工作性质以及职务间的区别和联系,按照组织职能相似、活动相似或关系紧密的原则,将各个职务人员聚集在"部门"这一基本管理单位内。由于餐饮组织内部活动的特点、环境和条件不同,划分部门所依据的标准也不一样。对同一餐饮经营主体来说,在不同时期不同的战略目标指导下,划分部门的标准可以根据需要进行动态调整。

(3)层级设计

在职能与职务设计以及部门划分的基础上,必须根据餐饮经营主体内外能够获取的现有人力资源情况,对初步设计的职能和职务进行调整和平衡,同时要根据每项工作的性质和内容确定管理层级并规定相应的职责、权限,通过规范化的制度安排使各个职能部门和各项职务形成一个严密、有序的活动网络。

2. 餐饮组织结构设计的原则

餐饮经营主体在组织设计过程中,还应遵循一些基本原则,这些原则是在长期的管理实践中积累的经验。

(1)专业化分工原则

餐饮管理是一项专业性很强的工作,必须保持其组织机构和工作内容的专业性和正规性。组织机构内部的专业分工要明确,职责范围要清楚。各级管理人员和职工要接受一定的专业训练,具有一定的专业水平和能力。组织机构要有相对独立性,各类管理人员在职责范围内能够独立开展工作,能够灵活处理同客观外界环境的关系。

餐饮专业化分工是把餐饮经营活动的特点与参与经营活动的员工的特点结合起来,把每个员工都安排在适当的领域中积累知识、发展技能,从而不断提高工作效率。

(2) 统一指挥原则

统一指挥原则要求每位下属应该有一个并且仅有一个上级,要求在上下级之间形成一条清晰的指挥链。否则将会造成多头管理。在例外情况下可以打破统一指挥原则,但是上下级的职责权限必须是明确的。

(3) 控制幅度原则

餐饮管理幅度要适当。当上级的控制幅度超过 6 至 7 人时,上下级之间的关系会变得越来越复杂。随着信息技术的应用,管理者的管理幅度可能会增加,对管理者协调能力的要求也随之提高。

餐饮业的组织机构是为业务经营活动服务的。组织机构的规模、形式和内部结构必须在符合业务需要的前提下,将人员减少到最低限度。精简的关键是精,能够用最少的人力去完成任务。精简的目的是为了减少内耗,提高效率。因此,精简和效率相统一的主要标志是:配备的人员数量与所承担的任务相适应,机构内部分工得当,职责明确,每人有足够的工作量,工作效率高,应变能力强。

(4) 权责对等原则

餐饮管理是运用不同职位的权力去完成管理任务。责任是权力的基础,权力是责任的保证。责任和权力不相适应,管理人员就无法正常地从事各项管理工作。餐饮业的组织机构保持责任和权力相适应的标志是:组织机构的等级层次合理,各级管理人员的责任明确,权力大小能够保证所承担任务的顺利完成,责权分配不影响各级管理人员之间的协调与配合。

(5) 灵活柔性原则

餐饮组织结构设计要具有一定的灵活性,要根据内外环境的变化进行灵活调整。组织机构大小要同餐饮经营主体的等级规模相适应,内部专业分工程度同生产、服务的能力相协调,专业水平和业务能力同工作任务相适应。

二、餐饮组织结构的形态与模式

1. 餐饮组织的基本形态

(1) 直线型

这类管理组织系统是传统式的由上而下的指挥,采取垂直式命令管理。在这种组织形态下,每位员工的职责划分明确、界限分明,下属不但必须服从上级所交付的任何指令,而且还必须认真努力地去执行完成。组织中的统一指挥链非常明确,每个人的权限职责也十分分明。这类直线型组织形态是众多中小型餐饮经营主体的选择,其优势是简单、明了,缺点是僵化、不灵活。

（2）参谋型

这类管理方式的特色在于指挥系统中的指挥管理人员都是参谋顾问性质,他们只能为各部门提供专业知识或改进意见,但不能直接发布或下达任何行政命令。也就是说,这些人员的建议或指示必须通过各级主管人员才能达到命令各员工执行工作的目的。有些餐饮经营组织聘请的顾问或采取的咨询管理模式,大多采用这种方式。

（3）混合型

这种管理方式是一种结合了直线型与参谋型的优点所形成的指挥管理模式。在这种指挥系统下,指挥管理人员不仅可以发布行政命令,同时也可以对上级提出改进的意见。目前,混合型的管理方式是一些推广民主化、人本化管理的餐饮经营组织所采用的管理模式。

2. 饭店餐饮组织结构的一般模式

（1）小型饭店餐饮组织结构的简单模式

小型饭店餐厅数量少、类型单一,大多只经营中餐,其组织机构形式呈现扁平化,决策权力集中,适应性良好。小型饭店餐饮组织结构的简单模式呈现直线制特点。见图 3-1。

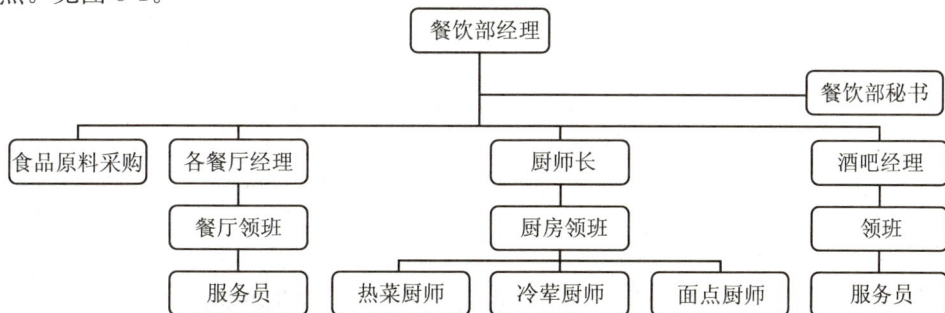

图 3-1　小型饭店餐饮组织结构

（2）中型饭店餐饮组织结构的复杂模式

中型饭店的餐厅一般规模比较大,餐厅类型比较齐全,厨房与餐厅配套,内部分工比较精细,餐饮经营管理组织结构也相对复杂。中型饭店餐饮组织结构的复杂模式层次较多。见图 3-2。

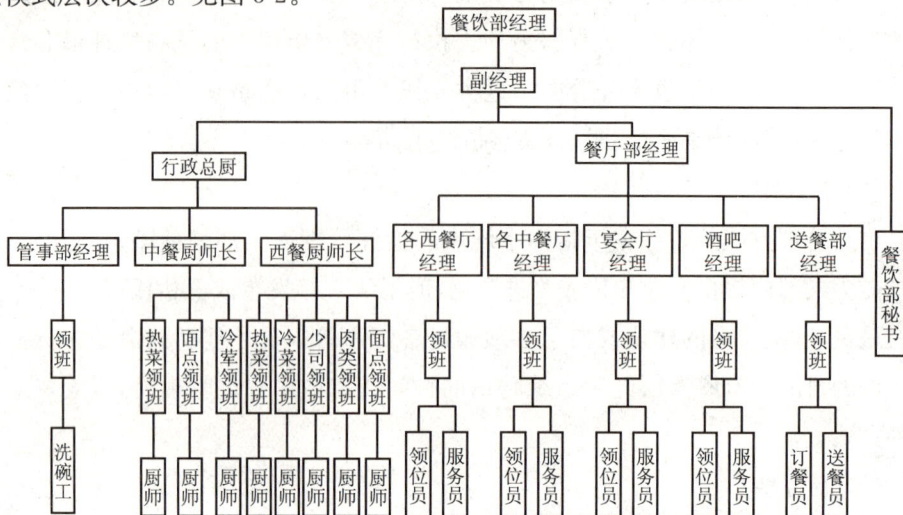

图 3-2 中型饭店餐饮组织结构

(3) 大型饭店餐饮组织结构的专业模式

大型饭店的餐厅多的可达十几个、几十个,包括中西餐、宴会、酒吧、客房送餐等各类业务,餐厅齐全。厨房与各种类型的餐厅配套,内部分工十分精细,组织结构专业化程度较高。大型饭店餐饮组织结构的模式呈现专门化、细分化的特点。见图 3-3。

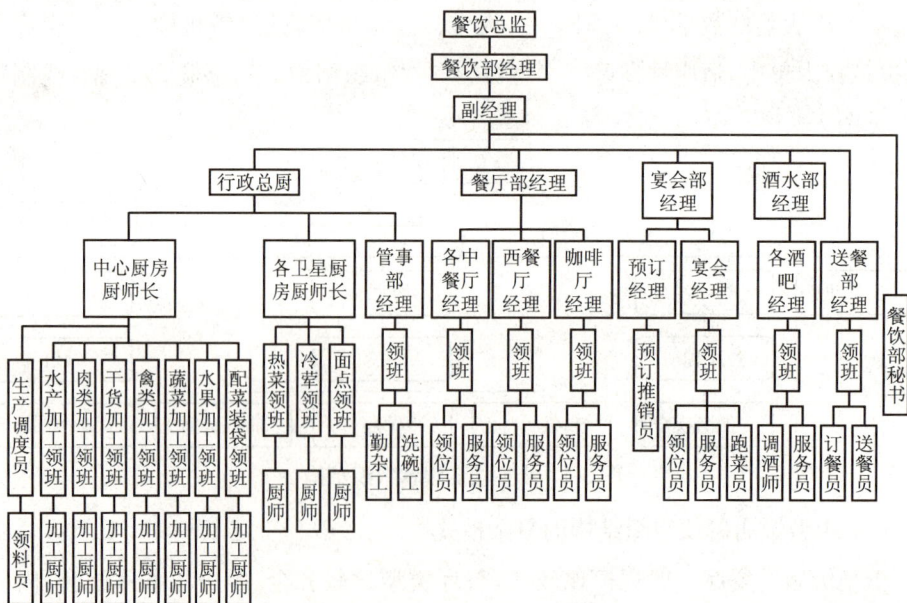

图 3-3 大型饭店餐饮组织结构

在餐厅管理的具体组织形式上又分为两种:一种与中型饭店基本类似,每个餐厅都设与之配套的厨房,各个厨房分别负责自己食品的原材料加工,其组织结构形式可在参阅中型饭店的基础上,增加餐厅和厨房;另一种是厨房实行专业化管理。全店设立中心厨房,各个餐厅设立卫星厨房。中心厨房统一为各卫星厨房加工食品原材料,按量装袋,供各卫星厨房使用,各卫星厨房则主要负责菜点的炉灶烹制。只有需要现场加工的特殊产品才在卫星厨房现场加工烹制,由此形成专业化的组织机构模式。

3. 独立餐饮企业组织结构的一般模式

独立的餐饮企业,其组织结构模式与饭店附属的餐饮部不同,具有比较健全的企业管理部门,其企业管理的组织结构具体形式也因企业规模、产品档次、接待能力的不同而不同。其组织结构一般按照职能部门化或流程部门化来设计。餐饮企业组织结构的一般模式见图3-4。

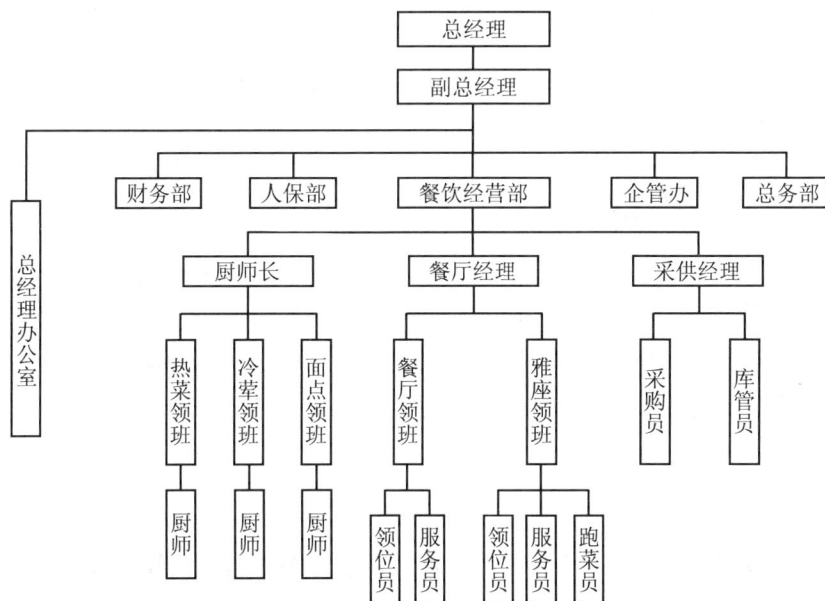

图3-4　餐饮企业组织结构的一般模式

4. 餐饮组织结构模式比较

餐饮业中常见的基本组织模式有以下几种:简约直线型、直线职能型、产品分部型、项目小组型和事业部型。

(1) 模式一:简约直线型

大部分中小型餐饮经营主体都会采取相对简单的直线型结构,其特色是组织结构非常扁平,管理决策权集中在总经理一人手中,并且大部分的管理指令都以口头形式颁布,执行效率较高。

尽管这种方式有很多弊端,比如管理过程随意、管理资料缺乏规范、有时甚至会出现重复下令乃至朝令夕改等现象,但面对餐饮业顾客需求多变的特点,这种扁平式的组织仍然十分有效。决策者亲临现场,能够快速获取重要信息,迅速回应并解决问题。

但是,这种模式的适用范围有限,而且对管理者的行业经验和专业素质尤其是临场状态都有很高要求。管理者通常都身兼数职,在高强度的工作节奏中能否保持清醒的头脑是关键问题。尤其是当经营规模扩张后,问题越来越多,此时仅靠时间和精力投入是难以彻底规范管理的,必须改变组织模式。

(2) 模式二:直线职能型

直线职能模式的好处是能同时发挥"直线制"控制严密的长处和"职能制"充分发挥专业人员作用的优点。

在餐饮经营主体内部有两条主线,一是负责主要经营业务运转的业务部门,这条线上依次是"经理——主管——领班——服务骨干——一线服务员"的链式分工;二是负责为主营业务提供智力支持和后勤保障的专业技术部门,如财务、采购、仓储、工程、营销和人力资源部门等。餐饮经营主体内部形成了基本的业务分工,有人专职从事于产品制作和对客服务,有人专门负责研究产品改进、成本控制和市场推广,各自都能做到充分发挥自己的专业优势,使自身范围内的效率最大化,是一种真正意义上的分工协作体系。

(3) 模式三:产品分部型

这一模式主要运用在餐厅的后台制作部门,也就是厨房和酒水部门。以中式厨房为例,行政总厨下可以根据餐厅类别分为若干厨师班组,若只有一个大型厨房,则可以依次分为红案、白案、凉菜、蒸菜、海鲜等班组。

以产品线为依据进行的组织设计能最大限度地理清员工相互间的权责,避免出现质量责任相互推诿的事件,但也会在一定程度上造成协调困难和人员设备的重叠设置,造成成本上的浪费。

(4) 模式四:项目小组型

这是借鉴当前很多高科技企业开发创新型产品的经验而逐步流行开来的组织形式,是对主要组织模式的一种灵活补充。

这种"矩阵式"特点的组织结构可以更好地集中优势资源来完成一些传统部门无能为力的重要项目，而且又不会对原来的组织结构和岗位设置造成严重冲击。近年来开始在很多领域得到应用，这也是未来餐饮业组织结构设计的基本模式之一。

（5）模式五：事业部型

在餐饮经营主体发展到相当规模后普遍采用的大型组织结构模式。从组织形式、信息沟通、岗位设置和财务核算上来说，比过去的直线职能模式要复杂很多，但对于有明显的几大业务板块的餐厅来说却是非常实用，其优势也很明显。

当餐饮经营主体发展规模扩大时，管理层为便于管理，可以增设几个事业部——火锅事业部、海鲜事业部、快餐事业部以及送餐事业部等，每个部门都独立拥有自己下属的直线及职能部门，总部负责为各分部配置资金、人才、设备以及整体营销推广等等。这种多元化格局一经形成，原来的传统结构肯定不再适用，各个不同事业部在产品工艺、客户定位上的显著差异也宣告了原来传统的组织模式的退出。

事业部型的组织结构模式优缺点都十分明显，最大的挑战来自管理分权，独立核算运营的事业部要求总部尽可能地下放管理决策权，因为市场变化不容许他们按照缓慢的官僚程序来反复地申报、审批和讨论，但该不该放权、如何放权以及放了以后如何监督和制约都是管理者必须考虑解决的重大难题，否则事业部设置就极有可能"徒有其名"。

第二节　餐饮岗位管理

餐饮组织结构设计为餐饮经营正常运行提供了基本的运行框架，为保证业务流程的良好运行，必须按照组织设计的基本要求配置适合的人力资源，并进行有效的岗位设计与管理。

一、餐饮岗位设计的原则与内容

1. 餐饮岗位设计的主要原则

法国管理学家亨利·法约尔是现代组织理论的创始者，他在 1916 年提出的关于组织管理的"十四条原则"虽然过去了近一个世纪,却仍然被誉为组织管理经典。对于餐饮经营者来说,这些原则中的每一条都是管理实践的经验总结。

(1) 分工原则

当任务的强度和复杂性达到一定程度后,管理者就必须主动进行专业化分工,避免让个别员工同时从事太多不同性质的复杂工作,从而达到充分发挥各自能力和知识优势的目的。餐饮行业基层员工多、分工复杂,分工体系是从根本上降低失误率的关键所在。

(2) 权责对等原则

权力可区分为管理人员的职务权力和个人权力,其中职务权力是由职位产生的,个人权力则是指由担任职务者的个性、经验、道德品质以及能使下属努力工作的其他个人特性而产生的权力。个人权力是职务权力不可缺少的条件。法约尔特别强调权力与责任的统一。很多餐厅管理人员喜欢动用自己的职务权力,喜欢下达命令。员工完成任务是自己指挥得当,完不成任务是员工能力不济,这是一种典型的"权责不对等"现象。

(3) 纪律原则

纪律是贯彻各项管理指令的基础,纪律松弛本身就是领导不力的结果。很多餐饮组织具有成套的制度,对各个主要的技术环节也有相应的明确规定,但大部分都停留在纸面上,究其原因就是配套的监督和纪律约束手段不到位,久而久之就降低了制度原本应有的权威性。

(4) 统一指挥原则

在一个组织里,管理人员只能有一个直接上级,也只接受一个直接上级的具体指令,否则将会陷入多头管理或双重命令的麻烦,使执行者无所适从。餐饮业务复杂,专业化程度较高,坚持统一指挥原则可以避免许多失误。

(5) 统一领导原则

每一个管理人员能直接管理的员工即管理幅度必须与其工作性质、管理对象和经营目标一致,而管理幅度本身也是管理层次的决定因素。餐饮组织岗位设计时要考虑到管理层次及幅度的适宜性,坚持统一领导、目标一致的原则。

(6) 个人利益服从整体利益原则

该原则主张消除"无知、野心、自私、懒惰、软弱和人类所有的情欲",因为当某个人或某个集团企图控制组织时,这些问题即会引起冲突。餐饮经营总目标必须包含员工个人目标,个人利益也不能超越集体利益,当两者冲突时领导要以身作则。

(7)报酬合理原则

报酬制度应当合理,要有界限,但是任何优良的报酬制度都无法取代优良的管理。餐饮报酬管理应当公平合理,这也是激励员工的手段之一。

(8)集权与分权原则

在餐饮组织里,集权或分权的程度应视管理人员的个性、道德品质、下级人员的可靠性以及经营规模、条件等情况而定。一般来说,极端的集权或者过度的分权都不利于管理。

(9)等级链原则

等级链即从最上级到最下级各层权力联成的等级结构。它是一条权力线,用以贯彻执行统一的命令和保证信息传递的秩序。餐饮组织结构中人员的统一指挥是保证执行力的重要条件。另外沟通的跳板是权力等级信息传递的途径。

(10)秩序原则

岗位设计要保证有职位安排给每个人,而且每个人都安排在应该安排的职位上。即餐饮经营管理要做到人人有事做、事事有人管,这样才能保证管理效率。

(11)公平原则

管理者在管理时要保证人本管理,对待员工做到善意与公道相结合。餐饮员工岗位设计要体现伦理导向及企业社会责任。即以亲切、友好、公正的态度严格执行规章制度。员工们受到平等对待后,会以忠诚和奉献的精神去完成他们的任务。

(12)稳定原则

稳定意味着对周边环境和技术流程的熟悉,意味着管理团队相互间的配合默契,还意味着员工对工作的忠诚和奉献精神。餐饮专业人员流失会导致经营活动中断。

(13)主动原则

员工发挥主动性将产生强大的推动力量,使经营管理更加高效。必须大力提倡、鼓励员工认真思考问题和创新的精神,同时也要注意使员工的主动性受到等级链和纪律的限制。

(14)集体原则

员工的融洽、团结可以形成良好的氛围。通过组织文化建设可以塑造集体精神,增强组织的凝聚力和员工的归属感。

2. 餐饮岗位设计的内容

(1) 岗位名称

指各岗位的具体称呼。由于餐饮行业范围广,各地区发展不平衡,文化背景也不完全相同,因此对于各岗位名称的称呼实际上存在一定的差异,南北差异表现得尤其明显。目前餐饮业在岗位名称的统一上仅有大致的规范。但作为同一个餐饮组织不应该出现一个岗位几种叫法的现象,应该在内部做到规范一致。另外,岗位职责中的岗位名称还必须与组织结构图中的称呼相一致。

(2) 岗位级别

岗位级别是该岗位在餐饮组织层次中的纵向位置,在实行岗位技能工资制度的餐饮经营主体中,岗位级别的制定尤为重要。目前,很多餐饮组织为了鼓励员工到一线直接为顾客服务,减少行政编制,推行岗位技能工资制,即将餐饮组织中自总经理到实习生分别划入不同的工资等级,一岗一薪,易岗易薪。

(3) 直接上司

直接上司即本岗位的直接管理者。注明直接上司的目的是使每个岗位的人员知道自己应向谁负责,服从谁的工作指令,向谁汇报工作。餐厅服务员的直接上司应该是餐厅领班,餐厅领班的直接上司是餐厅主管。

(4) 管理对象

管理对象是针对管理岗位设立的,目的是使每个管理者清楚地知道自己的管辖范围,避免工作中出现跨部门或越级指挥等现象的出现。餐饮组织机构基本上按照管理幅度的原则相应地规定了每个管理岗位的管辖范围,其目的是要充分发挥各管理岗位管理人员的潜能,做好各自的管理工作,保证各作业点的正常运营,同时也避免了各岗位的管理者越级指挥或横向指挥等交叉、混乱现象的发生。

(5) 职责提要

职责提要又称岗位要领、岗位职责,即用非常简明的语言将该岗位的主要工作职责做一描述。这对快速、宏观地把握一个岗位的工作要领十分有用。

(6) 具体职责

具体职责是从计划、组织、协调、控制等方面具体规定每个岗位的工作内容,其目的就是要使该岗位的工作人员通过具体职责的学习,清楚地知道自己该履行哪些职责、完成哪些任务。因此,具体职责实际上是各个岗位的一份翔实的工作任务书。具体职责的编写应注意明确任务,简明扼要,尽量减少不必要的描述性说明;

工作标准、要求、工作步骤等应该属于工作程序的内容,不必在此出现。

(7) 任职条件

任职条件又称为职务要求,也就是明确该岗位员工必须具备的基本素质要求。任职条件一般包括五个方面的内容:态度,指工作态度和个人品德要求;知识,即从事该岗位工作的员工必须具备的基本知识要求;技能,从事该岗位工作的员工必须具备的基本技能要求(对管理岗位还包括各项管理能力的要求,如计划组织能力、文字和口头语言表达能力、沟通能力等);学历和经历,是从事该岗位的员工必须具备适宜文化程度的要求,以及生产、管理岗位的工作及管理经历的要求;身体状况,是针对本岗位的具体情况,提出的胜任相关职责所具备的身体素质方面的要求。

(8) 岗位权力

岗位权力是针对管理岗位设立的一项内容,按照层级管理的原则,对相应岗位的管理人员应该做到职、权、利相统一,赋予他们相应的管理权限,其目的是为了更好地把管理工作做好。至于授权幅度,各餐饮组织不完全相同,有的授权至领班,有的授权至主管,也有的只授权至部门经理。

3. 岗位职务说明书

岗位职责也称为工作描述,是在工作分析的基础上所制定的、针对某一岗位的责任书。它规定了该岗位的特点、主要工作任务及任职资格等方面的内容。表3-1是餐饮部副经理职务说明书。

表3-1　餐饮部副经理职务说明书

岗位名称	餐饮部副经理	所在部门	餐饮部
岗位级别	一级正	直接上级	餐饮部经理
岗位定员	1	直接下级	各班组
工作时间	正常		

	职责与工作任务		
职责一	职责表述:协助经理抓好生产管理工作		建议工作时间百分比:35%
	工作任务	1. 协助经理抓好日常管理工作; 2. 主管日常生产工作。	
职责二	职责表述:负责抓好各项安全工作、卫生工作		建议工作时间百分比:30%
	工作任务	1. 负责抓好消防安全、环境卫生工作; 2. 检查、督促并指导安全生产; 3. 负责餐饮部各种生产和办公设备的管理工作。	

（续表）

	职责与工作任务	
职责三	职责表述:协助经理制订各项制度	建议工作时间百分比:30%
	工作任务	1. 参与制定餐饮部服务标准、工作程序和规章制度; 2. 组织并确保各项制度正常实施; 3. 负责班组人员的调配。
职责四	职责表述:及时完成领导交办的其他工作	建议工作时间百分比:5%
	工作任务	
权力	1. 有调配所属员工工作及休假的权力; 2. 对所辖范围员工,有决定奖惩、提议晋升或调换工作的权力; 3. 有审批员工病事假的权力。	

	工作协调关系	
对内协调关系	酒店各职能部门及餐饮部内部各班组	
对外协调关系	高等院校、相关餐饮单位	
岗位要求	基本要求	年龄:30 岁以上　　　　　　学历:大专以上 工作经验:三年以上
	专业要求	受过餐饮管理专业培训,掌握餐饮管理与服务的专业知识和技能。
	工作要求	工作认真负责;有较强的事业心和责任感;有较强的应变能力;有一定的组织管理能力。
说明		

二、餐饮岗位职责的具体内容

根据餐饮岗位设计的原则,最终确定的餐饮岗位通过职务说明书将每一个不同的管理岗位的主要职责明确下来。不同的岗位,具有不同的岗位职责要求。下面介绍部分主要的餐饮管理岗位职责的具体内容:

1. 餐饮总监岗位职责

岗位名称:餐饮总监

岗位级别:(略)

直接上司:总经理

管理对象:餐饮部经理、行政总厨

职责提要:全面负责组织制订并实施餐饮部门工作计划和经营预算,督导餐饮部门日常运转管理,确保为顾客提供优质高效的餐饮服务并进行有效的成本控制。

具体职责：

（1）负责制订餐饮部门营销计划、长短期经营预算，带领全体员工积极完成和超额完成指标；

（2）主持建立和完善餐饮部门的各项规章制度及服务程序与标准，并督导实施；

（3）定期深入各部门听取汇报并检查工作情况，控制餐饮部门各项收支，确定餐饮销售价格，监督采购和盘点工作，进行有效的成本控制；

（4）检查管理人员的工作情况和餐厅服务规范及各项规章制度的执行情况，发现问题及时采取措施，出色地完成各项接待任务；

（5）定期同餐饮部经理、行政总厨研究新菜点，推出新菜单，并有针对性地进行各项促销活动；

（6）负责下属部门负责人的任务及其管理工作的日常督导，定期对下属进行绩效评估；

（7）组织和实施餐饮部员工的服务技艺和烹饪技术培训工作，提高员工素质，为企业树立良好的形象和声誉；

（8）建立良好的对客关系，主动征求顾客对餐饮的意见和建议，积极认真地处理顾客的投诉，保证最大限度地满足顾客的餐饮需求，提高餐饮服务质量；

（9）重视安全和饮食卫生工作，认真贯彻实施《食品卫生法》，开展经常性的安全保卫、防火教育，确保顾客安全和餐厅、厨房及库房的安全；

（10）做好餐饮部门与其他各部门之间的沟通、协调和配合工作；

（11）参加每日总经理工作例会，主持每日餐饮例会，保证企业的工作指令得到有效的贯彻执行；

（12）完成总经理交给的其他业务。

任职条件：具有强烈的事业心和责任感，忠于企业，工作认真，讲求效率，坚持原则，不谋私利，处事公正，知人善任；具有丰富的餐饮服务、成本控制、烹饪技术、设施设备维护、市场营销、食品营养与健康等餐饮专业知识；具有较强的组织管理能力，能科学地制订各项餐饮计划，有效地控制餐饮成本，合理地安排工作，能督导各种餐饮服务规范和菜肴质量标准的执行，具有较强的口头表达能力和撰写业务报告的能力；具有大专以上学历，受过系统的餐饮管理培训，有五年以上餐饮管理经历；身体健康，精力充沛。

职责权力:根据餐饮企业的工资和奖金政策,对下属具有奖惩权;根据餐饮企业的人事政策,对下属部门人员具有录用选配、任命和除名的处理权;有审批下属上报的申购、领用、加班、休假等权力;处理顾客投诉时有免费、打折的权力。

2. 餐厅经理的岗位职责

餐厅经理需要具有多方面的才能,必须是个出色的技术员,通晓餐厅服务的全部过程和各个环节;必须是位称职的主管,善于培训、指挥员工,并协调他们的工作;必须具有对付各种类型的顾客及推销餐饮、提高餐厅销售收入的能力;更必须是一位精明的管理者,具有组织工作、安排生产以及控制餐饮品质和成本的知识和能力。

(1) 餐厅经理的一般岗位职责

第一,营业前的职责。确定餐厅空调的温度适中;检查餐厅内的灯泡及灯光;检查餐厅内所有装饰品是否摆正;检查餐桌餐椅放置地点是否正确,是否摆放整齐,餐桌摆设是否正确完整;检查餐厅内的清洁工作是否落实;检查客用洗手间;与厨房确认订席情形(特别是有规模较大的订席时),并了解厨房存货情况;确定服务员出勤人数;检查菜单内页与封面是否完整干净;查验每个备餐台的各种应用物品是否备齐;餐厅内的卫生与安全检查;检查服务人员的服装仪容;宣布订席状况(强调 VIP 及熟客习惯、主人姓氏及头衔、用餐特殊要求、餐席标准、餐席总数等);检讨前日工作疏失或顾客抱怨,并提出改进措施及以后防范措施;给各领班分配责任区及通告注意事项;宣布今日特别菜肴或饮料,以利于服务人员推销;公布其他餐厅正举行或将要举行的促销活动;传达上级指示。

第二,营业中的职责。迎宾(问候顾客并与熟客亲切寒暄),领座(特别是VIP);向顾客提供有关食品、饮料的信息,并作必要的推销;确定全体人员提供的是高效率与殷勤的服务;随时注意餐厅内的任何动态(服务与顾客的满意度);顾客若有抱怨必须亲自解决,谨慎处理难缠的顾客;实施安全措施;与厨房保持密切联系;维持餐厅内适宜的气氛,随时掌握座位状况;当顾客或服务人员发生意外时,马上采取必要行动;满足顾客合理的要求;督导服务。

第三,营业结束后的职责。检查可能引起火灾的危险之处(如垃圾桶内是否扔有未熄灭的烟蒂);查验餐厅内电器是否已经关掉或在适当的位置;所有电灯是否关掉;检查各个橱柜、房门是否上锁;填写营业日志(营业额、顾客抱怨或建议、特殊状况等);填写交接本,交代领班有何特别重要事项;查看第二天的订席情形并了解是否有特别注意事项;离开餐厅之前再巡视一次。

第四,其他责任。指导所有员工的在职培训;参加餐饮部会议及其他必要会议;定期变换菜单,适时推出促销活动,以提高营业收入及餐厅形象;随时注意所属员工的出勤状况;领导员工遵循员工守则;负责招募新进员工与面试,并指导领班培训新员工;预先向新进员工说明餐厅的特别规定;根据生意淡旺调整人员;坚守顾客至上的原则,认真带领服务人员向顾客提供主动、周到、亲切、有礼的服务;随时机动地调整人力分配;指导训练员工,丰富员工的安全、卫生、消防知识;随时注意餐饮的成本控制;指导服务人员正确的推销技巧;观察并记录所属员工的工作表现,作为评估参考;建议适任员工的晋升;每星期至少做一次餐厅总检查;随时注意餐厅内各式物品、器皿、器具、桌布、家具的消耗、破损与维修情况。

(2) 各类餐厅经理的具体岗位职责

第一,餐饮部经理岗位职责。

岗位名称:餐饮部经理

岗位级别:(略)

直接上司:餐饮总监

管理对象:中餐厅、宴会厅、酒吧、西餐厅、风味厅经理、管事部主管

职责提要:协助餐饮总监负责餐饮服务运转与管理,负责完善和提高各营业点的服务工作及质量,确保向顾客提供优良服务和优质产品。

具体职责:

一是协助餐饮总监督导各餐厅、酒吧、管事部的日常工作,保证各点达到服务水准要求;

二是编制餐饮部各种服务规范和工作程序,参与制订各餐厅、酒吧、管事部的工作计划、经营预算,并督促和检查员工认真贯彻执行;

三是协助制订并监督实施餐饮部各项培训计划,定期对下属进行绩效评估,提出奖惩建议;

四是与餐饮总监、总厨师长共同分析营业成本,采取有效措施,加强成本控制;

五是协助餐饮总监制定和实施各项餐饮推销计划;

六是做好各餐厅、酒吧、管事部的内部协调工作及与其他相关部门的沟通合作工作,尤其要协调好前台服务和厨房生产的关系,确保工作效率,减少不必要的差错;

七是经常巡视各营业点运转情况,负责督导、检查各餐厅服务质量,广泛征集顾客意见和建议,并组织落实;

八是负责检查员工仪表仪容和执行规章制度的情况;

九是督导下属对所辖范围内的设备进行维护保养;

十是完成餐饮总监布置的任务。

任职条件:具有较强的事业心和责任感,工作认真踏实,为人处世公正严明;熟练掌握餐饮管理与服务的专业知识和技能;具有较强的组织管理能力,能够制定各种餐饮服务规范和服务程序,并组织员工认真贯彻执行,具有妥善处理顾客投诉及其他突发事件的能力;大专以上学历,受过系统的餐饮管理专业培训,有三年以上餐饮管理经历;身体健康,精力充沛。

职责权力:对本部门员工有选用、奖惩、调配的建议权;有审批下属上报的申购、领用、加班休假的权力;处理顾客投诉时有打折的权力。

第二,西餐厅经理岗位职责。

岗位名称:西餐厅经理

岗位级别:(略)

直接上司:餐饮部经理

管理对象:咖啡厅领班、西餐厅领班、客房用餐领班

职责提要:负责西餐厅和咖啡厅及房内用膳的日常运转与管理工作,组织下属为顾客提供优质高效的餐饮服务,树立良好的餐厅形象,尽力提高餐饮收入。

具体职责:

一是负责制定西餐服务标准、工作程序和要求,并组织实施;

二是负责咖啡厅、西餐厅员工的工作班次安排,保证餐厅对顾客服务的正常运转;

三是检查和督导食品质量、服务质量、员工纪律及各项制度的执行落实;

四是负责对属下领班进行考勤考核和评估;

五是参加迎送重要顾客,主动征求顾客意见,及时汇报和妥善处理顾客投诉;

六是协调和其他部门的联系,确保顾客得到满意的餐饮产品和良好的服务;

七是负责制订员工培训计划,对下属员工进行业务培训,不断提高他们的服务技能和服务技巧;

八是负责制订本餐厅推销策略及方法,督促员工做好食品饮料的推销工作,努

力提高餐饮销售收入；

九是建立物资管理制度，负责对餐饮设备、物资、用具等实行严格管理；

十是审核餐厅的营业收入，协助收款员做好结账控制工作，杜绝舞弊行为；

十一是督促下属做好安全、卫生工作；

十二是完成上级布置的其他工作。

任职条件：具有较强的事业心和责任感，工作认真踏实，勤勤恳恳；掌握必备的酒水、食品、烹饪知识，熟悉顾客的用餐习惯和用餐特点；熟练掌握西餐和酒水的服务技能，掌握一定的心理学知识和推销技巧，能熟练运用一种外语进行对客服务；大专毕业或同等学力，有从事餐饮服务工作和管理工作三年以上经历；身体健康，仪表端庄，精力充沛。

职责权力：有调配下属员工工作的权力；有对下属员工给予奖励和处罚的建议权。

第三，咖啡厅经理岗位职责。

岗位名称：咖啡厅经理

岗位级别：（略）

直接上司：西餐厅经理

管理对象：咖啡厅服务员、房膳预订员

职责提要：在西餐厅经理的领导下，负责咖啡厅的服务管理工作，带领下属员工按照服务程序和标准向顾客提供热情、周到、高效的餐饮服务。

具体职责：

一是协助经理制定和实施咖啡厅工作标准和服务程序，督导员工严格履行其岗位职责；

二是根据营业情况，对服务员进行工作任务分配，并经常检查咖啡厅对客服务工作，确保提供优质服务；

三是与顾客和厨房保持良好的工作关系，及时向经理和厨师长反馈顾客对食品、服务方面的信息，不断提高餐饮出品质量和服务质量；

四是了解客情，为重要顾客服务；

五是妥善处理咖啡厅出现的问题和顾客的投诉，并及时向经理汇报；

六是定期检查、清点服务设备、餐具、布料等物品，减少物品损耗；

七是负责检查客房用餐的预订及服务工作，确保提供优质高效的送餐服务；

八是督促服务员做好服务区域的安全和清洁卫生服务工作,保证达到企业规定的标准;

九是协助经理做好对服务员的考核评估及业务培训工作,不断提高他们的服务技能;

十是负责检查和督促客房用餐的预订工作,并妥善安排送餐和服务工作,确保提供及时、周到、礼貌的送餐服务;

十一是完成上级布置的其他服务。

任职条件:热爱本职工作,工作勤勤恳恳,认真负责;有一定西餐菜肴、食品、酒水等方面的知识;有一定的组织和管理能力,具有熟练的服务技能,能用一种外语进行对客服务;具有高中以上学历或同等学力,具有一年以上服务员工作经历;身体健康,仪表端庄。

职责权力:有调配下属员工工作的权力;有对下属员工给予奖励和处罚的建议权。

第四,中餐厅经理岗位职责。

岗位名称:中餐厅经理

岗位级别:(略)

直接上司:餐饮部经理

管理对象:中餐厅领班

职责提要:具体负责中餐厅的日常运转和管理工作,保证以舒适的就餐环境、良好的服务来吸引客源,通过向顾客提供规范程序、高标准的优质服务,来获取最佳的经济效益和社会效益。

具体职责:

一是了解客情,根据客情编排员工班次和休息日,负责员工的考勤工作;

二是参与制定中餐服务标准和工作程序,并组织和确保这些服务程序和标准的实施;

三是负责与相关部门的工作协调,处理各种突发事件;

四是与中餐厨师长保持良好的合作关系,及时将顾客对菜肴的建议和意见转告厨师长,供厨师长在研究制定菜单时作为参考;

五是开餐期间,负责整个餐厅的督导、巡察工作;迎送重要顾客并在服务中给予特殊关照;认真处理顾客的投诉,并将顾客的投诉意见及时向上级报告;

六是检查对客服务的结账过程,杜绝舞弊现象;

七是督导员工正确使用餐厅的各种设备和用品,做好清洁保养工作,控制餐具的损耗;

八是建立物资管理制度,组织管理好餐厅的各种用品;

九是签署餐厅各种用品的领用单、设备维修单、损耗报告单等,保证餐厅的正常运行;

十是督导下属保持始终如一的餐厅卫生水准;

十一是负责对员工工作表现进行定期评估;制订员工培训计划,并予以落实;

十二是出席餐饮部召开的会议,主持中餐厅内部会议;

十三是督促员工遵守企业的各项规章制度;

十四是完成餐饮部经理布置的其他任务。

任职条件:热爱服务工作,工作踏实、认真,有较强的事业心和责任心;通晓餐厅服务和管理方面的知识,懂得服务心理学及餐饮推销技巧;具有熟练的服务技能,能用一门外语较熟练地进行对客服务;中专毕业或具有同等学力,有从事餐饮服务工作两年以上工作经历;身体健康,仪表端庄,精力充沛。

职责权力:有调配所属员工工作及休假的权力;对所辖范围员工,有建议奖罚、提议晋升或调换工作岗位的权力;有签署领料单和审批员工病假、事假的权力。

3. 餐饮服务人员的岗位职责

餐饮服务人员的全部工作和活动可分为三大部分:一是接待,接受预订、迎宾、衣帽服务、领座、递送菜单等;二是销售,招待顾客,协助或指导选菜,回答各种有关问题;三是控制,检查餐饮质量和数量,结账、收款等。

为了顺利完成上述三方面的活动,餐饮工作人员必须合理地分工,也就是说,餐厅必须要明确规定每一个人员的职责和权力,包括经理、领班、领座员、服务员等,并按照组织的原则,发布命令、接受命令、完成工作。

(1) 餐厅领班的职责

餐厅服务通常是分区的,每个区域的服务工作由领班管理。根据餐厅规模的不同,有的餐厅领班需参加实际餐饮服务,有的领班只负责该区域的组织、检查、监督及协调工作。其主要职责如下:

一是营业前巡视所负责区域是否整洁,设施与各项器具是否完善;

二是了解订席情形,做好准备工作,指挥餐桌摆设及各项清洁工作;

三是与厨房沟通以了解当日菜肴,并转告所属员工;

四是协助主管主持简报;

五是替顾客点菜时须注意适量及顾客的喜好;

六是营业中随时注意顾客动态,以提供周全的服务,必要时协助服务工作,点菜或点饮料时积极地推荐及推销;

七是在服务员上菜前应注意是否有所遗漏或菜肴是否正确;

八是顾客结账时应检查账单是否正确无误;

九是视顾客消费情况提供免费停车证明;

十是营业结束后督导所属员工清理器具、物品并归位;

十一是整理第二天的营业场所;

十二是培训与指导所属服务员,丰富他们的餐饮知识与技巧,提高他们的服务水平;

十三是考核员工出勤,编制员工排班表;

十四是接受上级主管的指示并完成分派的工作;

十五是处理顾客抱怨并向主管报告;

十六是督导服务员的服装仪容及服务礼仪与态度,强化他们的卫生观念及安全观念;

十七是向主管汇报服务中的不足之处,并提出改进意见,做好领班间的协调工作;

十八是处理顾客的遗留物品;

十九是协助接听电话;

二十是负责盘点与器皿的报废工作,填写报修单,并追踪结果。

(2) 餐厅接待员(领座员)的职责

领座员负责餐饮预订、宴会预订以及安排座位和各种对外联络工作,领导、监督餐厅接待员的工作,因此必须对餐厅供应的餐饮内容了如指掌,而且仪容应端庄大方、风度高雅、嗓音甜美。领座员的工作职责包括:

一是接听电话并代为转达。

二是接受与安排订位。

三是负责门口区域的环境与海报架的清洁。

四是负责订位台及订席簿的整齐与清洁。

五是熟悉餐厅各项设施，以便随时回答顾客的询问。

六是谨遵"顾客至上"的信条，与顾客交谈时要诚恳亲切。

七是熟悉餐厅所提供的菜肴与饮料。

八是随时注意自己的站姿，保持端庄大方的仪态。

九是接待顾客必须注意的问题。包括：①面带笑容以示欢迎；②看见顾客马上说"欢迎光临"；③招呼顾客时以其姓氏及头衔称呼；④请教顾客人数及是否有订位；⑤引导顾客到适当的座位，引导时采用请的手势并说"这边请"；⑥引导时注意步伐，与顾客保持适当距离，并随时回头注意顾客；⑦到达后先询问顾客对座位是否满意；⑧帮主宾或女客拉开椅子并代为摊开餐巾（口布）；⑨等顾客坐定后将菜单一一递送给顾客；⑩离开前告诉顾客服务人员会马上过来服务，并祝顾客用餐愉快；⑪马上回到工作岗位。

十是随时检视服装仪容。

十一是接受并完成上级交办的其他任务。

（3）餐厅服务员的工作职责

服务员作为一线员工可谓餐厅的灵魂人物，他们除了肩负着服务顾客的重任之外，还要负责餐厅的推销工作，所以一位优秀的餐厅服务员必须同时兼具高超的餐饮服务技巧、丰富的产品知识和良好的销售技能。可以说，一位优秀的餐厅服务员同时也是一名优秀的餐厅推销员。其主要工作职责是：

一是负责桌面的摆设，并确定所需物品一应俱全；

二是熟悉餐厅服务流程，熟悉各式器皿正确的使用方法，熟练掌握服务技巧及餐饮实务知识；

三是顾客入座后正确递送菜单，并按人数增减餐具；

四是了解菜色内容，以做适当的推销；

五是采用正确的上菜方式，并能正确端送给顾客而不必询问顾客哪一位吃什么；

六是随时替顾客添加茶水；

七是帮忙盘点，保持服务区域内的整齐与清洁；

八是将用过的餐具分类送洗，并清点桌布送洗；

九是熟悉多种餐巾（口布）的折叠方式；

十是在服务区内准备所有备用品，保持餐具柜的整齐；

十一是随时补充各式餐具与备用品；

十二是注意自己的服务仪容及个人卫生;

十三是谨遵"顾客至上"、"顾客满意"的格言;

十四是随时注意顾客所点菜肴是否有延误,若有问题马上通知主管,顾客离开后迅速而轻巧地收拾餐具;

十五是熟悉买单流程;

十六是将顾客遗留的物品(通知主管后)送交有关部门处理;

十七是负责擦拭各种餐具;

十八是顾客若有抱怨或意见,马上通知主管处理;

十九是遇见顾客以亲切态度打招呼,善用服务用语(如:"欢迎光临"、"谢谢"、"对不起"、"请");

二十是完成主管指派的工作。

4. 厨房人员工作职责

厨房最主要的活动是食物的制作,这主要由整个厨房的组织编制来负责完成此项务。无论中厨或西厨,主厨可以说是整个厨务工作的灵魂人物,其下属的各厨师及助理都必须遵守主厨所分派的工作而恪尽职守。主厨的职责主要包括:

一是负责主持厨房(中或西)的日常事务工作;

二是根据客源、货源及厨房技术力量和设备条件,准备宴会菜单,每天提供各班组所需食品原料的请购单,交采购供应部;

三是协调各班组间的工作,检查各项工作任务的落实完成情况,及时向部门经理汇报,提出改进意见;

四是负责对菜点质量的全面检查,对不符合烹饪要求的原料,及不符合规格、质量要求的成品和半成品有权督促重做或补足,并对制作者给予相应处罚;

五是负责检查各组的卫生情况,检查各组的冰箱、橱柜、抽屉、工作台、门窗等的清洁卫生,并审核各组的卫生用品的领用情况;

六是负责各组人员的考勤,合理排班,根据工作需要决定加班人员和加班时间的安排,指导所属各组领班的工作,检查各项任务的执行情况;

七是负责安排每周的菜单,根据顾客不同口味要求安排点菜单和特定菜单,并指派专人制作;

八是经常与餐厅经理、业务经理取得联系,并虚心听取顾客意见,不断研究菜肴品质,满足顾客需要。

三、餐饮员工激励

餐饮行业人员流动性较大，员工跳槽频繁，人力资源管理的主要工作目标是稳定员工队伍，运用适宜的激励机制调动员工积极性。

1. 餐饮员工激励的主要途径

（1）职务激励

了解和认识职务对于员工的吸引力是成功的职务内容设计的关键，当然，这也是餐饮管理实践中一个老生常谈的焦点话题。很多餐厅经理们也在实践中逐渐意识到，很多员工对于职务的真实感受比他们预计的要复杂很多，一些看上去极其简单的工作之所以会出现执行走样、偷工减料甚至敷衍了事的情况，原因就在于员工已经在骨子里产生了深深的厌倦。

如何测算具体岗位对员工的吸引力，管理学家们曾经对如何分析和比较职务的真实吸引做了大量的实证研究，并总结出了一些有趣的分析方法。其基本公式如下：

岗位激励潜力（MPS）得分＝（技能多样性＋任务同一性＋任务重要性）/3×自主性×反馈

公式中所列的五个项目是来自于"职务特征模型（JCM）"中的核心维度，可以用来分析具体职务对员工生产率、工作动力和满足感的影响。

技能多样性：指一项职务要求员工使用各种技术和才能从事多种不同活动的程度，如营销代表就应该同时具备市场调研、信息采集、情报刺探、客户开发、产品宣讲、业务细节策划、营销活动策划与组织、社会公关等多项技能，属于很典型的技能多样性工种，员工也大多很喜欢其中的挑战性。

任务同一性：指一项职务要求完成一项完整的和具有同一性任务的程度。这个提法有点费解，其大意是说一个人能独立完成一项工作的全部流程环节的程度。比如说调酒师的工作从酒水选型到设备保养，从材料申购到现场勾兑，几乎全部的环节都由他一个人包办。

任务重要性：指一项职务对其他人的工作和生活具有实质性影响的程度。这一点很好理解，如采购肩负着为全餐厅按时按质量提供材料和设备的任务，他的工作质量直接关系到很多其他工作，是很多关键流程的起点，其任务重要性程度非常高。

自主性:指一项职务给予任职者在安排工作进度和决定从事工作具体使用方法时的实质性的自由、独立和自主的程度,也就是指员工在自己职责范围内的决策权限的大小和可调用资源的多少。比如仓库管理员尽管工作性质非常重要,但并没有什么自主权。他不能自己决定上班时间,不能自己决定库存摆放内容,而只能接受相关指令安排。

反馈:指个人为从事职务所要求工作活动所需要获得的有关其绩效信息的直接和清晰程度,也就是说,他能在多大程度上了解到自己所付出努力的实际效果如何。这反映了员工能否有机会客观量化地直接观测到自己的工作业绩,而避免被其他人主观臆断地进行评价。比如对于厨师来说,这就是很值得关注的一个指标。

以上述公式为依据,可以对职务的具体内涵进行更具技术含量的剖析,比如可以考虑增加其职务深度,允许员工对其工作施加更大的控制,这就是职务丰富化技术的初衷。在餐饮组织里,可以将职务丰富化理解为批准员工(尤其是基层员工)做一些通常是由他们上级管理人员完成的任务,这其中最能吸引员工的是允许甚至督促他们自己去计划和评价自己的工作。

比如,餐厅领班可以在自己班组范围内决定如何开展月度员工培训计划,可以自行决定具体设计培训科目、教材,安排培训时间,以及组织培训考核的方式,甚至可以宣布考核结果将影响班组员工岗位的调整等等。而在过去,这些都是餐厅主管或经理直接安排好了以后公开宣布,再由领班负责在班组具体落实的。领班个人对培训的看法对培训计划没有什么影响。

丰富化后的职务设计将给员工带来更大的自主权、独立性和责任感,并鼓励员工尽可能从头到尾地去完成一项完整的活动,更重要的是,前后连贯起来并且由一个员工或小组主导完成的任务更容易衡量其绩效水平,方便员工清晰地评价和改进自己的工作。

比如在厨房内部,不同技术班组间也可以进行类似调整。有些餐厅将蒸菜师傅单列出来,自主管理,独立核算,其工资结算也与厨房独立开来,效果相当不错,很多新式菜品迅速被挖掘出来。

(2) 薪酬激励

第一,餐饮期权激励。

对于急速发展中的餐饮业来说,员工持股或者期权激励等新型分配形式也很有借鉴意义,尽管目前对于非上市企业来说,股权激励在实施上还有很多具体障碍,技术上也很不完善,但这在很多行业已经被证明是一种趋势。

在餐饮业实行员工持股或者期权激励,难度比一些高科技企业大得多,因为没有建立健全的公司治理制度,很难以市场数据来表达其企业价值的增加量,直接从财务报表上核算收益也比较困难,因此即便很多餐饮经营者为部分核心员工提供了干股,即没有财产处置权的分红股,但实际操作起来还是缺乏必要的透明度,这样的股份还不如定额分红来得可靠。

在一些由国有企业改制而来的股份合作制餐饮组织里,员工持股制实施得比较到位,但随着时间推移,员工们越来越发现过分分散的股权并不利于管理,于是经过议价协商后,由一些资本实力较雄厚的员工进行收购,体制重新向传统模式发展。

至于期权激励,难度就更大,因为期权的本意就是不参与现期分配,从而避免核心员工的短期行为,但因为餐饮企业普遍没有进入资本市场,所以实施起来非常复杂,对于权益的货币界定不易操作。

从某种意义上来说,核心员工的股权更多地只能体现在具体项目或者部分承包经营者身上,只有在完全的两权分离情况下才能谈得上真正意义上的股权激励,而这通常只局限在核心管理层成员,并没有扩展到全体核心员工身上。作为一些专门技术的拥有者,有些核心员工可以在具体项目或者产品上享受股权,但那属于智力入股性质,应另当别论。目前在业界见到的其他一些员工持股,大多是名义上的红利分配权,更多的是对员工的一种褒奖。

第二,以核心员工为本的薪酬机制。

核心员工不等于核心管理团队,薪酬仍然是对这部分员工进行激励的主要手段,建设以核心员工为本的薪酬制度在某种意义上来说是餐饮企业管理的一项基本功。

很多餐饮经营者因为没能仔细研究核心员工的心理特征,也没设计出富有针对性的薪酬机制,直到出现危机了才会花大代价去"亡羊补牢",这时便有了股权、期权和红利之类承诺的泛滥。

建立以核心员工为本的薪酬机制,应该注意以下几点:

以能力为导向,实行弹性工资制度。在餐饮组织内部,不同员工的边际贡献有很大差异。为了能引导员工不断提高岗位技能和专业水平,应该设计以能力为导向且能对员工能力增长作出及时反应的薪酬方案。比如,在基层服务员中设立定期等级考核制度,在配套以高密度的岗位培训的同时,聘请外围专家对员工进行半年一次的岗位技能测试,测试成绩结合平时表现将成为员工岗位定级的依据。

员工岗位设计可以有一定的层次性。如特级服务师、高级服务员、中级服务员和初级服务员等,拉开不同级别员工工资待遇,同时又设立可以申报晋级的通道。此外,积极鼓励员工利用业余时间自学岗位技能,如果参加社会公认的一些专业资格考试并通过,也可以在工资待遇上有所体现。

(3) 任期激励

餐饮经营主体为了培养员工的忠诚度,可以仿效日本企业为员工设置以在店工作时间长短为依据的"年功序列制",规定员工只要能在店工作达到一定年限,其工作岗位、职务级别和工资待遇都将有显著提升,提升幅度非常诱人。

比如某餐厅规定,新进服务员连续在店工作两年以上即可转为管理人员并享受相应待遇,领班级别的工作人员在店连续工作两年则可以享受主管待遇,即使暂时没有职位空缺,其工作待遇也可以先落实,并自动成为主管候补人选。

"年功序列制"绝不是鼓励员工们论资排辈,与其配套的是一个非常苛刻的考评淘汰制度,每个级别的员工逐月考核其工作表现和受训情况,只有考评合格并且能通过严格的培训考试才能自动晋升,而没能通过考核的员工不但不能晋级,反而会因为能力的限制被要求另寻出路。

(4) 绩效激励

薪酬往往是员工个人价值的一种体现,对核心员工价值的认可必须体现在为其提供的接近或高于同类企业的市场平均薪酬。只有确保其薪酬水平与其创造的价值相适应,才能避免他们被竞争对手挖走。

通过有效的绩效评估可以对核心员工的功绩作出客观公正的评价,从而充分体现出他们的价值,并促使核心员工在同一薪酬区间内展开竞争,通过提高绩效来取得更高的薪酬。

餐饮经营者要完全杜绝高水平员工被对手挖走是有一定难度的,但有一定阅历的员工对于暂时的高薪也会有清醒的认识。

(5) 智力资本投资激励

核心员工在本质上是不断挑战自我且希望能不断提升自我的人群,因此要维持核心员工队伍的稳定,就必须提供较好的教育培训机会。这与其对自身的职业生涯预期是一致的,尽管培训本身不等于福利,但智力资本投资在很多有上进心的核心员工心目中比直接薪酬更有吸引力。

2. 餐饮人力资源危机管理

餐饮人力资源危机可能潜伏在人力资源管理的各个方面，不仅表现为通常可见的罢工事件，还有主要管理者突然辞职、重要的培训项目失败、薪资系统的建设存在明显漏洞等表现形式。人力资源危机事件给餐饮经营带来的损失也存在于各个方面，主要包括利润下滑甚至倒闭破产，人心涣散，工作效率下降，销售急剧下降，重要客户流失，等等。

餐饮经营者在应对和处理突发的人力资源危机事件时应该遵守理智原则、公平原则、双赢原则、乐观原则、事前预防原则。针对不同类型的人力资源危机事件，应有不同的应对措施。

(1) 接班人计划。由于种种原因，餐饮组织内的核心管理人员可能突然提出辞职。在这种情况下，接班人计划具有重要的意义，是餐饮组织长期生存的有力保证。

(2) 沟通机制。沟通始终是经营管理中一个非常重要的课题，在人力资源管理领域显得更为关键。员工的突然离职、消极怠工、抵触情绪都可能和低效的沟通有关。在面试中强调公正、全面的交谈，在绩效评估中也强调评估者一对一的面谈，在危机事件发生后更加强调公开、诚恳的沟通。

良好的沟通过程不仅仅是一种信息的传递过程，更是一种情绪和情感上的互动过程。高质量的沟通如果能在危机发生前、在日常管理中就得到很好地施展和应用的话，那沟通本身就能大大降低人力资源危机发生的频率和强度。

(3) 预警机制。适当的防范机制和应对机制的建立能在危机发生时采取正确的反应措施。目前，餐饮危机防范的意识都还非常薄弱，危机管理这一职能也是人力资源部门有待加强的。

(4) 试用和考察。虽然各个餐饮经营主体对新进的员工基本上都有试用期，但在实际管理中真正让这个试用期发挥作用的却只在少数。餐饮经营者似乎更看重招聘过程中笔试和面试对员工的考核作用，却忽略了在实际工作中如何对其进行观察和评估。

实际上，试用期内餐饮组织能够观察到新员工真实的工作能力、工作态度和工作风格，并且这些信息在短短的面试过程中往往很难体现出来。通过若干个月的试用期，不但可以及时地淘汰掉那些不符合要求的员工，而且可以对留用新员工的表现给出及时的反馈意见,这也是一种良好的精神激励方式。

(5)选聘机制。员工选择不当是导致员工跳槽、人员流失的首要原因,并直接导致餐饮人力资源管理成本的上升。目此,在选拔员工时,应首先对空缺的职位进行细分,按照岗位的不同要求选拔符合要求的员工。

(6)核心能力理念。彻底改变传统的薪酬设计理念。薪酬要与能力和工作绩效挂钩,以激励员工的工作动机。首先要明确餐饮经营发展战略,然后对面试中发掘的个人能力进行认证,证实其有助于餐饮经营发展战略的实现。其次,将核心能力与人力资源体系相整合,只有能力完全被整合到现有体系中,包括招聘、培训、绩效考评、奖励、领导力发展、继承计划和职业规划,才能取得最大的成功。

(7)员工职业生涯规划。餐饮经营主体应该为每一位员工设计职业发展规划,尤其是对大学生等高素质人才的职业发展要有一套明确的规划方案,使其能看到未来发展的方向和目标。在招聘时,应该选择有潜质并热爱餐饮工作的大学生,按照其性格特点和兴趣爱好,分配到某个部门,给予其一段时间的基层工作锻炼。如果达到了特定的指标并通过评审,可以提升到一定的职位。这样,通过不断的磨练和培养,将使其成长为优秀的管理人才。

(8)交叉培训。交叉培训是一种员工通过接受额外服务技巧的培训来满足不止一个工作岗位需要的培训方式,现已被越来越多的西方酒店作为保持人员素质优势、提高服务质量及竞争力的重要手段。实施交叉培训有助于餐饮组织更加有效地控制成本,在旅游旺季业务量突增或员工生病、休假以及顾客额外需求导致内部出现工作缺位时能够及时弥补。同时,还可以降低员工的跳槽率。

(9)餐饮组织文化建设。组织文化是灵魂,良好的组织文化是组织生存和发展的原动力,是区别于竞争对手的最根本标志。应对组织文化进行深度开发,充分体现餐饮组织的个性和特色。

(10)员工参与。在知识经济时代,员工对个人价值的实现和个人的成长更为重视。所以,管理者一旦确信自己已把最合适的人安排在合理的岗位上之后,就应授予他一定的权力,为员工创造参与管理的机会,满足其精神上高层次的需求。当员工与其他人合作一起解决问题时,其社会需求得到了满足;当员工认识到他们对餐饮经营发展很重要时,其尊重需求得到了满足;当员工为自己的贡献而兴奋时,其自我实现需求得到了满足。通过这种内部"员工参与"的激励手段,不仅可以调动员工的主动性和创造性,还可以给他们提供更多的成长机会,留住优秀人才。

案例分析 1

麦当劳公司的员工培训机制

麦当劳对人员的承诺是："我们重视您,您的成长和您的贡献。"在很多企业中,人才的结构就像是金字塔,越向上去就越小;而麦当劳的人才结构却更像棵圣诞树,如果员工能力足够强,就会让他上升一个层级,员工永远都有升迁的机会。

作为快餐行业的老大,麦当劳的竞争优势来自于其独特和强大的培训体系,即使其他企业可以从麦当劳挖走员工,但也无法和麦当劳竞争,麦当劳的一整套完善的培训体系,是麦当劳取得成功的最关键的因素。

一、全职业规划的培训特色

在培训方面,麦当劳强调的是员工的全职业规划培训,从计时员工到高阶主管,结合他们的职业生涯,都有不同的培训计划,从各区域的培训中心到汉堡大学的阶梯式培训,使员工能够有机会不断地学习和发展。麦当劳的管理人员有95%是从员工做起的,每年公司也会花费1200万元用于员工培训,一旦优秀的员工进入管理层,麦当劳又会给他制订一套结合国内外资源的训练计划,不仅能够在训练中心接受营运及管理方面的教育,还有机会去汉堡大学进一步深造,接受更高的训练。这种全职业规划培训使麦当劳的高管人员流动率很低,形成了一批稳定的管理队伍。

二、从幼儿园到大学的分级培训特色

麦当劳培训的另一个特色是从幼儿园到大学的分级培训。这种分级培训包括:幼儿园、小学、中学直到大学的训练课程,而且专业化程度越来越高,所有课程都具有一致的目标和阶段的连贯性。幼儿园的课程是最基础的课程,主要是让员工学会怎样让顾客满意;小学课程则是让培训者学会怎样去做人员管理;到了中学课程,核心就是学会如何控制成本和帮助销售;而到了大学,就是要学会怎样带动管理者成长。

以上两种特色的培训机制并不是独立的,而是紧密地联系在一起的。在员工的全职业规划培训中贯穿着不同阶段的分级培训,让每一位员工都可以看到一个清晰的职业发展通道,由此产生一个强大的工作动力,不断地激励着每一位员工向更高的目标努力。正如在麦当劳流传的一句话那样:"每个人面前有个梯子,你不要去想我会不会被别人压下来,你爬你的梯子,你争取你的目标。"

三、"新船员"的第一天

作为餐饮业的巨头,工作在前线的员工每天要接触大量的顾客,通过训练提升员工的素质,可以向顾客更好地提供高质量的商品、服务和环境,这对麦当劳的持续经营非常重要。那么麦当劳是怎样对员工进行培训的呢?

新员工上班的第一天并不是马上就去学习工作技能,而是要接受麦当劳的企业文化教育。麦当劳通过对新员工灌输麦当劳文化,让员工了解组织的愿景、宗旨、目标以及对员工的期望来消除他们心中的不安,从而更好地投入到新的工作中去。在麦当劳,服务员都被称为"CREW",即"船员"的意思。这个称呼会让新员工感到这里所有的工作伙伴都是在一条船上,这样既增进了心中的亲切感,又增进了彼此之间的默契。

在新员工初步了解并熟悉麦当劳的文化后,接下来的训练就是让新员工为能够独立承担工作而做好准备。训练员要按照《麦当劳工作手册》的规定,对新员工进行基本操作训练。这种培训同样有标准化的管理模式,而麦当劳的全部管理人员都是从学习普通服务人员的基本操作程序开始的,但与很多企业不同的是,麦当劳的培训并不是脱产培训,而是在第一天就直接走向工作岗位,在工作中接受培训,而且这种培训是一对一的培训,即每一个新员工都由一名老员工带着,边学习边工作,把培训和实际操作更好地结合起来了。

四、从零开始的快速晋升制度

在麦当劳,员工的晋升速度是根据自己的实际能力决定的,一位刚参加工作的年轻人,完全可以凭借自己的能力在一年半内当上餐厅经理,在两年内当上监督管理员。对那些适应快、能力强的人再配以各个阶段的培训,晋升就是很自然的事了。在麦当劳晋升发展的过程大致如下:

首先,一个有能力的年轻人要做4—6个月的实习助理,在这阶段,他是以一个普通班组成员的身份投入到公司各基层,要去做像炸薯条、收款、烤生排这样的工作。另外还要做清洁工作,以及服务顾客,这些都是为了以后的工作积累管理经验。在做见习经理期间,他将会有一套4—6个月的培训课程,重点在于基本应用,主要通过开放式、参与式讨论等方法来培养他们的行为能力。

第二个工作岗位更带有实际负责的性质,即二级助理。在这个时期,他要在每天规定的时间内负责餐馆的工作。但是二级助理与实习助理不同，他要承担起一部分的管理工作，比如订货、计划、排班、统计等等。在这一阶段，他得将自己的工作做到位并且要有一定的超越，不断地摸索和积累经验。在这期间，这位二级助理将会得到5—6个月相应的培训课程。

接着在8—14个月后，如果这个年轻人表现出较强的能力和优秀的工作业绩，那么他就有机会再次得到晋升，成为一名一级助理，即经理的左膀右臂。此时，他将肩负更多并且更为重要的责任，要在餐厅中独当一面，这时他的管理经验已经相当丰富，为以后承担更重要的职位做好了较为充分的准备。此时，这个一级助理仍需要进行培训，他将接受一套中级管理课程的培训，以使其能够较快地胜任该职位的工作。以后，他还可以凭借自己的能力再次晋升为经理，甚至是监督管理员，这时，他将负责三至四家餐厅的工作。这时，这个经理就有机会去美国接受更高一级的训练，能力再次得到提高。

在三年以后，监督管理员还有可能晋升为地区顾问，这个职位就相当于"麦当劳的外交官"，作为总公司派驻下属企业的代表，往返于总公司与各下属公司之间，传递信息并进行沟通，同时也是总公司标准的捍卫者。他的职责并不仅仅局限于此，还担负着组织培训、提供建议等使命，其实他就相当于总公司在地区的全权代表。到此，并不意味着该员工的职业生涯已经到头了，如果这个地区顾问还有能力，他依然可以继续被向上提升，甚至是麦当劳总公司的董事长一职，而这并没有天花板，一切都是有可能的。

在麦当劳，一个员工是否能得到提升主要是看两个方面：第一就是看他领导的团队或部门的绩效如何，仅凭个人的绩效是不行的，麦当劳更强调的是团队绩效。第二就是看他是否可以找到接替他的人，这样他才可以得到升迁，这也看出麦当劳十分重视新人的培养。

五、最佳的人员培训专家——麦当劳汉堡大学

汉堡大学是一个国际培训中心，它培养了一批又一批优秀的人才，而且本身也是吸引优秀人才加盟麦当劳的主要因素之一。汉堡大学的培训目标是让在工作中已经获得了丰富管理知识的管理者把自己零碎的知识系统起来。汉堡大学的主要课程是两周的《基本操作讲座课程》和11天的《高级操作讲习课程》。

《基本操作讲座课程》是一本有360页厚的《操作手册》，分为食品、设备和管理技巧三部分，这本教材包罗了各种知识，而且非常细化，目的是让学员学会制作产

品的方法以及怎样进行生产和质量管理、营销管理、资料管理和利润管理等。《基本操作讲座课程》主要是让管理人员精确地按照标准办事,不要违反标准。这一切都体现出麦当劳的标准化程度之高,标准绝不是口头上泛泛而谈的,而是在学习与训练中一点一滴地渗透到每一位学员的意识中,并经过操作实践转化为学员的习惯和行动。从这一点我们可以看出,麦当劳是真正的将经营战略与制度和每一个管理工作紧密地联系在一起了。

《高级操作讲习课程》旨在训练更高层的管理人员。其内容就与《基本操作讲座课程》有很大的不同,在知识上又上升了一定的高度。这主要是"QSCV"(即麦当劳的经营理念:品质、服务、清洁和价值)的研究,还有房地产、法律、再投资、财务分析、提高利润的方法、人员训练和人际关系、市场等等。这些问题就不是可以按照一个既定的标准来操作了,需要管理者具有灵活的商业头脑和较高的管理能力。也是为了培养公司主要的管理人才,上升到了一个更高的战略层面上来。

六、四个层面的评估体系

在培训评估这一环节,麦当劳也努力做到了"反应、知识、行为、绩效"这四个方面的评估。在整个培训过程中,麦当劳也采用了一些有效的措施来保证培训较好地实施。比如,按月考核辅导和多样化的沟通。采用按月考核辅导,主要是通过对员工的一个阶段的绩效进行考核来发现其行为中与组织价值观和目标不一致的地方,从而可以更好地制定计划来帮助员工改变行为以提高绩效。在整个培训的过程中,麦当劳都十分重视员工之间以及上下级之间的沟通,通常是采用服务员全体大会、管理会议、组长会议、接待员会议、训练员会议和小组会议等会议方式,以及临时座谈会和公告栏等方式与员工进行及时充分的沟通。在各个麦当劳餐厅中,还备有各种笔记本,比如服务员联络簿、经理联络簿和训练员联络簿等等。种种方式的沟通使得信息可以更快更好地在麦当劳各个层级之间流通,使每一个员工都可以更好地进行合作并相互促进。

案例来源:张彤,商界领袖网 http://www.sj-leaders.com/show.php? contentid = 10209 2010-11-05。

案例讨论

1. 麦当劳的员工培训体系有何特点?

2. 麦当劳人力资源管理措施体现了哪些管理原理?

3. 麦当劳的人力资源管理对员工技能提高起到了什么作用?

案例分析 2

餐饮业"用工荒"与人力资源管理创新

一、餐饮业劳动用工现状

1. 从业人员以青年人为主,整体素质较低

餐饮业是典型的劳动密集型产业,因条件要求低、就业门槛低,吸引了大量农村剩余劳动力,也成为个人创业的主要选择之一。据统计,截至目前,我国餐饮业从业人员约有 2200 万人,其中主要以低学历、年轻人为主。见图 1。

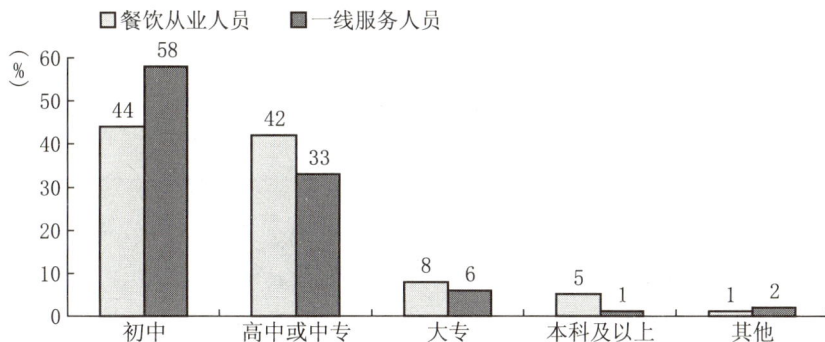

图 1　北京市餐饮从业人员学历构成

2. 基层服务人员短缺与高端管理人才短缺并存

"用工荒"现在已呈常态化,企业经常处于缺人状态。据中国人力资源市场信息监测中心 2010 年对全国 116 个城市的公共就业服务机构市场供求信息统计分析,61.5% 的单位用人需求集中在制造业、批发和零售业、住宿和餐饮业。其中,餐饮业占总数的 12.9%,需求比重比上年提升 0.8 个百分点。餐饮企业对食品安全、物流配送、工程管理、公共关系等专业的高端管理人才也是求贤若渴,但由于难以提供较高的薪酬待遇和权益保障,很难吸引这些专业人才到餐饮业中来。

二、餐饮业"用工荒"原因剖析

1. 劳动强度大、工资水平低、流失率高是直接原因

餐饮业基层服务人员平均每周工作 60 个小时,管理层也要工作 45 个小时以

上,节假日更是格外辛苦,与社会平均40个小时的工作时间相比,其劳动强度可见一斑。与高劳动强度成反比的是工资收入,据国家统计局统计,2009年平均工资最高的三个行业分别是金融业,信息传输、计算机服务和软件业,科学研究、技术服务和地质勘查业,最低的三个行业分别是水利、环境和公共设施管理业,住宿和餐饮业,农、林、牧、渔业。住宿和餐饮业在所有行业中仅高于农、林、牧、渔业,是行业平均工资的65%,是金融业的30%。见表1。

表1   2009年全国部分行业平均工资水平

行　　业	年平均工资(元)	与全国平均水平相比(%)
金融业	70265	210
信息传输、计算机服务和软件业	59919	180
科学研究、技术服务和地质勘查业	50866	160
水利、环境和公共设施管理业	24551	75
住宿和餐饮业	21193	65
农、林、牧、渔业	14911	46

从基层员工的特点来看,"80后"、"90后"是当前餐饮业的主力军,但他们往往缺乏吃苦精神,难以容忍枯燥乏味的工作环境,但劳动权益意识、自我实现需求较强,更倾向于追求工作上的满足感、成就感、工作环境的舒适度及个人发展空间,餐饮业只是他们职业发展的跳板而不是愿意长期从事的职业,餐饮业缺乏稳定的工作人员也就不足为奇。

2. "企业利益至上"的价值观是深层原因

餐饮业是吸纳就业的重要渠道,也是劳动密集型行业。长期以来行业的主要利润点依靠廉价劳动力成本来支撑,而且随着市场的充分竞争,餐饮行业经营的房租、原材料、菜品等成本日益透明化,餐饮行业能压缩的成本只有人力成本。虽然很多企业将"平等"、"关爱"、"合作共赢"等作为企业文化的重要内容,但在民营企业居多的餐饮业,企业文化并不是空洞的宣传口号,而是领导者(创始人)的素质、观念与胸怀所决定的思想境界及行为特征。西方企业立足于为股东创造价值,日本企业立足于为员工创造价值,中国餐饮企业立足于为企业(创始人)创造价值,这种"企业利益至上"的思想观念导致很多餐饮企业,甚至包括一些知名品牌企业及上市公司大多通过降低社会保险、公积金等多种方式降低员工福利待遇,规避企业责任,甚至有的企业还希望通过游说、呼吁等多种方式取消对农民工社会保障的政策限制,进而节约成本。这种人力资源管理模式开始受到极大挑战。如果餐饮企业领导者不转变观念,基层服务人员将越来越难招,并不断流失,企业"用工荒"将愈演愈烈。

3. 经济结构调整、劳动力供需结构差异是根本原因

长期以来,我国形成过分依赖增加劳动投入的粗放增长模式,但随着人力成本的增长,这种发展模式难以为继。"用工荒"与"就业难"同时存在。统计数据显示,2004 年至 2010 年城镇登记失业率都在 4％左右,而且进城务工的农村居民,并没有纳入我国的失业统计数据之中,如果加上进城务工者的失业统计,那么真实失业率将远远超过 4.2％。供需结构差异在餐饮业的直接体现就是,当前餐饮企业对基层服务人员的需求以年轻人为主,这种对年龄结构的特殊要求,极大地限制了劳动力供给,同时产业梯度转移、经济结构调整也吸引了一部分农民工,餐饮业人员供给就相应减少,"用工荒"随之出现。

三、解决"用工荒"的对策建议

1. 优化政策环境,降低餐饮业不合理税费

降低餐饮业不合理税费,为餐饮业提高员工福利待遇提供更大空间是解决"用工荒"的手段之一。政府有关部门应尽快从根本上加以解决,进一步优化政策环境,为餐饮企业解决"用工荒"提供基础制度保障。

2. 转变思想观念,切实提高员工福利待遇

树立"以人为本"的发展观,提高员工福利,改善工作环境和条件。根据中国社会科学院的统计,2009 年我国劳动年龄人口比例达到 72.35％的峰值,之后直接的"人口红利"总量将步入下降通道,预计 2030 年或将下降到 67.32％,劳动力供求将从"无限供给"转向"有限剩余",传统意义上的数量型"人口红利"将逐渐消失。企业领导者(创始人)应充分理解员工利益与企业利益的内在联系,切实转变员工利益与企业利益此消彼长的对立观念,真正树立"以人为本"的科学发展观,为员工提供有竞争力的薪酬及完善的福利保障。

3. 完善治理结构,增强公司吸引力和凝聚力

目前的餐饮企业,尤其是具有一定规模和知名度的企业大多创立于 20 世纪 90 年代中后期或 21 世纪初。在发展初期,企业领导者(创始人)凭借吃苦耐劳的精

神、敏锐的市场眼光、宽松的政策环境推动企业快速扩张,但随着企业规模的扩大,领导者的素质及由其决定的心胸眼界、管理方式成为企业进一步发展的天花板,"一言堂"、"家族化"的粗放式管理已不能适应企业的发展,要想做大做强就需要去家族化,建立并完善公司治理结构,积极引进专业人才,赋予他们应有的权利与职责,并提供适合他们施展才华的良好环境与土壤,才能留住人才,为企业未来发展提供智力支持。

4. 不断开拓创新,加快餐饮业转型升级

首先,利用信息技术,加强流程改造及标准化建设,减少对人员的需求和依赖,节省人力成本。企业应抓住时机,在原料采购、产品制作、点菜服务等各个环节充分利用信息技术加强流程改造,提高工作效率,降低人员投入。同时,采用先进设备加强产品研发和标准化建设,逐渐减少对人员的依赖,既降低人员短缺对企业发展带来的不利影响,又有利于企业转型升级。其次,探索、实行多种灵活的用工形式。改革并深化劳动用工制度,通过劳务派遣、使用小时工等多种方式,减少对正式员工的需求。同时,要积极转变用人思想,放开年龄限制,合理招募中年劳动者为企业服务,减轻对青年员工的依赖。最后,非核心业务加强外包,提升核心竞争力。餐饮企业可逐渐将人力资源管理、清洁消毒、信息技术管理等非核心业务外包给专业公司,减少人员使用,专注于核心业务的创新发展,不断提升企业核心竞争力。

案例来源:《中国餐饮产业发展报告(2011)》,社会科学文献出版社 2011 年版。

案例讨论

1. 餐饮企业如何创新人力资源管理?

2. 餐饮企业人力资源管理面临的挑战是什么?

3. 餐饮企业如何激励员工?

练习思考

1. 简要说明餐饮组织设计的原则与内容。

2. 阐述餐饮组织结构的形态与模式。

3. 分析餐饮岗位设计的原则与内容。

4. 餐饮岗位职责的内容包括哪些方面？

5. 论述餐饮人力资源管理体系的内容及框架。

6. 餐饮员工激励有哪些途径？

实训作业

搜集餐饮企业招聘启事,分析大中型餐饮企业部门经理的主要职责,写出其岗位职责说明书。

第四章

餐饮营销管理

学习要点

了解和掌握餐饮市场供求关系分析的主要方法及餐饮市场供求规律；了解餐饮消费者的需求特征、餐饮市场营销的基本内涵、餐饮市场营销策略组合以及餐饮产品促销和餐饮品牌营销的基本策略。

基本概念

餐饮商圈、餐饮市场需求、餐饮市场供给、餐饮市场营销、品牌营销、餐饮品牌、餐饮产品促销

第一节 餐饮经营选址

从事餐饮经营首先要进行必要的经营管理可行性分析，而餐饮营业场所位置的选择是决定能否成功运营的重要因素。

一、餐饮经营选址的影响因素

1. 宏观因素

影响餐饮经营地段选择的宏观因素包括地理位置、交通状况、文化背景、区域

规划、经济发展、政府政策等因素。

（1）地理位置。地理位置的不同会影响经营的效果。地段选择要根据地形、地貌特征，选择临街、面向路口的显著位置，避免隐蔽、深藏于各种障碍物之后。同时，地段的不同还影响到土地使用成本的高低，租用或购买土地都需大量资金，这是城市餐饮总成本中的重要组成部分。

（2）交通状况。街道的形式过于开放，则不易形成人流聚集与停留；街道过于封闭，则不利于人流通行。交通的便利性对餐饮经营选址有很大影响，交通便利有利于聚集客源，运输成本也可降低，对土地租金也有影响。

（3）文化背景。文化背景决定了餐饮经营选址的特定区域的消费文化。不同地区具有不同的饮食习惯，饮食习俗与饮食偏好是餐饮产品设计的基础，对于餐饮产品与市场定位起到关键作用。

（4）区域规划。地区发展建设是政府宏观管理的重要内容，区域规划涉及建筑拆迁、重建等问题，对于餐饮经营选址则会影响到开业后的后续经营。为此，餐饮经营地段的选择必须了解地区政府的发展规划，这样可以提前预测，避免经营损失，保持地理优势。

（5）经济发展。经济发展水平是餐饮市场发展的经济基础，影响到消费者的消费能力、市场体制、商业发展模式、劳动力成本、基础设施建设等餐饮发展的支撑条件。消费结构层次决定了餐饮产品的经营目标，市场体制的完善有助于规范经营，商业发展模式表明经济发展的趋势，劳动力成本与经济发达程度成正比，而水、电、燃料等基础设施条件也因地区不同出现较大差异。

（6）政府政策。主要是指会对餐饮经营活动产生影响的当地政治因素，包括：地方税务政策、投资方向政策、政府对某些行业的财政支持、政府宏观规划的支持、政治稳定性、当地劳资关系政策、环境保护政策，以及各种相关法律法规等。

2. 微观因素

影响餐饮经营地段选择的微观因素包括可进入性、可见性、人流量、停车设施、扩展空间、竞争状况。

（1）可进入性。餐饮经营地段选择的可进入性指道路是否顺畅、路程的远近、公共交通是否通达，进入地点入口是否方便等因素，良好的可进入性是提供方便快捷服务的基础。

（2）可见性。餐饮经营场所位置的鲜明性是经营的先决条件，可以引导客流、树立形象、强化宣传。因此,经营场所设置要临街、无遮蔽、无障碍、特点突出,各种标牌的设置要醒目、鲜明。

(3)人流量。餐饮经营地段的选择要考虑人流量的测算,经营场所附近地域的交通拥挤情况、来往的人流量或车流量大小表明潜在的消费者的数量。

(4)停车设施。餐饮经营场所附近地域、周边设有停车设施,可以方便顾客,这是城市餐饮服务选址的重要因素。

(5)扩展空间。餐饮经营场所选择要有余地,要考虑远期发展目标,为扩大经营规模、增添新的服务设施留有发展的空间。

(6)竞争状况。餐饮经营要考察竞争对手的相对位置、经营类型、数量规模、经营特色,以便区分餐饮市场竞争方式的差别。直接竞争会导致价格降低或成本增加,间接竞争属于替代品之间的竞争。此外还要考察竞争密度、供求关系对经营的影响。

影响餐饮经营地段选择的因素很多,选择餐饮经营地段并不是简单的圈地运动,而是一个较为复杂的市场调研过程。许多餐饮经营者往往对地段选择的知识缺乏了解,出现决策失误,导致经营失败。其主要原因有:

一是对地段的理解过于片面。微不足道的因素往往会产生巨大的影响,如由于特定的交通规则(如不允许左转弯)对经营地段的可进入性的影响。往往这些因素在城市餐饮经营中极其重要,它们可以使一个看上去十分繁华的地段有可能成为餐饮经营的"死角"。

二是目标市场与地段不匹配。地段选择的基本原则是靠近目标顾客。一些失败的餐饮经营者往往是由于其目标顾客与其所处的地段相距太远,或者对于所处地段的市场状况不了解。

三是对环境的变化因素估计不足。城市规划等宏观环境因素会引起地段商业价值的变化,对餐饮经营的影响有时是致命的。一个规划,哪怕是小小的一条道路的更改,都有可能让一个餐饮旺地成为明日黄花。

四是缺乏全面综合分析的方法。餐饮经营地段的选择,不能靠主观判断,必须进行实地考察,结合客观数据进行客观的分析研究,运用科学决策方法全面综合判断。

二、餐饮经营商圈的确定

餐饮业的发展对于地段的选择具有很大的依赖性,地段的选择除了要考虑宏观与微观因素外,还必须考虑所处地段的商业价值及商业发展前景。

1. 餐饮商圈的意义

所谓商圈是指经营场所以其所在地点为中心,沿着一定的方向和距离扩展,吸引顾客的辐射范围,即目标顾客所居住的区域范围,表明可以交易的范围和规模。通常而言,涵盖面越大,商圈的范围越大。

商圈由核心商业圈、次级商业圈和边缘商业圈构成。核心商业圈是距离经营场所最近、顾客密度最高的地方,约占经营场所顾客的50%至70%,核心商业圈的外围,则顾客较分散,市场占有率相对减少。

店铺的销售活动范围通常都有一定的地理界限,也即有相对稳定的商圈。不同的店由于经营内容、交通因素、地理位置、经营规模等方面的不同,其商圈规模、商圈形态存在很大差别。即使是同一个店,在不同时间也可能会因为不同因素的影响,引起变化。由于商圈内的竞争,会吸引一部分顾客,商圈的规模会时大时小,商圈形态也表现为各种不规则的多角形。为便于分析,通常是以经营店设定地点为圆心、以周围一定距离为半径所划定的范围作为商圈设定考虑的因素。

餐饮商圈必需的要素,包括消费人群、有效经营者、有效的商业管理、合理的发展前景和政府支持,此外还有商圈的形象、功能、建筑形态以及建筑成本等。

消费人群和有效经营者,这两者需要有机结合;有效的商业管理和商业发展前景需要多方面的投资者和经营者入驻,并配有规范的法律法规;商圈必须有自己的形象、特色、环境、包装,并对外宣传。

2. 餐饮商圈的分类

按照商圈功能不同,可以将其划分为如下几种类型:

(1)商业区。即商业发展集中的地区,其特色为商圈大、流动人口多、各种商店林立、繁华热闹。其消费习性具有快速、流行、娱乐、冲动购买及消费金额比较高等特色。

(2)住宅区。住宅区住户数量至少在1000户以上,其消费习惯稳定,讲究便利性、亲切感,家庭用品购买率高。

(3)文教区。其附近有一所或以上的学校或教育机构,该区消费群以学生居多,消费金额普遍不高,但是客源稳定。

(4)办公区。指办公大楼林立的地区,其消费习惯体现为便利性、在外就餐、消费水平较高。

（5）工业区。指加工企业集中地区,工业区的消费者一般为打工一族,消费水平较低,但消费总量较大。

（6）混合区。分为住商混合、住教混合、工商混合等,具备单一商圈形态的消费特色,一个商圈内往往含有多种商圈类型,属于多元化的消费习性。

（7）娱乐区。即以休闲、购物、康乐为基本功能的区域,消费人群复杂,消费需求多样,消费层次分明。

3. 餐饮商圈的确定方法

（1）参照法

即参照某一类似的市场或地区已有的店铺的商圈规模大小确定。这种方法在使用上为了尽可能地接近本店铺所在地区的实际情况,可根据参照市场或地区店铺在经营规模、经营特色上的不同,以及居民人口分布、城市建设、交通设施状况、商业布局等方面的差异,进行合理的修正,以取得较为准确的商圈零售饱和指数数值。

（2）调查法

即通过填写问卷调查的方法,把握在所定商圈范围上最远的而且愿意到预定地址购物的消费者的信息,以确定商圈。问卷调查的内容应包括:住址、来店频率(次／周或次／月)等信息。根据收回的调查问卷进行统计,将所收集的最远的消费者的住址在地图上画线连接起来,商圈范围就自然展现出来了。

餐饮商圈调查的主要内容包括:

一是店铺所在地区平面图。以店铺为圆心,半径分别为1公里、3公里、5公里范围内各居委会所辖区、各居民小区、村镇、各大机关团体单位、学校、各种商业业态、农贸市场、餐饮业所在地,交通状况。

二是商圈客源情况。各商圈内居委会所辖区、居民小区、村镇家庭数、人口数、就业人口数、外来人口数、居民收入水平、常住人口数、户数、人口来源、就业位置、主要职业、主要购物场所。

三是商圈内发展趋势。新建小区规划情况、入住率、大致收入水平、未来发展趋势。

四是商圈内客源的饮食消费习惯。各商圈内机关团体、学校人数、集体就餐人数、收入水平、以往购物去向、企业性质、职工人数、平均收入、企业效益情况。

五是商圈内的市场情况。各商圈内竞争店铺数、农贸市场、餐饮业营业面积、销售额、经营品类、基本特征、营业面积、客流量、日均销售额、价格水平、企业性质、经营项目、距离、收银机、停车场规模。

六是商圈内各店铺的集体信息。店铺营业面积、现有经营品类、历史销售额、各大类所占比重、停车场面积；店铺客流情况、门前客流、车流情况、各时段客流的构成、购买商品构成。

4. 餐饮商圈分析

餐饮商圈分析是指餐饮经营者对餐饮商圈的构成情况、特点、范围以及影响商圈规模变化的因素进行实地调查和分析，为选择店址、制定调整经营方针和策略提供依据。

商圈分析是进行合理选址的前提。在选择店址时，力求较大的目标市场，以吸引更多的目标顾客，这首先就需要经营者明确商圈范围，了解商圈内人口的分布状况及市场、非市场因素的有关资料，在此基础上，进行经营效益的评估，衡量店址的使用价值，按照设计的基本原则，选定适宜的地点，使商圈、店址、经营条件协调融合，创造经营优势。

商圈分析有助于制定竞争经营策略。餐饮企业为取得竞争优势，广泛采取非价格竞争手段，如改善形象、完善服务、加强与顾客的沟通等，这些都需要经营者通过商圈分析，掌握客流性质、了解顾客需求、采取针对性的经营策略，赢得顾客信任。

商圈分析有助于制定市场开拓战略。餐饮企业经营方针、经营策略的制定或调整，要立足于商圈内各种环境因素的现状及其发展规律、趋势。通过商圈分析，可以帮助经营者明确哪些是本店的基本顾客群，哪些是潜在顾客群，力求保持基本顾客群的同时，着力吸引潜在顾客群。

商圈分析有助于资金运营。餐饮企业经营的一大特点是资金占用多，要求资金周转速度快。经营规模受到商圈规模的制约，商圈规模又会随着经营环境的变化而变化。商圈规模收缩时，餐饮企业规模不变，但会导致流动资金积压，影响资金周转。因此，经营者通过商圈分析，了解经营环境及由此引起的商圈变化，就可以适时调整，积极应对。

5. 餐饮商圈的评估

餐饮经营场所在选择之前，实地调查应精心细致，同时要做到科学评估。商圈评估主要是消费能力评估。

　　虽然商圈内的人口数一定程度上决定着他们的消费能力,但有时并不能完全代表餐饮企业能吸引的有效客流。这还取决于商圈内的家庭状况、人口结构、人口密度、客流量、人流量、消费能力等多种因素。

　　家庭状况。商圈内家庭构成决定了未来餐饮店的类型。消费者越来越注重自己的饮食结构,提倡营养与口味的协调,崇尚多功能饮食。对于一个由年轻人组成的两口之家,饮食就会偏重于色泽和口味;而在一个有独生子女的三口之家中,其饮食需求主要是以孩子为核心,因而更注重营养与卫生;家庭成员的年龄与性别也会对商品需求产生影响,老龄化家庭的饮食多倾向于保健、营养等,女孩子多的家庭饮食重点则多半会放在素食和餐厅的浪漫氛围上。

　　人口结构。包括企业、学校、医院等不同类型的企业和组织,其成员对餐饮种类的需求不同,可以根据他们从事的职业的特征、收入状况和消费水平安排相应的饮食产品和相关服务项目。有些地区外籍人士相对较多,也可以根据他们的饮食习惯、消费能力设定适合他们的餐饮。

　　人口密度。人口密度通常以每平方公里人数或户数乘以平均每户人数来衡量。一般来说,人口密度低的地区顾客光临的次数少,人口密度高的地区,顾客光临的次数则多。通常相同类型的餐饮店之间会有一定距离,大部分人会选择距离自己居住地近的、适合自己消费水平的店面就餐,因此,在人口密度高的区域所设的店面其规模可相应扩大,以适应就餐需求。

　　客流量。客流分为现在客流和潜在客流。餐饮选址总是选在客流最多、最集中的地点,以使多数人能够就近用餐。在评估地理条件时,必须认真测定经过该地点行人的流量,也就是未来餐饮店的潜在客流量。一般潜在客流量多的地方,如地铁站、公交车站、学校、医院、影剧院以及游览地附近会有更大的商机。另外,办公楼附近也是设店的有利地址,办公楼里的客流以消费能力较高的白领为主,但他们对餐饮店的食品往往有较高的质量要求。

　　人流量。人流量的大小同该地上下车人数有较大关系。上下车乘客人数的调查重点为车站上下车乘客人数历年来的变化,上下车乘客人数越多的地方越有利,上下车乘客人数若减少,同时又无新的交通工具替代的情况下,商圈人口也会减少。同时,根据车站出入的顾客年龄结构,可了解不同年龄顾客的需求。餐饮企业应选择在车流动线较多的地方(车流动线指车辆行走时的移动路线)。如在十字路转角处附近的店铺,其车流动线有四条;位于双向车道马路两旁的店铺有两条车流动线;处在单向车道马路的店铺则只有一条车流动线。

消费能力。商圈内家庭和人口的收入水平决定了他们的消费水平,而消费水平又影响着未来餐饮店销售额的高低。通常可以通过入户抽样调查获取家庭人均收入。在选择店址时,餐饮店多以青年和中年的顾客为主,因为他们的社会经济地位较高,而且可支配收入较多。城市中的年轻人,特别是大学生、中学生和已经进入工作岗位的年轻人,即国内15岁至25岁的年轻人一般是独生子女,被称为新生代消费层,他们消费的特点是注重饮食质量、注重味道与营养而不注重价格。

第二节　餐饮消费者分析

餐饮营销管理是在分析餐饮消费者特征的基础上,采取适宜的营销策略组合,实现餐饮经营战略目标。

一、餐饮消费者的需求特征

美国著名的心理学家马斯洛指出,人的需求呈现不同层次,最基本的是生理需求。只有当人们的生理需求得到满足或部分满足之后,才会进一步产生更高层次的需求,包括安全需求、社会交往需求、尊重需求及自我实现需求。而且,需求的层次越高,表现在心理需求方面的成分也越多。餐饮市场的消费者需求包括两个方面,一是生理方面的基本需求,二是由于受到社会影响而产生的各种心理需求。

1. 餐饮消费者的生理需求

(1)营养需求。消费者基于对健康的关注,因而对食品的营养也非常重视。营养能改善人们的正常生理功能和抗病能力;营养的好坏与搭配合理与否直接影响着人精力的旺衰和工作效率的高低,甚至影响到人的外貌及个性。营养离不开每一天每一餐的饮食质量。顾客希望餐厅提供的菜肴食品能够科学地烹制、符合他们的营养要求,并要求标明餐食的营养成分及其含量。

(2)风味需求。餐饮消费者光临餐厅的另一个主要动机是为了品尝菜肴的风味。风味是指顾客用餐时,对菜肴或其他食品产生的总的感觉印象。它是刺激消费者对食物挑选的重要因素。风味取决于消费者利用眼耳鼻舌身感觉器官感觉到的视、听、嗅、味、触等感觉,以及所品尝到的事物的口味、嗅味和质地等综合感觉效应。餐饮消费者对风味的期望和要求各不相同,对烹调的质量和技艺也极为敏感、挑剔。

(3) 卫生需求。餐饮消费者非常关注食品、餐具及饮食环境的卫生。消费者进入餐厅的第一感觉就是环境的整洁与否,并观察和判断餐厅的卫生状况。而餐厅的工作人员本身也是环境的一部分,其卫生状况也会影响消费者的需求。在顾客眼里,服务人员的整洁卫生是餐厅卫生形象的一个重要标志。

(4) 安全需求。安全是人的最基本的生理需求。餐饮消费者在满足其基本的饮食需要之外,最为关注的就是安全的需要,不希望出现食物中毒、人身或财产损害等意外安全隐患。

2. 心理需求

根据马斯洛的需求层次理论,人的基本生理需求满足之后,就需要满足更高层次的精神需求。餐饮消费者的精神需求体现在其对餐厅环境、气氛及服务的要求较高,其心理需求更为复杂和苛刻。

(1) 受欢迎的需求。餐饮消费者希望"宾至如归",希望如同在自己家中一样,不会感到陌生和拘束。同时,餐饮消费者希望得到一视同仁的接待,希望餐厅遵循"排队原则",即"先来先服务,后来后服务"。餐饮消费者愿意被认识、被了解,希望自己受到重视,得到无微不至的关怀。

(2) 受尊重的需求。餐饮消费者希望餐厅遵循"顾客至上",将顾客放在最受尊敬的位置上。尊重顾客是服务人员的天职,服务人员应该表现出真挚与热情。包括语言尊重、宗教信仰尊重、习惯风俗尊重等等,尤其是人格的尊重最为重要。

(3) 值得的需求。餐饮消费者期望餐厅提供的一切服务与其所期望的相吻合,甚至超出期望值。产品的优良品质、优质服务、良好的环境等均将满足消费者的值得需求。

(4) 地位的需求。餐饮消费者的各种宴请活动消费。交际的成功是主人的利益所在,其中包含着主人显示气派的需求。餐厅应该有足够显示气派的专用餐厅及宴会厅,配以高标准、高消费的美味佳肴,摆设十分讲究的银器餐具或精致的细瓷餐具以满足消费者对身份、地位炫耀的需求。

(5) 方便的需求。餐饮消费者希望餐厅能提供各种方便,以减少消费成本。消费者对餐饮用具、各种设施、附加服务等的需求往往就是消费者对方便就餐的心理要求。

总之,在餐饮市场中消费者有生理和心理的双重需求。当这些需求被主体意识到并转化为明确的行为动机后,就会促使消费者采取消费行动。

二、餐饮消费者的动机特征

当餐饮消费者的某种需求被主体意识到后,就会转化为明确的行为动机,促使其采取具体的行动,寻找有效的途径去满足需求。

餐饮消费动机是指为满足一定的需求而引起餐饮消费者购买餐饮产品和服务的愿望和动力。可见,餐饮消费动机是激励餐饮消费者产生餐饮消费行为的内在原因。餐饮消费者的消费行为总是受一定动机的支配,很少具有随机性和冲动性。但是,在不同的、甚至相同的消费环境中的消费行为,餐饮消费者的消费动机模式是不尽相同的。

1. 餐饮消费者的生理消费动机

餐饮消费者为了保证其身体健康、精力充沛、维持生命的延续,以便从事正常的社会活动,都会本能地产生衣食住行等生理需求,由这些生理需求而引起的消费动机,称为生理消费动机。在生理消费动机支配下的消费行为具有经常性、重复性、习惯性和相对稳定性的特点。

生理消费动机在餐饮消费者的消费行为中所起作用的大小,与其收入水平及消费结构有直接的联系。在收入水平较低时,其消费活动首先是保证满足生理需求。消费时注重产品和服务的实际效用,而不大考虑其他因素。只有当消费水平达到一定的程度时,生理消费动机的作用才会逐渐减弱。

此外,在现代餐饮消费者的消费过程中,其消费行为并不完全受生理消费动机的影响。如就餐时愿意选择卫生条件好、服务态度好、内部设施好、菜点质量好的餐厅就餐。因为这样的消费场所不仅能满足其生理需求,还能显示自己的气派、风度或能得到良好的服务,并有一种安全感、信任感和自豪感。由此可见,生理消费动机只是餐饮消费者动机体系中的一部分。

2. 餐饮消费者的心理消费动机

心理消费动机是由餐饮消费者的认识、情感、意志等心理活动过程引起的消费动机。餐饮消费者在决定就餐之前,常常伴随着复杂的心理活动,也就是说,他们的消费行为不仅受到生理消费动机的驱使,还会受到各种心理活动的支配。因此,心理活动的结果,往往就能决定顾客消费什么、在哪里消费、何时消费等。

在推动餐饮消费者的消费行为中,心理消费动机比生理消费动机所起的作用有日益增强并逐渐占据主导地位的趋势。餐饮消费者的心理消费动机可以划分为以下几种:

(1) 感情动机。感情动机是指由餐饮消费者的情绪和情感变化引起的生理消费动机。它包括情绪动机和情感动机。情绪动机是由餐饮消费者的喜、怒、哀、乐、惧、奇等情绪触发的动机。餐饮消费者的情绪往往影响着他们的消费行为,特别是在消费环境的刺激下,餐饮消费者可以在一瞬间就作出消费某菜点或放弃某菜点的决定。掌握了餐饮消费者的情绪动机,能为服务员充分施展自己的推销才能提供用武之地。情感动机是由餐饮消费者的道德感、理智感和美感等人类高级情感触发的心理性消费动机。情绪动机引起的消费行为往往带有冲动性、即景性和不稳定性的特点,它会随着餐饮消费者情绪的变化而变化,多表现在青年消费者身上。而由情感动机引起的消费行为,则具有相对的稳定性和深刻性,它往往反映出餐饮消费者的精神面貌。

(2) 理智动机。理智动机是建立在餐饮消费者对餐厅服务工作的客观认识基础之上,经过分析、比较之后而产生的一种消费动机。在这种动机支配下的消费行为具有客观性、周密性和控制性的特点。

(3) 信任动机。信任动机是餐饮消费者在以往消费经验的基础上,对某一饭店、酒家或某一菜品产生了特殊的信赖和偏好,从而习惯性重复光临的一种消费动机。如果餐饮经营者具备良好的信誉、优质的服务、公平的价格和便利的地点等因素,餐饮消费者就会在以往消费经验的基础上,形成一种信任感,从而引发信任动机,成为忠实顾客。

三、餐饮消费者的行为特征

在餐饮消费活动中,由于消费者的消费动机不同,因而其消费行为也各具特征。可以按照餐饮消费者的需要不同将其概括为以下几种类型。

1. 便利型消费者

便利型消费者较注重服务场所和服务方式的便利,追求就餐的效率。这种类型的顾客希望在接受服务时能方便、迅速、快捷,并讲求一定的质量。他们大都时间观念强,具有时间紧迫感,最怕的是排队、等候或服务员漫不经心,不讲效率。因此,对于这类顾客,在餐厅经营中要处处以方便顾客为宗旨,提供便利、快捷、高效、质量上乘的服务。

2. 求廉型消费者

求廉型消费者十分注重饮食消费价格的低廉,这种类型的顾客都具有"精打细算"的节俭心理,十分注重菜肴和服务收费的价格,在比较推测中得出自己的结论,因此对质量不过分苛求,要求达到"物有所值"即可。这就要求餐饮经营者在菜品及服务上分开档次,并且要档次配套合理,以中、低档的服务项目去满足求廉型顾客的需求。

3. 享乐型消费者

享乐型消费者以注重物质和精神享受为主要动机,这种类型的餐饮消费者一般都具有一定的社会地位和经济实力,在餐饮消费活动中,注重服务人员的服务态度,热衷追求物质生活的享受,休闲观念较强,不太计较服务收费标准的高低。为了满足休闲享乐型消费者的需要,餐厅不仅要为其提供高水平的菜品、现代化的设施设备,还要为其提供全面优质的服务,使其获得最大程度的物质与精神享受。

4. 求新型消费者

求新型消费者注重菜品或服务的新颖、刺激,好奇心较强。这类顾客以青年人为主,他们追求服务的新颖、别致、刺激而不过分计较价格的高低。餐厅菜点的新奇,餐厅服务的标新立异、与众不同等都对这类消费者具有莫大吸引力。

5. 保健型消费者

保健型消费者以滋补身体、延年益寿和食物治病为主要动机,这种类型的餐饮消费者以中老年人居多,他们特别注重菜品的营养价值与滋养疗效。社会竞争的压力使繁忙的中年人尤其需要饮食调养;现代职业女性将更注重个人形象,需要健美食品的滋养;老年人终于闲暇下来,需要营养食疗以达健康长寿。

6. 信誉型消费者

信誉型消费者是以注重企业的信誉,以求获得良好心理感受为主要动机的行为类型。餐饮消费者在消费过程中,都希望餐饮经营者为其提供质价相符、味美色鲜的菜点和整洁、安全、舒适的消费环境。信誉型的顾客,在实现消费的过程中,往往特别重视经营者的信誉。他们对态度热情、环境优雅、有较高社会信誉,能给人以一种安全、信任的心理感受的经营者,有一种特殊的偏好心理。因此,经营过程中,要重视建立良好的信誉,为餐饮消费者提供优质的服务。

以上对餐饮消费者的消费行为进行了归类分析,其目的在于使餐饮经营服务人员能系统快捷地掌握不同顾客的消费行为特点,以便迅速地采取有针对性的服务策略。值得注意的是,在现实的消费活动中,单一的消费行为类型是不存在的。

第三节　餐饮市场营销策略

餐饮市场营销活动要在分析餐饮市场供求关系变动规律的基础上,掌握餐饮市场营销环境的变化因素,根据餐饮经营目标及消费者需求特点制定营销策略。

一、餐饮市场营销的基本内涵

1. 餐饮市场营销的概念

餐饮市场营销是餐饮市场的需求者(即就餐顾客)与供给者(即餐饮产品提供者)所发生的各种交易行为和过程。它贯穿于餐饮产品供、产、销过程的始终,体现在餐饮业务经营活动的各个方面。

餐饮市场营销源于顾客需求,就餐顾客之所以愿意支付自己的部分消费成本,主动参与交易活动,是为了满足旅游及生活的需要,餐饮经营者则是为了赚取利润而提供产品和劳务。于是便产生了市场营销活动。

餐饮市场营销活动十分复杂。从市场需求角度看,顾客类型多样,消费层次不同,生活习惯各异,需求复杂多变;从市场供给角度看,产品风味林立、花色品种众多、技术要求各不相同,各级各类餐饮经营主体经营方式灵活,形成激烈的市场竞争。于是,在供给和需求之间就产生了各种各样的交易行为,有直接销售、间接销售、零星销售、团体销售、宴请销售等等,销售手段也从坐店经营变成了主动推销,以适应不同类型消费者的需要。因此,如何根据顾客需求,选择经营方式,提高产品质量和服务质量,将餐饮产品和劳务从经营者一方转化为就餐顾客的现实消费,就成为餐饮管理市场营销的重要任务。

2. 餐饮市场营销的实质

餐饮市场营销的实质是在客观外界条件下,控制运动参数和转移参数中的可控因素,调节不可控因素,使其朝着有利于餐饮经营者的方向发展和变化。吸引消费者的每一具体的消费行为,往往都会受到两种或两种以上消费动机的支配。而且,餐饮消费者的消费行为不仅仅受其需求、动机等因素的支配,还会同时受到各种客观外界环境和顾客本身所具有的个性心理因素的制约。因此,在分析研究餐饮消费者的消费行为时,决不能片面强调某一方面,而应综合全面地分析。

在餐饮市场需求和市场供给关系中,都存在着运动参数——价格和众多的转移参数。价格随供求关系的变化而变化。转移参数的变化又直接引起供求曲线的位移,决定新的市场均衡状态。这些运动参数和转移参数在餐饮市场营销活动中,转化为影响市场交易行为的各种因素。

这些因素又分成两类:一是可控因素,如经营者的产品价格、劳动力成本、生产设备、技术水平、产品风味、花色品种、服务质量等;二是不可控因素,如替代品价格、互补餐饮产品价格、客源数量、支付能力、企业竞争、国家政策等。由于这些因素直接影响餐饮的市场营销行为和过程,因此,就必须控制可控因素,调节不可控因素,使其朝着有利于餐饮经营者的方向发展和变化。这样,就使餐饮产品能够更好地满足顾客的需要。

3. 餐饮市场营销的任务

餐饮市场营销的基本任务是根据市场需求,确定营销目标,选择营销策略,运用市场细分手段,广泛组织客源,适应就餐顾客需求变化,促进旅游业和餐饮经营的长期发展。其具体任务是:

(1) 确定营销目标。餐饮的市场营销目标是经营总体目标的一部分。它必须以市场需求为中心,从长远来看,重点是确定经营风味、产品结构、花色品种和经营特色;从短期来看,重点是顾客的具体需求、市场范围、主要目标市场所在;从营销效果看,重点是餐厅上座率、接待人次、顾客人均消费水平、消费结构、营业收入等。将这些内容综合起来,就成为餐饮经营的市场营销目标。

(2) 选择营销策略。营销策略是实现营销目标的手段,餐饮经营主体等级规格不同,经营风味和产品结构不同,接待对象不同,营销策略也不完全一样。其具体内容又包括产品策略、价格策略、渠道策略、形象策略、市场细分策略、促销手段等等。各种策略的运用都必须根据营销目标和市场需求变化而灵活选择和运用。

(3) 做好客源组织。市场营销是供求双方之间的交易行为和过程,也是客源组织过程。做好客源组织要以突出产品风味和经营特色、确保产品质量和服务质量为基础,采用灵活多样的方式,将预订推销、外出联系、形象吸引、销售推广等多种方式结合起来,才能确保营销目标的最终完成。

(4) 提供优质服务。餐饮营销目标的最终完成是以顾客前来就地消费为条件的。服务质量的高低是市场营销的重要组成部分,因此,必须根据餐厅类型和销售方式,提供舒适、典雅、美观的就餐环境,搞好餐厅布置,提供优质服务。

二、餐饮市场营销环境分析

餐饮市场营销环境是由供给和需求两个方面决定的。它们大多是供求关系中的运动参数和转移参数,同时也包括经营主体内外的客观条件。这些参数或条件大致可分为可控因素和不可控因素两大类。分析营销环境,就是要正确认识这些因素,以便将它们组织起来去开展营销活动,完成营销任务。

1. 市场营销可控因素分析

市场营销的可控因素主要来自经营者的市场供给方面,它是餐饮管理人员可以控制的,主要包括:

(1) 经营风味和产品结构。经营风味和产品结构直接影响餐饮市场营销活动的开展,经营风味的选择要根据目标市场顾客饮食习惯、客源数量、企业技术力量等来确定。所选风味必须突出特点,坚持继承和创新相结合,确保产品质量,办出经营特色。花色品种的安排既要考虑顾客的消费水平、支付能力、年龄结构,又要将常年菜、季节菜、时令菜结合起来,满足顾客多层次的消费需求。

(2) 营销目标和营销组织。营销目标重点是确定主要目标市场和接待对象,每家企业都应根据自身的档次、设备条件、技术水平、地理位置等,确定自己的主要目标市场和接待对象,并和目标市场的有关客户建立固定的业务联系。在确定市场营销目标时,要制订营销计划,确定餐厅上座率、接待人次、人均消费等指标,将营销目标落到实处。市场营销目标一经确定,就要建立营销机构,配备人员,搞好公共关系,做好营销组织工作。

(3) 劳动力成本和技术设备。劳动力成本和技术设备是餐饮供给关系中的转移参数。劳动力成本主要取决于工资福利水平和劳动组织的合理程度。餐饮管理一方面要逐步提高员工的工资福利待遇,以增强企业竞争能力和调动员工积极性;另一方面,又要搞好定额定员编制,合理用人,搞好劳动组织,提高劳动效率,以相对降低劳动成本。技术设备的改进和劳动成本的降低是相辅相成的,配备良好的生产设备,合理安排生产流程,既可搞好厨房生产过程的组织,确保产品风味和质量,又可降低生产成本,提高餐饮竞争能力。这是搞好餐饮市场营销活动组织的基础和前提。

(4)就餐环境和服务质量。就餐环境和服务质量是顾客精神享受和物质享受的需要。根据企业等级规格和接待对象的需要,提供先进的设备,搞好餐厅布置、清洁卫生,制定接待程序和操作规程,提供高质量、高效率的服务,使顾客在舒适、典雅、美观的各种餐厅享受餐饮产品,可以增强餐厅形象吸引力,广泛吸引客源,改变顾客消费结构,这本身就是餐饮市场营销活动的具体体现。

(5)原材料成本和流通费用。原材料成本和流通费用直接影响餐饮市场营销活动的竞争能力和营销目标的实现。为了降低原材料成本和流通费用,餐饮经营者应当制订采购计划,合理组织食品原材料,降低库存;搞好餐饮产品加工过程的组织;制定领料、发料、投料、用料标准,控制成本消耗;加强水、电、燃料、餐茶用品管理,降低流通费用。这样可以降低餐饮消耗,使经营者在同行业中形成局部竞争优势,以同样的价格提供更多的产品,保证营销目标的实现。

(6)产品毛利和价格。价格是餐饮供求关系中的运动参数,价格通过毛利率来确定。合理确定毛利标准,控制产品价格,可以更好地搞好市场营销活动。在餐饮营销活动中,价格是联结供给和需求的经济杠杆。由于餐饮毛利率有综合毛利率和分类毛利率之分,就使产品价格具有灵活性。具体产品价格要区别对象、原材料成本和市场供求关系,充分运用价格策略,调节市场需求。有的高进高出,有的低进高出,有的高进低出,有的随行就市,以适应顾客多层次的消费需求。同时,餐饮市场营销中的均衡价格永远是暂时的,因此,不断根据市场供求关系的变化,适时调整价格,就是开展市场营销活动,扩大产品销售的重要任务。

2. **市场营销不可控因素分析**

市场营销不可控因素主要来自市场需求。利用可控因素去调节不可控因素,能为餐饮市场营销活动的组织创造条件。其内容主要包括:

(1)地区顾客数量和收入。地区顾客数量和收入是餐饮需求关系中的转移参数。顾客数量主要取决于当地旅游发展水平、国民经济发展程度。顾客收入主要取决于旅游者的档次结构、当地国民收入水平。它们都是影响餐饮市场需求的重要因素。在一定时期,其总量又是稳定的。但是,在市场竞争条件下,餐饮经营者选好目标市场,运用自己的独特风味、产品质量、声誉和优质服务去调节市场需求,广泛组织客源,又可以增加就餐顾客数量,吸引现实顾客和潜在顾客,造成餐饮经营者的局部优势,实现营销目标。

(2) 替代餐饮产品价格。替代餐饮产品价格是由同行业中竞争对手确定的,也是餐饮需求关系中的转移参数。这种价格只能在同类餐饮产品中比较,只有当某种产品价格过高,就餐顾客难以接受,顾客才会转而寻求替代产品。从餐饮经营者的角度看,降低原材料成本和流通费用,提高产品质量和服务质量,调整自己的产品价格,使其在同种风味和同类产品中处于竞争优势,同时又可以抑制消费者消费替代餐饮产品,从而增加客源,保证餐饮市场营销活动向着有利于经营者的方向发展。

(3) 地理位置和交通条件。地理位置和交通条件直接影响餐饮市场营销活动的组织。餐厅筹建时,应尽可能选择较好的地理位置和交通条件。但在地理位置和交通条件已经确定的情况下,餐饮经营者仍然可以利用可控因素去调节这一不可控因素。其重点是加强广告宣传,搞好公共关系,同企业周围的机关、企事业单位加强业务联系,逐步形成市场声誉,特别是要办出经营特色,突出产品风味和质量,扬长避短,发挥优势,使就餐顾客大多成为回头客,同样可以搞好餐饮市场营销活动。

(4) 顾客饮食习惯和同类餐饮企业的数量。就餐顾客的饮食习惯复杂多样,酸甜苦辣,咸淡清香,各有所好。但是,除特殊宗教因素外,追求新鲜,品尝各种风味,是大多数饮食爱好者的共同需求。在产品风味确定后,针对不同顾客的具体要求,适当调整,仍然可以满足顾客品尝风味的需要。如果周围同类餐饮风味过多,企业可积极创造条件,改变风味特点,增加服务项目,以调节市场需求,形成新的竞争优势。

(5) 竞争环境和竞争格局。竞争是影响餐饮市场营销的重要因素。餐饮市场竞争主要表现在产品质量、服务质量上,它们又通过产品价格、促销手段、销售渠道、销售方式、销售策略等表现出来。但是,竞争主要是同一档次、同种风味之间的竞争。同时,这种竞争又以周围近距离餐饮经营者为主。餐饮经营者虽然无法控制大的竞争环境和竞争格局,但是,他们可以分析周围同类经营者的经营风味、技术力量、市场领域、产品质量、价格水平、服务质量、销售方式、销售策略、促销手段等,然后和内部客观条件结合起来,分析自己的长处和不足,调整自己的竞争策略,扬长避短,以优取胜,同样可以在餐饮市场营销活动中立于不败之地。

(6) 政治经济环境和政策。政治经济环境包括社会环境安定程度、经济发展水平、地区对外开放程度、通货膨胀率、汇率,等等。国家政策包括旅游发展政策、经济政策、税收政策、国家对餐饮经营的工商管理法规,等等。这些因素也是餐饮需求关系中的转移参数,是餐饮经营者自身无法控制的。但是,餐饮经营者可以在认真调查和分析地区政治经济环境,正确执行国家政策,特别是在结合国家政策法规的基础上,制定营销策略,并根据旅游发展状况,旺季增加客源,淡季调整价格,如发生通货膨胀,则应尽力降低成本。同时增加服务项目,举办食品节、食品周、美食节、烧烤会、啤酒节等各种促销活动。

三、餐饮市场营销策略组合

餐饮市场营销策略是在餐饮市场供给和需求之间实现餐饮产品和服务交换所采取的各种措施和手段。它涉及餐饮市场供给和市场需求两个方面,反映在餐饮业务经营活动的全过程。其基本策略包括四个方面:

1. 餐饮产品策略

产品策略是餐饮市场营销的基础,是市场供给的本质表现。餐饮产品策略除产品本身以外,还应包括提供产品的环境和条件。餐饮管理要正确运用产品策略,重点做好五个环节的工作:

第一,选好产品风味和花色品种。这是产品策略的本质内容,但又必须根据市场需求变化和竞争需要适时调整,从而获得良好的经济效益。

第二,配备专业技术水平的厨师队伍。产品策略的关键在于产品质量,而优质产品只有具有专业技术水平的厨师才能烹制出来。

第三,保证优质食品原材料供应。巧妇难为无米之炊,有了优良的食品原料,才能烹制出优良产品。为此,必须做好采购、库房管理。

第四,做好厨房生产过程的组织。只有保证原料加工、配菜、炉灶烹制质量,才能保证产品策略的最终落实。

第五,要加强销售管理,提供优质服务。优质产品只有销售出去,才能实现自身价值。只有加强餐厅销售和服务管理,才能增加客源、扩大销售。这也是餐饮管理产品策略的最终目的。

2. 餐饮价格策略

价格是联结市场供给和市场需求的纽带和桥梁,是影响餐饮市场营销的重要条件。在餐饮市场营销活动中,价格属于运动参数,它的变化既影响供给,又影响需求。

餐饮管理要正确运用价格策略,不仅仅是运用毛利标准简单地确定价格,其关键是根据市场供求关系的变化而变化,灵活掌握价格,以刺激需求,扩大销售。因此,价格策略的运用,重点要区别不同情况,根据供求关系的变化,采用不同的策略,主要包括差别价格策略、声望价格策略等。

在餐饮市场供给和需求关系中,运动参数价格的变化和转移参数的变化是密不可分的。运用上述价格策略,要随时分析转移参数的变化可能对价格变化产生的影响,并据此确定和调整产品价格。

3. 餐饮促销策略

促销策略是采用不同的促销手段去宣传产品,广泛组织客源,扩大产品销售。它是餐饮产品从经营者手中转化为就餐顾客实际消费的重要条件。如果不采取促销措施,坐店等客,就无法适应市场竞争的客观要求。在餐饮管理中,要正确运用促销策略,应重点做好四个方面的工作:

第一,建立销售机构,配备推销人员。这是促销策略的前提和基础。

第二,落实销售目标责任制度。即根据营销计划,将餐饮销售目标落实到有关部门和人员,使他们明确责任和任务,保证餐厅上座率、接待人数、人均消费、营业收入等计划目标的实现。

第三,采用多种促销手段。要根据市场竞争需要,采用灵活多样的推销措施,主要包括餐厅销售推广、预订推销、订座销售、电话联系、外出推销、形象广告推销、公共关系等。

第四,要控制销售成本,降低费用消耗,主要是交际费用、广告费用、公关费用等。这部分费用是不可缺少的,但应有计划和安排,防止盲目请客吃饭。要定期考核费用消耗情况,以降低费用开支,提高推销效果。

4. 餐饮销售渠道策略

销售渠道是指在市场营销中主要通过哪些方式、哪些途径向哪些类型的顾客推销,它和促销策略是一个问题的两个方面,也是影响餐饮市场营销的重要条件。餐饮管理要正确运用销售渠道策略,应重点抓住三个环节:

第一,选好主要目标市场。除饭店宾馆餐饮管理以店客为主外,其他目标市场可根据企业自身条件,分别选择旅游客人、商业客人、企事业单位和零散客人等。

第二,选择主要客户,包括旅行社、外交机构、当地社团、企事业单位等。

第三,针对不同客户,运用不同推销策略,加强同客户的联系,提高客户的就餐率。

四、餐饮市场促销

1. 餐饮促销的含义

餐饮促销是指餐饮经营者为满足顾客需要,实现餐饮经营目标而展开的一系列有计划、有组织的完整的营销管理过程。也就是在发现顾客需要的基础上,利用宣传沟通手段将餐饮产品和服务信息传递给目标市场顾客,使其产生兴趣、关注和购买行为。

促销是一种连续不断的管理活动,不是一次性的决策,促销应有步骤地进行,良好的促销是一个过程;餐饮促销是经营者利益与顾客利益的协调,餐饮促销是依靠一整套活动不断地跟踪顾客需求的变化,及时调整整体经营活动,努力满足顾客需求,获得顾客信赖,通过顾客的满意来实现餐饮经营目标,从而达到顾客利益与经营者利益的一致。

2. 餐饮促销管理的内容

有效的餐饮促销管理应包括营销分析、餐饮促销计划制订、营销活动的组合与执行以及控制管理等工作。

一是餐饮促销分析。餐饮促销营销环境分析、消费者的心理及购买行为分析、客源和客源市场分析、餐饮产品分析、竞争形势分析研究等。

二是餐饮促销计划。餐饮促销总体计划的制订、营销目标的确定、销售预测、经营趋势的评估、调整营销计划等。

三是餐饮促销组合与执行。根据营销计划对餐饮产品营销组合进行具体的设计和落实。它包括产品的设计、价格及其政策的制定、建立和调整营销渠道、促销活动的具体策划开展等工作。

四是餐饮促销控制。根据既定的餐饮营销目标和方针,对餐饮促销活动进行实施过程中的(涉及营销活动结束后的)分析、比较与评估,以便及时采取措施,调整餐饮促销活动,提高餐饮促销管理的效率。

3. 餐饮促销的主要方式

（1）人员推销

人员推销是指餐饮推销人员通过向顾客展示或以语言表达等方式来传递产品信息,引导顾客光顾餐厅,购买和消费本餐厅产品和服务的过程。餐厅中每一个与顾客接触的员工,对顾客所说的每一句话都属于人员销售。

主动招呼客人。服务员的主动招呼对招徕顾客具有很大意义。顾客走进餐厅,正在考虑是否选此餐厅就餐,这时如果有一个面带笑容的服务员主动上前招呼,同时引客入座,一般情况下,顾客即使对餐厅环境不十分满意也不会退出。

了解相关知识。服务员应对餐厅所经营的食物和服务内容了如指掌,如食物用料、烹饪方法、口味特点、营养成分、菜肴历史典故、餐厅所能提供的服务项目等,以便向顾客做及时介绍,或当顾客询问时能够作出满意的答复。服务员在促销自己的食物和服务之前,要了解市场和顾客的心理需求,并对顾客的风俗习惯、生活忌讳、口味喜好有所了解,以便有针对性地推荐一些适合他们心理需求的产品和服务。

留心观察顾客。在顾客就餐时,服务员要注意观察顾客有什么需要,要主动上前服务,创造顾客新的消费需求。

注意推销技巧。在不同场合略施促销小技巧会增加餐饮销售,为顾客提供多种选择,扩大顾客的消费选择范围。

(2)整体促销

重视口碑宣传。餐饮业是一个人情味很浓的行业,消费者在某酒店餐厅得到良好的服务,品尝到高质量的菜品,就会成为它的义务宣传员。在众多信息渠道中,消费者对周围相关群体,如家庭成员、朋友、同事提供信息的重视程度要远远高于广告信息和推销人员提供的信息,他们特别倾向于从相关群体获取消费信息,并会继续把信息传播给别人,让信息加上人们的主观评价不断传播下去。所以在很多情况下,"口碑"的渗透效果要远远大于企业本身的促销活动。

强调经营特色。菜式越多、菜单越长,厨房相对越大,时间越多。菜单花样多,耗损会多,库存也会增多。菜单制定要遵循"3S"原则:standard(标准)、special(特色)、simple(简单)。以简单的菜单,作出更好的菜肴,使顾客的需要得到满足。同时,菜式越简单,才能精选材料并使单价下降,损失少,制作迅速,加快座位周转率,并使顾客容易记住餐厅特色。

特设菜单的利用。"今日特餐"应是大部分顾客点的菜,因为价钱不贵,味道不差,可能还附送饮料,所以很受欢迎。餐厅推出"今日特餐",要掌握三个原则:能大量采购的原材料、烹饪时间短、味道有特色。此外,仓库中库存品也可利用"今日特餐"来清理。

建立客源档案。多种渠道搜集顾客信息,建立顾客档案,强化顾客关系管理,开发潜在顾客,维护现有顾客,保持忠诚顾客。加强与顾客的联系,使酒店有一批稳定的客源。

利用赠券与赠品。折价赠券可以邮寄，或附在广告上，也可以当面奉送。赠券上一般标明折价金额或折扣率。它是刺激顾客尽早尽快消费的有效工具，尤其是对那些价格敏感型的顾客更为有效。

认真处理顾客抱怨。一般来说，顾客对餐厅投诉，大致有以下几种原因：上菜太慢、样品与实际菜肴的分量相差太多、菜中有异物、味道太咸或太淡、上错了菜等。餐厅主管人员应事先作出预防以及设计出万一不慎发生后的补救方法。要虚心接受顾客的抱怨，仔细聆听顾客的指责，冷静地处理，使顾客平息怒气，并给顾客一定的补偿，使顾客心平气和地离去，而且愿意下次再来。

附加服务。顾客除得赠品、赠券外，照看小孩、免费洗车等能给顾客减少许多麻烦，以此来增加顾客的好印象，从而更好地创造效益。

（3）环境气氛促销

就餐环境。餐饮消费者走进餐厅，首先用各种感觉器官去感知周围的一切，用眼去审视、用耳去倾听、用鼻子去嗅，在获得诸多感性认识后，上升为理性认识，通过思维对所感知的事物作出评价、体验，能否获得好感只是瞬间的事。因此，餐厅经营管理者应努力为顾客营造一个优美舒适的消费环境。

行为艺术。服务员的现场服务不仅要让顾客用舌头品味出精妙绝伦的味道，而且要提供一场表演，顾客在观看表演中体验饮食文化的另类风采。餐桌上的行为艺术当然不仅仅体现在菜点上，还更多地体现在厨师和服务员的表演上。

主题体验。主题餐厅必须拥有一个以上的"主题"作为餐厅吸引顾客的标志，整个餐厅的装潢、摆设、营造的气氛等都要围绕着这个主题，让顾客很容易就可以辨认出餐厅的特征。顾客在这样的餐厅里用餐，得到的是一种体验。

第四节　餐饮品牌营销

品牌的差别是竞争对手难以模仿的优势资源，也是餐饮经营者综合实力的体现。品牌资产的价值体现为支持更高的定价，获得更高的边际收益；品牌资产还可以增强环境适应性和风险抵抗力。餐饮品牌的知名度和美誉度越高，其在消费者心中的地位就越高。

一、餐饮品牌营销的基本概念

1. 品牌营销

品牌营销(Brand Marketing),是通过市场营销使消费者形成对品牌和产品的认知,从而影响其购买决策的市场营销过程。市场营销既是一种组织职能,也是为了组织自身及利益相关者的利益而创造、传播、传递客户价值,管理客户关系的一系列管理过程。因此,品牌营销不是独立的管理活动。

从一般意义上讲,产品竞争要经历产量竞争、质量竞争、价格竞争、服务竞争到品牌竞争,前四个方面的竞争是品牌营销的前期过程,也是品牌竞争的基础。

2. 品牌的含义

美国市场营销协会(AMA)在其 1960 年出版的《营销术语词典》中把品牌定义为:用以识别一个或一群产品或劳务的名称、术语、象征、记号或设计及其组合,用以和其他竞争者的产品或劳务相区别。

著名营销学家菲利普·科特勒认为,品牌是指一个名称、标记、符号、设计或它们的联合使用,以便消费者能辨识厂商的产品或服务,并与竞争者的产品或服务有所区别;品牌包含多方面的内容,包括属性、利益、价值、文化、个性、用户等。

从狭义的角度看,品牌就是具体可见的牌子,由文字、标记、符号、颜色、字体等要素共同构成,品牌是展示企业或产品形象的外显识别符号。

从广义的角度看,品牌不仅包含文字、标记、符号等要素,而且还包括企业或产品所蕴涵的各种个性、气质、氛围等内隐的、无形的"气质要素",这些内隐要素和文字、标记、符号等外显要素共同作用,成为消费者识别企业或产品的重要依据。因此,从这个角度看,品牌是消费者对一个企业或一种产品的全部体验——它的个性、消费者对它的信任、对它所象征地位的认同及使用经验等,是顾客一切感受的总和。也就是说,品牌不仅是企业或产品的标识,而且也代表了产品的形象和气质。

品牌是由内隐要素和外显要素共同构成的综合体。内隐要素是品牌中最核心的组成部分,它包括战略目标、经营理念和组织文化,是品牌的精神理念,是品牌特征的高度浓缩,也是外显要素重要的设计源泉;外显要素是品牌中最外化、最直观的要素,它包括企业或产品名称、企业或产品标志、标准色彩、标准字体等要素,是品牌内在精神的载体。由此可见,餐饮品牌建设,既要重视品牌外显的、直观的"识别符号"的开发和设计,更要重视品牌内隐的、间接的精神理念和文化内涵的挖掘和培育。

3. 餐饮知名品牌的衡量指标

餐饮经营者大多具有自己的品牌,但是各个餐饮品牌所占有的市场份额却不尽相同。按照知名度的高低,品牌可分为一般品牌和知名品牌。知名品牌以其独特的市场竞争优势成为众多经营者追求的目标。

(1) 餐饮知名品牌的特征

知名品牌是指在市场上拥有较高知名度、美誉度、市场占有率及附加值,能产生品牌溢价的品牌。

餐饮品牌具有复杂的内涵,以知名菜点为品牌基础,同时还包括服务、环境等要素。其基本特征如下:

第一,有较突出的风味特色和较高的工艺含量。作为餐饮知名品牌,其风味自成一家且颇具价值,竞争对手只能仿其形,不能仿其神;同时,餐饮知名品牌的形成包含了较高的隐性知识含量。

第二,有较大的辐射空间和较高的社会口碑。餐饮知名品牌是餐饮文化的典型代表,因而具有较高的知名度和美誉度,得到消费者的广泛认同。

第三,有较悠久的传播历史和较浓厚的文化含量。餐饮知名品牌的独特风味文化可以突破时空概念,长久保留传承,在广泛的地域内发扬光大。

第四,有较好的经济效益和较大的社会影响。餐饮知名品牌具有广泛的社会认同度,具有较大的资产价值,尤其是无形资产的价值更大。

(2) 餐饮知名品牌的衡量

知名度指标。知名度指社会公众对餐饮品牌的知晓和了解程度,以及其社会影响的广度和深度。它是衡量餐饮品牌现状的一个"量"的指标,衡量的结果揭示出餐饮品牌被知晓的范围的大小。

美誉度指标。美誉度指社会公众对餐饮品牌的信任和赞美程度,以及其社会影响的好坏。它是衡量餐饮品牌现状的一个"质"的指标,衡量的结果揭示出餐饮品牌被评价的性质的好坏。

支持率指标。支持率指对餐饮品牌采取种种支持行为的公众占餐饮品牌顺意公众的比例。它表明了餐饮品牌在社会公众心目中的地位是高还是低,是重要还是一般,是正面形象还是负面形象,它预示着民心所向。

指名率。指名率指消费者在购买餐饮产品时指名购买的人占所有购买者的比例。对于餐饮经营者而言,这样点名消费的顾客越多,表明该餐饮品牌越深入人心。

统一率。统一率指消费者在购买餐饮产品时,对某一品牌的偏爱程度。消费者有固定的品牌偏好,其消费带有较大的稳定性。对经营者而言,这样的消费者就是一位难得的忠实消费者,而且还会去影响其周围的亲友,从而为该餐饮品牌吸引更多消费者或可以争取更多的知晓公众和顺意公众。

顾客满意程度。顾客满意程度是衡量餐饮产品品质最具权威性的指标,它表明消费者在消费餐饮产品后所获得的生理和心理满足程度。可用公式表示:顾客满意度=(顾客实际所获得的满足程度/顾客期望所获得的满足程度)×100%。顾客的满意程度越高,表明餐饮产品品质越好。

二、餐饮品牌的成长规律

国内的许多餐饮经营者在进行品牌营销的过程中,容易出现非专业化倾向。主要表现为过分迷信评选活动,缺乏品牌营销意识,品牌资产管理落后,缺乏品牌建设的整体思考,品牌的文化内涵不足,品牌的推广力度不够,品牌延伸不利。

品牌的塑造是一个不间断的持续过程,带有明显的阶段性特征,既要把握品牌的成长规律,又要借助一定的整合营销手段。餐饮经营者必须掌握品牌成长的一般规律,根据品牌的成长规律有效实施品牌发展战略。

品牌作为餐饮产品或服务的标识,其成长和创立有一个循序渐进的过程。品牌的成长包括两方面的成长:其一是品牌内涵的成长,随着品牌的不断成熟,其包容性不断扩大,将由产品品牌发展成为企业品牌,甚至是行业品牌。其二是品牌知名度的成长,随着品牌的不断成熟,品牌也将由地方品牌发展成为全国品牌,甚至国际品牌。同时,品牌本身的效用也随着品牌内涵和品牌知名度的成长而不断得到强化。

根据品牌的发展规律,餐饮品牌的成长过程由初级到高级可分为三个不同的阶段:

1. 品牌认知阶段

品牌认知是消费者具有识别、记忆某品牌是某一产品类别的能力,从而在观念中建立起品牌与产品类别间的联系。通过测试可以检验消费者品牌认知能力的大小。品牌认知是一个由浅入深的变化过程。品牌认知的程度可表现为品牌无意识、品牌识别、品牌记忆和品牌认同。

（1）品牌识别

这是品牌认知的最低程度。当消费者面对餐饮产品的一系列品牌时，能够将产品类别与品牌联系起来，但需要提示来帮助识别品牌。在品牌竞争时代，有无品牌识别对消费者选择品牌相当重要。

（2）品牌记忆

这是品牌认同的基础。它是建立在消费者自主记忆的基础上的。当消费者面对餐饮产品的一系列品牌时，不需任何提示，便可以自主记忆某品牌名称。因此，品牌记忆表明存在于消费者记忆中的品牌具有更牢固的品牌位置。

（3）品牌认同

这是品牌认知的最高程度。消费者认同的品牌是消费者最熟悉、甚至最喜爱的品牌。当消费者在无任何提示的情况下，对某一餐饮品牌印象深刻，能不假思索地想到。深入人心的品牌无疑在消费者心目中处于一种特殊的位置，经久难忘。

消费者在购买商品或服务时，面对着众多的品牌，他们往往选择自己最熟悉、最喜欢的品牌。因此，深入人心的品牌，在消费者进行购买决策时，起着至关重要的作用。作为餐饮经营者，要通过各种途径提高消费者的品牌认知度，使消费者形成品牌认同。

2. 品牌联想阶段

品牌联想是指消费者凭借以往的经验，可以通过认知品牌而记忆起与品牌相联系的各种事物。美好、积极的品牌联想意味着品牌被接受、被认可、被喜爱、具有竞争力。品牌的联想越多，其影响就越大；联想越少，影响就越小。一些著名的餐饮品牌往往能引起很多的联想和想象。

品牌联想虽然是反映在消费者的意识中，但它却是客观存在的，并具有一定的作用力。它给消费者提供联想的信息，造成消费者对餐饮品牌特定的感觉，有利于餐饮的品牌定位和品牌发展。对餐饮经营者而言，积极的、有区别的品牌联想可以成为关键的竞争优势，成为竞争对手无法逾越的障碍，同时也为餐饮品牌延伸奠定了基础。

（1）为消费者提供决策信息

品牌联想对于消费者来说，可以创造简洁的信息，可以总结出一系列的事实和规范，还可以影响其回忆。品牌联想帮助消费者获得有关的信息，为其选择提供方便。

（2）帮助消费者区别品牌

品牌联想有助于把一个品牌与其他品牌区别开来，因为联想能提供这种区别的重要基础。餐饮产品众多的品牌对于消费者来说是难以区别的,而品牌联想却能在区别品牌中担当极其重要的角色。

（3）影响消费者的购买行为

品牌联想涉及到产品特征,这就能为消费者选择某一品牌提供特别的原因。品牌联想还通过在品牌中表现出的信誉和自信来影响消费者。有些餐厅酒吧喜欢在店堂的墙壁上摆放名人来此用餐品酒的图片,甚至展示他们与业主的合影,其目的也在于此。

（4）创造积极的态度与感觉

品牌联想能在品牌宣传和使用过程中创造出积极的态度和感觉,使消费者爱屋及乌,把联想的感觉与品牌联系起来。

3. 品牌忠诚阶段

品牌忠诚是消费者对某一品牌产生的情感,它反映了消费者的偏好由一个品牌转向另一个品牌的可能程度。品牌忠诚度越低,消费者转向另一品牌的可能性就越大;品牌忠诚度越高,消费者转向另一品牌的可能性就越小。消费者的品牌高忠诚度无疑是经营者的一笔巨大财富。

（1）餐饮品牌忠诚的利用

品牌忠诚战略对餐饮经营管理具有重大意义。一是有利于降低营销成本。大量研究表明,保持现有消费者比获得新消费者所付出的代价要小得多,其费用支出大约只有后者的1/5。为此,餐饮经营者要尽最大努力留住老顾客,降低营销成本,获取更多利润,从而为提高品牌忠诚再投资。二是有利于吸引新的消费者。品牌忠诚强调留住老顾客,但并不排斥吸引新顾客。在保持品牌老顾客的同时,也可以吸引新的消费者,扩大消费者范围。三是有利于应对竞争对手的威胁。当竞争对手开发了更好更新的产品之后,品牌忠诚的消费者往往会期待他所忠诚的品牌奋力赶上或超过竞争对手,而给该品牌提供必要的时间用于改进产品以胜过竞争产品。

（2）餐饮品牌忠诚的层次

消费者的品牌忠诚有不同的层次或等级,表现出不同的品牌忠诚程度。

一是品牌不忠诚。即品牌忠诚的最低层次。这部分消费者对餐饮品牌漠不关心,只对餐饮产品价格敏感。

二是习惯性购买。这部分消费者对某种餐饮产品满意或至少不反感,对某一餐饮品牌形成习惯性购买行为,有一定程度的忠诚。

三是品牌满意。这部分消费者对某一餐饮品牌有较高的忠诚度,对自己的选择比较满意。

四是品牌喜欢。这部分消费者对某一餐饮品牌有更高的忠诚度,对品牌有一种感情依托。

五是品牌忠诚。这部分消费者对某一餐饮品牌的忠诚度最高,是最忠诚的消费者。他们是坚定购买该品牌的消费者,并乐于向其他人推荐该品牌。

三、餐饮品牌的塑造步骤

现代品牌营销是品牌的塑造过程,是围绕不断提升品牌资产进行的。品牌资产强调通过缜密的思考、严谨的分析以及整合性的规划,使品牌资产价值日益增长。餐饮品牌的塑造要经过整体规划,其塑造的基本步骤是:创立——奠定品牌资产基础,建设——累积品牌资产,改善——不断提升品牌资产。

1. 创立餐饮品牌

通过创立餐饮品牌奠定品牌资产基础。创立品牌从规划品牌识别系统开始。品牌识别系统不仅仅要创造产品的符号,还要建立品牌核心价值和理念。从品牌的长期发展来看,品牌精神内涵是比视觉设计更长久、更重要的要素。餐饮品牌代表着餐饮产品对消费者的意义与价值,它是餐饮消费者选择某一特定餐饮产品的原动力与驱动力。在餐饮消费者的认知中,一个餐饮品牌所包含的意义,其重要性超过品牌的具体功能。

创立品牌从建立品牌识别系统开始,以此来确定品牌未来的发展方向,使员工产生共识。为此,要进行品牌设计,包括支持品牌的产品和服务设计以及各类外显符号的设计,如名称、标志、色彩、字体等整体形象设计。创建一个餐饮品牌不仅仅是为餐饮产品取个好听的名字,还需要完整的营销组合策略。

在产品设计阶段,应根据重要程度的不同,关注核心产品、形式产品和延伸产品的设计。核心产品和形式产品的设计应特别强调产品的功能性和差别性。对餐饮产品而言,其产品功能包括契合顾客需要的各种菜点和服务;而延伸产品应强调产品的亲和性。创建餐饮品牌还要把品牌策划与广告策划区别开来。广告策划着重于品牌附加值的创造,而品牌策划则着眼于品牌主体价值的创造。从品牌创建开始就要建立一套独特、深具识别性的、值得消费者拥有的价值系统,然后设计并制造适合的产品,同时设计与之相对应的形象。

2. 建设餐饮品牌

通过建设餐饮品牌累积品牌资产。品牌建设阶段的任务是累积品牌资产,其重要的实现手段是依靠传播。这不仅仅是信息沟通,也是价值传达,目的是使餐饮消费者认识到餐饮品牌价值的存在。建设餐饮品牌要整合使用传播工具和营销组合策略,塑造品牌形象,积累品牌资产。

首先是品牌定位和品牌个性的建立。品牌定位决定品牌的市场价值位置,而品牌个性的培养使消费者对品牌产生认同和崇拜,深深地影响与消费者的互动关系。消费者更多地是在购买餐饮产品的个性,而不是产品本身。品牌定位的基本目的是建立餐饮经营者所期望的并且易于被目标消费者所认可的竞争优势。餐饮品牌定位时,应重点考虑本餐饮品牌的竞争优势,尤其是潜在的竞争优势。可根据顾客消费行为特点分解各个价值环节,寻求优势。在识别潜在优势的基础上,选择恰当的竞争优势,这些竞争优势包括有形的物质优势、无形的服务优势、恰当的区位优势,独特的人才优势、合理的价格优势等,最后将所选定的优势通过各种传播渠道将其扩散。

其次是品牌推广。餐饮品牌建设过程中,应重视品牌的推广和传播。可借助大众传播媒介进行品牌知名度的提升,在此基础上,提过提供优质服务、特色餐饮产品来树立消费者口碑,提升品牌的美誉度,并通过有效的品牌促销手段,扩大品牌的市场占有率。

3. 改善餐饮品牌

通过改善餐饮品牌提升品牌资产。为了品牌的持续发展,品牌要不断改善。品牌必须保持新鲜感与时代感,特别是随着时间的推移,销售的增幅变缓,同类替代产品的竞争激烈,产品逐渐丧失了优势,这时需要餐饮经营者寻找新的利益增长点。

四、餐饮品牌营销的基本策略

1. 进行餐饮品牌定位设计

品牌定位是建立(或重新塑造)一个与目标市场有关的品牌形象的过程。品牌定位是品牌营销的核心,它决定着品牌的特性,以及品牌未来发展的动力。

首先进行餐饮经营优势、劣势和机会、威胁分析,其次进行餐饮市场细分,将错综复杂的异质市场划分为若干个具有相同需求的次级市场,通过评估选择目标市场,再次运用品牌定位策略提炼品牌核心理念和品牌个性,建立优秀的品牌联想,最后通过市场调研,找出目标市场的个性化需求,使之与餐饮产品、服务相吻合,掌握消费者心理,把握消费者购买动机,激发消费者的情感需求。

2. 形成餐饮核心产品体系

确定餐饮核心产品,以寻求在品种、定位与发展模式方面具有鲜明的个性与特色,奠定品牌的基础。首先要改变传统的餐饮品种模式,应以核心产品体系为主,以其他菜色为辅。并在核心产品体系方面研究出一套标准化生产方式,使餐饮经营能够迅速扩大规模,实现标准化经营。其次要注重挖掘产品体系的文化内涵,丰富饮食文化,利用环境资源,创制特色饮食。

3. 实施餐饮品牌整合营销传播

通过品牌的有效传播,可以使品牌为广大消费者和社会公众所认知。同时,品牌的有效传播,还可以实现品牌与目标市场的有效对接。餐饮品牌传播应采取在品牌核心价值下的整合营销传播。整合营销传播的核心思想是:以整合内外部所有资源为手段,以消费者为核心,充分调动一切积极因素进行全面的、一致化的营销。它要求变单一分散的传播手段为综合式的传播手段,与消费者建立持久、良好的关系,同时要求每一位员工都参与到营销传播中来,让每个部门和每个成员都负起沟通和传播的责任。

4. 加强品牌个性化建设

在市场细分基础上,用产品的差异性来建立品牌个性。餐饮品牌营销要善于发现和充分利用产品组合元素中的某一有用特性以建立品牌个性,突出餐饮产品情感性功能与自我表现功能来建立品牌个性。可以通过餐厅环境的布置、广告宣传来增添餐厅及产品的情感功能,还可以从引导潮流、张扬时尚的视角来建立品牌个性。

5. 重视餐饮文化营销

餐饮品牌营销应努力创新文化营销策略,形成文化服务特色,不断更新与消费者的价值链关系,从而在激烈的市场竞争中赢得优势。首先要加强餐饮文化造势,餐厅或产品的命名应努力融合更多的文化内涵,具有一定的文化审美价值,使名称本身得到社会公众的认同并产生好感。其次要加强内部文化营销,通过提高员工的素质,来奠定内部的文化基础,运用文化力量影响员工、感化员工,使员工形成共同的价值观、道德观。

6. 加大品牌推广力度

餐饮品牌营销应针对目标市场,选择恰当媒体,加大品牌宣传力度。首先要根据目标人群的需要，重点突出质量，强化产品在消费者心目中已有的印象。其次要加强整合传播力度，扩大品牌知名度，运用产品生命周期理论和产品、渠道、价格、促销等营销因素，依据餐厅定位，及时确定和调整广告目标和广告策略。

案例分析 1

麦当劳的 SNS 营销策略

麦当劳近年来将主要的市场转向年轻人群体。在 2009 年夏季促销调查中麦当劳发现，年轻人，尤其是大学生目前的主要业余时间都用在了网络交流上。针对这个事实，麦当劳希望呼唤好友们"线下真实见面，巩固友情"来达到促销的目的，促使更多年轻人进入麦当劳店内消费。

SNS，全称 Social Networking Services，即社会性网络服务，专指旨帮助人们建立社会性网络的互联网应用服务，也指社会现有已成熟普及的信息载体，如短信服务。SNS 的另一种常用解释是 Social Network Site，即"社交网站"或"社交网"。面对日益普及的 SNS，麦当劳的营销也面临挑战：如何让更多的年轻人走到线下，走进麦当劳店消费？

年轻人的媒体接触习惯已经开始从传统的电视等向网络发生大规模的转移，他们主要的业余时间都用在了网络交流上，而像人人网这一类的 SNS 网站更是占据了他们大部分的网络接触时间，SNS 网站成为他们联系好友、分享交流的主要平台。年轻人把大部分时间花费在网络上，在网络上完成了与好友的交流、沟通，这势必减少他们在现实中的接触与见面机会。而长达两个月的暑期是麦当劳抓住年轻人、提升店面销量的最重要时间段，如何让更多的年轻人走到线下、走进麦当劳店内这成为麦当劳暑期营销所面临的最大挑战。

为此，麦当劳实施了具有针对性的营销策略，麦当劳的做法是：

准确洞察消费者心理——"见面吧"。虽然年轻人在 SNS 网络上交到很多新的朋友，并为此耗费了很多时间，但毫无疑问，这种缺少真实见面的社交只是一种浅层次的社交。而作为独生子女一代，他们需要的是现实中的好友，对于友情他们尤为珍惜。某种程度上说，网络上的交流只是一种替代，或者仅仅是个开始，他们迫切需要一种推动作用，去将这种交流现实化，让年轻人的社交从网络走向现实。准确洞察消费者的心理需求之后,寄希望于进一步扩大市场份额的麦当劳,呼唤大家"线下真实见面,巩固友情",并将麦当劳作为他们最佳的"见面场所",促使他们更加喜爱麦当劳这个品牌,进而进入麦当劳消费,从而达到促进销售的目的。而人人网则凭借其在国内年轻群体中的垄断性以及其专业强大的 SNS 营销能力,成为麦当劳此次推广的最佳网络平台。一个覆盖全国年轻人的"见面吧"网络推广活动盛大启动。

实施 SNS 营销,让每一个用户都成为品牌传播者。每年 6 月至 8 月,是麦当劳最为重要的暑期营销阶段。面对如此长的时间跨度,"见面吧"活动被分成不同阶段,各阶段目标各有侧重而又紧密相连。在营销互动环节上,充分发挥人人网的真实人际网络关系的优势,让每一个活动参与者积极主动去带动和影响周围好友,使每一个用户成为传播源,扩大影响范围。

1. 号召用户修改状态,支持真实见面。6 月 10 日至 6 月 23 日是活动的预热期。在这一阶段,号召大家改变他们在人人网的个人状态,支持真实见面。为了鼓励更多人参与,麦当劳还决定当有 10 万用户更改状态时,就将在全国范围内推出一周限时全场半价的促销活动。这种公益唤醒的方式效果大大出乎预期。在预热期开始的第一个周内,就有超过 12 万的用户修改人人网上的个人状态以示支持,其中 74% 的用户在他们的状态中自发地提到了麦当劳或"见面吧",麦当劳半价促销活动在用户高昂的参与热情下被成功激活。由此,活动取得了波浪式的传播效果,在人人网平台迅速传播开来。

2. 让用户为用户制造 101 个"见面吧"的理由。"同在一个城市,一个校园,如果是真朋友就应该多见面,分处在两地的老同学再远也要见面,喜欢她就约她出来见面吧"等一系列见面的理由,迎合了年轻人重视友情、喜欢与朋友分享的心理特点,深受用户欢迎。通过鼓励用户写下真挚感人的见面理由、评选美好友谊故事、分享甜蜜爱情故事、向好朋友发出"见面吧"的邀请等,该活动迅速吸引了 400 多万名用户访问活动主页,有近 60 万封见面邀请被发送,提交了总共 120 万个见面理由,更有超过 7 万个甜言蜜语被发送,让更多的年轻朋友感受到友情的温暖与甜蜜。

3. 足够的物质刺激,大大激发了用户参与热情,直接促进店面销量大幅提升。用户参加线上活动,不仅向好友表达了见面的愿望,而且也有机会得到麦当劳提供的种种"见面礼物"。当人人网有 10 万用户修改状态支持真实见面时,麦当劳宣布在全国范围内推出一周限时全场半价的大型促销活动。同时,只要参加活动,自愿填写手机号码就可获得电子优惠券。另外,手机版人人网也有优惠券文字链接可供点击下载到手机,这样的方式更是抓住了"移动中的人人网用户",让"在路上的人"随时受到激励而直接进入门店消费。结果共计超过 12 万的手机电子优惠券和普通优惠券被下载,大幅提高了麦当劳的门店销售量。众多的麦当劳产品在晚间更是售罄,其中在单品销售方面,麦炫酷销量与往年同期相比增长了 80%;原计划 5 周的 Hello Kitty 礼物在 3 周内销售一空。

根据尼尔森最新的跟踪调研,"见面吧"共计吸引了人人网 2144 万名用户了解或参与此次活动,有超过 50%的活动参与者到麦当劳进行了消费,直接参与活动的用户对麦当劳品牌好感度提升了 33%,超过了麦当劳包括"我就喜欢中国赢"在内的之前所有活动,活动的成功标志着中国 SNS 品牌营销走向成熟。

契合用户的情感需求,倡导"对用户有价值"的理念,这无疑是麦当劳"见面吧"活动成功的基础,而大胆与人人网这样的新媒体进行深度、全面地合作则更值得营销人思考。这个营销策划的亮点在于如何利用 SNS 媒体的核心价值——人与人之间真实的关系链条,将麦当劳的营销信息渗透到用户的人际关系网络中,让每个用户都成为麦当劳的品牌传播者,形成指数级的辐射性扩散,从而获得营销价值的最大化。据尼尔森调研统计,通过人人网上的好友新鲜事、好友邀请、好友赠送礼物等方式了解并参与活动的用户占到总参与人数的 45%以上。洞察用户需求、融入用户关系网中、让每个用户主动成为品牌接受者与传播者、来自真实人际关系的好友的影响是任何其他媒体所无法替代与比拟的,这些正是 SNS 媒体的营销魅力与价值之所在。

案例来源:http://www.21manager.com/html/2009/12-17/152649299.html 2009-12-17。

案例讨论

1. 案例中麦当劳的营销策略包括哪些内容?

2. 麦当劳的营销策划提供了哪些餐饮营销创新的途径?

案例分析 2

肯德基在中国的成功营销

1986 年 9 月下旬,肯德基开始考虑如何打入人口最多的中国市场,发掘这个巨大市场中所蕴含的潜力。想要进入中国市场,选址是关键。1987年11月12日,中国第一家肯德基餐厅在北京前门正式开张。之后肯德基在中国的店面数量迅速增加,2004年达到1000家,2007年达到2000家。截至2009年2月,肯德基在中国的餐厅数量达到2500多家。肯德基的成功与其采取的一套行之有效的营销策略密不可分。

选址对于快餐业来说是非常重要的,地点选择的正确与否直接影响今后的收益,因此肯德基对此十分重视。在店面选址方面,肯德基的选址依据比较周密的市场调查,充分考虑所在商圈是否有一个大型商场,必须具备一定的营业额条件,最好临近娱乐场所、车站。肯德基根据自身的市场定位以及充分考虑商圈的成熟度和稳定度后对商圈进行最后选择。通过对聚客点的测算与选择确定开店地址。肯德基在选址上主要采取的是跟进策略,因为其与麦当劳的市场定位相似,顾客群体也基本重合,所以在商圈选择上也基本是一样的。一般情况下,肯德基店面都会选在交通便利地段,这样便于顾客出入,而且其店面附近往往有商场或娱乐场所,这样能够保证每天的顾客数量,保证营业额。

在价格策略方面,肯德基的价格策略也十分成功。一是选择心理定价策略。肯德基在强调品质、服务和清洁的同时,把顾客的注意力集中于整体用餐经验和获得的价值感上。顾客在用餐时所享受到的服务以及餐厅所营造出来的环境气氛,都使顾客感到物超所值。此外,肯德基大多数食品的定价采取尾数定价策略,都是以五角为价格尾数特征,比如香辣鸡翅7.5元/对,虽然同8元相比只差五角钱,但是给消费者带来的心理感觉可能是更多的实惠。这也是大多数餐饮产品定价的一种手段。二是组合定价策略。肯德基每隔一段时间总会推出不同的套餐组合,将汉堡等主食同饮料、小食等搭配在一起,而且主要针对的目标消费者就是年轻人,如针对学生推出优惠的学生卡,学生卡上优惠的项目往往都是套餐组合,让学生可以较低的价格购买汉堡和饮料,不仅使消费者感到实惠,而且提高服务员备餐的速度,同时也达到各种产品一并促销的目的。

此外,肯德基的广告促销和店内促销策略与其他营销策略共同发挥作用。每当肯德基推出一种新产品时,在电视上就会及时播出相关的广告。肯德基的广告定位非常明确。或者是针对家庭,或者是针对情侣,或者是针对同学、朋友,广告画面清新明丽,通过表演者的表演传达出食物的美味,同时传递出淡淡温馨的感觉。同时,肯德基那句熟悉的广告语"有了肯德基,生活好滋味"也传递出食物的美味。

　　在促销上,肯德基运用多种灵活的促销方式抓住市场销售有利时机。例如,节日促销,在春节期间,肯德基会为消费者特别制作新年套餐,让大家欢欢喜喜过个新年;生日促销,为过生日的顾客提供特殊的生日套餐;新产品促销和店庆促销。

　　在产品策略方面,肯德基既突出了其产品的优势又兼顾了中国消费者的特殊需求。肯德基的优势产品是鸡,比较符合中国人的饮食偏好,但是肯德基并没有因此停止新产品的研制和创新。在产品组合上肯德基实施了本土化的策略。例如,早餐菜单上的粥、午餐和晚餐菜单上的各种汤、老北京鸡肉卷等一系列为中国人特别研制的产品。

　　案例来源:魏迪、魏静. http://wenku. baidu. com/view/f0ddac4733687e21af45a997. html 2010-9-7。

　　案例讨论

　　1. 肯德基的成功营销有何借鉴意义?

　　2. 餐饮品牌形象塑造应该注重哪些方面?

练习思考

1. 餐饮经营选址的影响因素是什么?

2. 餐饮商圈如何确定?

3. 简述餐饮市场需求与市场供给的影响因素。

4. 如何理解餐饮消费者的需求特征、动机特征和行为特征?

5. 论述餐饮市场的供求均衡及供求管理变化的规律。

6. 餐饮市场营销受到哪些因素影响?

7. 简述餐饮品牌成长的规律。

8. 如何塑造餐饮品牌?

实训作业

　　搜集资料,选取五个著名的餐饮品牌,对比分析著名餐饮品牌的定位特征、文化内涵、塑造途径,讨论启示意义。

第五章

餐饮产品管理

第五章

学习要点

通过本章内容的学习,应该了解和掌握餐饮产品策略、菜单的营销功能、菜单设计的影响因素、菜单的评估、菜单定价的影响因素以及菜单定价的主要方法。

基本概念

餐饮产品组合分析、菜单、菜单工程

第一节　餐饮产品策略

餐饮产品策略是餐饮经营的首要任务。处于创业阶段的餐饮经营者,或者需要改变市场策略的餐饮经营者,市场定位及产品策略都是关系到餐饮经营发展的战略目标能否实现的重要问题。

一、餐饮产品组合分析

经营单位组合分析法是由全球顶尖管理咨询公司——波士顿咨询集团首先开发出来的,用以进行公司业务组合分析的实用管理工具,也称波士顿矩阵(BCG)。

该方法认为,在确定某个单位经营活动方向时,应该考虑它的相对竞争地位和业务增长率两个维度。产品的相对竞争地位经常体现在市场占有率上,它决定了企业的销售量、销售额和营利能力;业务增长率反映业务增长的速度,影响投资的回收期限。

如果将每道菜肴看作一个独立的产品或业务项目,那么菜单产品编排的前提就是对业务组合的选择。见图 5-1。

根据波士顿矩阵,餐饮经营业务的状况被分成四种类型,即对现有菜品进行组合,根据其营利现状和发展前景分为四大类型。

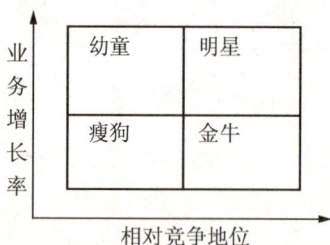

图 5-1　餐饮产品组合分析

"瘦狗"型。市场份额和业务增长率都较低,只能带来很少的现金和利润,甚至可能亏损。这种菜品既不能产生大量现金,也不需要投入大量现金,没有希望改进其绩效。对这种不景气的业务,应该采取收缩甚至放弃的战略。

"幼童"型。业务增长率较高,目前市场占有率较低。这有可能是餐饮经营者刚开发的很有前途的领域。处在这个领域中的是一些投机性菜品,带有较大的风险。这些产品可能利润率很高,但占有的市场份额很小。高增长的速度需要大量资金,而仅通过该业务自身难以筹措。餐饮经营面临的选择是向该业务投入必要的资金,以提高市场份额,使其向"明星"型转变;如果判断它不能转化成"明星"型,应忍痛割爱,及时放弃该领域。

"金牛"型。市场占有率较高,而业务增长率较低,能带来较多的利润,同时需要较少的资金投资。处在这个领域中的菜品能带来大量现金,但未来的增长前景是有限的。这种业务产生的大量现金可以满足餐饮经营的需要。

"明星"型。市场占有率和业务增长率都较高,代表着最高利润增长率和最佳投资机会,这个领域中的菜品处于快速增长的市场中并且占有支配地位的市场份额。但也许会或不会产生正的现金流量,这取决于固定投资及进一步研发对资金的需求量。餐饮经营者应该不失时机地投入必要的资金,扩大生产规模。

面对不同领域中产品的不同特点,餐饮经营者应该分别采取不同的产品策略。一般来说,理想的做法应该是从现金牛业务上挤出尽可能多的资金,把现金牛业务的新投资限制在最必要的水平上。接下来,利用现金牛产生的大量现金投资于明星业务,因为对明星业务的大量投资将获得高额利润。当明星产品的市场饱和、增长率停滞时,它们最终会转变为现金牛。最难作出决策的是幼童型的投机产品,其中一些应该取消,而另一些有可能上升为明星产品。对于最后一类瘦狗型业务,则不存在太复杂的战略问题,因为这些产品是一定要尽快处理掉的,几乎没有值得保留或追加投资的必要。

二、餐饮产品策略分析

向市场提供合适的产品和服务是成功经营的基础。餐饮产品的生产和消费是一种消费者参与生产的体验过程,服务的提供因消费者的直接参与而变得复杂。餐饮服务产品的生产提供不存在一个单独的“纯粹服务”的提供过程,服务本身必须与许多相关因素联系起来,共同组成一个完整的服务产品。要提供一种良好的餐饮服务,优质的硬件设施和可口卫生的餐饮产品以及亲切热情的态度乃至整个消费气氛都是非常必需的。

提供合适产品的前提在于准确的市场定位,只有准确认识和理解目标市场的需求,才有可能采用合适的产品策略。餐饮产品策略主要有三大基本类型:标准化策略、差异化策略和集中化策略。

1. 餐饮产品标准化策略

采用这种产品策略的餐饮经营者希望成为本行业中成本最低或较低的产品提供者。一般来说,快餐业较多地采用这种策略。实施总成本领先战略需餐饮经营主体具有相当的运作规模、严格的成本费用控制和不断的技术革新。低成本运作为服务组织提供了一道保护屏障,使效率相对较低的竞争对手承受大的竞争压力。实施总成本领先战略,餐饮经营者一般要在主要设备上大量投资,采用竞争力极强的低价,并承受在进入市场之初所遭受的损失,以赢得市场份额。

2. 餐饮产品差异化策略

差异化策略的实质就是创造风格独特的服务产品,就是“特色经营”。形成餐饮服务产品的特色有许多途径,如独特的商标形象、先进的技术、完全的销售网络、新奇的服务内容等。实施差异化战略所付出的成本应该是顾客愿意支付的,这是差异化战略实施的前提。进行特色经营,餐饮经营者可以从服务、菜肴和设施环境等各个产品要素入手,也可以进行经营模式的变化、营业时间的调整等。

3. 餐饮产品集中化策略

集中化策略的指导思想是集中力量满足特定顾客群体的需要。采用这种战略的餐饮经营者以某一个或少数几个特定市场板块为目标客源,并针对目标客源特殊需求特点,提供特殊的服务产品。集中化产品战略的目标市场必须是需求特点十分突出的特殊群体,他们的需求不能为"大众性"产品或服务所满足。随着餐饮市场竞争的日趋激烈,集中化或专门化已成为餐饮产品发展的一个主要趋势。

第二节　菜单设计

菜单是最重要的餐饮营销工具,餐饮产品组合策略也体现在菜单设计中。菜单设计受到多种因素的影响,必须依据一定的原则才能发挥其营销功能。

一、菜单的种类与内容

1. 菜单的定义

菜单是餐饮经营者为餐饮消费者提供的菜肴种类、菜肴解释和菜肴价格的一览表和说明书,是顾客与餐厅沟通的桥梁,是餐厅重要的营销工具。

菜单原本不是为了向顾客说明菜肴的品种和价格而制作的,"菜单"一词来自于拉丁语"minutus",意为指示的备忘录,即菜单本来是厨师为了备忘而记录的单子。

对餐厅来说,菜单的制定非常重要。菜单决定了餐厅服务设施和食品原料品种、数量的采购、菜肴烹制技艺和餐厅服务的特色,它是餐饮经营活动的重要依据和环节。菜单也是酒店餐饮服务最重要的推销媒介,它既是餐厅质量水准与经营特色的标志,又紧密联系着顾客的需求,也是餐厅员工推销菜点的重要依据。

2. 菜单的种类

随着餐饮市场需求的多样化,餐厅为了扩大销售,纷纷采用灵活的经营策略,菜单的种类也多种多样。根据中西餐的不同风味、制作特点,以及销售地点和销售时间的差别,菜单可以有不同角度的分类。

(1) 按用餐时间划分为三种

① 早餐菜单。早餐有中西餐和各国风味餐之别,其中,西餐又有美式早餐和大陆式早餐之分。早餐菜单的特点是菜点内容比较简单,花色品种较少。

② 正餐菜单。正餐有午餐和晚餐之分,有些餐厅午餐和晚餐菜单合二为一。其特点是菜点花色品种齐全,内容丰富,设计美观,富有特色。具体内容依中、西风味及各国饮食风味的不同而变化,能够反映不同饮食风味的具体特点。

③ 消夜菜单。晚10点后提供的餐饮服务称为夜宵或消夜。夜宵菜单应当具有清淡、份额小等特点,菜肴以风味小吃为主。

(2) 按用餐方式划分为六种

① 团队菜单。它是一种循环菜单,菜单内容按一定天数的循环周期安排,形成一套菜单,每天花色品种不重样,主要适用于团体、会议用餐。

② 宴会菜单。主要供中餐、西餐和其他风味宴会使用。其特点是设计美观、典雅,菜单内容注重宴会规格,名点名菜较多。由于宴会标准不统一,具体内容往往根据宴会等级规格和顾客预订标准而变化,其花色品种因每次宴会的预订标准不同而不同。

③ 冷餐会菜单。它是宴会菜单的一种,其规格稍低,菜单内容根据顾客预订标准和要求确定。但以冷菜、小吃为主,注重食物造型和餐厅气氛,品种较多。

④ 自助餐菜单。主要适用于自助餐厅。其特点是菜点花色品种丰富多彩,注重产品造型,烘托餐厅气氛。

⑤ 客房菜单。主要供顾客在房间预订点菜使用,又有早餐和正餐之分。其菜点品种既可丰富多样,也可简单明了,主要根据饭店客源结构和顾客需求设计。

⑥ 特种菜单。包括儿童菜单、家庭菜单、老年人菜单等。这种菜单针对性较强,但由于饭店餐厅客源大多不是单一的,所以它一般是餐厅菜单的补充形式。

(3) 按菜单经营特点划分为三种

① 固定菜单。也称为标准菜单。其特点是菜点内容标准化,不经常调整。这种菜单主要适用于顾客数量较多、流动性强的餐厅。所以为大多数饭店餐馆所采用。

固定菜单的菜点内容以传统菜、常年菜、不受季节性原料影响的菜点为主。其花色品种比较稳定,因而菜单的内容安排、装帧比较审慎细致。设计美观、大方、典雅。它的优点是有利于食品原料的采购、库房储存控制、标准化加工切配、控制成本消耗,也有利于厨房设备配置和劳动力的合理安排及成本核算。缺点是不够灵活,难以提供多种风味的产品,容易引起厨师和服务员的厌倦感。如果所需原料成本价格上涨,也要承受因难以采购其他价格较低的食品原料的压力。

② 循环菜单。指按一定周期循环使用的菜单。主要适用于饭店团体、会议用餐和长住顾客用餐。其目的是增加餐厅风味和花色品种,减少顾客对产品产生单调乏味的感觉,增强顾客的新鲜感,提高竞争能力。

循环菜单的特点是按照预订的循环周期制定一套菜单,其周期长短根据客源对象而变化。一般团队、会议餐厅以 7 天为一个周期,长住顾客以 30—40 天左右为一个周期。在周期范围内每天或几天制定一份菜单,每份菜单的花色品种不同,循环使用。顾客每天享用的菜点是不相同的。由于菜点花色品种多,每天循环使用,因而其成本控制和标准化生产的难度也随之增大。

③ 限定菜单。指菜点品种一般只有固定的几个且常年不变的菜单。这种菜单主要适用于特种餐馆、快餐店使用。

(4) 按菜单定价方式划分为四种

① 零点菜单。指每道菜点都明码标价以供顾客点菜的菜单,主要适用于中餐、西餐及各种风味的零点餐厅。早餐、正餐、客房送餐及各种特式零点餐厅均可使用。这种菜单的特点是花色品种较多,热菜、冷菜、面点、汤类等品种齐全,产品价格幅度宽,高、中、低档较全,明码标价,能够适应顾客多层次、多方面的消费需求。所以为饭店各种类型的零点餐厅和餐馆、酒楼广泛使用。

② 套式菜单。这种菜单的特点是将几种不同的菜点形成一组,整餐定价销售。顾客购买的是整餐食品,而无需逐个点菜。套式菜单的优点是顾客用餐方便、快捷,无须逐个选择菜点,但缺点是顾客对菜点选择的余地较小,所以在设计制作菜单时要特别注意菜点的合理搭配。

③ 无定价菜单。这种菜单上的各种菜点不直接标价,而是事先掌握顾客用餐标准,然后选择菜点,按顾客的用餐标准收费。这种菜单主要适用于饭店团体、会议用餐、宴会、冷餐会、鸡尾酒会等。这种菜单并不是固定的,菜单上的菜点品种和数量往往根据顾客的用餐标准而确定。每个团队或每个宴会各不相同。除菜单封面可以事先设计好外,菜点内容则临时安排打印,以适应顾客用餐标准的变化。

④ 混合菜单。零点菜单和套式菜单相结合的一种菜单。它综合了这两种菜单的特点和长处。这种菜单的特点是可以以套式菜点为主,同时欢迎顾客随意点零点菜肴;也可以以零点菜单为主,欢迎顾客选套式菜点。因而,菜单定价有两种形式,一是零点价格,一是套式价格。

3. 菜单的内容

(1) 菜名

菜名最好清晰易懂,凸显菜肴特色,如果可能的话,最好能说明主要原料、分量和烹调方法。如果是外文的菜单,除了要有流畅的中文方便顾客阅读、使用外,最好也能提供原文对照。

(2) 文字说明

有些菜肴制作的程序复杂,其口味的精髓就在其中,因此提供详尽的文字说明帮助顾客更深一层了解菜肴的精华,也是餐饮从业者的责任。尤其是西式餐饮的菜单,加入文字的描写可以使一些好奇但又不谙西式烹调法的顾客不再视点菜为一道难关。

(3) 价格

菜单标价最主要的目的是让顾客对餐饮产品和价值有个对照,而且价格标示也可让顾客在点菜的同时考虑整个餐饮消费的预算。

(4) 图案

菜单中精美的图案是不可缺少的营销因素。有些餐厅的菜单过于简陋,不利于服务质量的提高。制作精良的菜单往往配有精致的图案或照片,为顾客更加详细地介绍菜肴的特色。

二、菜单的营销功能

菜单是餐饮经营的关键和基础,餐饮经营的一切活动都是围绕着菜单进行的。菜单应能全面反映餐厅的经营方针和特色,衬托餐厅的气氛;同时,作为一种艺术品为顾客留下美好的印象。

1. 菜单的市场定位功能:菜单体现餐饮市场定位

市场定位是开展营销活动的关键环节,准确的市场定位和市场开发能带来滚滚财源。在餐饮经营中,菜单是市场定位的集中体现。因为菜单一经制定,其客源层次、客源对象就已经确定了。此外,菜单一经制定和公布使用,餐厅所经营的产品风味、花色品种、产品规格、主要食品原材料、对厨师技术水平的要求等等,也已经确定了。而且,菜单还反映了餐厅的经营方针,标志着餐厅经营产品的特色和水准。

2. 菜单的营销基础功能:菜单实现餐饮市场营销

市场营销是由供求双方决定的。从需求关系看,菜单的设计与制定必须根据市场需求确定产品风味、花色品种和产品价格。从供给关系看,菜单上的产品风味、花色品种、产品价格必须同餐厅的等级规格、技术力量、成本消耗和利润目标相适应。两者有机结合,才能合理制定菜单。同时,市场供求关系发生变化,菜单必须随之进行调整,以适应供求关系的协调发展。所以,菜单是餐饮市场营销的客观依据,是市场供求关系协调发展的直接反映。为此,餐饮经营者必须根据市场供求关系及其发展变化来设计、制定、调整和修订菜单,菜单一旦确定,就必须根据其内容和价格来加工、制作、销售其餐饮产品,提供相应服务。

3. 菜单的推广功能:菜单推广餐饮产品

菜单有零点菜单、团体菜单、宴会菜单、自助餐菜单、套式菜单等多种。此外,还有客房菜单和酒单。但不管属于哪一种,餐厅类型和销售方式一旦确定,菜单就成为产品推销的广告。它通过菜单的内容、形式、装饰,富有吸引力的花色品种,多档次的产品价格来招揽顾客,起到组织客源、扩大产品销售的作用。

4. 菜单的选择功能:菜单满足餐饮消费需求

市场营销包括供给和需求两个方面。菜单是根据市场需求制定的,它比较充分地考虑了花色品种、产品价格、顾客的饮食习惯、营养卫生等方面的要求,必然成为满足顾客消费需求的凭借。这种作用主要表现在它给顾客提供了多方面的选择。如零点中餐菜单一般有 50 至 60 个品种,高、中、低档俱全,冷菜、热菜、面点、汤类齐备,顾客可以自由选择,起到了满足顾客消费需求的作用。同时,菜单还是联系餐饮消费者与餐饮经营者之间的桥梁。

三、菜单设计的影响因素

影响菜单设计的因素多种多样,但总的说来,设计制定菜单要以餐饮消费者需求为中心,以餐饮物质技术条件为基础,综合分析影响市场供给和需求的各种因素,包括产品风味、花色品种、产品质量、产品价格、成本消耗、厨房技术、外观形象、推销能力、顾客感受等。主要的影响因素包括:

1. 目标市场的需求

菜单设计必须以目标市场的需求为首要依据。目标市场是一个消费群体,要成功地设计菜单,还要进一步分析主要客源,了解消费者所属阶层、消费水平、职业特点、年龄结构、风俗习惯、饮食嗜好等特点及他们对餐厅环境、花色品种、产品质量、产品价格的具体要求。只有对目标市场各类顾客进行深入细致的调查,掌握其

相似特点,才能正确掌握菜单的设计原则与方向。餐饮目标市场的顾客需求对菜单的影响主要表现在:

一是客源档次。顾客档次越高,菜单设计要求越高,菜点规格越高,对菜点的质量、价格品种影响越大。

二是消费方式。零点消费、团体用餐、宴会享受方式不同,菜单设计的内容和要求也不同。

三是用餐目的。根据顾客结婚祝寿、社交宴请、休闲娱乐等目的的不同,菜单设计要求也不同。

四是年龄结构。年轻人喜欢高热量食品,喜欢尝试新奇食品,老年人喜欢清淡食品,这些必然影响菜单设计的品种安排。

五是性别结构。不同性别的消费者对菜点的品种和热量要求不同,成为菜单品种搭配的依据。

六是宗教信仰。不同宗教信仰对食品的种类和加工制作方法往往有不同的要求和禁忌,这也是影响菜单花色品种安排的重要依据。

七是饮食习惯。不同国家和地区的顾客都有自己的饮食习惯,菜单设计必须在品种选择、品种安排、菜点搭配上同目标市场的顾客习惯结合起来。

八是支付能力。消费者的消费水平与其经济地位相关,收入水平及支付能力对菜单设计的价格结构产生影响。

2. 食品原材料的供应状况

原材料供应是餐饮产品生产的先决条件。菜单设计再好,如果原材料供应没有保证,造成缺菜率高,也会影响销售额和声誉。因此,凡是列入菜单的产品,必须无条件地保证原材料供应。它要求菜单设计人员必须根据企业的地理位置、交通条件认真分析食品原材料的市场供应情况、采购和运输条件、原材料供应的季节变化等信息,然后利用这些信息来设计、制作菜单。

一是尽量使用当地生产、供应充足的食品原材料,保证菜单需求。二是需要从外埠或国外购进的原材料,必须事先签订保证及时供应的合同,以免影响销售。三是需要库存的食品原材料,要能够保证库存供应和厨房使用,才能列入菜单。四是季节性食品原材料,在菜单设计中只能作为季节菜、时令菜处理。这样,凡是列入菜单的各种产品,都能保证原材料供应,满足顾客消费需求,避免因缺菜引起顾客的失望和不满。

3. 餐饮产品的风味品种

风味品种对菜单的影响表现在：

一是花色品种的选择要尽量做到多样化，能够满足目标市场多方面、多层次的用餐需求，为此，菜单产品组合要多样化。

二是所选择的花色品种必须保证产品质量，有利于充分发挥厨师的烹调技术，尽量做到每一种产品都色泽纯正、香气四溢、味道可口、造型美观，能够给顾客造成色、香、味、形俱佳的感受，为此，菜单产品展示要形象化。

三是所选择的花色品种在烹调技术上要尽量全面，煎炒煮炸、烤烩焖扒、熘炖煸烧，能够使顾客获得良好的饮食文化享受，为此，菜单菜品分类要合理化。

四是不同花色品种的口感和味道要综合搭配，清冷热温、酥嫩细脆、软香鲜滑、酸甜苦辣各得其所，能够增进顾客食欲，刺激顾客消费，为此，菜单菜肴口味要综合化。

4. 不同菜点的营利能力

菜单设计的最终目的是扩大销售，增加餐饮利润。不同品种的营利能力是不相同的。各种菜点的营利能力主要受产品成本、价格高低和销售份额三个因素的影响。这就要求菜单设计不仅要合理安排花色品种，而且必须充分考虑不同菜点的营利能力，合理安排产品结构。

就一份具体的菜单而言，其菜点的营利能力可大致分为四类：一是成本低、销量大、营利能力强的菜点；二是销量大但成本高、利润低的菜点；三是销量小但成本低、利润高的菜点；四是既不畅销又缺乏营利能力的菜点。

菜单设计者应事先分析各种类型菜点的营利能力，合理安排菜点结构。具体安排菜点结构时要综合考虑三个方面的因素：一是各类菜点的成本、价格和毛利高低，确定其成本率和营利能力；二是各类菜点的畅销程度可能引起的营利能力变化；三是某类菜点销售可能对其他菜点带来的影响。

在此基础上，对上述四种类型的菜点分别采取不同的态度。一般说来，对成本低、销量大、利润高的一类菜点的比例应安排在60%—70%。对销量大、成本高、利润低的二类菜点，应尽量少安排或不安排。因这类菜点销售得多，必然影响其他菜点的销售，改变餐厅各类菜点的利润结构，最终使整体利润减少。对不畅销但利润高的三类菜点，应该保留，可安排在15%—20%，因为这类菜点虽然销量少，但利润高，可以作为重点推销菜。对销售量小、利润低的四类菜点，可安排在5%—10%。

虽然这类菜点赢利少,但销售也少,不会影响其他菜点销售,还能丰富菜点花色品种,起到配合作用。

5. 产品生产的技术水平

菜单设计的品种安排和菜点规格直接受厨师技术水平和厨房设备的限制。没有特级厨师的餐厅,即使设计出规格较高的名点名菜,厨房也无法烹制出名实相符的产品,反而让顾客感到失望。菜单的品种、规格和水平超越了厨师技术水平和设备生产能力,菜单设计得再好,也无异于空中楼阁。因此,设计制作菜单要从餐厅的厨师技术力量、技术水平和厨房设备条件等实际出发,量力而行,实事求是,防止凭空想象造成名不副实的情况,影响顾客需求和餐厅形象。

6. 食物的营养成分

菜单设计中往往容易忽视为顾客提供营养成分搭配得当的饮食的必要性和重要性。随着生活水平的不断提高,餐厅已不仅仅是解决饥饿这一基本生理需求的去处,而将是人们品尝名菜美点、珍馐佳馔的场所;外出就餐也将不再是偶尔为之,而将成为人们经常性的活动。更重要的是,饮食需讲科学,营养需求平衡,大鱼大肉、酒足饭饱并不意味着科学饮食。菜单不仅要反映各种食物所含的营养成分,还应当慎重选用原材料,搭配出符合营养科学原理的餐饮食物。

四、菜单设计的标准与制作步骤

1. 菜单设计的标准

虽然菜单是餐饮经营者为经营活动而独立设计的,不存在统一的行业规定,但一份科学合理的菜单,其设计标准应该达到以下要求:

(1)外观要求。外观设计美观、典雅、舒适,图案配置适宜,要能够和餐厅的等级规格、接待对象和销售方式相适应。在方案选择、图案设计、颜色选用、规格尺寸等方面都有利于树立餐厅形象,能够给顾客留下深刻印象。

(2)文字要求。菜点名称与文字说明能够引起顾客食欲。各种菜点均能以优美文雅的语言和恰如其分的文字描述来迎合顾客的需求。

(3)搭配要求。花色品种的选择搭配和比例结构的安排科学合理。要根据目标市场顾客的特点合理搭配菜肴,以满足顾客多方面、多层次的需要。

(4)价格要求。不同菜点的产品价格和毛利掌握合理。要做到高中低档搭配,畅销菜点和一般菜点、高赢利菜点和低赢利菜点比例安排适当,能够保证菜单设计的利润目标。

(5) 技术要求。菜单设计和厨师技术水平及厨房设备紧密配合,要既能充分使用和发挥各级厨师的烹调技术,有利于各种设备用具的综合利用,又能促进原料加工、切配和烹调制作等厨房生产过程的标准化管理,有利于降低消耗,提高综合经济效益。

(6) 弹性要求。菜单内容安排具有灵活性。能够根据目标市场顾客的需求变化、食品原材料的季节和时令变化而调整,有利于菜点的推陈出新,给顾客以新鲜感。

(7) 出品要求。设计出的菜单必须保证各种菜点的供应,缺菜率不能高于 2%。

2. 菜单制作步骤

菜单设计由行政总厨和厨师长负责,餐饮部经理和各有关管理人员参加,其设计方法和过程可大致分为五个步骤:

(1) 区别菜单种类,确定设计方向

根据餐厅的经营方式和服务项目确定菜单种类。菜单种类不同,其设计内容和要求也不相同。

根据餐厅性质和规格确定菜单设计档次。饭店星级和餐馆档次规格越高,菜单的规格也越高。就是同一家饭店的宴会厅、零点餐厅、高档西餐厅、一般团队餐厅、咖啡厅,也会因餐厅性质不同而使菜单规格及其设计内容和要求有很大区别。

根据市场特点和销售方式确定菜单具体形式,有固定菜单、循环菜单、季节菜单、限定菜单或其他菜单。

(2) 设计菜单内容,安排菜点结构

在确定菜单种类、明确设计方向的基础上,要根据餐厅类型、目标市场的顾客需求,厨房技术及设备条件等选择经营风味,设计菜单内容,安排菜点结构。就经营风味而言,可分为中餐、西餐、日餐、韩餐和其他国家或地区的饮食风味。就中餐风味而言,也有广东、四川、山东、淮扬、宫廷、海味、野味等各种各样的具体风味。菜单设计要明确经营风味,切忌不伦不类。

一是菜单菜品花色品种的数量控制。菜单种类不同,其花色品种的数量要求也不相同,既不能过多,也不能过少,应满足不同菜单的顾客需求。就一个具体的餐厅而言,任何一种风味的餐饮产品都有成百上千种菜,具体选择哪些品种,往往是菜单设计最难解决的问题。菜点品种的选择与确定,要掌握四个原则:第一,要以那些能够代表所选风味特点的菜肴为主,同时又有不同的侧重。第二,要选择那些与餐厅等级规格和接待对象相适应的菜肴,能够反映多数顾客的需求特点。第三,要选择比较新鲜,能够引起顾客食欲的菜肴。第四,要选择那些饮食营养互相搭配,有利于促进顾客身心健康的菜肴。菜品数量的控制。要安排 50 至 60 种,套式菜单则只能安排 5 至 10 种,一套团队循环菜单往往要安排几十种,甚至上百种菜,每天上桌使用的菜点则只有几种到十几种,自助餐菜单往往要安排 30 至 40 种,而宴会菜单则只能根据顾客的预订标准和双方协商结果来确定菜点的数量。

二是菜单菜点花色品种结构比例的确定。一份科学合理的菜单,菜点的花色品种结构十分重要。其具体结构安排要从能够刺激消费、扩大销售、增加利润的角度出发,分为冷荤、热菜、面点、汤类等不同类型的菜点结构;肉类、海鲜、禽蛋、素菜等不同营养成分的菜点结构;高档、中档、低档等不同规格和价格水平的菜点结构;畅销程度不同的菜点结构;高赢利、一般赢利、较低赢利和微利等不同营利能力的菜点结构。菜单设计要将上述五种结构结合起来,确定不同种类的菜点数量和比例。

(3) 确定菜单程式,突出重点菜肴

菜单花色品种数量和各种比例结构确定后,还要将各种菜点按一定程式排列起来,便于顾客选择。

一是确定菜单程式。从总体上来说,中餐菜单可以按冷盘、热菜、主菜、汤类、面点的顺序排列,然后再分为冷荤、鸡鸭、猪牛肉、海鲜、蔬菜、主食、汤类、点心等不同的种类。西餐菜单可以按开胃菜、汤类、主菜、甜点等顺序排列,然后再分成开胃菜点、汤菜、海鲜、鱼虾、猪牛羊肉、素菜、甜点等不同的种类。此外,团队菜单、宴会菜单、套式菜单、客房菜单等,其菜单程式又各不相同。早餐、正餐的菜单程式也有区别。所以,必须根据菜点种类、饮食风味和具体销售方式的不同,分别确定。

二是突出重点菜肴。将重点推销的菜点安排在菜单最显眼的位置,并编号,改换字体或加框边装饰,引起顾客的注意和重视。

三是配有文字说明。除菜点名称外,每道菜式应用简捷、准确、优美的语言描述其主要原料、烹调方法、口味特点。特别是重点推销和以形象取名的菜点更应如此。

(4) 核定菜品成本,合理制定价格

价格是影响产品销售和市场竞争的重要因素,而饮食产品的价格又是由成本和毛利决定的。在具体核定菜单成本、制定价格的过程中,要注意三个方面的问题:一是成本核定要根据菜单种类不同而变化,做到准确、稳定。二是毛利的确定要灵活,应区别不同菜点种类,该高则高,该低则低。就成本和毛利的关系来看,要做到有的高进高出,有的高进低出,有的低进高出,有的平进平出,使各类菜点的毛利灵活多样,而菜单毛利的控制重点则放在综合毛利率的掌握上。三是菜单价格的确定与掌握要有利于促进销售,开展市场竞争。如零点菜单价格要高中低搭配,套式菜单和自助菜单价格要充分考虑目标市场多数顾客的承受能力。时令菜、季节菜和特别推销菜点的价格可以随行就市。

(5) 注重外观设计,突出美感效果

一是菜单装帧协调。菜单外观与餐厅等级规格、菜单内容及整体环境相协调。如宫廷餐厅菜单装帧要高雅、古色古香,暗含宫廷气氛;宴会厅的菜单装帧要豪华、雅致,具有形象吸引力;咖啡厅的菜单要清新、随意,富于情趣。菜单内容和餐厅规格不同,菜单装帧的要求也不一样。

二是菜单图案鲜明。菜单图案的选择要有利于突出产品风味,如西餐菜单要选择能够反映西方文化特点的图案,中餐菜单要选择能够反映中华民族文化特点的图案,海味餐厅菜单要突出海边风格,野味餐厅菜单要反映山野风光。

三是菜单色彩和谐。各种菜单在设计外观图案和表面装帧时,都要选好主色调,大胆使用陪衬色调,使各种色调的运用有主有次、深浅适宜、明暗搭配。如规格较高的餐厅,菜单色彩应有大块主色调和鲜艳的图案、赏心悦目的标题。宴会厅菜单可以红色为主,咖啡厅菜单可以蓝色为主等。

四是菜单尺寸适宜。菜单的尺寸规格一般不宜过小,单页菜单尺寸可采用 28×40 厘米规格,对折菜单可采用 25×35 厘米规格,三页菜单可使用 18×35 厘米规格。

五是菜单材料实用。菜单封面应选择美观、耐用、不易折损、不易弄脏的材料制作。一般不宜选用塑料布、丝绸、绢布做菜单封面。

第三节 餐饮产品定价

餐饮产品定价是菜单营销的重要环节,影响到餐饮市场需求的变化,也影响到餐饮经营的营利水平。餐饮产品定价既要考虑多方面的因素,也要运用适宜的定价策略。

一、餐饮产品定价的原则

1. 餐饮产品价格的构成

餐饮产品的价格以其价值为基础,由四部分构成:成本、费用、税金和利润。其中,成本包括菜肴主料、辅料和调料构成的原料成本和燃料成本两部分;费用包括人工成本、管理费用、经营费用、财务费用等;税金包括营业税、城建税、教育费等;利润是指一定时期内营业收入额扣减去成本、费用和税金后的余额;毛利是指餐饮产品价格中费用、税金和利润构成的部分,是餐饮产品价格减去成本后的差额。所有餐饮产品价格还可表示为原料成本与毛利之和。用公式表示为:产品价格=产品成本+毛利。其中,毛利率是指毛利在价格中所占的比重(毛利率=毛利/销售价格×100%)。

2. 餐饮产品定价的原则

(1) 餐饮产品的价格必须反映餐饮产品的价值

餐饮产品的价格由成本、费用、税金和利润四部分构成。餐饮产品的定价应当是以上四部分的准确体现,并且应符合价值规律的要求,以价值为核心。

(2) 餐饮产品的定价必须适应餐饮市场需求

随着市场供求状况的变化,在价值规律的作用下,餐饮产品的价格总会围绕价值上下波动。因此,餐饮产品的定价应反映供求状况,以适应市场需求。供不应求的餐饮产品的价格可略高一些,供大于求的餐饮产品的价格应略低一些。当供求关系发生变化时,餐饮经营者应对餐饮产品的价格作出及时的调整。

(3) 餐饮产品的定价应保留一定的弹性

由于餐饮消费具有较强的随意性和季节性,因此,餐饮产品必须根据季节变化制定合理的餐饮产品差价。另外,由于各地区消费者的消费观念、消费习惯、消费需求、消费水平等存在差异,导致了餐饮消费具有地区性的特点。餐饮产品应制定较为灵活并且具有弹性的价格,以满足消费者的不同要求。

(4) 餐饮产品的价格应保持相对稳定

餐饮产品的价格虽然应具有一定的灵活性,但也不能频繁加以调整,因为餐饮产品的价格代表了该餐厅在市场上的形象,变化无常的产品价格会给顾客造成不稳定的感觉,甚至会挫伤潜在顾客的消费积极性,从而使需求量下降。因此,餐饮经营者不能随意调整价格,而且每次调价幅度也不宜过大(最好不超过 15%)。

（5）餐饮产品定价应遵守国家的价格政策

餐饮经营者在制定餐饮产品价格时要严格遵循国家的相关政策与法规,如《消费者权益保护法》《反不正当竞争法》等;餐饮经营者不应利用信息不对称对消费者进行价格欺诈。

二、餐饮产品定价的影响因素

价格是决定餐饮产品市场份额和经营利润的最重要因素之一。因此,餐饮经营过程中必须要很好地处理定价问题。要制定和调整好价格,必须全面考虑各种因素。

1. 餐厅档次

餐厅的档次会直接影响餐饮产品的定价。同样的一份菜肴,在一般餐馆、一家三星级酒店和一家五星级酒店出售,其价格可能有着天壤之别。

一是高档餐厅的服务和环境质量比低档餐厅要高得多,餐厅的环境及服务都是餐饮产品的组成部分,其价值理应反映在餐饮产品的定价之中,因此,即便是色、香、味、形、口感、分量等一模一样的菜肴,高档餐厅的定价也会比低档餐厅高。

二是高档餐厅与低档餐厅所追求的利润目标不一样,高档餐厅无论是在硬件设备设施上的投入还是在人员素质、服务技能及管理要素上的投入都要高于一般餐厅,为了保证餐厅的正常运转和持续经营,必然要获得较高的利润,这也直接导致其产品的定价高于低档餐厅。

三是高档餐厅为保持其高档的形象,其餐饮产品的原材料、烹制过程都精细得多,从而导致其餐饮产品价格较高。

2. 市场定位

市场定位是指餐饮经营者根据餐饮市场的竞争态势,在消费者的心目中为自己的产品寻求和确定一个最为恰当的位置的过程。餐饮市场定位以餐饮产品为出发点,其定位目标是针对餐饮经营的潜在顾客,从各方面创造特定的市场形象,使之与竞争对手的产品相区别,以求在目标市场顾客的心目中形成特殊的偏好。

不同的餐饮经营主体,可以根据目标市场顾客的特点,结合自身的资源实力、产品特色等条件,选择不同的市场定位。一些餐厅将自己定位于为高收入者提供高档次菜品、环境和服务的高档餐厅,而有些餐厅则选择为经济实力有限的低收入者提供服务。在具体的产品定价上,同样一份菜肴,前者一般会高于后者。

3. 定价目标

餐饮产品定价目标主要为了实现经营利润最大化,以及实现餐饮经营预计的市场份额。

第一,维持生存或现状的目标。一般是在经济不景气或市场竞争过于激烈时,在迫于压力的情况下,餐饮经营者才会选择这种目标。在这种情况下生存重于利润,这时价格只要能够弥补可变成本和一部分固定成本即可。此外餐饮经营者被动地应付竞争,其产品价格与竞争对手会十分接近,并且随竞争对手的价格调整而调整。

第二,实现利润最大化目标。一是当期利润最大化。为实现这一目标,餐饮经营者可能会提高价格,但如果价格过高,就会排斥部分顾客,从而使销售总收入减少。因此,要正确估计成本和需求,并据此选择一种最佳价格。二是长期利润最大化。餐饮经营者必须充分估计产品的成本以及不同价格水平下的需求,从而确定最合理的价格。选择这一目标,其价格往往需要经常调整,比如为了争取更多的顾客,在短期内会采取低价策略,甚至不惜牺牲一部分利润,来培养顾客偏好,再提高价格。三是较满意的利润。如果餐饮经营者既希望得到较多的利润,同时又希望能够长期生存和发展,或者,当最大利润很难确定的时候,常常以较满意的利润作为定价目标。在这种情况下,餐饮经营者往往提出将来一段时间内的目标收益率或利润额或利润增长率,并依此来制定价格。

第三,市场份额目标。一是保持市场份额。对于规模较大的餐饮经营主体来讲,保持市场份额就意味着保持了地位和声望,而是否实现了最大利润则是次要的。在此情况下,往往比较注重销售的数量,有时不得不为此而降价销售产品。二是实现市场份额领先。为了扩大销售、扩大市场份额并最终处于领先地位,餐饮经营者会制订尽可能低的价格。但盲目压低价格,结果可能也会导致亏损或破产。

4. 市场需求

对于普通商品而言,需求与价格之间的关系非常密切,价格的微小变动都可能带来需求的变动,从而改变销售水平并对销售目标产生影响;反过来,需求的变动同样会对价格发生影响。通常情况下,需求和价格呈反向关系,价格越低,需求越多,价格越高则需求越少。

对于有些特殊商品则不同。一些价格下降导致需求减少的商品,例如稀粥,降低稀粥的价格,结果可能使牛奶的消费量增加而使稀粥的需求量减少,这类餐饮产品最好是取消,如果不能取消,也不必降低价格,因为降价也不会促进销售。而另外一些商品却由于价格的上升使需求量保持不变甚至上升,这是因为价格代表的是此类商品的优越地位和身份象征,这类餐饮产品可以保持合理的较高价格,但过于高的定价也会导致需求下降。

5. 餐饮成本

餐饮产品的价格在很大程度上是由需求限定的,即市场需求规定了价格的最高限度,超过这一限度,就会由于销售总量的减少而导致销售收入和总利润的下降。如果其他条件相同,那么餐饮产品的价格越低,就越能够吸引顾客,销售收入就越高。但另一方面,餐饮成本规定了价格的最低限度。低于成本的价格不仅不能带来利润,反而销售越多,亏本越大。餐饮产品定价应能够补偿餐饮成本。

6. 竞争对手

餐饮产品定价时还要了解竞争对手所提供的产品质量与价格,这有助于餐饮经营者最终确定自己的价格。如果本餐厅所提供的菜品、环境和服务与竞争对手相似,那么就参照竞争对手的价格来定价,可以略低于或与竞争对手的价格一致;如果本餐厅的产品质量明显不如竞争对手,则只能定低价;如果本餐厅提供的菜品、环境和服务都高于竞争对手,则可制定超过竞争对手的价格。

以上是餐饮产品定价时必须考虑的主要因素,此外,还必须考虑国家的政策法规,以遵守法律法规为前提,综合考虑地理环境、风俗习惯、计价传统等定价因素。

三、餐饮产品定价的步骤

不同类型的餐饮经营主体,通常会采用不同的方式来处理产品定价问题。小型餐饮经营主体的产品价格常由高层管理者决定;大中型餐饮经营主体的产品定价则由决策者会同财务、餐厅、厨房等部门的管理者共同制定。不论哪一种定价方式,其定价的主要步骤包括:

1. 选择定价目标

首先要确定餐饮产品定价目标。餐饮经营者在进行了市场细分并且选定了目标市场之后,要对其产品进行市场定位,根据市场定位则可以制定最终价格。如高档次餐厅,拥有出众的硬件产品与优秀的服务及管理人员,其目标顾客是追求豪华、舒适和体面的生活,并且具备较强的支付能力的顾客群体,这就意味着餐饮产品是一种比较昂贵的商品。

　　餐饮经营者对其所要达到的经营目标越清楚,就越容易定出准确、合理的价格。一般而言,餐饮经营者的定价目标主要有:生存目标、利润最大化目标、市场份额目标和最高销售成长目标等。

　　2. 确定需求状况

　　不同的价格会影响需求的变化。餐饮经营者在制定餐饮产品价格时,必须根据以下影响需求的因素来确定价格的高低:一是竞争对手的多少。如果竞争对手很多,餐饮产品的定价就应稍低;若竞争对手较少,餐饮产品的价格可稍高。二是顾客对价格的反映。顾客对价格的敏感程度较高,产品的价格应偏低;顾客对价格的敏感程度较低,产品的价格可偏高。三是顾客的餐饮消费习惯。消费者外出就餐的习惯普遍,就可将价格制定得偏高;消费者外出就餐的习惯偏少,就只能采取低价策略以吸引更多的顾客。四是经济形势。当经济形势较好时,顾客可自由支配的收入较多,外出就餐消费的次数以及数量都会有一定的增加,此时,产品的价格可适当提高,反之,就只能制定低价。

　　3. 计算全部成本

　　餐饮经营者所制定的产品价格应该能够弥补其所有生产与销售的成本、税金并能够获得一定的回报。也就是说,餐饮产品的定价必须能够抵偿所有的原料成本与费用,并获得一定的利润。

　　正确计算餐饮成本与费用是进行餐饮产品定价的前提与基础。餐饮成本包括制作和销售餐饮产品所发生的各项费用,主要包括:原材料、燃料、物料用品、低值易耗品、工资、福利、水电费、企业管理费以及其他支出费用。

　　按照餐饮成本的性质分类,餐饮成本可分为固定成本、变动成本和半变动成本。成本结构对餐饮产品的定价、收入和利润的影响很大。

　　固定成本是指总额不随产量或销售量的增加而变动的那部分成本,一般包括保险费、设备折旧费、利息费等。如折旧费不会因为接待的就餐人数增多而增加,也不会因为就餐人数的减少而降低。某些固定成本的数额会随着时间的推移而增加或减少,如折旧费会随着时间的推移而减少。换句话说,固定成本并不是绝对不变的。但是,固定成本的变化与产量或销售量的变化无关。虽然固定成本总额不随产量或销售量的变化而变化,但单位固定成本却与产量或销售量的变化有关。随着产量或销售量的增加,固定成本总额不变,但单位固定成本却是下降的。

变动成本是指其总额随产量或销售量的增加而成正比例增加的成本。产量或销售量的增减会引起变动成本的相应增减。如制作菜点的食品原材料支出和饮料成本等,会随着销售量的增加而增加。虽然变动成本总额随产量或销售量的增加而增加,但是单位变动成本却不随产量或销售量的变化而变化,即无论产量或销售量是增加还是减少,单位变动成本是保持不变的,因为单位消耗定额是固定的。如每烹制一份"糖醋排骨"耗用的餐饮原材料是固定不变的。因此,随着产量或销售量的增加,变动成本总额成正比例变化,但单位变动成本却固定不变。

半变动成本,又称混合成本,是指其总额中既包含变动成本部分也包含固定成本部分的成本。半变动成本包括电话费用、劳动力成本等。电话费用中,固定部分是指系统租金,无论打电话次数多少或时间长短都是固定不变的,变动部分是指电话计次(时)费用,是随着打电话次数(时间)的增加而增加的。又如劳动力成本,餐饮员工可分为两类:一类员工的人数在产量或销售量正常波动的范围之内保持稳定,包括餐饮管理人员、厨师、出纳员等。另一类员工的人数则常随产量或销售量的正常变化而变化,服务人员即属于这一类,当生意较好、就餐顾客较多时,就需要雇佣较多的服务人员,但生意较差时,就可能裁减部分服务人员。劳动力成本包括这两类员工的工资,第一类员工的工资总额不随产量或销售量的变动而变动,而第二类员工的薪金总额却随着产量或销售量的变动而变动。因此,劳动力成本是半变动成本。

4. 分析对手价格

竞争对手是指那些地理位置相近,提供的产品和服务在内容和档次上相似或相同,面对的顾客也相同的餐饮经营者。

竞争对手的餐饮产品与价格会对自己经营的餐饮产品的价格和销量有很大的影响。充分了解竞争对手的产品种类与价格,有助于进行合理的定价决策。竞争对手分析包括:一是与竞争对手进行比较。比较所处地理位置、产品(包括菜品、环境与服务)质量和特色、经营实力、营销活动等。二是分析竞争对手的独特销售点。重点分析竞争对手的独特销售点。三是寻找和分析经营机会。对竞争对手成功的方面进行分析,还必须寻找竞争对手所忽略的经营机会。

5. 选择定价方法

餐饮经营决策者在掌握市场需求、成本与费用以及竞争对手状况的基础上,选择适宜的定价方法来制定餐饮产品的价格。餐饮产品的成本与费用规定了其价格的最低限度,竞争对手的同类产品的价格是餐饮产品价格制定的参照,而相对于竞争对手的同类产品所体现出来的独特性质则是其价格的最高限度。餐饮经营者可以通过上述因素中的一个或几个来选择定价方法,并最终制定出一个可行的价格方案。

6. 决定最后价格

餐饮经营决策者根据最终确定的价格方案,结合所选用的定价方法,就可以给具体的餐饮产品计算确定价格了。

餐饮产品的价格确定以后,必须进行一段时间的试用,并多方考虑顾客、服务人员以及财务人员的反映,取得各方的一致认同。最关键的是要取得顾客的认同,只有顾客认同的产品价格才是最后的价格。

7. 制定价格体系

对于餐饮经营者来说,仅靠单一的产品价格参与市场竞争几乎是不可能的,因为面对的是许多需求各不相同的顾客,同时,经营环境也是在不断变化的。这些因素的变化将引起餐饮经营成本、经营目标、营销策略等方面的一系列变化,价格作为营销策略中的一个重要环节,也应随之进行适应性的调整。

当总体的价格方案确定之后,具体的产品价格也就随之可以计算出来。但如何合理确定不同产品的价格,以及不同经营条件、不同营销方式条件下的产品价格,这就涉及建立餐饮产品价格体系的问题。

建立餐饮产品价格体系,其目的就是为了使餐饮产品价格能更好地适应餐饮市场的变化。一般而言,餐饮产品的价格体系是一个全方位、多层面、多角度的价格系统,可以应付各种不同情况下的产品销售,更可以适应不同层面的顾客,它包括零售价、团队价、折扣价、促销价、差别价、组合价等等。

四、餐饮产品定价的方法

一般来讲,菜单上的餐饮产品定价方法主要有以下几种:成本加成定价法、目标利润定价法、理解价值定价法、通行价格定价法。

1. 成本加成定价法

成本加成定价法是一种最基本、最简单的定价方法,即以成本为基础,再加上一定的加成来确定产品定价。成本加成法的使用十分普遍。

一是外加毛利率法。外加毛利率法就是首先确定生产和销售成本,然后加上毛利定价。比如生产和销售成本为 2 元的饮料,按照过去的经验和通常的做法,就有 60％的毛利率,则加成就是 1.2 元(60％×2),价格应为 3.2 元。

二是价格系数法。首先计算出产品的成本,然后,根据过去的经验和判断,估计产品成本占价格的百分比,价格系数就是这一百分比的倒数,最后用成本乘以价格系数,算出价格。餐饮经营者一般都规定食品和饮料的标准成本率,可用成本比标准成本率确定餐饮产品价格。如,某食品的成本是 25 元,食品成本率是 33％,则价格系数是 1/33％,其价格就是 75 元(25×3)。

需要注意的是,成本加成定价法只考虑了成本因素,而没有考虑市场需求方面的因素。

2. 目标利润定价法

这是以成本为中心的另一种定价方法。根据餐饮经营的成本和要达到的目标利润或目标收益率来确定价格。用公式表示,即:价格(单价)=(每份菜的原料成本+每份菜的人工成本+每份菜的其他经营费用)/(1-目标利润率-营业税率)。

例如,某菜肴每份菜的原料成本为 8 元,人工费为 5 元,其他经营费为 2 元,营业税率为 5％,餐厅目标利润率为 35％,则该菜肴定价应为:(8+5+2)/(1-35％-5％)=25 元。

3. 理解价值定价法

也称认知价值定价法,即把价格建立在产品理解价值基础上。定价的关键不在于卖方的成本,而在于买方的价值理解。餐饮经营者利用营销组合中非价格因素确定顾客对餐饮产品的认知价值,在此基础上进行餐饮产品定价。

理解价值定价法是以现代产品定位理论为根据的,餐饮经营者要准确估算顾客对餐饮产品的价值评价,计算出按计划价格能够出售多少数量,算出计划的价格和成本,预测能否产生令人满意的利润,如果能,就按这种价格出售,如果不能,就要放弃。

使用理解价值定价法制定价格,必须设法在顾客心中树立品牌的价值,餐饮经营管理人员要通过营销调研对市场的理解价值作出判断。采用理解价值定价法,关键在于要有自己的特色,能满足顾客在其他竞争对手那里不能满足的需求,这样才会有理想的理解价值,才能制定较高的价格而不至于失去顾客。

4. 通行价格定价法

通行价格定价法也称随行就市定价法,产品的价格主要取决于竞争者的价格,而很少注意自身的成本和需求。定价时,餐饮产品的价格可以与主要竞争者或行业的平均价格相同,也可以稍高于或稍低于竞争者的价格或平均价格。

一种是率先定价,即不是跟在别人后面,而是充当其他经营者的领袖和榜样,率先定价。如果这一价格能够为市场所接收,率先定价的经营者往往能获得较高的收益;

一种是追随定价,即追随行业内起主导作用的经营者,制定与之大体相同的价格,并且随着其价格变化而调价,一般规模较小的餐饮经营主体都是这样定价的。

通行价格定价法是相当常见的定价方法,当经营者测算成本有困难或者需求及竞争对手不确定时,通行价格定价法就成为有效的解决方法,用这一方法制定的价格能产生公平的报酬,并且维持行业间的协调。不过,通行价格定价法忽视了产品的差别性,忽视了顾客的价值观念,也不考虑成本,它带有一定的盲目性,这样,优质的产品可能得不到相应的回报。

五、餐饮产品的定价策略

为了实现定价目标,餐饮经营者还必须使用一定的菜单定价策略和技巧,在选定的价格幅度范围内,充分考虑价格变动可能带来的各种影响,最终确定餐饮产品价格。

1. 心理定价策略

餐饮经营者在制定产品价格时,不仅要考虑产品的成本、利润等问题,还应充分把握顾客的消费心理。主要的心理定价策略有:

一是声望定价法。一些顾客把价格视作质量的标志,认为价格高的产品其服务质量肯定高。对于以主观感受为主的餐饮产品来讲,利用威望来定价是比较有效的策略。

二是尾数定价法。从理性的角度来看,4.90 元和 5.00 元、38 元和 40 元几乎是没有区别的。然而,心理学的分析和市场调查的统计数据结果显示,顾客对这些价格的心理反应是完全不一样的。他们认为 4.90 元比 5.00 元、38 元比 40 元要便宜得多。因此,餐饮产品的定价应充分利用顾客的这种心理作用。

三是整数定价法。许多顾客都持有"一分钱一分货"的价值观念,因此,餐饮经营者在制订餐饮产品价格时应将产品价格调整到代表产品价值效用的整数价格,以使顾客比较容易接受和选购。这种定价策略一般适用于一些高质量的名牌餐饮产品或顾客不太了解的餐饮新产品。

四是诱饵定价法。有些餐厅为吸引顾客光顾,将一些菜品的价格定得很低,甚至低于成本,其目的是吸引顾客。而顾客来到餐厅后一定还会附加消费,这种低价就起到诱饵作用。诱饵菜品的选择十分重要,通常选择一些顾客熟悉并使用较多的菜品,做工要比较简单,或者选择其他竞争者也有的菜品做诱饵,这样能吸引更多的顾客。

五是需求—后向定价法。许多餐饮经营者定价时,首先调查顾客愿意接受的价格,采用顾客愿意支付的价格作为出发点,然后调整菜品配料的数量和品种,控制成本,使餐厅获得薄利。

六是分档定价法。餐饮经营者在销售某种餐饮产品时,把诸多不同型号、规格、花色、式样的产品划分为不同的档次,价格也各不相同,以适应不同顾客的消费心理。使用这一定价策略,要针对餐饮顾客对产品的价格意识和价格的自觉性,进行认真的市场调研,测定消费者对某种产品愿意接受的价格的上限和下限,在此基础上拟定分档数目和价格差距。同时,在分档定价时,餐饮产品档次和相应的价格档次不宜过大或过小。

2. 折扣定价策略

折扣定价策略是许多经营者经常采用的定价策略,主要包括:

数量折扣。数量折扣是卖方因买方购买的数量较大而给予的折扣。一般来讲数量越大,折扣也越大,数量折扣名义上应该给予所有的顾客。餐饮经营者在采用数量折扣策略时可以在非累计基础上提供折扣,即一次性购买数量达到折扣要求的数量时,给予折扣,也可以在累计的基础上提供折扣。数量折扣策略的运用可培养忠诚的餐饮顾客群。数量折扣一般以降价的形式出现,但有时也会采取另一种形式,即规定当顾客的购买达到允许折扣的数量时,可以免费得到一定数量的产品或服务。常见的数量折扣有公司价、团体价、会议价等。

淡季折扣。许多餐饮经营者为了提高座位周转率,在生意清淡时段推出促销活动,给予一定的价格折扣。采用淡季折扣策略要考虑策略是否有效,因此,要对降价前后的毛利进行比较,通过比较可算出降价后的销售量达到折价前的多少倍这项折扣策略才算合理。可以参考如下公式:折价后销售量需达到折扣前的倍数＝折价前每份菜品(饮料)的毛利额/折价后每份的菜品(饮料)的毛利额。在有限的时间内做推销,对增加销售量的计算只考虑毛利额。但在较长的经营时间内做推销,还要考虑偿付固定成本、获得的利润以及平均降价率。可参考如下公式:折价后需达到的销售额＝(要求获得的利润额＋固定成本)/折价前变动成本率/(1－拟定的折价率)。

3. 差别定价策略

差别定价也称区分需求定价。餐饮经营者为了突出与竞争对手的差异,可以采用差别定价策略,主要有:

一是产品差别定价。产品的式样不同,制定的价格也不同,但对于成本来讲增加的部分可以忽略不计。例如,有一些食品和饮料,因为添加了装饰物而价格大增,但成本基本不变。

二是服务差别定价。由于服务不同,相同菜品可以有不同的价格。这种价格差别与提供特殊服务增加的费用也是不成比例的。

三是时间差别定价。按季节、日期、时间点的不同来制定不同的餐饮产品价格,通常重要的时段可以采用略高于一般时段的价格。

4. 促销定价策略

为了促销,餐饮经营者通常会采用低价方式,以扩大客源。主要的促销定价策略有:

一是亏损先导招徕策略。亏损先导产品,是指餐饮经营者选择的那些价格定得很低、用作诱饵吸引顾客光顾餐厅的产品。这些产品折价推销的效果,可以带来本身的收益,也可以产生"次级推销效应",即某产品的推销对其他产品的销售带来的影响。做好亏损先导的销售预测和可行性研究工作,餐厅可通过这种促销方式实现餐饮纯收益的增加。

二是特殊事件定价策略。餐饮经营者利用节日、纪念日等特殊事件来制定价格,即低于标价的特殊事件价格,以招徕生意。不过这种方法,不仅需要广告宣传的配合,还要把握好广告和销售的时机。

5. 产品组合定价策略

当某种产品成为产品组合的一部分时,餐饮经营者要寻找一组在整个产品组合方面能获得最大利润的共同价格。产品组合定价策略主要有:

一是系列产品定价法,也称产品线定价。餐厅通常会提供一系列档次不同的菜肴,这样就要制定价格等级。如果系列产品中的两个价格的差异较小时,顾客会倾向于购买较高档的那一种,而价格差异较大时顾客倾向于选择较低档的那一种,如果成本差小于价格差而顾客又选择了较高档的产品,那么餐厅就可以增加利润。餐厅往往把成本较低的菜肴附加一个较高的毛利率,即成本占价格的比例低,而把成本高的菜肴附加一个较低的毛利率,这样顾客就可能选择高档菜,虽然毛利率较低,但利润仍然高于低档菜的利润;而如果顾客选择低档菜,那么这种定价法也可以使餐饮经营者因低档菜肴的高附加利率而获取较多的利润。

二是选购产品定价法。餐厅提供各种选购产品,就餐的顾客除了饭菜以外可能还需要饮料。因此,餐饮经营者在选择定价策略时可以将一些选购产品的价格定得较高而以此获得利润,也可以将价格定得较低以招揽生意,使顾客同时购买价格高的产品。

6. 产品生命周期定价策略

一个产品在其生命周期的各个阶段,价格决定的因素是不同的,所以,产品价格也会随着产品生命周期的变化而变化。产品生命周期定价策略主要有:

(1) 导入期定价策略。导入期的价格会对产品生命周期、利润造成极大的影响。主要是:

一是撇脂定价法。推出创新菜品或创新服务的餐饮经营者往往采用撇指定价法。当新产品刚投入市场时,整个行业的供给能力有限,采用撇脂法制定高价可以赢得时间扩大生产能力,可以争取主动,以后的价格调整也比较容易。

二是渗透定价法。部分餐厅为创新产品制定较低的价格,以吸引大量顾客,扩大市场份额,随着经验的积累和产品的批量增加,成本逐渐降低,价格也可降低,也可以进一步对市场进行渗透。

三是短期降价策略。在新产品的导入期,采用短期降价策略可以加速顾客接受新产品的过程,由于顾客已经了解了产品,形成了偏好,因此为以后提价预留了空间。

四是满意价格策略。这是折中的价格策略,吸取各种定价策略的长处,采取两种价格之间的适中水平定价,既能获得合理的利润,又能为顾客所接受,从而使双方都比较满意。

(2) 成长期定价策略。产品进入成长期以后,市场对餐饮产品的需求开始出现较快的增长。正常情况下,单位成本开始下降,利润有明显增加。此时餐饮经营者的主要任务是采取各种方法努力扩大自己的市场份额,同时采取有效措施抵御模仿者的进入。

产品接近成熟期,价格变动幅度会越来越小,价格水平趋于下降,营业收入与利润趋于上升。因此,成长期产品定价策略的关键是要选择适当的时机,灵活运用价格手段去进一步拓展市场,实现餐饮经营预定的目标。

(3) 成熟期定价策略。在成熟期,顾客对餐饮产品已经接受,餐饮经营收入达到最高水平。进入成熟期后,由于很难通过促销来增加客源,定价策略主要是在降低成本的基础上通过合理的降价维持市场份额。在成熟期,降价可能引起竞争者随之而来的反击,结果是两败俱伤。因此降价只有在餐饮市场需求富有弹性并且降价后餐饮销售收入大于相应的成本增加时才是可取的。

(4)衰退期定价策略

在衰退期,变动成本对餐饮产品定价非常重要,因为市场竞争已迫使餐饮产品价格降到最低,接近变动成本水平。只要有服务能力闲置,餐饮经营者就应该以变动成本或增量成本为基础来制订价格。只要价格高于增量成本,即使这些贡献不足以补偿固定成本,但至少可以部分减轻负担,实际上也等于增加了利润。

在衰退期,餐饮产品定价要以低价吸引顾客,通过为他们提供多种服务来增加人均消费水平。同时餐饮经营者要努力创新。

案例分析 1

筵席菜单的设计

中式筵席菜单是一种较为正式、规格化的聚餐菜单。筵席和宴席有所不同。筵席包括席桌上的酒菜配置,酒菜的上法、吃法、陈设等。古代人吃饭是没有凳子的,全部是席地而坐。古人将铺在下面的大席子称为"筵",将每人一座的小席子称为"席",合起来就叫"筵席"。但是宴席则不同,它是在筵席的基础上加上了礼仪程序。比如国宴就要有国家领导人及贵宾讲话、奏乐等;婚宴就有父母讲话、新人拜天地的礼仪等。

中式筵席菜单的设计模式是经过长期实践证明、为广大顾客所接受的相对稳定的筵席模式。总的来说,中餐筵席的模式是三段式。

第一段是"序曲"。传统的、完整的"序曲"内容很丰富、很讲究。它包括以下内容:

1. 茶水。茶水又分为礼仪茶和点茶两类。不需要收费的茶,称为礼仪茶;需要收费的、要请顾客点用的茶,称为点茶。

2. 手碟。传统而完整的手碟分为干果、蜜果、水果三种。现在的筵席一般就只配干果手碟。讲究的筵席往往都会在菜单上将茶水和手碟的内容写出来。

3. 开胃酒、开胃菜。为了在正式开餐前使顾客的胃口大开,传统筵席往往要配置开胃酒和开胃菜。一般开胃酒是低酒精度、略带甜酸味的酒,如桂花蜜酒、玫瑰蜜酒等。开胃菜一般是酸辣味、甜酸味或咸鲜味的,如糖醋辣椒圈、水豆豉、榨菜等。

4. 头汤。完整的中式筵席一般应该有三道汤,即头汤、二汤、尾汤。头汤一般采用银耳羹、粟米羹、滋补鲜汤或者粥品。

5. 酒水、凉菜。酒水凉菜是序曲中的重要内容。俗话说,"无酒不成筵","酒宴不分家"。一般来说,越是高档的筵席,酒水的配置越高档,凉菜配置的道数越多。讲究的菜单在配置酒水的时候,除了要将酒水的品牌写出来以外,还要注明是烫杯还是冰镇。

第二段是"主题曲"。所谓"主题曲"是指筵席的大菜、热菜。

第一道菜被称为"头菜"。它是为整个筵席定调、定规格的菜。如果头菜是金牌鲍鱼,那么这个筵席就称为鲍鱼席;如果头菜是一品鱼翅,这个筵席就称为鱼翅席;如果头菜是葱烧海参,这个筵席就叫海参席。

第二道是烤(炸)菜。按传统习惯,第二道菜一般是烧烤的或者煎炸的菜品。如北京烤鸭、烤乳猪、烧鹅仔或者煎炸仔排等。

第三道是二汤菜。这道菜一般采用清汤、酸汤或者酸辣汤,有醒酒的作用。一般随汤也跟一道酥炸点心。

第四道是可以灵活安排的菜,一般是鱼类菜品。

第五道是可以灵活安排的菜,鸡、鸭、兔、牛肉、猪肉类均可。

第六道菜也是可以灵活安排的菜。

第七道菜一般要安排素菜,笋、菇、菌、时鲜蔬菜均可。

第八道菜一般是甜菜。羹泥、烙品、酥点均可。因为喝酒、品菜已到尾声,顾客要换口味才舒服。

第九道菜是座汤,也称尾汤。传统的座汤往往是全鸡、全鸭、牛尾汤等浓汤或高汤,意味着全席有一个精彩的结尾。

第三段是"尾声"。

1. 这时可上一些主食,如面条、米饭。讲究的筵席一般会随饭配菜四道,两荤两素。

2. 米饭、面条等主食用完以后,一般要上时令水果。既能让顾客清口,也表示整个筵席结束。

3. 茶水。水果吃得差不多的时候,顾客还没有散意的话,就可以上茶水助兴。传统筵席这时上茶水也有"端茶送客"的意思。

筵席菜单配菜要坚持一定的原则。模式只是形式,配菜是内容。配菜一般称之为开席单,开席单具有一定的原则和技术性。配菜的原则就是编制菜单应该遵循的准则。不论设计高中档筵席还是大众筵席,都应该注意这些原则。

1. 味型搭配合理。味是筵席风味的核心,如果搭配不合理,就会给人以单调的感觉。如满桌都是咸鲜味型的菜品,会让顾客感觉这桌菜十分平淡,吃上几个菜就乏味了。一些鲁菜或粤菜餐厅容易犯这样的错误,让人吃不出激情来。但是一桌筵席配上五六个麻辣味的菜品,又会让人感到太刺激,甚至难受,许多川菜餐厅就容易犯这样的错误。所以一桌筵席必须要有起伏,味型配置要合理,同一种味型的菜品不能重复太多。

2. 原材料搭配合理。一桌筵席的荤素搭配应该合理,但荤菜里面鸡、鸭、鱼、猪、牛、羊肉、海鲜的配置应该呈多元化的格局,素菜中的豆腐、菇笋菌类、鲜蔬类菜品,也应多姿多彩。这样不仅能使营养均衡,而且能增添食用的情趣。如果一桌菜品有四五道豆腐、凉粉之类的菜品,就成了豆腐席,吃起来就乏味了。一般来说,一桌菜品也应分清主次,突出重点,绝不可以宾主不分,或者喧宾夺主。高明的大师是忌讳将鲍鱼、海参、鱼翅、燕窝、龙虾全部安排在一桌筵席上的。因为这样中心就不突出了,并且制作起来也会有困难,营养的搭配也会失衡。一般有两三道高档的菜,整个筵席的档次就显现出来了。

标准筵席举例:海参席(四川风味)

(一)序曲

茶水:铁观音一壶

手碟:酱酥桃仁、脆花生仁

开胃酒与开胃菜:桂花蜜酒、糖醋辣椒圈、涪陵榨菜

头羹汤:大枣银耳羹

彩盘冷菜:孔雀开屏

单碟冷菜:灯影牛肉、椒麻鸭掌、五香鱼条、糟醉冬笋、花生仁、松花皮蛋

(二)主题曲

头菜:凤翅海参

炸菜:香酥鸭子(配荷叶饼、葱、酱)

二汤:鸡蒙葵菜(配萝卜丝饼)

热荤:干烧岩鲤、三鲜汤、醋熘凤脯、素烩干贝露笋

甜菜：红苕泥(配冰糖鱼脆)

座汤：清炖牛尾汤(配牛肉焦包、小馒头)

小吃：担担面

(三)尾声

饭菜：麻婆豆腐、韭黄肉丝、泡青菜头、炒豌豆尖

水果：金川雪梨、江津广柑

中式筵席菜单的标准格局只是一个基本的模式，不是不可变化的，在顾客不同、环境不同的情况下，可以适当变化。

案例来源：徐文苑、贺湘辉、章建新编著：《酒店餐饮管理实务》，广东经济出版社2005年版。

案例讨论

1. 根据案例回答菜单设计要注意哪些问题？

2. 筵席菜单与零点菜单的有什么共同之处？

案例分析 2

外婆家的产品经营策略

浙江外婆家餐饮连锁企业以浙江外婆家餐饮有限公司为龙头，与杭州大铁锅世家餐饮有限公司、杭州速堡餐饮有限公司等企业联合组成。目前外婆家餐饮已开创有"外婆家"、"速堡"、"指福门"、"第二乐章"以及"运动·会"五大知名中餐品牌，其中"外婆家"有40家，"速堡"快餐厅有10家，4家"指福门"，3家"第二乐章"以及杭州的"运动·会"古水街店。

1998年，杭州的马腾路上悄然出现一家"外婆家家乡面馆"，数十个餐位，十来名员工。当时的杭州餐饮市场这块蛋糕几乎是完整的，餐饮企业只有千余家，十多年的发展让市场有了翻天覆地的变化。从1998年的杭州第一家门店到现在覆盖北京、上海、江苏、浙江的48家门店，无一例外地成为当地客流量最大的中餐厅，在职员工超过3000名，外婆家在这短短15年的时间里交出了一份傲人的成绩单。装潢典雅的用餐环境和以3块钱的麻婆豆腐为代表的低价菜品让外婆家开到哪里，顾客的长队就排到哪里。

一、破解外婆家成功的密码——市场定位

精准的定位是外婆家成功的要素之一。外婆家餐饮从第一家"外婆家"开张的

时候,就已经明确了自己的定位,而这个定位一直坚持到现在。随着市场需求的变化,外婆家餐饮以"平民化"、"生活化"为基点,逐步将市场定位多元化,旗下五大品牌一方面各有自己明确的市场定位,覆盖不同的市场细分客源;另一方面各品牌定位又互为依托,相互支撑,以相对完整的品牌系列锁定市场。

从对外婆家旗下五大品牌的市场定位及其相应的目标顾客的解析就可以看出其定位策略的成功之处。

1998 年,杭州马腾路上的"外婆家"将经营目标定位为居家用餐,锁定了朋友聚会和家庭聚会这个消费人群为目标市场,30%的产品＋40%的环境＋30%的服务,通过价格杠杆调节,实现最佳的性价比。在后来的发展过程中,"外婆家"逐渐在家庭聚餐定位上加入普通的商务宴请,以扩大消费群。如今,老老少少、亲人朋友外出吃饭首先想到的就是"外婆家"。在这里,消费者可以尽情享受由名师一手打造的环境、微笑细致的星级服务、色香味俱全的丰盛菜肴。

2004 年,外婆家餐饮旗下子品牌"速堡"诞生。该品牌旨在为工作繁忙的白领一族提供健康、新鲜、快捷的营养中餐。随着生活节奏的日益加快,工作繁忙的白领的就餐需求成为一个新的发展空间,由此,"速堡"快餐厅便在杭城各高端写字楼应运而生。绒质地毯、藤质桌椅,在青翠的植物、擦拭得铮亮的落地窗和阳光雨水的怀抱下,享受一顿热腾腾、营养、卫生又快捷的午/晚餐,饮上一杯超值的咖啡或红茶,放松神经——"速堡"的这份精致、整洁与周全,完全打破了人们对"快餐店"和"食堂"的传统观念,它是时尚健康的行政快餐厅。

为满足中高档商务宴请的消费需求,2007 年,精致中餐新品牌"指福门"问世,一经推出便得到世界权威美食杂志认可,成为外婆家餐饮连锁机构的第一子品牌。厚重的装修风格,复古的桌椅、吊灯,纯白瓷简洁的餐具和盛器,创意独特、质量和出品讲究的菜肴,传统经典与时尚潮流融合得天衣无缝,一切细节均彰显出它的优雅与大气,这便是"外婆家"中餐厅的升级版——"指福门"。

为吸引年轻人这一消费主力军,为倡导"精量少点不浪费、新鲜吃完不打包、每餐只到七分饱"的现代健康饮食观念,2009 年,外婆家餐饮又推出一子品牌——"第二乐章"精致简餐。打造美味的同时,更希望通过品牌影响力传播时尚、健康、国际化的中餐饮食习惯,试图将分量十足的传统中餐精化、简化,加入年轻人喜爱的各式甜品,并大力提倡AA制的国际化消费方式,致力于将其升华为一种公平、耿直、坦率、轻松、具计划性的现代生活方式和态度。

2010年4月,外婆家餐饮再辟新天地,推出杭城首家运动风格主题餐厅——"运动·会"。餐厅在菜肴设计和搭配上尤显新意,别出心裁地加入各种烧烤美食,搭配凉爽扎啤,休闲惬意;内部风格以各种体育运动器械,以及众多奥运名人留下的衣物、相片等作为主要设计元素,比如姚明的篮球、国家队的皮划艇、50年代的鞍马,板凳是少体校刚建立时教练用木头钉起来的。新颖、抢眼,颇具纪念价值;同时,牢牢锁定年轻人这一消费主力军,从服务到餐厅氛围都努力营造自由、轻松、活力、动感的欢快节奏。"运动·会"不仅向人们诉说着体育与外婆家的深厚渊源(外婆家餐饮有限公司董事长吴国平从12岁开始搞体育,而且还是杭城田径赛800米、1500米等的纪录保持者),更向人们传递着坚持不懈的运动精神,倡导时尚、健康的生活理念与饮食习惯。这样的主题餐厅只此一家,无法复制。

二、破解外婆家成功的密码——模式、模式、再模式

1. 标准后台运营伴随混搭路线

外婆家餐饮经营模式的要义是把餐饮当成一种非标准化的产品,同时始终围绕客户做混搭。外婆家的混搭风不仅在于多品牌策略,菜品同样也是混搭了南北口味,以迎合具有各地背景的食客们的喜好。风格迥异的装修也成为外婆家混搭风的一部分。虽是连锁品牌,但是主品牌"外婆家"的每家餐厅的装修都不一样,这和连锁餐饮推崇的标准化形象背道而驰。

外婆家餐饮有限公司总经理祝明华认为,年轻人不爱做饭,喜欢聚会和标新立异,而餐厅则是聚会的好地方。因此祝明华很重视餐厅的装修,尽量符合年轻人的审美观,创造一个干净高档的餐饮场所。"年轻人不喜欢做同样的事情,他们习惯了外婆家的菜品口味,但是走进任何一家外婆家餐厅,仍然会因为不同的装修而得到新的惊喜。"

尽管在前台,外婆家餐饮有五种不同品牌、不同定位的连锁餐厅去面向不同的市场,而在后台却采用了统一的管理体系。每一家餐厅的厨房都严格按照同样的标准做菜和管理。除此之外,各个品牌的配送体系、采购渠道以及研发力量都是统一的。尽管中式餐厅连锁店很难做到标准化,但是外婆家在后台管理上却尽量做到统一。在外婆家公司,每个品牌的供应商都是统一的,这样可以保证规模化采购以压低成本,同时也能保证连锁餐厅的食材统一。

2. 不同品牌定位互补

外婆家餐饮旗下两个品牌"速堡"和"外婆家"的定位可以互补。速堡快餐厅的

用餐高峰时间是中午，晚上下班后和周末则生意冷清，但这却是外婆家用餐的高峰期，另外，写字楼的白领在用餐上有着多种需求，平常去速堡快餐厅午餐，但是来了朋友或者客户，午餐则需要一个环境好的餐厅。最开始外婆家是作为互补性的品牌进驻到有速堡快餐厅的写字楼附近，祝明华称之为按白领的需求而灵活设计的一系列模式。但是由于写字楼里没有厨房，当足够多的外婆家开在了速堡旁边后，祝明华尝试着借用外婆家的后台厨房进行配送，这样可以最大化地整合资源，缩短送餐的配送半径。每天上午，外婆家餐厅开始准备速堡的饭菜，当中午将饭菜送到写字楼时，外婆家餐厅也迎来了自己生意的高峰期。

3. 低毛利、高装修、快扩张

杭州的很多餐厅一般都按照 60% 至 70% 的毛利率定价，而外婆家则反其道而行之，将毛利率控制在 30% 至 40%，走平价路线，依赖薄利多销，以翻桌的形式做高营业额。外婆家在正餐时间一座难求，营业系数通常高达 4，即每桌在正餐时间会相继接待 4 群不同的食客，大部分生意好的餐厅的营业系数一般为 2。400 克嫩豆腐配上 50 克肉末，麻辣豆腐色泽酱红，15 感麻辣，这份"3 块钱的麻辣豆腐"是外婆家经营起步的法宝。无论是外婆家本品牌的店，还是另外一个品牌"第二乐章"，更或是刚开业不久的"运动·会"主题餐厅，翻开菜单，你会发现，这里的菜品价格十分实惠，蔬菜每份基本在 6 至 10 元，人均消费在 40 至 45 元，就是这样低价格的菜品定位，吸引了一批批的顾客甘心排队等候就餐。

高装修的"高"指的是"高价钱"，外婆家餐饮有限公司董事长吴国平一直坚持给顾客提供高性价比的餐馆，即不仅菜肴好、服务好、价格好，而且就餐环境也要一流。只有这样，才能和大排档区分开来，才能做到顾客心里去，让他们成为外婆家的忠实粉丝。1998 年外婆家马腾路店开业时，店面装修采用了全杉木材料，为的就是让顾客可以感受到家庭的温暖，与其定位相得益彰。2003 年，马腾路店重新装修，全店采用马赛克瓷砖，变得时尚很多。2004 年，这家店又换成了金属质感的装修材料，营业至今。第二乐章的装修非常考究，一进门就能感受到一种浪漫气息。墙上柜子里展现时间的古董，排列整齐的红酒，搭配上昏暗的灯光，现代的装修风格，将古典和时尚融合在了一起。

追求不断扩张是另外一种意义上的"薄利多销"，即多个门店薄利多销的总和，靠规模取胜。在吴国平看来，杭州餐饮已步入成熟期，外婆家正根据人们消费理念的变化改编着自己的经营方针，外婆家迅速开店的原因就是让杭州人最方便、最快捷地享受到实惠和高品质服务。为顾客服务的同时,外婆家迅速抢占市场,赢得财气。不断开设外婆家分店,在做满杭州市场的基础上向外发展,在继续做好外婆家品牌的同时,开发新品牌——"指福门"、"第二乐章"、"运动·会"主题餐厅,有的品牌日趋走向成熟后也相继开了分店,这些都是外婆家扩张策略的充分体现。

4. 成本控制

外婆家之所以敢定如此低的毛利,很大程度在于选址上的独到见解,同时这也是控制成本的最重要途径。别的餐厅都愿意在临街开店,不愿意上楼,而外婆家在选址上偏偏选择了其他餐厅视为"毒药"区域的写字楼、宾馆、商场和住宅小区,其原因在于外婆家严格控制的选址指标是房租不能占营业额的5%以上。而在中国烹饪协会发布的数据里,2006年餐饮百强企业的平均房租成本占营业额的比例为8.75%,外婆家的选址成本低于行业领先者的水平,地段不是很好,门面也不大。成本控制还包括了统一采购、统一配送、整合后台资源等重要手段。

外婆家还有另类的成本控制方式。外婆家"第二乐章"的切菜工多了一项工作——收集土豆边角料。按新规矩,现在切菜工每天要把土豆"边角料"集中收集起来,然后统一交给管理者,用做员工餐或者外婆家旗下快餐"速堡"的原料。其他原先会被丢弃的食材也尽量利用起来。比如包心菜的最外一层,原先直接丢弃,现在洗干净后厨师会拿它炒肉片。切完用于制作蛋黄南瓜的有规则的整块后,剩下的南瓜再用来做南瓜饼,绝不浪费一点原材料。

5. 餐饮网络营销与宣传

2010年,以团购为代表的信息化创新浪潮冲击和渗透了国内的餐饮行业,使餐饮业的营销半径彻底突破了时间、空间、资源等传统因素的制约,甚至彻底颠覆了餐饮行业传统的营利增长规律。外婆家董事长吴国平非常认可团购模式,他们用半年的时间寻找团购网站合作,考察团购网站的规模和服务,参考行业机构调查数据,非常谨慎地选择合作伙伴,最终确定与国内最大的精品消费限时团购网站合作。

外婆家的目标客户群绝大多数是年轻顾客,因此外婆家非常注重在网上的口碑。外婆家建立了自己的网站,总经理祝明华也时常关注口碑网、大众点评网的网友点评。对于网友的意见,外婆家有专门的工作人员作回应,也会根据网友的建议做改进。另外,外婆家还在杭州人最爱看的新闻节目上挂着"外婆家"的LOGO,还与招商银行联合推出联名卡,成为国内餐饮企业的"第一家"。

卓越准确的市场定位,创新的经营模式,便是外婆家餐饮不断成长的密码。从最初的单一品牌单一市场定位到后来的多品牌多元化定位,外婆家餐饮顺应了不断细化的市场需求,作出了准确的市场定位,最重要的一点是,外婆家始终以平民化的价格,赢得了大众化消费在客源数量上的支持,在此基础上再开创定位于新市场的子品牌。另外,"模式、模式、再模式"的创新提出也为外婆家餐饮创造了新的空间,正如"逆水行舟,不进则退",有创新,才有更广的发展空间,才会有前景。

案例来源:《中国餐饮产业发展报告(2013)》,社会科学文献出版社 2013 年版。

案例讨论

1. 餐饮企业如何创新产品?

2. 餐饮企业如何进行品牌组合经营?

3. 外婆家的成功案例有何启示?

练习思考

1. 利用餐饮产品组合分析工具简述餐饮产品组合策略。

2. 菜单有哪些种类?

3. 菜单设计的影响因素有哪些?

4. 菜单设计的标准是什么?

5. 餐饮产品定价要考虑哪些因素?

6. 简述菜单定价的方法。

实训作业

实地调查一家餐饮企业,分析其菜单特点,从菜单中能了解到哪些信息。

第六章

餐饮生产管理

学习要点

了解和掌握餐饮原料采购管理控制,餐饮原料验收及库存管理,中餐、西餐生产原理,厨房设备配置与管理以及餐厅设备配置与管理。

基本概念

食品原材料采购方式、食品原材料验收管理、餐饮产品生产标准化、厨房设备、餐厅设备

第一节　餐饮原料管理

餐饮产品生产过程的源头是餐饮原料采购,直接关系到餐饮产品的品种、风味和质量。因此,食品原材料采购管理是餐饮生产管理的关键环节。

一、食品原材料采购管理

1. 食品原材料采购人员素质要求

食品原材料采购是一项专业性和独立性较强的工作,采购人员的素质直接影

响采购业务活动的开展和成本消耗。为此,采购人员应具备的基本素质包括:

(1)事业心和责任感。具体表现为热爱本职工作,不贪图享受,不怕辛苦,能吃苦耐劳,克服困难,出色完成采购任务。由于采购工作独立性强,采购人员要具备良好的职业道德素质。

(2)丰富的专业知识。食品原材料的种类成千上万,各种货品的性质、规格、质量区别较大。同一类食品原材料也因产地、生长期等自然条件不同,色泽、质地、质量、涨发率、出料率有所不同。采购人员只有具备丰富的原料专业知识,善于辨认、鉴别和检验各种食品原材料,掌握市场行情,才能采购到价格合理、质量优良、适合厨房生产和餐厅需要的食品原材料和餐茶用品。

(3)沟通交流能力。由于采购人员要同各种类型的人打交道,因而应头脑机敏,反应灵活,善于同各种类型的人交往,以适应客户单位众多、货源渠道广泛、采购价格灵活多变、供货方式各不相同的市场特点,保证适用、适销、适时、适量地做好采购供应工作。

2. 食品原材料采购的组织形式

食品原材料采购管理组织形式是由餐饮经营管理体制决定的。现阶段,我国饭店、餐馆的食品原材料采购管理的组织形式主要有两种:

(1)企业采购部组织形式。企业采购部组织形式是企业统一设立采购部。企业各部门所需的物资用品、食品原材料,统一归采购部管理,在采购部内部再分设不同的采购小组。其中,需要从海外采购食品原材料和物资用品的企业,在采购部内部设报关组,负责进口物资的采购组织和报关事宜。具体组织形式各企业不完全相同,需要根据企业等级规格、规模大小、采购业务工作量等实际需要确定。

(2)餐饮部门采购组织形式。餐饮部门采购组织形式是一种分部管理方式。食品原材料和餐茶用品的采购、储藏管理均由餐饮部门负责。其组织形式各企业不同,一般规模较小。一些小型饭店和餐馆往往只需3至5人即可。

3. 食品原材料采购方式

食品原材料采购涉及餐饮部门、采购部门和食品库房三个环节。原材料种类不同,进货间隔期不同,采购业务组织方法也不同。其采购过程的组织要区别不同的情况,分别采用不同的方法。

(1)食品原材料采购的主要业务

第一,正常库存食品原材料补充。根据每月制订的月度采购计划,由食品库房分类制定采购清单,将品名、数量、规格、定价、采购时间等一一列出,提前送采购部经理审批,然后交采购人员办理。采购人员将采购计划落实后,将供货的单位、时间、品种、数量等通知食品库房,以便库房做好验收准备。

第二,每日进货的鲜活原材料采购。需每日进货的海鲜、蔬菜、瓜果、鲜肉等食品原材料,由厨师长或行政总厨根据生产需要,填写请购单,分类列出品名、规格、请购数量,送采购部经理审批,然后交采购人员办理。

第三,季节性食品原材料采购。季节性食品原材料在季节期内可分期采购,由使用部门填写请购单,经行政总厨签字,列出采购清单,交采购部办理。到停止使用时,由行政总厨向库房管理员下达停止供货单,通知采购部停止采购,对需要储备的季节性食品原材料,则由库房根据厨房的需要,制定季节储备定额,交餐饮部经理审批后由采购部办理采购。

第四,短期储备的鲜活材料采购。部分海鲜、冻肉、禽蛋等储备期较短的食品原材料,由库房管理员根据提前采购天数填写采购清单,交采购人员办理。

第五,计划外急需的食品原材料采购。高档宴会、临时急需的计划外食品原材料,由使用部门提前填写采购清单,经行政总厨或副总厨签字同意后,直接交采购部门及时办理。

第六,新货原材料采购。厨房过去没有使用过的某些新的食品原材料采购,先由行政总厨书面填写品名、规格、质量要求、使用起止日期,交采购部办理。采购部必须先采购样品交行政总厨鉴定,同意后,由行政总厨填写"新货样品认可书",然后按要求批量采购。

第七,酒水饮料采购。进口酒、国产酒一般每月进货一次,啤酒、饮料一般5至10天进货一次。酒水饮料单设库房,由酒水部统一管理。由酒水库房确定储备定额,根据酒吧和各餐厅的销售需要,提前制定采购清单,分类列出品名、规格、产地、数量、价格,经采购部经理审批后,交采购人员办理。

第八,烟草采购。各餐厅需要的进口烟、国产烟,由餐厅主管填写请购单,库房管理员汇总列出采购清单,经采购部经理审批后,交采购人员办理。

第九,海外进口食品原材料采购。部分西餐食品原材料、调味品、洋酒等是从海外进口的,其进货期多在1至3个月。其进货间隔期的长短主要根据需要确定。当货品储备量降低到安全存量时,由食品库房填写请购单,列出包括品名、数量、规格、产地、供货单位等在内的采购清单,经采购部经理审批后,交采购员和报关员办理。这些食品原材料和货品,事先都签有采购合同。因此,采购部门收到请购单后,直接发电传给供货单位,请求发货。货物到达海关后由报关员凭海关通知单,办理报关和减免关税的手续以及付款、保险、转运等事项,然后组织提货,完成进口货物采购。

第十,食品原材料采购提货。各种食品原材料的采购,原则上应要求货主送货上门。但从海外进口的食品原材料、部分特殊食品原材料,往往需到车站、码头或机场提货。采购部将提货单、发票或副本、发货单位、地址、电话、联系人等交有关运输人员签收,储运组凭单办理提货手续,到提货地点按发票或副本取货,交库房验收。

(2)食品原材料采购方法

一是市场采购。市场采购亦称竞争价格采购,适用于采购次数频繁、需要每天进货的食品原料。旅游饭店和大型社会餐饮企业绝大部分的食品原料采购业务多属于此种性质。餐饮采购部门通过电话联系或商函,或通过直接接触(采购人员去供货单位或对方来访),取得所需原料的报价。一般每种原料至少应取得三个供货单位的报价,分别将它们登记在市场订货单上,随后选择其中原料质量最适宜、价格最优的供货单位。

二是无选择采购。需要采购的某种原料在市场上奇缺,或者仅一家单位有货供应,在这种情况下,往往采用无选择采购方法,即连同订货单开出空白支票,由供货单位填写。

三是成本加价采购。当某种原料的价格涨落变化较大,或很难确定其合适价格时,采用此方法。这里的成本指批发商、零售商等供应单位的原料成本。在某些情况下,供货单位和采购单位双方都把握不住市场价格的动向,于是便采用这种方法成交,即在供货单位购入原料时所花的成本上酌加一个百分比,作为供货单位的赢利部分。

四是招标采购。招标采购是一种比较正规的采购方法,一般只有大型企业才使用。采购单位把所需采购的原料物品名称及其规格标准,以投标邀请的形式寄给各有关供货单位,供货单位接到邀请后进行投标,报出价格,亦以密封的文件形式寄回采购单位。一般来说,凡其原料能符合规格标准,而出价又最低者中标。这种方法有利于采购单位选择最低的价格。但另一方面由于这种方法要求双方签订采购合同,因而又不利于采购单位在合同期间另行采购价格可能更低廉、质量更合适的原料。

五是定点采购。有些大型餐饮企业所需的原料品种名目繁多,必须向众多的供货单位采购,这就意味着企业每天必须花费大量的人力和时间处理票据和验收进货。为了减少采购、验收工作的成本费用,有的企业开始尝试新的采购方法,即凡属于同一类的各种原料、物资,企业都向同一个供货单位购买。

六是合作采购。两家以上的餐饮企业组织起来,联合采购某些原料物品,其主要优点是通过大批量采购,各餐饮企业有机会享受优惠价格。尽管各餐饮企业各有特色,但完全可以使用合作采购的方法去采购某些相同标准的食品饮料及各地通用的用品。

七是集中采购。大型餐饮企业或饭店集团往往建立地区性的采购办公室,为本公司该地区的各餐饮企业或饭店采购各种食品原料。具体办法是各企业将各自所需的原料及数量定期上报公司采购办公室,办公室汇总以后便进行集中采购。订货以后,可根据具体情况由供货单位分别运送到各个企业,也可由采购办公室统一验收,随后再行分送。集中采购的优点是由于大批量购买,往往可以享受优惠价格;集中采购便于与更多的供应单位联系,因此原料质量有更多的挑选余地;集中采购有利于某些原料的大量储存,因此能保证各餐饮企业的原料供应;同时,集中采购能减少各餐饮企业采购者营私舞弊的机会。

4. 食品原材料采购程序

(1) 申请订货

餐饮部和仓库分别通过采购申请单向采购部门提出订货要求。餐饮部的订货品种是除仓库之外的食品,通常为新鲜食品;而仓库订购的是须储存保管的食品,当库存量低于规定的数量时,就要提出申购,备足必要的库存量。

(2) 订货

当采购部门接到订货申请之后,通过正式的订购单手续向供应单位订货,同时给验收部门一份订购单,以备收货时核对。

(3) 验收

订货后,供应单位或个体经营者如送货上门,则由验收部门验收合格后转送入库;如供应单位不提供送货服务,则由采购部门承运回来,交验收部门验收入库。

(4) 支付货款

由验收部门将货物发票验签之后,连同订购单交采购部,采购部再交财务部门审核,然后向供应单位支付货款。

在整个运行程序中,各部门应明确:各项工作均应以向生产部门及时提供适质、适价、适量的食品原料为唯一目标,各部门在提供食品原料时都负有各自的责任,管理者应严格按采购程序对采购过程进行督导和管理。

5. 食品原材料采购控制

(1) 采购计划控制

采购计划以书面(其中多为表格)形式规定原料采购的项目、规格、单位、数量、质量要求等,是采购活动的"工作说明书"。

采购计划类别。依据不同参数,采购计划可作不同划分。按时间跨度可分为年度采购计划、季度采购计划、月采购计划和日采购计划;按原料消耗的方式可分为鲜活食品原料采购计划和可储存食品原料采购计划;按采购的方式可分为零买采购计划和批发采购计划。

采购计划内容。一份完整的采购计划,至少应该包括以下内容:采购基本要求;采购数量;规定采购频率、采购批量和计划采购时间;确定常用原料采购的最佳供货渠道及供应商;根据原料市场的现实状况和未来状况的预测,提出每种理想的采购价格;根据采购的数量和理想价格,核算本期采购的资金占用量;有许多原料因其特殊的物资特性,对运输方法有特殊要求,有必要说明其储运方法。

采购规格书制定。一份全面的采购规格书应包括以下基本内容:原料的确切名称,采购原料的基本用途,所需原料的品牌,原料的质量等级,所需原料的大小、单位、重量、形状,可取净料的最低限,包装要求,原料来源或产地。

(2) 采购数量控制

为了防止餐饮原料的积压和变质浪费,必须对餐饮原料进行金额控制。同时对餐饮原料的采购,不仅要保证质量,而且还要做到数量适中。

采购对象分类。从采购的角度出发,食品原料可分为两大类:一是容易变质的食品原料,即鲜活原料,容易变质的食品原料应当在进货之后立即使用。二是不易变质的食品原料,即可储存原料,不易变质的食品原料通常称作主食品,指可以存储较长一段时间的食品原料。

鲜活类原料采购的数量控制。鲜活食品原料不可久存的特点决定了必须遵循先行消耗库存原料,然后才能进货的原则。因此,采购的第一步工作便是掌握食品原料的现有库存量,并根据营业量预报,决定下一期营业所需的原料数量,然后算出采购数量。采购鲜活原料通常有两种方法。

一是日常即时采购法。日常即时采购法适用于采购消耗量变化较大、有效保存期短暂因而必须经常采购的鲜活类原料,如新鲜肉类、禽类、水产海鲜类原料。这种方法较为简单,但要求食品管理员每天巡视贮藏室和冷库,对各种有关原料进行盘点,记录实际库存量,并根据营业量预报和具体情况决定所需原料和采购数量。通常都自行设计"市场订货单",把日常需要的食品原料分类列出,表中除"原料名称"栏外,应有"现存量"、"应备量"、"已订量"、"需购量"栏,同时还应设置"市场报价"栏,这在各供货单位原料供应价格不一的情况下十分有用。食品管理员把这些价格分别填入相应的位置,便可根据具体情况决定订货。

二是长期订货法。某些鲜活类食品原料,如面包、奶制品、某些水果、蔬菜等,其消耗量一般变化不大,因此可以采用长期订货的方法进行采购。长期订货法可以有两种形式:其一是与某一供货单位商定,由供货单位以固定的价格每天或隔数天供应规定数量的某种或某几种食品原料。其二是要求供货单位每天或每隔数天把某种或某几种原料补充到一定的数量。这就要求对所有有关原料逐一确立最高储备量,而为了防止补充超过最高储备量,通常使用一种"采购定量卡"对每次进购的数量加以控制,而这又需要专人负责进行每天盘点,记录各种原料的实际库存量,然后在供货单位前来送货时,通知其各种原料的需购量。

干货类原料采购的数量控制。尽管干货类食品原料不像鲜活类食品原料那样容易变质,可以大批量地进货,但这可能造成积压和资金占用。从财务角度来说,这种资金占用是一种机会成本,即由于把资金花在食品原料上而不得不放弃其他最佳选择的效益价值。因此这类原料的采购量也必须进行控制,以尽量降低实际库存量,这样做对减少库房占用、防止偷盗、节省仓库劳力都有很大好处。干货类食品原料的采购一般有两种方法:定期订货法和永续盘存卡订货法。

一是定期订货法。这是干货类食品原料采购中最常用的方法。干货类原料的较长储存有效期使得减少进货次数成为可能,从而使食品管理员有更多的时间去处理鲜活类原料的采购事务。订货间隔时间通常根据原料储备占用资金的定额规定来确定。每到订货日期,管理员对库房进行盘点,然后决定采购订货数量。计算公式如下:订货数量=下期需用量-实际库存量+期末需存量。其中,期末需存量是指每一订货期末必须剩下的足以维持到下一次送货日的原料储备量。决定期末需存量,必须考虑该原料的日平均消耗量及订购期天数,即发出订购通知至原料入库所需的天数。另外还应考虑天气情况或交通运输等原因可能造成的送货延误，以及下期内可能突然发生的原料消耗量增加等因素。为了在特殊情况下确保原料供应，一般还在期末需存量中加上保险储备量，通常是增加订购期内需要量的50％。所以期末需存量实际上是：期末需存量＝（日平均消耗量×订购期天数）×150％。

二是永续盘存卡订货法。永续盘存卡订货法也称为订货点订货法或定量订货法。永续盘存卡订货法比定期订货法能更有效地控制采购工作，但另一方面要求配备专门人员管理永续盘存卡。小型餐饮企业一般都觉得这种方法不方便，不经济，但大型餐饮企业则多使用这种方法。每一种原料都必须建立一份永续盘存卡，用以登录进货和发货数量，还须有预定的最高储备，即订货点量。所谓订货点量，就是定期订货法中的期末需存量，在此指当某种原料的储备量下降到应该立即订货时的数量。因此，订货点量＝（日平均消耗量×订购期天数）×150％。最高储备量的确定，要考虑诸多因素，如仓库面积、原料库存额、订货周期、每日消耗量、供货单位最低订货量规定。最高储备量指某种原料在最近一次进货后可以达到但一般不应超过的储备量，但也可指某种原料在任何时候都应保持的储备量。永续盘存卡由食品成本管理员保管，用以登记各种原料的进货和发货数量。由于每种原料都有订货点量，管理员不必每天进行实际库存盘点，只要根据永续盘存卡账面数字，当结余数降至或接近订货点量时，便可发出订货通知，订货数量的确定比较简单。其计算公式为：订货数量＝最高储备量－（订货点量－日平均消耗量×订货期天数）。

（3）采购价格的控制

有效的采购工作目标之一是用理想的价格获得满意的原料和服务。原料的价格受各种因素的影响，诸如市场的供求状况、餐饮的需求程度、采购的数量、食品本身的质量、供应单位的货源渠道和经营成本、供应单位支配市场的程度、其他供应者对其影响等。针对这些影响价格的因素，可以采取以下方法降低价格，保证原料的质量，以实施对采购价格的控制。

一是规定采购价格范围。通过详细的市场价格调查，对厨房所需的某些原料提出购货限价，规定在一定的幅度范围内，按限价进行市场采购。

二是限定购货渠道和供应单位。为使价格得以控制，规定采购部门只能向那些指定的单位购货，或者只许购置来自规定渠道的原料。

三是控制贵重和大宗食品原料的购货权。贵重和大宗食品原料的价格是影响餐饮成本的主体。由餐饮部提供使用情况的报告,采购部门提供各供应商的价格,具体向谁购买由决策层确定。

四是提高购货量和改变购货规格。大批量采购可以降低购货单价。另外,当某些原料的包装规格有大有小时,如有可能,大批量地购买厨房可以使用的大规格包装的原料,也可降低单位价格。

五是根据市场行情适时采购。当某些食品原料在市场上供过于求、价格十分低廉而又是厨房需要量最大的,只要质量符合标准并有条件贮存,可利用这个机会购进,以减少价格回升时的开支。当原料刚上市,价格逐渐下跌,采购量则尽可能减少,只要能满足短期生产即可,等价格稳定时再行采购。

六是尽可能减少中间环节。绕开不必要的供应单位,从批发商、生产商或种植者手中直接采购,往往可获得优惠价格。

二、食品原材料验收管理

1. 食品原材料验收管理体系

食品原材料验收管理,是指对到货的原材料按照标准检查或试验后,认为合格再收受。餐饮管理人员应建立一套合理、完整的验收体系,保证整个验收工作在机制、体系上完善。主要内容包括:

一是称职的验收人员。验收员必须诚实,对验收工作感兴趣,食品原料知识丰富。挑选验收员的最好方法是从贮藏室职工、食品和饮料成本控制人员、财会人员和厨工中发现人才。

二是实用的验收设备和器材。大型餐饮组织一般设有验收处或验收办公室,此外要有足够的空地便于卸货。为使验收工作更有效率,就要有适当的设备和工具,磅秤是验收部最重要的工具。验收部可配备重量等级不同的磅秤,还应有直尺、温度计、小起货钩、纸板箱切割工具、铁榔头、铁皮条切割工具、尖刀以及足够数量的公文柜,还要备有特殊设计的验收架。

三是科学的验收程序。验收程序规定了验收工作的职责和工作方法,使验收工作规范化。按照程序进行验收,养成良好的验收工作习惯,是验收高效率的保证。此外,必要的经常监督检查,复查货物的重量、数量和质量也是十分重要的。

2. 食品原材料验收程序

验收程序主要围绕以下三个主要环节展开,即核对价格、盘点数量、检查质量。

验收的程序具体可以分为以下12个步骤：

（1）发票核对

当供货单位送来食品原料时，验收员首先将供货单位的送货发票与事先拿到的相应的"订购单"核对。验收员首先应核对送货发票上的供货单位的名称与地址，避免错收货和接受未订购的货物；其次是核对送货发票上的价格。若发票上的价格高于"订购单"上的价格，验收员要询问送货员提价的原因，并将情况反映给采购部经理、成本控制员或厨师长，无论退货还是不予退货，都要有厨师长和成本控制员在"货物验收单"上的签名；若供货单位送货时的价格低于"订购单"上的价格，验收员应请厨师长检查食品原料的质量，质量合格，厨师长在"验收单"上签名，验收员可按此价格接受这批原料。

（2）检查质量

食品原料技师检验的依据是"食品原料采购规格标准"和"订购单"、"验收单"，因为在这些表中均有对采购的食品原料质量要求的描述。一套完整的"采购规格表"应贴在墙上或特别的大块批示牌上，以便到货时核对参考。若发现质量问题，如食品原料的腐烂、变色、气味怪异、袋装食品有效期过期、水果有明显斑痕等现象，验收员有权当即退货。

（3）检验数量

验收员根据"订购单"对照送货单，通过点数、称量等方法，对所有到货的数量进行核对。数量检查核对应注意：若有外包装，先拆掉外包装再称量；对于密封的箱或其他容器的物品，应打开一只作抽样调查，查看里面的物品数量与重量是否与容器上标明的一致，然后再计算总箱数；对高规格的食品原料需全部打开，逐箱点数；对于未密封的箱装食品原料，应按箱仔细点数或称重；除了称到货的重量之外，还应抽查单位重量，检查单位重量是否在验收规格规定的范围之内。

（4）发票签字

所有送货应有送货发票，送货员呈现给验收员的送货发票有两联，送货员要求验收员在送货发票上签名，将第二联还给送货员以示购货单位收到了货物，上联交给付款人员。发票上面应该有价格，验收员要检查发票上的价格，避免产生错误。

（5）填写验收单

验收员确定所验收的食品原料的价格、质量、数量全部符合"订购单"或"食品原料采购规格书"后，可填写"验收单"。验收单一式四份，第一联交验收处，第二联交贮藏室,第三联交成本控制室,第四联交财会部。

(6) 退货处理

若食品原料不符合采购要求,应请示餐饮部经理或厨师长。若因生产需要决定不退货时,应由厨师长或有关决策人员在"验收单"上签名;若决定退货,应填写"退货单"。在退货单上填写所退货物名称、退货原因及其他信息,要求送货员签名。退货单一式三联,一联留验收部,一联交送货员带回供货单位,一联交财会部。退货之后,应向采购部有关人员报告,以便尽快找到可替代的供应来源或可能的生产办法,以减少生产部门的不便。

(7) 验收章

验收员检查完食品原料的价格、数量、质量及办理完必要的退货之后,可在获准接受的食品原料的送货发票上盖"验收章",并贴在"验收单"上。使用验收章的意义在于:证实收到食品原料的日期;验收员签名可明确责任;管理人员签名表明已知道收到订购的食品原料;食品控制师核对发票金额的正确性。

(8) 在货物包装上注明发票上的信息

注在货物包装上的信息主要有:收货日期,有助于判断存货流转方法是否有效;购价,在存货时就不必再查寻验收日报表或发货票。

(9) 肉类和海产品加上存货标签

所有冷藏室的肉类和海产品这些成本费很高的食品原料,都必须系上"冷藏鱼肉食品标签"。肉类标签有正、副两联,正联由验收员用绳子扎在食品外包装或者直接拴在食品原料上,副联与"验收单"一起交成本控制办公室。厨房领料之后,解下标签,加锁保管。原料用完之后将标签送食品会计部,核算当天鱼肉成本。食品成本控制师核对由其保管的正标签和厨房送来的副标签。

(10) 到货物品直拨或入库

所收到的食品原料一部分被直接送到厨房或销售地点,称作"直拨原料";另一部分被送到贮藏室,称作"入库原料"。

(11) 填写报表

验收完毕后,要求验收员完成一张列明所有收货项目的表格,这张表格通常以供货商分类,以验收的顺序排列。表格之一是"验收日报表",除了每种食品原料的价格栏目外,该表将成本分为三类:直拨、贮藏室和杂项(杂项指不是食品原料的项目)。

（12）验收记录上报

验收员在所有发票上盖章签名,并把发票贴在"验收单"上,然后将贴着发票的"验收单"送至管理人员,管理人员在发票上签名后送至成本控制师,由成本控制师核对发票数字的正确性。成本控制员检查完毕后,送交会计部,会计部会将有关数字填进采购日志内。

建立验收程序的目的,是为了保证收到的货物是已订购的数量、已明确的质量和已报过的价格。不论是对大型餐饮组织还是对小型餐饮组织来讲,这些步骤都是最基本的,也是通用的。控制体系越是完备,越需更多的人力设备,当然这样做也会增加成本。但是,即使是小型的餐饮组织也必须采用基本的步骤以防止在原材料验收过程中由于数量、质量和价格方面的问题而引起成本过高。

3. 食品原材料验收控制

（1）人员控制

食品原材料管理不仅要有良好的验收体系,而且更应指定专人负责验收体系的控制工作,这项工作通常由财会部门和总会计师负责。

验收员和食品成本会计师都是财务部门的成员。但是,为了防止串通,验收员不应直接向食品成本会计师汇报工作,食品成本会计师监督验收体系的工作,如果验收员的工作没做好,食品成本会计师应向验收员指出,并向总会计师汇报。

在有些餐饮组织里,除上述人员应检查验收工作之外,还经常请外部人员,如会计事务所,不定期抽查验收工作。

（2）监督控制

许多餐饮组织的验收办公室使用一本来访登记簿,目的是希望总会计师、厨师长、采购员、仓库主任、餐饮经理和宴会经理经常到验收处走一走,一方面表示他们对验收员工作的重视,另一方面,也使验收员知道自己每时每刻都会受到有关人员的监督。验收员必须要求每一个来检查工作的人在来访登记簿上签名,写明来访日期和时间。总经理通过查阅来访登记簿,可了解上述人员是否经常到验收处检查工作。在小型餐饮组织里,可能只有一名员工负责采购、验收、仓储、领发料工作,验收工作由总会计师或总经理负责检查。

（3）防盗控制

在验收工作中,还应做好防盗工作。防盗工作的基本原则如下:指定专人负责验收工作,应尽可能将交货时间安排在验收员比较空闲的时候;验收工作和采购工作分别由专人负责;原材料应运送到指定验收区域,进行验收;验收之后,应立即送入厨房或贮藏室,防止食品变质和职工偷盗;不允许推销员、送货员等非专职人员进入贮藏室或食品生产区域。

三、食品原材料库房管理

1. 食品原材料库房种类

餐饮组织的食品库房一般根据原料的储存温度和原料性质分类,主要有五种类型:

(1) 干货调料库。以正常室温为主,对温度没有要求,主要储存一般干货原材料。

(2) 化解库。又称低温库,一般温度最高不超过 10 ℃,可以储存日常使用的鲜活原料,同时可以化解已冷冻的食品原料,如鱼类、肉类等。

(3) 冷冻库。主要储存保存期较长的食品原料,保存期一般在 6 至 15 大左右,温度要求控制在－15 ℃至－10 ℃左右。

(4) 极冷库。温度一般在－25 ℃至－15 ℃左右,物品原料冷冻储存期较长,可达半年以上。

(5) 酒水库。主要用于储存酒水饮料,对温度没有特别要求,一般设在地下室。

2. 食品原材料库房管理组织形式

食品原材料库房处于采购供应和厨房生产的中间环节,食品原材料库房的设置一般有两种形式。

(1) 仓储部管理形式。仓储部管理形式是统一设立仓储部,统一储存、保管各部门所需的各种物资用品和食品原材料。又分两种情况:一是仓储部和采购部合二为一,是整个企业的一级部门,与其他业务部门平行;二是仓储部和采购部一起归财务部管理,是整个企业的二级部门。

(2) 餐饮部门库房管理形式。这种形式是食品原材料和餐茶用品库房直接归餐饮部管理。餐饮部门设食品库房主管,直接向餐饮部经理负责,接受财务部的检查和监督。部门内部根据食品原材料和餐茶用品种类,分别设置不同食品的小库房。

3. 食品原材料库房管理制度

(1) 四禁制度。禁止无关人员入库,禁止存放个人物品,禁止在库房饮酒,禁止危险物品入库。

（2）四不制度。采购人员不购腐坏变质的食品原材料,库房人员不收腐坏变质的食品原材料,厨房人员不用腐坏变质的原材料制作食品,销售人员不售变质、变味的食品。

（3）四隔离制度。在食品原材料保管、储存的过程中,要坚持生熟食品隔离,成品和半成品隔离,食品和杂物、药物隔离,食品和天然冰隔离,预防食品污染和食物中毒。

（4）三先一不原则。在食品原材料出库管理中坚持先进先出,易腐易变的先出,有效期短的先出,腐坏变质的不出,并及时报损处理。

（5）四防制度。即防火、防盗、防腐、防毒制度。

4. 食品原材料库房管理基本要求

（1）六化要求。即管理专职化、货位固定化、码放规格化、计量标准化、库房整洁化和检查经常化,以保证库存原料物品安全。

（2）四懂要求。即库房管理人员要懂原料物品的品种、规格、数量、质量标准,懂原料物品的特点和用途,懂库存物品的保管知识,懂库存原料的业务流程。

（3）四会要求。即会识别食品原材料,会制定库存账卡,会保管、储存不同的原料食品,会库存物品盘点。

5. 食品原材料库房管理程序

（1）入库验收

办理手续。所有食品原材料和餐茶用品入库,必须办理入库验收手续。库房管理员凭采购员发票验收,严格检查,按品种、规格、数量、质量逐项点收。发现与发票数量不符,质量、规格不符合使用部门要求的,应拒绝入库,并立即向采购供应部门递交验收质量报告,交采购部经理处理。

逐件入库。食品原材料和餐茶用品的验收,根据货物不同,分别采用点数、过称、点箱、清盒、数瓶等方法,逐一点清。凡有包装的货物,在验包过磅的基础上,应坚持以下原则:一般性货物少验,贵重易碎货物多验;完整无缺的少验,有破损的多验;本地的少验,国外、外埠的多验;易潮易变的多验,混装货物全验,以防止短缺,保证验收质量。

填写清单。凡办理验收手续的物品,必须填制入库验收单,库房据以记账,并送财务部门一份办理付款手续。验收合格并办理入库手续后,所发生的一切短缺、变质、受潮、霉烂等问题,均由库房管理员负责处理。

（2）库房保管

设置人员。食品库房设库管员，负责所管库房食品原材料、餐茶用品和杂品的入库验收、储藏保管、出库发货、明细账登记、库房盘点、报表传送和安全卫生等各项日常管理工作。

科学码放。食品原材料和餐茶用品验收入库后，必须按固定货架和堆位存储，编列号码。每个堆位或货位上的食品原材料和餐茶用品必须按种类不同，分别设立"进、出、存"货卡。凡出入库房的货品，应马上在货卡上登记，最迟在当天登记完，结出库存数，并与明细账和堆位或货位上的实存货品核对，做到账、物、卡相符。

建立账目。库房管理员对各类食品原材料和餐茶用品进行管理时，必须根据入库验收单、调拨单和出库单，建立"库存物品明细账"，准确记录库存物品的来龙去脉，做到库存物品"三对口"，即库存物品与明细账对口、库存物品与货卡对口、货卡库存余额与明细账余额对口。

盘点汇总。库房管理员每月对各类食品原材料和餐茶用品进行盘点，并根据"库存物品明细账"记录的收、付发生额和余额数，编制食品库房"进、销、调、存月报表"分送库房办公室、餐饮部、采购部和财务部。

存量控制。库存食品原材料应根据种类、日均消耗和间隔期的不同，分别建立最高存量和最低存量。为控制库存资金占用，采购部须根据请购数量及质量要求订货。因库房未及时提出订货而造成的短缺，由仓管部负责；因采购供应不及时而不能按时到货，由采购部负责。采购部超量供应或所购原材料的质量、品种、规格不符合要求，库房有权拒绝接收。

检查监控。库房管理员对所管食品原材料和餐茶用品，应经常检查。对滞存库房时间较长的物品应主动向餐饮部经理和仓管部经理反映滞存情况；对损坏、发霉、变味、变质和超期储存的食品原材料和餐茶用品，应及时提出处理意见，填写食品原材料"报损处理报告单"和"超期储存报告书"，以便及时研究，作出处理决定。

（3）库房盘点

定期盘点。各库房所保管的食品原材料和餐茶用品每月至少盘存一次，时间一般在月末最后3天内。盘点由仓管部经理或记账员、库房管理员、餐饮部和财务部会计人员参加。

逐件清查。库房盘点要逐库进行。管理人员根据货卡库存余额，按堆位、货架逐项盘存，分别采用点数、过称、清箱、点包、数盒、点瓶等方法，逐一清点库存食品原材料和餐茶用品的数量。仓管部记账员或财务部会计逐一做好登记,掌握库存食品原材料和餐茶用品实际库存余额,填制盘点登记表。

盘后处理。库房盘点后,对各库房盘盈、盘亏结果要作具体分析,查明原因,填制"盘亏、盘盈报告表"。盘点过程中发现的损坏、发霉、变质等食品原材料,经请示部门经理或报总经理审批后,作报损处理。

（4）出库管理

领料填单。各厨房、餐厅、酒吧、宴会厅领用食品原材料和餐茶用品,必须填写"库房领料单"或"内部调拨单",经使用部门经理或主管签字方能领取。库房管理员接到领料单或调拨单后,验明品名、规格、数量、用途后,方可发货。严禁先发货,后补手续,严禁白条发货。

按单发货。所有食品原材料和餐茶用品出库,必须在库房办公地点或指定的地点发货,不得到库内发货。发货时须按领料单或调拨单的要求,逐件点清。食品原材料和烟、酒、饮料出库,必须坚持"三先一不"原则。凡是验收离开后发生的短缺,一概由收货员自负,库房不负补偿责任。

签字出库。库房管理员所发出的食品原材料和餐茶用品,必须当场做好登记,填制"库房出库单",双方签字。其中,"食品原材料出库单"分送餐饮成本核算员、使用部门和财务部门,作为财务记账和厨房成本核算的依据。

计划补充。厨房每月领用食品原材料,必须在月度终了前规定的时间内向库房管理员报送下月食品原材料和餐茶用品补充进货计划,时间一般为每月 25 日左右,临时补充进货必须提前 3 至 4 天报库房管理员,以便仓管部汇总、制订月度采购订货计划。不按时报送进货补充计划造成的食品原材料短缺,由使用部门负责。

（5）发放控制

第一,食品原材料发放管理。

食品原料发放管理的目的,一是保证厨房生产的需要,二是有效控制厨房的用料数量,三是正确记录厨房用料成本。食品原料的发放管理主要包括:

定时发放。即规定发放时间,并非全天 24 小时发放,便于仓管人员有充分的时间检查、整理仓库;同时也有利于促进厨房管理人员树立计划意识,养成计划管理的习惯。

凭单发放。即凭领料单发料。领料单是厨房领料和仓库发料的凭证和依据,必须手续齐全,填写准确清楚,符合规定。

先进先出。即食品原料入库时必须注明入库日期,并做到先入库的食品原料先发放,注意食品原料的保质期,保证在食品原料的有效期之前使用。

准确计价。即食品原料出库后,仓管员必须在领料单上列出各项原料的单价,计算出各项原料的金额,以便计算餐饮食品成本。

如实记录。即有些原料不在领取日使用,而在第二天或此后某天使用,则应在原料领用单上注明该原料的使用日期,以便把该原料的价值记入其使用日的食品成本。有些原料则是一次领用,分次使用,则应分天计入。对于各部门之间的内部调拨,则同样应办理必要的手续。

第二,食品原材料发放程序。

餐饮原料的发放必须依一定的程序办理。主要包括:

申请单的填写。由使用部门人员提出所需提领的物料申请单,依规定格式详细填写并签名。

单位主管签章。申请单填妥后,须先送所属单位主管签章核准。

仓储主管签章。申请部门主管签章后,再将此申请单送交仓储部门主管审核无误后转交仓库管理员如数核发。

物料发放。仓储管理员根据核准的物料申请单开出库凭证并如数发货。

库存表的填写。仓库管理员根据出货凭证,每日统计并填写库存日报表,且于每月定期或不定期盘存,并制作月报表呈核。

第三,食品原材料发放控制。

原料发放控制指仓库管理员根据厨师长签发的领料单中的原料品种、数量和规格发放给厨房的过程。通常有两种发放原料的方法:直接发放法和储存后发放法。

直接发放控制。食品原料直接发放控制是验收员把刚验收过的新鲜蔬菜、水果、牛肉、面包和水产品等直接发放给厨房,由厨师长验收并签字。

储存后发放控制。干货和冷冻食品原料无须每天采购,可一次购买数天的使用量,将它们储存在仓库中,待厨房需要时,根据领料单的品种、数量和规格发放至厨房。

第四,食品原材料计价控制。

由于食品原料采购渠道、时间及其他原因,使得某种相同原料购入的单价不一定完全相同。这样,在发放食品原料时,需要采用一种计价方法。为了提高工作效率,管理人员常采用一种适合本单位的计价方法以保证食品成本核算的精确性、一致性和可比性。常用的计价方法有：

先进先出法。先进先出法指购买的食品原料先使用,由此将每次购进的这种先使用食品单价作为食品发放的计价依据。这种计价方法需要分辨每一批购进的食品原料,先进先出法是最基本的原料计价方法。

加权平均法。加权平均法是在盘存周期,如1个月为1个周期,将不同时间购买的同一食品原料的单价,平均计算后作为计价基础,乘以1个周期领用的总数量,计算出各类食品原料的发放总额的方法。计算方法为：

食品原料单位成本＝(期初结存金额＋本期收入金额)/(期初结存数量＋本期购入数量)。

第二节　厨房生产过程管理

餐饮产品生产过程直接关系到产品质量和风味特点,影响客源数量、成本控制和经济效益。餐饮产品生产管理具有很强的特殊性,其管理内容包括餐饮产品生产组织管理、餐饮产品加工过程管理和中、西餐制作管理。

一、餐饮产品生产组织管理

1. 餐饮生产组织形式

餐饮产品生产的组织形式主要取决于厨房的管理方式,主要有四种。

(1) 中餐厨房组织形式

采取这种组织形式的餐厅只提供中餐服务,一般适用于1星级、2星级的小型饭店和大多数餐馆,其厨房的多少根据餐厅数量和接待能力确定,一般是设厨师长,再分设热菜、冷荤和面点厨房。

(2) 西餐厨房组织形式

这种形式主要适合于三星级以上饭店的西餐厅和西餐馆。三星级以上饭店要求必须设西餐厅和咖啡厅。其中,四星、五星级饭店的西餐厅又分设法式西餐、美式西餐、意大利餐厅、芬兰餐厅等。其厨房的组织形式一般是行政总厨下设西餐厨师长,各厨房再设不同领班。每个厨房的内部分工则大致相同。

（3）大中型饭店厨房组织形式

大中型饭店可同时提供多种风味的中餐、西餐和其他外国风味的餐饮服务。其特点是餐厅类型多，厨房种类多，餐饮产品生产管理复杂。其厨房的组织形式一般是设行政总厨，再分设 1 至 2 名副总厨负责中餐厨房和西餐厨房。各个厨房再设大厨(相当于厨师长)、主厨、后镬岗、砧板岗等不同的岗位，负责生产管理和菜点制作。餐饮部同时设管事部，负责财产保管、原料领用、清洁餐具、清洁卫生等工作。大中型饭店厨房管理的具体组织形式区别较大，没有一个统一的模式，需要根据实际情况确定。

（4）中心厨房组织形式

这种形式主要适用于大型和特大型(客房 800 至 1000 间以上)饭店、饭店集团、餐饮集团。它是近年来随着餐饮业集团化发展而产生的新型餐饮生产组织形式。其特点是全店或集团设中心厨房，统一负责食品原材料的加工、配菜，各个餐厅再设卫星厨房，主要负责菜点烹制。

2. 餐饮产品生产管理特点

（1）生产过程自然属性强，手工操作比重大

自然性。厨房生产要先后经过原材料的选择、加工、切配、烹制、装盘、出菜等不同的工序。每道工序都有不同的要求，加工方法也不一样。

复杂性。原材料的选择必须根据菜点风味来确定。原料的品质、用途不同，粗加工的方法和净料率也不同；菜点品种和风味不同，精细加工和烹调方法也不同。厨房每天要生产几十种、上百种产品，每种产品的主料、配料和调料配制比例和要求也不一样。同时，面点、冷荤和热菜制作也有较大区别，必然使厨房生产管理具有复杂性。

手工性。从生产管理过程来看，各种食品原材料的选择、拣洗、涨发、拆卸、粗加工、细加工和烹调制作，都以手工操作为主，机械设备大多只起配合作用。

（2）生产制作即时性强，产品质量比较脆弱

适时性。餐饮产品生产是根据餐厅顾客当时所点的花色品种和数量或厨师长安排的生产任务即时生产的。生产、销售和消费几乎同时发生。生产的产品必须马上供顾客享用，其色、香、味、形都有很强的时效性，因而即时性很强。从产品质量来看，也有很强的时间性。一盘色、香、味、形俱佳的热菜食品，如果不马上供顾客享用，产品质量会立即受到影响，引起顾客不满。

脆弱性。烹制过程中的油盐、味精等调料使用不准确,火候掌握不当,或受其他因素影响,产品质量会不一致。因而,产品质量具有较强的脆弱性。

（3）品种规格差异性强,毛利幅度变化比较大

差异性。餐饮产品花色品种很多,不管经营哪种风味,一般都有几十种、上百种产品。这些产品的品种和规格各不相同,如同是鱼菜,不同的鱼类可以烹制不同的产品,同一种鱼采用不同的加工方法,又可以烹制出众多的风味。厨师往往在同一时间内采用各种不同的方法生产出品种规格不统一的多种餐饮产品,各种产品毛利率的高低也不一样。

（4）生产安排随机性强,影响因素比较多

随机性。餐饮产品生产受季节、天气、节假日、企业地理位置、旅客流量、交通状况、周围环境和地区大型活动等多种因素的影响,一年有淡季、旺季之分,一月有阴晴风雨之别,一周有日常和周末之不同,一日有早、午、晚三餐,一天之中也有忙闲不均之别。厨房每天、每餐需要生产的产品数量、花色品种、产品规格往往随时变化,具有极强的随机性。

3. 餐饮产品生产标准化管理

餐饮产品生产标准化是指在做好生产任务的确定和安排的基础上,对同种风味、同一品种的菜点要在原料加工、盘菜用量、烹调方法、质量要求等方面采用同一标准来组织生产,以保证产品用料、用量准确,口味、质量均比较好的一种生产管理方法。餐饮产品生产标准化管理方法的工作内容主要包括四个方面:

（1）产品配方标准化

餐饮产品不管其风味和花色品种如何,就同一规格的产品而言,其盘菜配方中的主料、配料、调味料的原料品种和使用数量都应该是相同的。为此,厨房生产管理应根据每种产品的主料、配料、调味料不同,分别制定产品配方,使之形成配方标准化。

（2）原料加工标准化

在产品配方标准化的基础上,原料加工的质量、规格是保证烹调质量的基础。为此,厨房生产管理要推行原料加工标准化。即生产同一品种、同种规格的产品时,其原料加工的方式、方法、规格、出料率的高低应该基本相同,以保证同一产品的原料加工具有质量的一致性,从而为烹调制作标准化创造条件。

（3）烹调制作标准化

烹调制作标准化是指在制定生产配方,做好原料加工的基础上,厨房要根据不

同风味,不同花色品种的菜点烹制要求,分别制定烹制方法,将同一品种的菜点的烹调步骤、烹制方法固定下来,以减少手工操作的随意性。

(4) 成品质量标准化

成品质量标准化是指在采用标准配方、标准原料加工、标准烹调方法的基础上,所烹制出来的同一花色品种的产品,在色、香、味、形、分量、风味特色等方面都应达到同一标准。

总之,餐饮产品生产标准化管理最终是将上述几个方面的要求结合起来,通过加工测试,形成每一种产品的标准化烹调明细书,以此作为餐饮产品生产标准化管理的依据和操作控制标准。

二、餐饮产品加工过程管理

1. 食品原料需用量确定

食品原料需要量是以生产任务量为基础的。合理确定食品原材料需要量,要根据产品花色品种的生产数量及食品原材料消耗情况,分别采用不同的方法。

(1) 粗略估计法。粗略估计法主要适用于米面及干制品、部分罐头、冻货和鲜活蔬菜等食品原材料需要量的确定。方法是根据每天接待人次,分析厨房生产任务量,参照前后几天这部分食品原材料消耗情况,大致估计其需要量。

(2) 耗损率确定法。耗损率确定法主要适用于肉类、鱼类、海鲜、部分冷冻食品原材料及进口食品原材料需要量的确定。方法是事先确定食品原材料加工过程中的耗损率,然后根据生产任务量来确定其需要量。因为这部分食品原材料价值量较高,加工方式比较复杂,为防止领用过剩或短缺、加大成本消耗,需要相对准确地确定其需要量。

(3) 涨发用量等值法。涨发量等值法主要适用于海参、鱼翅、鲍鱼、香菇、猴头等干货原材料需要量的确定。这部分食品原材料大多比较贵重,主要用于生产高档餐饮产品,加工过程中又要经过涨发。为防止领用和加工过程中的丢失、浪费,其需要量更应相对准确。采用涨发用量等值法是以生产任务量为基础,根据单位产品消耗和原材料涨发率来确定其需要量。

2. 食品原料粗加工过程控制

(1) 食品原料粗加工的基本要求

一是合理使用食品原料。为降低成本,提高原料利用率,粗加工过程中要从食品原料综合利用出发,根据不同品种、不同部位的用途,分别采用择、削、选、剔、卸等不同方法,分档取料,做到综合利用,物尽其效,减少耗损,以降低成本消耗。

二是保证食品原料清洁卫生。粗加工控制过程中既要保持场所、用具和人员的卫生,又要认真仔细去掉不宜食用的部分。做好去皮、去籽、去老根、清除杂物、防止污染等工作,确保食品原材料的清洁卫生。

三是保持食品原料的营养成分。粗加工方法不当,其原料营养成分会受到一定损失。为此,干货类原料的涨发浸泡温度、用料,蔬菜、瓜果等鲜活原材料的拣洗、去皮,动物性原料的拆卸、解冻等都要采用正确的方法,尽可能保持原材料的营养成分不受或少受损失。

四是保持原料形状完整美观。食品原料粗加工是为细加工服务的。加工后的原料是否完整、美观,形状是否符合细加工要求,将直接影响下一道工序,最终影响餐厅产品的质量。因此,食品原材料粗加工要尽量保持原料形状的完整与美观,其中,部分原材料的形状和重量要符合装盘要求,规格要统一。

(2)食品原料粗加工过程控制

食品原料粗加工受产品风味、原料种类、质量及不同部位的用途等多种因素的影响,因此各种食品原料的具体加工方法是不同的。为做好粗加工过程控制的组织工作,应重点抓好以下四个环节。

一是掌握取料标准。食品原材料粗加工主要是通过拣洗、择除、拆卸、削剔和涨发等加工方式,取得一定形状的净料,以供进一步加工使用。为保证合理取料,降低损失浪费,要实行标准化管理。正式加工前应针对不同食品原材料质量,不同部位的用途,从综合利用的角度出发,合理确定取料标准。各种原材料的取料标准确定后,还应分档确定原料价格,以便为厨房成本核算提供客观依据。

具体标准主要有四种:第一,蔬菜、瓜果等鲜货类原料主要是经过拣洗、择除,去掉不宜食用的部分后应取得的重量;第二,干货类原料主要是经过择洗、涨发、去掉杂质及不可食用部分后应取得的净料;第三,需要拆卸的整只肉类原料,主要是进行分档取料时各档原材料应该取得的原料重量,而无须拆卸,要保留整体形状的鸡、鸭、鱼、虾等原料,则主要是确定整只原料应取得的重量;第四,冷冻原料主要是通过解冻、洗涤、恢复原料原质后应取得的重量。

二是分类加工。食品原料种类很多,加工方式各不相同,为此要合理加工,保证质量。取料后,对各类、各档次的原料还要做好记录,检查加工质量,并由成本核算员分档确定不同档次的原料价格,从而为细加工做好准备。

第一,蔬菜、瓜果等鲜货类原料组织普通员工进行拣洗、择除、去皮、去籽、去茎叶,加工成一定形状,取得净料。第二,需要涨发的干货原料,如海参、鱼翅、鲍鱼、木耳等,组织有专业技术的厨师进行初步加工。干货原料的涨发有水发、油发、浸泡等多种,其溶液、温度、涨发时间长短和出料后的色泽、质地、软硬程度等都有特殊要求。第三,需要拆卸的肉类原料,组织有经验的厨师,按照各档取料标准,分别采用拆卸、削剔等方法取料,保证出料标准和加工质量。第四,无须拆卸的鱼虾,组织人工去鳞、去内脏等不宜食用的部分,为进一步细加工创造条件。

三是冷冻食品解冻。冷冻肉类、鱼类、海鲜等解冻是原材料加工中经常性的工作。冷冻原料的解冻方法有空气解冻、冷水解冻、盐水解冻、加热解冻、电子解冻和真空解冻六种。但大多采用冷水解冻法。冷水解冻又有浸泡、流水和洒水三种具体操作方法。做好冷冻食品解冻,需要根据厨房生产任务量,事先确定各类冷冻原料的需要量。然后组织厨师具体负责。解冻后的原料要洗干净,然后根据需要交加工人员处理,并根据不同原料的具体情况,进行粗加工。

四是保证加工速度。食品原材料粗加工每天都要进行,各种原料加工方法有所不同,有些原料经粗加工后废料、下脚料较多。为保证加工质量,控制原料消耗,保证加工速度和食品卫生,厨师长每天要做好巡视检查,督促管事部人员及时清理各种废料,保证厨房及食品卫生。对于部分粗加工时间较长的原料,应提前作好安排,以便为细加工留出时间,保证炉灶烹调制作需要,以适应厨房餐饮产品生产过程短、随产随销的特殊要求。

3. 食品原料细加工过程控制

食品原料细加工是指根据不同产品的烹调需要,在粗加工的基础上,运用刀工技法,将其加工成一定的规格和形态。其主要作用是:增加菜肴形象美观,便于原料烹调入味,便于顾客享用。

(1)食品原料细加工的基本要求

食品原料细加工是一项专业性、技术性很强的工作,其刀工处理质量,直接影响烹调制作和产品风味。细加工的基本要求是:

一是依据烹调方法。各种食品原材料烹调方法不同,细加工的刀工处理技法亦有所不同。为此要根据菜肴的不同花色品种的烹调方法,分别采用不同的加工技法。如急火刀口要小,块状较薄;慢火刀口较大,大小适宜。煮、炒、烩、炸、煎、焖、烤、烙,各种烹调方法不同,细加工就必须密切配合,才能确保产品风味,提高产品质量。

二是加工整齐、均匀。具体表现为同种风味、同一品种的食品原材料细加工要整齐划一,规格大小和形状一致。刀工处理要做到厚薄、大小和刀路均匀。需要断刀的不能有连刀,不需要断开的要保持切而不断,做到干净利落,便于烹调。

三是符合菜肴定量标准。细加工的刀工处理要将食品原料分割成小块,以便于烹调。其块状大小、薄厚要与菜肴规格相适应。其中,部分产品的块状数量往往是固定的,如整条的鱼菜,同一规格的盘菜用量是统一的;猪排、牛排和部分块状食品每盘块数及大小是整齐划一的。因此,食品原材料细加工要尽可能掌握菜肴定量标准,做到下刀准确,大小一致。

四是合理用料。经过细加工的食品原材料,由刀工处理成不同的形状,加工前要心中有数,经过权衡,合理下刀,防止出现过多的边脚废料浪费。

（2）食品原料细加工过程控制

食品原料细加工大多是在正式烹调前的短时间内完成的。其特点是工艺复杂,技术要求高,劳动强度大。做好细加工过程控制的组织工作,重点要抓住四个环节。

第一,严格选料,确保原料选择同产品风味相适应。食品原材料粗加工所形成的块状原料,大多是按照分档取料的原则加工的,不同品种、不同规格、不同部位的原料适于烹制不同风味、不同花色品种的餐饮产品。严格选料,确保原料选择同产品风味相适应,成为食品原料细加工管理的首要环节。

第二,精细加工,保证刀工处理符合烹调要求。不同风味、不同品种的菜肴对刀工处理的要求不同。食品原材料的刀工技术十分复杂,主要有切、片、拍、剁四大类。其中,切又有真切、推切、拉切、推拉切、锯切、转切、滚切、拨切之分。片又有真刀片、拉刀片、推拉刀片、反刀片、斜刀片之别。拍又有直拍、拉拍之分,剁又有剁断、剁烂、剁形之别。精细加工,就要根据产品风味和花色品种不同,从有利于烹调入味,保证色、香、味、形的要求出发,分别采用不同的刀工技术。对于某些特殊风味的产品,还要采用特殊细加工方式。

第三,分类检查,确保原料加工适应配菜需要。餐饮产品细加工原料大多都由主料、配料和调料构成。其中,绝大多数产品的主料和配料,其刀工处理必须互相配合,才能相得益彰,满足烹调需要,保证产品质量。根据不同产品主料、配料的加工要求,认真做好分类检查工作,保证主料、配料的刀工处理和调料相适应,才能烹制出色、香、味、形俱佳的餐饮产品。

第四,控制出料比率,掌握净料成本。食品原材料粗加工形成的块状原料,在细加工过程中还会有部分耗损。各种原材料在细加工过程中都有类似情况。因此,做好细加工过程控制的组织工作,厨房要控制不同食品原材料的出料比率,在保证加工质量的前提下,降低原料损耗,掌握净料成本,以便为盘菜成本核算提供基础数据。

三、中餐餐饮产品制作过程管理

1. 中餐制作过程的特点

中餐菜点的特点是:色、香、味、形、器俱佳,品种繁多,风味独特,有鲜明的民族色彩,烹调技法变化多端,运用灵活。其制作过程有如下特点:

一是选料广泛,菜品繁多。这是任何国家的菜肴制作都不可比拟的。中餐不仅动物原料用得广,植物原料的选择同样广泛。

二是刀功精细,刀法多样。中餐在加工时特别注意刀法的运用,有批、切、锲、斩等,对原料的成形有丝、片、块、段、条、茸、末、荔枝花、麦穗花等众多类别。精细的刀法不仅便于原料烹调入味,更加强了成菜的观赏性和艺术性。

三是精于火候,技法多样。中餐的烹调手段有几十种之多,如炒、炸、爆、熘、煎、烹、烧、焖、煮、摊、涮等;爆又可分为酱爆、油爆和芫爆等。在烹饪过程中非常注重火候的运用。

四是调料繁多,方法多样。中餐一菜一格为世人所称道,除了讲究口味变化外,在烹调过程中还能巧妙地运用不同的调味方法,同等量的调味品在菜肴加热的不同程度加入就会形成不同的口味。

五是盛器讲究,追求完美。中餐既包含有精湛的刀功、绝伦的口味、优雅的造型、合理的营养,同时又十分重视盛放菜肴的器皿。美食与美器相得益彰是中餐自古以来锲而不舍的追求。

六是医食同源,注重养生。中餐以五谷为养、五果为助、五畜为益、五菜为充的古代营养卫生理论为依据。主要以植物型原料为主体,以动物型原料为辅佐,符合现代营养学的基本膳食结构要求。

七是兼收并蓄,推陈出新。中餐在发展过程中,既保留了历史传统,又融合了各民族饮食文化,并善于学习借鉴外来饮食文化,使中餐的风味不断变化。

2. 中餐食品原料的选择

食品原料选择是中餐菜肴生产的首要环节,优质原料是优质菜肴的基础。在菜肴生产中,不同种类的菜肴对食品原料的性质有不同的要求。

(1)畜肉和禽肉。畜肉和禽肉必须经过卫生检验检疫,盖有卫生检疫合格章才能作为食品原料。新鲜的猪肉为淡红色;新鲜的牛肉呈红色或暗红色,肌肉结实并夹带有少量脂肪;小牛肉为淡红色;羊肉呈淡红色,纤维细而软,带有少量脂肪。新鲜的禽肉呈清淡的黄褐色,肌肉结实,有光泽。

(2)水产品。水产品指各种海水和淡水动物,包括各种鱼、虾和螃蟹。新鲜的鱼,鱼鳃色泽鲜红或粉红,鳃盖紧闭,鱼眼澄清而透明,鱼鳞完整,有光泽,鱼肉有弹性。新鲜的虾外形完整,有弯曲度,虾皮青绿色或青白色,肉质结实。新鲜的蟹,腿肉肥壮,结实,外壳呈青色,有光泽。

(3)蔬菜。蔬菜可通过多种方法制成菜肴。新鲜的蔬菜应水分充足,颜色鲜艳,表面饱满并有光泽。

(4)干货原料。干货原料指经过加工和干制的水产品、畜肉和植物等,中餐常用的干货原料有鱼翅、鱼皮、鱼唇、鱼肚、海参、鱿鱼、鲍鱼、干贝、燕窝、紫菜、海带、黄花菜、银耳、莲子等。此外,蹄筋作为畜肉类干货原料也是常用的原材料。干货原料的质量标准是干爽、不霉烂、整齐、均匀、完整、无虫蛀、无杂质。

3. 中餐食品原料的初步加工

食品原料的初步加工指食品原料在切配和烹调前进行的整理、洗涤、涨发和热处理等工作。食品原料初加工在中餐生产中是不容轻视的环节,合格的初步加工可综合利用食品原料,降低菜肴的食品成本,使食品原料更符合质量要求,并保持菜肴的营养成分,提高菜肴的颜色、味道和美观。

(1)蔬菜初加工。蔬菜是中餐常用的食品原料,由于它的种类及食用部位不同,加工方法也不同。对叶菜类蔬菜的加工方法是,去掉老根、老叶和黄叶。豆类蔬菜的初加工要根据品种和食用方法剥去豆荚上的筋络或去掉豆荚。蔬菜应先洗后切,保持其营养成分,然后将经过整理和洗涤的蔬菜沥去水分,放在冷藏库或适当的地方待用。

(2)畜肉初加工。中餐使用的畜肉一般包括猪肉、牛肉和羊肉。畜肉的初步加工是:根据用途,按部位分类、洗涤并沥去水分,然后将加工好的畜肉放入盘子,冷冻或冷藏储存。

(3) 水产品初加工。水产品在烹调前要做多项初加工工作,如宰杀、刮鳞、去鳃、去内脏和洗涤。根据烹调需要,一些水产品要去骨和去皮。在加工水产品时,应清除原料的黏液和血水,不要将河鱼的鱼胆刺破。注意水产品与烹调方法的协调性,保持其整齐。

(4) 禽类初加工。使用经过整理好的禽类原料,其初步加工主要是洗涤和分成不同的部位。

(5) 干货初加工。干货在切配和烹制前,必须经过涨发。不同的干货原料,其涨发方法不同。鱼肚和蹄筋通过热油涨发,木耳和香菇用水涨发,而海参需要水煮和浸泡等方法,一些干货原料必须使用碱水发制,如干鱿鱼。干货涨发的目的是吸收水分,最大限度地恢复原料自然形状和鲜味,去掉杂质和腥味等。

4. 中餐食品原料切配原理

切配是中餐生产的重要环节之一,食品原料切配质量关系到厨师的刀工技术和配菜技术水平的发挥。菜肴通过切配利于菜肴的熟化和美化,使菜肴更容易入味,同时也便于顾客食用。

在中餐生产中,大部分食品原料都要经过刀工处理,将食品原料物尽其用,并美化菜肴。配菜是根据菜肴的质量和特色要求,把不同品种的、经过刀工处理的原料合理地搭配,使它们成为一盘理想的菜肴。中餐菜肴的味道、颜色、形状、质地和营养成分与菜肴配制相关。在配菜中,应融合各种原料本身的色、香、味、形,使之相互补充,相互衬托。

中餐的配制原理是,以一种原料为主的菜肴,应突出主料的数量和特色,以少量的辅助原料为衬托,使菜肴造型优雅,并突出主料的味道与特点。此外,同一盘菜肴的原料形状和大小应协调,并讲究菜肴的营养功能。

5. 中餐冷菜生产原理

中餐冷菜俗称冷盘或冷荤,是中餐的开胃菜,由新鲜的蔬菜及熟制的畜肉或海鲜制成。冷菜生产包括两个程序:制作和拼摆。

(1) 中餐冷菜的生产方法

① 拌。将生或熟制的食品原料切成丝、条、片和块等形状,放入调味品后,经搅拌而成。这种方法选用的原料包括瓜果蔬菜,或经过熟制的畜肉和海鲜。

② 卤。将动物原料经过整理,煮制成熟后,投入特制的卤水中将其熟制入味的

过程。卤菜的质量与卤汁质量有一定的关联,卤汁质量和特色是生产卤菜的关键。

③ 炝。炝是将加工成丝、条或片的植物原料放入沸水中,烫煮片刻,捞出后,沥去水分,放调味品,搅拌而成。炝与拌的生产方法很相似。它们的区别是,拌可以用生蔬菜或水果作原料,而炝要用经过煮烫的原料。

④ 冻。冻的方法是将制成的琼脂液体或肉皮冻与制熟的菜肴冻结在一起的方法。

⑤ 卷。将鸡蛋液中放入适量水淀粉,制成鸡蛋皮,在鸡蛋皮上卷入动物原料制成的馅心,卷成一定形状,通过蒸或炸的方法制成的菜肴。

⑥ 腊。腊是将动物性原料腌制后,进行干燥通风,然后通过蒸的方法制熟。

⑦ 熏。将动物原料经过腌制、蒸、煮或炸后,放入熏锅中,熏入味的方法。

⑧ 煮。煮的方法较简单,将原料放在汤锅中煮熟即可。

⑨ 腌。腌是将原料排除内部的水分,浸入调味的卤汁(放有调味品的水,煮开,晾凉)中,使原料入味的方法。

(2) 中餐冷菜的拼摆工艺

冷菜的拼摆是将熟制的畜肉、海鲜和蔬菜,整齐美观地装入盘内。拼摆时,应注意颜色搭配、质地搭配,不要将带汤汁的原料拼入盘中,防止味道互相影响。每盘冷菜可拼摆一种原料、两种原料及多种原料,拼摆时注意冷菜的外形和颜色。

6. 中餐热菜生产原理

中餐热菜指的是通过熟制,立即服务上桌,送至顾客面前,温度保持在 80 ℃以上的菜肴。中餐热菜生产要根据不同的原材料,使用适宜的方法。

(1) 火候控制

火候是中餐生产常用的术语,它指在烹调时,使用的火力大小和烹调时间的长短。在中餐生产中,厨师必须根据原料性质和菜肴的质量要求,运用火力和烹调时间,制成符合质量要求的菜肴。正确地运用火候可以保护菜肴的营养成分,使菜肴入味。不同菜肴的制作过程需要不同的火力和烹调时间,原因是各种原料的质地、性质、产地和形状不同以及烹调目的不同。

在中餐生产中,质地较老、形状较大的食品原料,应选用低温、长时间的烹调方法;质地较嫩、形状较小的食品原料,应选用高温、短时间的烹调方法;需要酥烂的菜肴,应选用低温、长时间的烹调方法;需要脆嫩的菜肴,应选用高温、短时间的烹调方法。

（2）味道控制

味道控制指利用各种调味品的合理搭配，减少或消除菜肴的异味，增加菜肴特色的过程。中餐菜肴常使用三种调味方法：基本调味、正式调味和辅助调味。

基本调味是在烹调前，用精盐、酱油、胡椒粉、调味酒等味道渗入在食品原料中，消除原料的腥味或确定原料的基本味。这种方法也称为生产前的调味。正式调味是在菜肴烹调中的调味，目的是确定菜肴口味。辅助调味是菜肴熟制后，在餐盘中或餐盘外放某些调味品或调味酱的形式。

中餐调味的原则是：对鲜嫩的蔬菜、禽肉和腥味少的水产品投放少量调味品，保持其本身的鲜味；对动物内脏、牛肉、羊肉及腥味浓的水产品，增加去异味的调味品；对本身味道不明显的原料，如海参和豆腐等选用增加味道的调味品。

味道控制过程中，厨房应建立菜肴调味标准并精确与适时地对菜肴投放调料，分清菜肴的主味和辅助味。此外，还可根据顾客的需求投放调味品，因为中餐菜肴味道常由于地点、时间和顾客需求不同而变化。

（3）上浆与挂糊控制

上浆和挂糊是中餐热菜生产不可缺少的程序，其含义是在原料外部挂上一层黏性的浆糊，使菜肴经过烹调后达到酥脆或软嫩的效果。上浆是在原料表面撒适量的盐、水淀粉和鸡蛋（或蛋清），然后进行搅拌的过程。挂糊是先用淀粉、鸡蛋（或蛋清）、面粉和水调成糊，然后包在原料的外部。上浆和挂糊对菜肴的色、香、味和形有一定影响，可保持原料中的水分和自然鲜味，使菜肴外部达到鲜嫩或酥脆的效果，同时还可保持菜肴的营养成分。

（4）勾芡原理

勾芡是中餐的一种烹调过程。所谓芡，是淀粉与水的混合物，勾芡是将水淀粉混合物放入菜肴中，增加菜肴汤汁的黏度。根据芡汁的浓度，芡汁可分为三种类型：厚芡是淀粉浓度最高的芡，适用于爆炒等方法制作的菜肴；薄芡是淀粉浓度适中的芡，适用熘的方法；米汤芡中淀粉含量最低，适用于烩菜。

（5）烹调方法的选择

中餐热菜烹调最常用的方法约有 20 余种，根据中餐热菜的生产工艺特点，可将它们分为八大类。

第一类：炒、爆、熘。炒、爆、熘三种生产方法可作为一大类，它们的共同特点是：烹调温度高，生产速度快，烹制时间短。

炒是中餐热菜最基本的烹调方法,也是在中餐生产中应用最多的方法。炒可分为煸炒与滑炒。煸炒又可分为生炒、熟炒等方法,生炒是使用生原料,直接放在炒锅里加热成熟;熟炒是先将食品原料煮成半熟,然后加热成熟。滑炒是先将主料上浆,然后过油,再煸炒成熟。

爆可分为油爆、芫爆、酱爆、宫爆和葱爆五种方法。油爆的芡汁不放酱油,菜肴为白色;芫爆在油爆的基础上放香菜;酱爆,使用面酱作为调味品,菜肴为棕色;宫爆的调味品中,放辣椒,菜肴为棕色,呈咸辣味;葱爆的生产方法与煸炒方法很相似,用酱油、调味酒、白糖和大葱腌渍主料,放热锅煸炒成熟。

熘的方法与爆相似,只是芡汁比较多。熘的方法可分为焦熘、滑熘、软熘。

第二类:炸、烹。炸是将原料放入热油中加热成熟的方法。炸的方法可细分为干炸、软炸和纸包炸。烹是将食品原料挂糊后,放入热油炸熟,然后用调味品制成芡汁,浇在炸熟的菜肴上。

第三类:煎、贴、瓤。这三种生产方法基本相同,都是使用温油将菜肴煎熟的过程。

第四类:烧、焖、扒、烩。这四种生产方法的共同特点是:烹调时间较长,使用低温,菜肴的汤汁较多。

第五类:烤。烤与其他烹调方法不同,它不用水和油作为传热媒介,而是利用热辐射方法制熟菜肴。烤可以分为暗炉烤与明炉烤。

第六类:炖、煮、蒸。这三种方法都以水为媒介进行传热,需要的烹调时间略长。

第七类:拔丝、蜜汁。拔丝和蜜汁是两种甜菜的制作方法。

第八类:涮锅、什锦锅。涮锅和什锦锅都是汤菜的制作方法。

7. 中餐面点生产原理

中餐面点是以小麦、大米、豆类为主要原料制作的各种小吃和点心。它是中国菜肴的重要组成部分。中餐面点有三种制作风格:以广州为代表的广式、以苏州为代表的苏式和以北京为代表的京式。

中餐面点的种类有很多,其分类方法不一:按原料分类,可分为麦类、米类和杂粮类制成的面点;按熟制方法分类,可分为蒸、煮、煎、烙、炸和烤等方法制成的点心;按形态分类,可分为饭、粥、糕、饼、团、条、块、卷、包、饺和冻等面点;按其口味分类,又可分为甜味、咸味、甜咸味和淡味等。

(1) 中餐面点的不同风味

① 广式面点。指珠江三角洲及我国南部沿海地区所制作的点心,富有南国风味,以广东为典型。广东面点历史悠久,皮质松软和酥松,善于利用瓜果、蔬菜、豆类、杂粮和鱼虾类为原料,馅心选料讲究,保持原味,口味有淡有浓,咸中带甜,甜中带咸,以虾肉为主,口味鲜嫩,多用熟馅。

② 苏式面点。指长江中下游地区的江、浙、沪一带制作的点心。其特点是讲究色、香、味、形,风味鲜美,讲究用料,口味浓醇,注重工艺,风味独特。苏式面点的坯料以大米和面粉为主,质感软嫩,造型美观,具有皮薄馅大等特点。

③ 京式面点。指黄河以北地区,包括东北、华北等地制作的点心,并以北京为代表。京式面点以面粉为主要原料,工艺精湛,特别是清宫仿膳面点,更是广集天下技艺,品种丰富,质量精细。

(2) 中餐面点的原料选择

根据中餐面点的组成,中餐面点原料可分为坯皮料、馅心料、调味料和辅助料四大类。

① 坯皮料。指面点基础原料或外皮。面粉是生产面点坯皮最常用的原料之一,面粉可分为普通面粉和精制面粉。面粉也可分为硬质粉、中质粉和软质粉。硬质粉含面筋量在 13% 以上,适于制作面条、花卷、油酥面点等;中质粉含面筋量在 10%—13%,适于制作一般面点;软质粉含面筋量在 10% 以下,适于制作点心和蛋糕。

大米是中餐面点不可缺少的坯皮原料,它包括粳米、籼米和糯米等,它们可直接制成面点,也可磨粉后作为面点坯皮原料。杂粮是中餐面点的常用原料之一,它包括小米、玉米和豆类等。小米可制成粥,磨粉后可制成点心;玉米可制成粥和各种点心;豆类常用来制成馅心或点心,如绿豆糕等。

② 馅心料。指生产面点的馅心原料,种类繁多,包括各种畜肉、禽肉、海鲜、蛋类、蔬菜、豆类、水果、蜜饯和冻胶等。

③ 调味料。指为面点调味的原料,调味料的种类与烹调菜肴中的调料基本相同。

④ 辅助料。是生产面点不可缺少的原料,它包括食用油、糖、食盐、乳品、鸡蛋和添加剂等,食用油、糖、食盐、乳品和鸡蛋也属于馅心料和调味料。添加剂主要包括酵母、发粉、色素和香精等。

（3）中餐面团的制作原理

① 水调面团。水调面团指面粉与水搅拌而成的面团，是不发酵的面团。面粉与 30 ℃以下的水调制成的面团，称为冷水面团。冷水面团质地硬实，富有弹性，食用爽滑，适用于制作面条、春卷皮和云吞皮等；面粉与 60 ℃以上的热水调制成的面团，称为热水面团。热水面团黏度大，面筋质低，柔软、可塑性高，适用于制作烧卖、春饼及苏式月饼等；当面粉与约 50 ℃的水调制成面团时，它既有柔软性又有韧性。

② 膨松面团。膨松面团指在面团中加入适量的酵母菌或化学膨松剂，通过化学反应，产生二氧化碳气体的面团，这种面团的组织形状为多孔，面团膨松。其中，酵母发酵法使面团膨松，成本低，发酵时间长。酵母面团发酵的因素多，技术含量高，质量不容易控制。

③ 油酥面团。油酥面团是用油脂、水和面粉调制成的面团。这种面团通常包括两部分：水油面和干油酥。水油面是用油、水和面粉搅拌而成；干油酥是食用油和面粉的混合体。用油酥面团制成的点心统称油酥点心，其特点是外形膨松，色泽美观，口味酥香。

④ 其他面团。这一类面团包括米粉面团、澄粉面团和豆类面团等。米粉面团是米粉与水合成的面团，是制作米粉类点心的原料。澄粉面团是纯淀粉与水调和的面团，其色泽洁白，细腻柔软，为半透明面团。豆类面团是豆粉与水调制成的面团。

（4）中餐面点馅心的制作原理

① 咸味馅。咸味馅是普遍的馅心。常用的品种有畜肉馅、鸡肉馅、鱼肉馅、海鲜馅、素菜馅、菜肉馅和什锦馅。

② 甜味馅。甜味馅是中餐面点常用的馅心，主要品种有泥茸馅和蜜饯馅。泥茸馅以植物果实或种子为原料，加工成泥茸，再用糖和油炒制成馅。

（5）中餐面点的成形原理

所谓面点成形是将调制好的面团和坯皮，运用搓、包、卷、捏、抻、切、削、叠、擀、滚和镶嵌等方法，制成各种形状。

搓是将面点搓圆、搓匀的过程；包是将馅心包入坯皮中；卷是将面片卷成筒状或柱状；捏是将面团捏成各种形状；抻是将面团抻成条形；切是将面团切成条或其他形状；削是将面团加工成片或小块；叠是将面团折叠成各种形状的方法；擀是将面团加工成片的方法；滚是制作汤圆的方法；镶嵌是在面点中嵌入各种蜜饯，拼摆成图案的过程。

（6）中餐面点的熟制方法

中餐面点可通过蒸、煮、烤、烙、炸和煎等方法熟制，有些面点使用单一烹调方法成熟，有些面点使用多种方法成熟。

① 蒸。将成形的生坯放在蒸箱内蒸熟的过程称为蒸。蒸的方法适用于各种膨松面团、水调面团、米粉面团制成的面点。

② 煮。通过水煮方法将面点熟制的过程称为煮。水煮方法的关键点是水与被煮面点数量的比例，通常水的数量一定要在被煮物的五倍以上。此外，保持高温和沸水。

③ 烤。通过烤炉的热辐射使面点成熟的方法称为烤。

④ 烙。将面点放在金属锅盘上，通过金属传热的方法将面点熟制称为烙。

⑤ 煎和炸。煎和炸是通过食用油传热的方法使面点成熟。

四、西餐餐饮产品制作过程管理

1. 西餐食品原料的选择

① 奶制品。奶制品是西餐不可缺少的食品原料，奶制品包括各种牛奶、奶粉、冰激凌、奶油、黄油和各式酸奶酪和奶酪。奶制品在西餐中用途广泛，既可以直接食用，也可以作为菜肴原料。

② 畜肉。畜肉指牛肉、小牛肉、羊肉和猪肉。畜肉是西餐的主要食品原料之一。西餐的畜肉烹调与肉质嫩度紧密联系。

③ 家禽。家禽是西餐不可缺少的食品原料，包括鸡、火鸡、鸭、鹅和鸽等。

④ 鸡蛋。鸡蛋是西餐常用的原料，可作为菜肴的主料和配料。

⑤ 蔬菜。蔬菜是西餐主要的食品原料之一，可生食，可熟食。蔬菜的种类有叶菜类、花菜类、果菜类、茎菜类、根菜类等。蔬菜的市场形态可分为鲜菜、冷冻菜、罐头菜和脱水菜。

⑥ 淀粉原料。淀粉原料常作为西餐主菜的配菜或单独作为主菜原料。西餐最常用的淀粉原料是马铃薯、大米和意大利面条。

⑦ 水果。水果在西餐中用途甚广，习惯上水果用于甜点和沙拉。但是在制作主菜中也占有重要位置。水果在西餐中还作为调味品，解除畜肉、海鲜的腥味，减少猪肉、鸭肉的油腻等。

⑧ 调味品。调味品是增加菜肴味道的原料,在西餐中扮演重要的角色。西餐调味品品种较多。香料和调味酒被认为是西餐不可缺少的调味品。

2. 西餐生产初加工原理

(1) 西餐食品原料的选择

西餐食品原料必须新鲜、卫生、没有化学和生物污染,具有营养价值并在质地、颜色和味道方面达到菜单标准。

(2) 西餐食品原料初步加工

西餐食品原料的初步加工包括整理、洗涤、初步热处理等环节。在发达国家,食品原料初加工工作愈来愈少,供应商已完成大部分初加工工作。

(3) 西餐食品原料的切配

西餐食品原料切配是将初加工的原料切割成符合烹调要求的形状和大小,并根据菜肴原料配方,合理地将各种原料搭配在一起。这就需要运用不同的刀具和刀法将原料切成不同的形状。西餐原料常用的切割方法如下:

① 切成块,将原料切成统一尺寸和较大块状。②剁、劈,将食品原料切成不规则块。③切成末,将食品原料切成碎末状。④切成片,将食品原料横向切成整齐的片状。

西餐食品原料加工形状主要有:

①末,3 mm 正方形的颗粒。②小丁,6 mm 正方形丁。③中丁,1 cm 正方形丁。④大丁,2 cm 正方形丁。⑤小条,6 mm×6 mm×4 cm 条。⑥中条,3 mm×3 mm×8 cm 条。⑦大条,0.75 至 1 cm×8 至 10 cm 条。⑧片,各种长度,3 至 8 mm 厚的片。⑨楔形,西瓜块形状。⑩圆心角形,将圆形条顺刀切成四瓣或三瓣,然后切成片状。⑪椭圆形,任何尺寸的椭圆形。

3. 西餐的配菜原则

西餐讲究营养搭配,以满足不同顾客的需求。许多经济发达的国家和地区,菜单上注明每个菜肴中的蛋白质含量和菜肴所含热量。

配菜中,厨师注意原料数量间的协调,突出主料数量,注重原料颜色配合。每盘菜肴应有 2—3 种颜色,突出主料自然味道;将相同形状的原料搭配在一起,使菜肴整齐、协调;将不同质地食品原料配合在一起,以达到质地互补的目的。

4. 西餐的挂糊工艺

挂糊是将食品原料的外部包上一层糊的过程。在西餐生产中,尤其是通过油煎、油炸工艺制成的菜肴,应在原料外部包上一层面粉糊、鸡蛋糊或面包屑糊,以增加菜肴的味道、质地和颜色。

① 面粉糊工艺。先在食品原料上面撒些细盐和胡椒粉调味,然后再粘上面粉。

② 鸡蛋糊、牛奶糊工艺。将原料蘸上鸡蛋液或牛奶面粉糊。挂糊前,在原料上撒些细盐和胡椒粉调味。

③ 面包糊工艺。先在原料上撒些细盐和胡椒粉,然后蘸上面粉、鸡蛋,再蘸上面包屑。

5. 西餐开胃菜生产原理

开胃菜也称为餐前小吃,包括各种小份额的冷开胃菜、热开胃菜和开胃汤等,是西餐中的第一道菜肴。开胃菜特点是菜肴数量少、味道清新、色泽鲜艳,常带有酸味和咸味并具有开胃作用。开胃菜主要包括:

① 开那批(Canape)。以小块脆面包片、脆饼干等为底托,上面放有少量或小块熟制的冷肉和冷鱼、鸡蛋片、酸黄瓜、鹅肝酱或鱼子酱等。一些西餐专家们将开那批称为开放形的小三明治。此外,以脆嫩的蔬菜或鸡蛋为底托的小型开胃菜也称为开那批。开那批类开胃菜的特点是,食用时直接用手拿取入口,形状美观。

② 鸡尾类(Cocktail)。常以海鲜或水果为主要原料,配以酸味或浓味的调味酱制成。鸡尾类开胃菜颜色鲜艳,造型美观,常以玻璃杯为餐具。

③ 迪普(Dip)。由调味酱和脆嫩蔬菜构成,使用时将蔬菜蘸上调味酱,突出新鲜。装在特色餐具中,配以特色调味酱,具有开胃作用。

④ 鱼子酱(Caviar)。作为开胃菜,包括黑鱼子酱、黑灰色鱼子酱和红鱼子酱等。鱼子常被制作成罐装食品,使用时放入玻璃餐具,配以洋葱末和柠檬汁作为调味品。

⑤ 批(Pate)。"批"是该单词法语的音译,由熟制的肉类和肝脏经搅拌机搅碎,放入白兰地和调味品,搅拌成泥后放入模具,经冷冻,切成片,配上装饰菜而成。

⑥ 开胃汤。以原汤为原料,加入配料及装饰品制成。种类通常分为三大类,清汤、浓汤和特色风味汤。

清汤又可分为三种:原汤清汤、浓味清汤、特制清汤。

浓汤以原汤与油面酱(用黄油煸炒的面粉制成的糊)制成的汤,通常在汤中加入奶油或菜泥而成。浓汤根据不同的工艺和配料又可分为四种:奶油汤、菜泥汤、海鲜汤和什锦汤。

特殊风味汤指根据各民族和各地区饮食习惯和烹调艺术特点制作的汤,在制作方法或原料方面更具有民族和地区的特点。例如,法国洋葱汤、意大利面条汤、西班牙凉菜汤和秋葵浓汤等。

⑦ 沙拉。是一种冷菜,在午餐还可作为主菜和辅助菜。沙拉常由 4 个部分组成:底菜、主体菜、配菜和调味酱。主要有蔬菜沙拉、组合沙拉、熟制的沙拉、水果沙拉、胶冻沙拉。胶冻沙拉包括水果胶冻沙拉和肉冻胶冻沙拉。

⑧ 沙拉酱。沙拉调味的汁酱,可美化沙拉的外观,增加沙拉的味道。

⑨ 其他开胃菜。除了以上品种,还有各种生食和熟制的开胃菜。包括生蚝、肉丸、奶酪块、火腿、熏鸡蛋、炸薯片、锅巴片、胡萝卜卷、西芹心、酸黄瓜、橄榄等。

6. 西餐主菜生产原理

西餐主菜也称为大菜,常以畜肉和海鲜为主要原料,配以淀粉原料(米饭、意大利面条或马铃薯)和蔬菜及少司。主菜在西餐生产中有着悠久的历史,有多种生产方法,不同的方法使主菜具有不同的特色。同样,不同的食品原料适用于不同的生产方法。主菜生产方法可分为两大类:水热法和干热法。

(1) 水热法的主要生产方法

水热法是以水、汤汁和蒸汽作为传热媒介,将菜肴加热成熟的方法。结缔组织多的畜肉适用水热法,水热法可煮烂其坚硬的结缔组织。

① 煮。在西餐生产中,食品原料在 100 ℃的水或汤汁中加热成熟的方法称为煮。煮可分为冷水煮和沸水煮,冷水煮是将主料放入冷水中,然后煮沸成熟;沸水煮是水沸后,再放食品原料煮熟。煮鸡蛋和制汤都使用冷水煮;煮畜肉、鱼、蔬菜和面条通常选用沸水煮。

② 水波。水波是使用少量温度在 75 ℃至 95 ℃的水,将原料煮熟。这种方法适用于鲜嫩的原料,如鱼片、海鲜、鸡蛋和蔬菜等。

③ 炖。炖与煮的生产原理很相似,将原料放入汤汁中,加热成熟。炖的温度比煮的温度低,比水波温度高,在 90 ℃至 100 ℃之间。

④ 蒸。蒸是通过蒸汽将食品加热成熟,生产速度快。蒸的方法广泛用于鱼、贝、蔬菜、畜肉、禽类和淀粉类菜肴。其优点是营养素损失少,保持菜肴原汁原味。

⑤ 炖。先将食品原料煎成金黄色,然后在少量汤汁中加热成熟。制作肉类菜肴时,先将原料撒上盐和胡椒粉,煎成浅金黄色后,再放入汤汁中,使用低温加热成熟。

⑥ 烩。烩与焖的工艺基本相同,在西餐生产中,英语 Stew 常代替 Braise。

（2）干热法的主要生产方法

干热法是通过空气、金属、食用油传热或热辐射的方法将菜肴加热成熟的方法。结缔组织少的畜肉,其肉质嫩,适用于干热法。

① 烤。烤是将食品原料放入烤炉内,借助四周热辐射和热空气对流,使菜肴成熟的方法。现代西餐厨房,常将大块畜肉或整只家禽放在烤箱内烤熟。

② 纸包烤。食品原料外边包着烹调纸或锡纸,通过热辐射将纸包内的原料烤熟的过程。

③ 焗。焗类似烤,是直接受上方热辐射成熟的方法。焗的特点是温度高、菜肴生产速度快,适用质地纤细的畜肉、家禽、海鲜及蔬菜等原料。在焗炉中可以通过调节炉架和温度,将菜肴制成理想的成熟度和颜色。

④ 炸。炸是将食品原料完全浸入热油中加热成熟的方法。

⑤ 压力油炸。压力油炸是指将食品原料放入特殊的并带有锅盖的油炸炉内加热成熟的方法。这种油炸炉在烹调时,炉内压力增加,食品成熟速度快,形成理想的外观和质地。

⑥ 煸炒。煸炒也称为嫩煎,先将平底锅预热,放少量的植物油或黄油,放食品原料,通过平底锅热传导将菜肴制熟。

⑦ 煎。在平底锅中放入食用油,加热后,将原料放入,加热成熟。

⑧ 扒。也称为烧烤,一种传统烹调方法,需要在扒炉上进行。

7. 西餐面包生产原理

面包是以面粉、油脂、糖、发酵剂、鸡蛋、水或牛奶、盐、调味品等为原料,经烘烤制成的食品。面包含有丰富的营养素,是西餐的主要组成部分。面包的用途广泛,是早餐、午餐和晚餐的主要食品之一。

（1）西餐面包的种类与特点

面包有许多种类,分类方法也各有不同。按照面包的制作工艺,面包分为两大类:酵母面包和快速面包。按照面包的特点,面包可分为软质面包、硬质面包和油酥面包。

① 酵母面包。酵母面包是以酵母作为发酵剂制成的面包。这种面包质地松软,带有浓郁的香气,制作工艺复杂。酵母面包有多个种类:白面包、全麦面包、圆形黑麦面包、意大利面包、辫花香料面包、老式面包、正餐面包、甜面包、比塔面包、丹麦面包和博丽傲面包。

② 快速面包。快速面包是以发粉或苏打作为膨松剂制成的面包。这种面包制作

程序简单,速度快,不需要高超的技术。快速面包主要用于早餐,主要品种有长方面包、玉米面包、爱尔兰苏打面包、摩芬面包、博波福、面包圈、沃福乐和咖啡面包等。

③ 软质面包。软质面包是松软并富有弹性的面包。例如吐司面包、甜面包等。软质面包由含有较高油脂和鸡蛋的面团制成。

④ 硬质面包。硬质面包韧性大、耐咀嚼,面包的表皮干脆,质地松爽。例如法式面包和意大利面包,硬质面包油脂少,鸡蛋含量低。

⑤ 油酥面包。油酥面包有多个层次,由于加入较多的黄油,经折叠、擀压、造型和烘烤等程序制成的层次分明、质地酥松的面包。例如丹麦面包、牛角面包。

（2）西餐面包的制作原理

在生产面包的过程中,如何使面团产生气体也是关键。面包师们常使用酵母、苏打粉、发粉或利用和面技术将空气卷入面团,使面团松软。通常面包的弹性来自面包中的面筋质(面筋质由面粉中的蛋白质形成),面包中的面筋质愈高,其弹性愈大,反之弹性愈小。此外,面团含水量与面包的柔软度相关,不同品种的面包,其面团需要的水分也不同。

① 酵母面包工艺。酵母面包是以酵母作为发酵剂,这种面包质地松软,带有浓郁的香气。其生产工艺复杂,要经过和面、揉面、醒面、成形,再醒面、烘烤、冷却和储存等程序,其中任何一个程序的工作质量都会影响面包的质量。酵母面包质地柔软、鲜嫩,结构均匀,质地膨松,外观整齐,表皮颜色均匀,没有裂痕和气泡,味道鲜美,没有酵母味。

② 快速面包工艺。快速面包基本的生产工艺有油酥和面法、摩芬和面法。

油酥和面法。先将固体油脂(黄油或人造黄油)切成小粒,将面粉、盐和发粉过筛后,与粒状油脂进行搅拌。当油脂与面粉均匀地搅在一起,出现米粒状的颗粒后加入液体,使它们变成柔韧的面团,最后将面团放在面板上,用手揉搓 1—2 分钟,以增加面包的层次,使其松酥。

摩芬和面法。首先将干性原料搅拌均匀,然后加入适量的液体搅拌而成。注意控制面团搅拌的时间,搅拌时间过长会产生过多的面筋,使面包增加不必要的韧性,面团内部网状多,面包表面会出现尖顶现象;面团搅拌时间过短,面包质地发硬、不松软,面包过分酥脆。优质的快速面包大小要统一,边缘应整齐,顶部呈圆形,成品体积应是面坯的两倍,表面呈浅褐色,颜色均匀,没有斑点,味道鲜美,没有苦味,质地柔软、膨松。

8. 西餐甜点生产原理

甜点也称为甜品、点心或甜菜,由糖、鸡蛋、牛奶、黄油、面粉、淀粉和水果等为主要原料制成。它是欧美人宴会和正餐的最后一道菜肴,是西餐不可缺少的组成部分,英国人也习惯将甜点称为甜食。

(1) 西餐蛋糕的生产工艺

蛋糕是由鸡蛋、白糖、油脂和面粉等原料经过烘烤制成的甜点。蛋糕营养丰富,味道甜,质地松软,含有较高的脂肪和糖。根据蛋糕特点,蛋糕可分为油蛋糕、清蛋糕和装饰蛋糕。

油蛋糕也称为黄油蛋糕,是高脂肪蛋糕。它由面粉、白糖、鸡蛋、油脂和发酵剂制成。清蛋糕称为低脂肪蛋糕或膨松蛋糕,使用少量的油脂或不直接使用油脂。由于清蛋糕中含有抽打过的鸡蛋,因此它既膨松又柔软。装饰蛋糕是使用奶油、巧克力、水果等原料为蛋糕涂抹、填馅和装饰制成的蛋糕。

(2) 西餐派的生产工艺

派是馅饼,是欧美人喜爱的甜点,由水果、奶油、鸡蛋、淀粉及香料等制作的馅心,外面包上双面或单面的油酥面皮制成。派的特点是酥脆,略带咸味,馅心有各种水果和香料的味道。派是西餐宴会、自助餐、零点和欧美人家庭中常食用的甜点。制作派的关键点是和面方法。有两种和面方法:薄片油酥法和颗粒油酥法。

(3) 西餐酥点的生产工艺

油酥面点是以面粉、油脂、鸡蛋和水为主要原料,经烘烤制成的酥皮点心或油酥点心,其中比较著名的传统品种有拿破仑和长哈斗。

欧美人把这些小型的油酥点心称为法国酥点,而法国人称它们为小点心。在欧洲,每个国家都有自己的油酥点心,这些油酥点心的特色表现在味道和工艺方面。在欧洲北部凉爽的地方,人们喜欢食用以巧克力和抽打过的奶油制作的油酥点心;在法国或意大利南部,人们喜欢食用带有蜜饯水果、杏酱或其他甜味原料装饰的油酥点心;在德国、瑞典和奥地利,人们喜欢食用由杏仁、巧克力和新鲜水果制成的油酥点心。

(4) 西餐布丁的生产工艺

布丁是以淀粉、油脂、糖、牛奶和鸡蛋为主要原料,搅拌成糊状,经过水煮、蒸或烤等方法制成的甜点。布丁可分为热布丁、冷布丁、巧克力布丁、奶油布丁、玉米粉牛奶布丁、英式白布丁、圣诞布丁和面包布丁等。

(5) 西餐茶点的生产工艺

茶点是由面粉、油脂、白糖或红糖、鸡蛋及调味品经过烘烤制成的各式各样扁平的饼干和小点心。它们种类繁多，口味各异，形状多样。有些茶点上面或两片之间还有涂抹的果酱或巧克力。

欧洲人特别是英国人将这种小型的甜点称为饼干。这种小点心或饼干主要用于咖啡厅的下午茶，因此称为茶点。茶点常伴随着咖啡、茶、冰激凌和果汁牛奶一起食用。

茶点种类繁多，各有特色，体现在形状、颜色、味道和质地等方面，这些特点的形成来自原料的配制与和面方法。茶点的生产工艺与蛋糕很相似，主要通过和面、装盘、烘烤、冷却等程序。茶点成形技术不仅与质量紧密联系，还影响茶点的种类与造型。茶点成形主要通过滴落法、挤压法、擀切法、成形法、冷藏法、长条法和薄片法等完成。

(6) 西餐冷冻甜点的生产工艺

冷冻甜点是以奶油、鸡蛋和其他配料，经冷冻成形的点心。其种类和分类方法很多，比较常见的品种有百味廉、奇芬、慕斯、冰激凌、派菲、圣代、美尔巴桃、海仑梨、库波、帮伯、烤阿拉斯加甜点和舒伯特等。

第三节　餐饮设施及设备管理

餐饮产品的生产流程及生产效率很大程度上受设施设备布局的影响。厨房设施布局是否科学、设备配置是否合理直接关系到厨房生产的用工方式及产品的质量。

一、厨房生产设施布局管理

1. 厨房的种类

厨房是餐饮产品的生产场所，厨房配备是以餐厅接待能力和产品风味为基础的。厨房配备的合理程度直接影响产品生产能力、原料加工质量和产品风味，最终影响顾客消费需求。厨房的分类有：

（1）按厨房规模分类

大型厨房。大型厨房是指生产规模大、能提供众多顾客同时就餐的生产厨房。综合性饭店一般客房在 500 间、经营餐位在 1500 个以上的大多设有大型厨房。这种大型厨房,是由多个不同功能的厨房综合而成的。各厨房分工明确,协调一致,承担饭店大规模的生产出品工作。单一功能的餐馆、酒楼,其经营面积在 1200 平方米、餐位在 800 个以上的,其厨房亦多为大型厨房。这种大型厨房因餐馆经营风味多而其功能也显得不尽一致。主营一种风味的大型厨房,场地开阔,集中设计,统一管理;经营数种风味的大型厨房,归类设计,细分管理,统筹经营。

中型厨房。中型厨房是指能同时生产、提供 500 个餐位左右顾客用餐的厨房。中型厨房场地面积较大,大多将加工、生产与出品等集中设计,综合布局。

小型厨房。小型厨房指生产、服务于 200 至 300 个餐位的厨房。小型厨房,多将厨房各工种、岗位集中设计、综合布局设备,占用场地面积很大,但多规整,其生产的风味比较专一。

超小型厨房。超小型厨房,是指生产功能单一,服务能力十分有限的厨房。比如在餐厅设置,当场烹饪的明炉、明档,饭店豪华套间或总统套间内的小厨房等。这种厨房多与其他厨房配套完成生产出品任务。这种厨房虽然小,但其设计都比较精巧,方便美观。

（2）按餐饮风味分类

餐饮风味从大的风格上可分为中餐、西餐等。中餐又可分为川、苏、鲁、粤以及宫廷、官府、清真、素菜等;西餐又可分为法国菜、美国菜、俄国菜、意大利菜等。与之对应,依据生产经营风味,厨房可分为中餐厨房、西餐厨房和其他风味厨房。

（3）按厨房生产功能分类

厨房生产功能,即厨房主要从事的工作或承担的任务,其生产功能是与对应营业的餐厅功能和厨房总体工作分工相吻合的。

加工厨房。加工厨房又叫主厨房或中心厨房,主要负责各类烹饪原料的初步加工(申领、宰杀、去毛、洗涤等),干货原料的涨发,原料的刀工处理和原料的保藏等工作,按照统一规格标准进行运作,再分别供各个厨房加以烹调制作。

加工厨房的优点在于:①集中申订、领用原料,减少分散订领原料的麻烦和人力的浪费;②有利于统一加工制作的规格及标准,保证整个饭店厨房出品的质量;③便于测试原料加工出净情况,同时采用凭据领取半成品原料,可以根据领取的份数和餐厅销售的份数比较,从而加强损耗和原材料成本的控制;④将各点所需原料,集中在一起分割、加工,更便于原材料的综合使用;⑤初加工相对固定专一,提高了员工操作的熟练程度,从而提高劳动效率;⑥有利于厨房垃圾的清运和卫生工作的进行。

宴会厨房。宴会厨房,是指为宴会厅生产服务的厨房。大多饭店为保证宴会规格和档次,专门设置此类厨房。设有多功能厅的饭店,宴会厨房同时负责各类大、小宴会厅和多功能厅开餐的烹饪出品工作。三星级以上的酒店有至少容纳200人正式宴会的大宴会厅,要求配有专门的宴会厨房。

零点厨房。零点厨房,是专门用于生产烹制顾客临时、零散点用菜点的厨房,即该厨房对应的餐厅为零点餐厅。零点餐厅是给顾客自行选择、点食的餐厅,故列入菜单经营的菜点品种较多,厨房准备工作量大,开餐期间亦很忙杂。这个厨房的设计多有足够的设备和场地,以方便制作和按时出品。

冷菜厨房。冷菜厨房是加工制作、出品冷菜的场所。冷菜制作程序与热菜不同,一般多为先加工烹制,再切配装盘。因此冷菜间的设计,在卫生和整个工作环境温度等方面有更加严格的要求。冷菜厨房还可分为冷菜烹调制作厨房(如加工制作卤水、烧烤或腌制、拌烫冷菜等)和冷菜装盘出品厨房,主要用于成品冷菜的装盘与发放。

面点厨房。面点厨房,是加工制作面食、点心及饭粥类食品的场所。中餐又称其为点心间,西餐多叫包饼房。由于其生产用料的特殊性,和菜肴制作有明显不同,故又将面点生产称为白案,菜肴生产称为红案。各饭店分工不同,面点厨房生产任务也不尽一致,有的面点厨房还包括甜品和巧克力小饼等的制作。

咖啡厅厨房。咖啡厅厨房,是负责生产制作咖啡厅供应菜肴的场所。咖啡厅相对于扒房等高档西餐厅,实则为西餐或简餐餐厅。咖啡厅经营的品种多为普通菜肴和饮品,因此,咖啡厅厨房设备配备相对较齐,生产出品快捷。也正因为有此特点,许多饭店将其作为饭店每天经营时间最长的餐厅,其厨房兼备房内用膳制作出品的功能。

烧烤厨房。烧烤厨房,是专门用于加工制作烧烤菜肴的场所。烧烤菜肴如烤乳猪、叉烧、烤鸭等,由于加工制作与热菜、普通冷菜程序、时间成品特点不同,故需要配备专门的制作间。烧烤厨房,一般室内温度较高,工作条件较艰苦,其成品多转交冷菜明档或冷菜装盘间出品。

快餐厨房。快餐厨房是制作快餐食品的场所,快餐食品是相对于餐厅正餐或宴会大餐食品而言的。快餐厨房,大多配备炒炉、油炸锅等便于快速烹调出品的设备,其成品多较简单、经济,生产流程的畅达和高效节省是其显著特征。

2. 厨房规划的原则

厨房环境规划设计的主要内容包括:厨房面积、厨房高度、墙壁与地面、通风、照明、空间、排水。

厨房规划是确定厨房的规模、形状、建筑风格、装修标准及其部门之间的位置等管理工作。厨房规划是一项复杂的工作,它涉及许多方面,占用较多资金。因此,厨房规划人员应留有充分的时间,考虑各方面因素,认真筹划并应根据实际生产需要,以方便厨房进货、验收、生产及保证安全和卫生等方面为原则,并为业务发展及可能安装新设备等留有余地。

此外,厨房规划应聘请专业设计部门和厨房管理人员、建筑、消防、卫生、环保和公用设施等部门参加。现代厨房规划运用人机工程学,改善厨房工作环境,保证厨师健康,降低厨房人力成本,提高餐饮企业竞争力,增加餐饮营业收入并有利于招聘和吸收优秀厨师。

为此,厨房规划应遵循如下原则:

(1) 保证生产畅通和连续。厨房生产通常从领料开始,经初加工、切配和烹调,将食物原料制成菜肴。因此菜肴生产要经多个生产程序才能完成,每个加工点都应按生产程序合理地进行规划以减少生产中的流动距离和加工时间等,充分利用厨房空间和设备,提高工作效率,保证生产畅通和连续。

(2) 保证各生产部门运行方便。厨房各部门应在同一层楼,以方便生产和管理,提高生产效率,保证菜肴质量。如果厨房确实受到地点限制,生产部门无法在同一层楼时,可将初加工厨房、面点厨房和烹调厨房分开。但是应尽量在各楼层的同一方向,这样可节省管道的安装费用,便于电梯运送食品原料。

(3) 缩短厨房与餐厅之间的距离。菜肴质量与菜肴温度相关,热菜应在 85 ℃以上,冷菜约在 10 ℃时,其味道和质地最理想。厨房距离餐厅较远,菜肴温度会受到影响。同时,厨房与餐厅之间每天进出大量菜肴和餐具,厨房靠近餐厅可缩小其间的距离,提高工作效率。

(4) 部门空间布局与工作点应紧凑。厨房各部门及部门内的工作点应紧凑,每个工作点内的设备和设施的排列以方便厨师工作、安全及提高工作效率为原则。

(5) 人行道和货物通道分开。厨师在工作中常接触炉灶和滚烫的液体、生产设备和刀具等,如果发生碰撞,后果不堪设想。因此为了工作安全,保证生产,厨房必须设有分开的人行道和货物通道。

（6）保证安全和卫生的环境。创造良好的工作环境是厨房规划的目的。因此，厨房应关注通风、温度和照明，降低噪音，保持干净的墙壁、地面和天花板。此外，厨房应购买带有防护装置的生产设备，有充足的冷热水和方便的卫生设施，并有预防和扑灭火灾的装置。

3. 厨房布局的基本类型

厨房布局应依据厨房结构、面积、高度以及设备的具体规格进行。通常厨房部分作业区工作岗位及设备布局可参考以下几种类型：

（1）直线型布局

直线型布局适用于高度分工合作、场地面积较大且空间呈一线型、设备齐全、功能相对集中的大型餐馆和饭店的厨房。烹调区的炉灶、炸锅、蒸灶、烤箱等设备按照生产流程依墙作直线排列布局，并置于一个长方形的通风排气罩下，集中吸排油烟。每位厨师按分工专门负责某一类菜肴的加工烹制，所需设备工具均分布在左右和附近，因而减少取用工具的行走距离。与之相协调与匹配，厨房的配菜台、打荷台、出菜台等也呈直线平行布局。直线型布局整体上具有区域分明、设备齐全、流程顺畅的特点，但对空间要求比较高，因为厨房中人流和物流的距离比较长。

（2）相背型布局

相背型布局适用于空间方块型、设备集中的厨房，把主要烹调设备背靠背组合在一起，同置于同一抽排油烟罩下，不同厨师在不同的岗位上相对而站进行操作，而调理台在背后。相背型布局由于只使用一个抽排烟罩而显得比较经济，但另一方面却存在着厨师操作时必须多次转身取工具、原料，以及厨师必须多走动才能使用其他设备的缺点。因此，要求厨师要有强烈的协作意识，以克服人流与物流交叉带来的不利因素。

（3）L型布局

也称转角式布局。当厨房面积、形状不便于设备作相背型或直线型布局时，往往采用L型布局。L型布局通常是把煤气灶、烤炉、扒炉、烤板、炸锅、炒锅等常用设备组合在一边，把另一些较大的如蒸锅、汤锅等设备组合在另一边，沿墙壁设置成一个L型，两边相连成一犄角，集中加热抽烟。这样厨师也能便利地使用每一组设备，加热和切配加工之处也有了相应的集中和分工。L型布局充分利用边角处，使操作空间变得机动、宽敞，在一般酒楼或包饼房、面点生产间等得到了广泛应用。

（4）U 型布局

也叫三边形布局。厨房设备较多、生产人员较少、出品较集中的厨房部门，可采用 U 型布局，如点心间、冷菜间、火锅或涮锅操作间等。U 型布局是将工作台、冰柜以及加热设备沿四周摆放，往往将炉灶和冰箱放在两边，水池放在另一边。留一出口供人员、原料进出，这样的布局，人在中间操作，取料操作方便，节省跑路距离，设备靠墙排放，既平稳又可充分利用墙壁和空间。另外，在一些明厨、明档、明炉的餐厅里，厨师、服务人员站中间递送菜品、调节火候、提供服务；顾客围在四周涮食，既节省店方用工，也不妨碍服务效率。

（5）岛型布局

也称点式布局。这种布局是在中间布置三部分设施，这也可以结合其他布局方式在中间设置餐桌并兼有烤炉或烤箱，将烹调和备餐中心设计在一个独立的台案之上，从四面都可以进行操作或进餐，是一种实用新颖的方案。通常在酒吧等娱乐性或特色餐厅中布局。

二、厨房生产设备配置原理

1. 厨房的主要设备

厨房的设备按其功能分类，可以分为加工设备、烹调加热设备、冷藏设备、恒温保险设备、面点制作设备、排油烟设备、调理台设备、清洗设备以及其他辅助设备。见表 6-1。

表 6-1　厨房的主要设备

序列	设备功能	主　要　设　备
1	加工设备	锯骨机、切片机、绞肉机、去皮机、搅拌机、榨汁机等
2	烹调加热设备	中餐煤气灶、汤炉、蒸炉、蒸箱、烤炉、烤箱、扒炉、多功能西餐烹调炉、炸炉、微波炉等
3	冷藏设备	冷冻柜（$-18\ ℃$—$-12\ ℃$）、冷藏柜（$0\ ℃$—$5\ ℃$）、制冰机、刨冰机等
4	恒温保鲜设备	菜肴保暖器、冷藏展示柜等
5	面点制作设备	和面机、压面机、多功能搅拌机、面团分割整形机等
6	排油烟设备	排风扇、抽风机、空气交换机、空调系统、排油烟罩等
7	调理台设备	普通调理台、冷柜调理台、餐具保温调理台等
8	清洗设备	洗碗机、洗涤槽、滤水台、餐具保洁柜、消毒柜、杯筐车、工作台等
9	其他辅助设备	多层储货柜、工具柜、食品橱柜、手推车等

2. 厨房设备管理的基本内容

(1) 厨房数量配备

厨房数量配备是以餐厅数量为基础的。一般说来,每一个风味的餐厅都应配备一个与之相适应的厨房,产品风味不同,其厨房的设备配置、原料加工、烹饪制作的要求也不同。只有配备与之相适应的厨房,才能保证产品风味和产品质量。否则,不同风味的产品共同使用一个厨房,必然带来餐饮产品生产的诸多不便,影响厨房生产和产品的风味及质量。

(2) 厨房面积配备

一个厨房需要建多大面积,是以餐厅营业面积为基础的。我国传统的饭店和餐馆的厨房面积(含小库房)与餐厅面积的比例为1∶1,其结果是厨房面积过大,加大了建筑投资,影响营业面积。比较合理的比例是1∶0.5,即餐厅面积100平方米,厨房面积50平方米左右。

(3) 厨房炉灶配备

炉灶是厨房产品烹制的主要设备,以炒菜炉灶为主。厨房炉灶配备的多少是以餐厅类型和餐厅座位为基础的。主要有三种标准:一是零点餐厅厨房,炒菜炉灶按1∶30的比例安排。因为这种厨房以小锅制作为主,1个炉灶负责30个座位,最能适应生产需要。二是团队和会议餐厅,无需每个菜点单锅制作,且以大盘菜点为主,炒菜炉灶一般按1∶40至1∶50的比例安排。三是宴会厨房,因产品加工精细,烹调质量要求高,一般按1∶35至1∶40的比例安排。

(4) 热菜厨房设备配置

热菜厨房又称炒菜厨房。各种类型的餐厅都有一个热菜厨房,如团队或会议餐厅、零点餐厅、宴会厅、咖啡厅等。热菜厨房的设备配置是根据各功能区的工作任务不同来确定的,主要分为四个功能区,即原料加工间、切配加工间、炉灶间和洗碗间。

① 原料加工间。它以食品原材料的粗加工为主,包括洗涤、拣洗、拆卸、涨发等。因此,这里的设施、设备主要有三类:一是洗涤设备,如各类水池,大、中、小型洗菜或盛菜的盆具及桶具等;二是案板和刀具,主要用于切菜、拆卸加工等;三是盛器,以盆、箩、筐等为主。总的说来,这里的设备配置比较简单,以实用为主。

② 切配加工间。它以食品原材料的细加工和配菜为主,与炉灶区紧密相连,没有隔断。因此,这里的设备配置是根据食品原料的细加工和配菜需要来安排的,主

要有四类:一是案板和刀具,用于菜点的切配加工;二是橱柜和冰箱,用于加工好的食品原料、剩余原料和食品的存放、短时间冷藏;三是配菜设备与用具,如天平秤等,主要供配菜师和炉灶使用;四是水池,主要用于洗涤原料,如肉类、野味等。

③ 炉灶间。它以炒菜炉灶为主,炉灶的多少根据所对应的餐厅座位按比例设置。炉灶间的设备主要由炉台、燃气炉灶、火源控制开关、照明设备、抽油烟排风设备、上水管道和污水排放管或排放沟等组成。除炒菜炉灶外,一般还要配备蒸锅、烤炉、炸灶、铁扒炉等炉灶。它们和炒菜炉灶互相配套,共同形成炉灶设备系统。西餐厨房的炉灶设备除上述燃气炉灶外,还要根据需要配备烤炉、烤箱、微波炉、铁扒煎灶等。

④ 洗碗间。每个炒菜厨房都会配备一个相应的洗碗间,洗碗间的设备主要有四类:一是洗碗机,主要用于碗具高温洗涤消毒;二是洗涤水池,主要用于餐具洗涤前的冲洗;三是消毒池和消毒箱,主要用于刀叉、筷子等小件餐具的灭菌消毒;四是餐具柜,用于各种餐具的分类存放,便于每餐使用。

(5) 冷荤厨房设备配置

冷荤厨房又称冷荤间。冷荤厨房的内部主要分为三个功能区,即洗菜间、加工间和炉灶间(区)。冷荤厨房的设备配备也主要是根据各功能区的需要来配备的。主要分为:

① 洗菜间。它主要用于冷荤食品正式烹制前的洗涤、拣洗等,其设备设置与热菜厨房的原料加工间基本相同,也分为三类:一是洗涤设备,如水池、水桶、盆具等;二是案板和刀具,用于冷菜上灶前的加工;三是盛器,如盆、筐、箩等。

② 加工间。它主要用于冷菜食品上灶前的加工和烹制完成后的刀工处理。其设备配置主要有五类:一是案板与刀具;二是冰箱与橱柜;三是盛具与用具;四是衡器,如天平、量杯、量具等;五是消毒设备,以红外线或紫外线消毒为主。

③ 炉灶间。冷荤厨房的炉灶设备较少,一般只有 1 至 3 台,又以大锅炉灶为主,主要用于冷菜食品(以肉类为主)的酱、卤、煮、扒等,其炉灶设备也由炉台、炉灶、控制开关、上下水管、抽油烟及排风设备等组成。

(6) 面点厨房设备配置

面点厨房一般分西餐和中餐两种。西餐又称西点房,以制作各种面包和糕点为主;中餐又称点心房,以生产面点食品为主。面点厨房内部一般可分为面点加工区和炉灶烹制区两个功能区,其设备配置也是根据功能不同来确定的。

① 面点加工区。其主要功能是进行各种面点食品的和面、制馅和造型工作。

因此,这里的设备配置主要有三类:一是机器设备,如和面机、包饺子机等;二是案板和厨具,主要用于人工和面、面点造型、馅类制作等;三是存放设备,如橱柜、冰箱、盛器等。

② 炉灶烹制区。其主要功能是各种面点食品的上灶烹制。由于中餐面点与西餐面点不完全相同,因而其炉灶设备也有一定区别。中餐面点炉灶以蒸锅、煮锅、煎锅等炉灶为主;西餐面点以烤箱、烤炉、微波炉等设备为主。

3. 厨房设备配置的基本要求

现代餐饮厨房设备和各种炊具种类很多,功能、用途各不相同。搞好厨房生产设备配置,重点要注意三个问题:

(1) 因需配置,提高设备利用率。各种炉灶、机械设备和制冷设备要根据厨房产品风味,菜单设计和冷荤、面点厨房需要配置,如明火炉灶要以餐厅接待能力为基础,烤炉、微波炉、铁扒炉、铁扒煎灶等要根据厨房的产品风味选择,机械设备和制冷设备要充分考虑食品原材料加工和储藏需要。

(2) 合理布局,有利于厨房生产业务正常开展。一个厨房需要配备哪些炉灶、机械设备、制冷设备和案板、炊具,配备多少,选择哪些种类和型号,应根据厨房主要功能、面积大小和空间几何图形等,事先做好总体设计,使各种设备和炊具的配置同粗加工、细加工、配菜服务、炉灶烹制和出菜等要求结合起来。要在充分考虑厨师活动空间和菜肴生产流程及人员通道的基础上,保持各种设备的连续配置,做到布局合理。讲求空间构图形象,防止和减少各道工序之间的逆行和穿行,有利于提高厨房工作效率和生产、销售业务的正常开展。

(3) 维修保养方便,防止事故发生。厨房各种炉灶、机械设备和制冷设备有时发生故障是难以避免的。在设备配置和安装上应尽可能事先考虑到维修保养的方便性,平时易于保养,一旦发生故障,又便于维修,有利于节省能源。

三、餐厅设施的规划与布局

1. 餐厅的种类

餐厅是通过提供菜品、酒水和服务来满足顾客饮食、精神及心理需要的经营性场所。餐厅的分类如下:

(1) 按照市场目标分

高级餐厅。高级餐厅常常是提供特色菜肴、传统菜肴,出售美味精致的餐饮产品,具有雅致的空间、豪华的装饰、温柔的色调和照明、古典和传统的音乐等宁静优雅的用餐环境及提供周到和细致的餐饮服务的场所。高级餐厅讲究餐具和摆台,通常使用银器和水晶杯。餐厅经常有高雅的现场音乐或文艺表演,用餐费用较高。例如中餐与西餐风味餐厅、扒房等属于高级餐厅。

大众餐厅。大众餐厅常常是向顾客提供大众化菜肴,具有实用的空间、典雅的装饰、明快的色调和照明、传统音乐或现代音乐等良好的用餐环境,提供比较周到的餐饮服务场所。大众餐厅也讲究餐具和摆台,但是,很少使用银器和水晶杯。有时,也有比较简单的现场音乐或文艺表演,如琵琶演奏、小提琴演奏、钢琴演奏等。用餐费用适合于大众。例如大众化的中餐厅和西餐厅、咖啡厅等。

多功能厅。多功能厅是餐厅中面积最大、设备设施最齐全的大型餐厅。它既可用于举行各种宴会、酒会、自助餐会、鸡尾酒会,又可用作报告会、展览会和其他各种会议的活动场所。多功能厅常常根据顾客的需求,分割成几个大小不同的餐厅。

(2) 按照经营模式分

传统餐厅。传统餐厅也称为服务上桌的餐厅。通常,这种餐厅包括风味餐厅、海鲜餐厅等,也有高级餐厅和大众餐厅之分。由于传统服务是将菜肴和酒水送上餐桌,因此,只要餐厅的服务是上桌服务,这个餐厅通常就被认为是传统餐厅。

自助餐厅。所谓自助餐厅是指菜肴分类放置,顾客入厅后,可自由选择自己喜爱的菜肴,但不得带食品出厅的一种餐厅。这种餐厅常常根据顾客的用餐习惯,将餐厅的菜肴和酒水分别置于几个餐台,每个餐台上陈列着各种菜肴,顾客走到餐台自己去取菜肴。最后的一个台子是收款台,收款员根据顾客餐盘上的菜肴和酒水进行结账。大多数自助餐厅的餐桌上不摆台,顾客自己在餐台上取餐具。

快餐厅。快餐厅是指只销售有限菜肴品种,菜肴可以快速制熟,并且快速服务的餐厅。餐厅的装饰常采用暖色调,也有的采用冷色调,餐厅的布局明亮、爽快。菜肴的价格大众化。快餐厅包括中餐快餐厅、西餐快餐厅等。

(3) 按照经营品种分

风味中餐厅。风味中餐厅包括高级中餐厅和大众化中餐厅。根据中餐厅的风味,有广东风味中餐厅、潮州风味中餐厅、北京风味中餐厅和上海风味中餐厅、四川风味中餐厅、山东风味中餐厅、淮扬风味中餐厅等。风味中餐厅的特色通过菜单、服务、餐具、摆台及餐厅的装饰体现出来。

风味西餐厅。风味西餐厅包括扒房(法国风味餐厅)、意大利风味餐厅、美国风味餐厅、俄国风味餐厅等。风味西餐厅的风格必须通过菜单的特色、服务的特色、餐具的特色、摆台的特色、餐厅的装饰、餐厅的文化和语言体现出来。

咖啡厅。咖啡厅是以供应咖啡、饮料为主，兼供小吃或西餐、快餐的餐厅。咖啡厅的营业时间和销售品种常根据顾客的需求而定。许多咖啡厅从早上6点开始营业，至午夜1点停止营业，甚至24小时营业。咖啡厅有时也被称为咖啡花园，这是因为该咖啡厅内的设计和布局像个大花园，里面有鲜花、草地、人工瀑布等。一些咖啡厅的规模较小，但装饰得很雅致，因此也被称为咖啡室。

2. 餐厅筹划与配置的基本原理

(1) 环境协调原理：餐厅的种类和级别必须与它所处的环境相协调

任何餐厅都必须与它所处的环境相协调。高级餐厅和风味餐厅一定要坐落于商业区。扒房和咖啡厅一定要坐落于有文化气息的商业区和旅游区等。而快餐厅一定坐落于繁华的商业区、居民区、人口集中的学校或工业区。

(2) 主题适合原理：餐厅的主题设置必须与顾客的消费习惯与消费心理相协调

餐厅的设置必须与顾客的消费习惯与消费心理相协调。设置咖啡厅要适合消费文化和消费习惯，或者销售一些顾客能够接受的中餐菜肴，用以引导顾客消费。

(3) 特色鲜明原理：餐厅的菜单和服务必须形成独有的特色

一般情况下，一个大中型饭店会有数个餐厅，每个餐厅都应有自己独特风味的菜肴。各餐厅之间的菜肴的反差愈大，经营效果愈好。同时，各餐厅的餐饮服务的程序和方法，餐台的设计、职工的工作服等都应当体现各自的特色，以吸引顾客，满足不同顾客的需求。此外，餐厅应当根据自己的级别制定菜肴价格体现本餐厅的价格特色，从而吸引不同消费水平的顾客。

3. 餐厅设计与布局的主要内容

(1) 流动线路设计

餐厅流动线路指顾客和服务员在餐厅流动的通道。顾客流动线路应以门到座位之间畅通为前提，采用直线型，避免迂回绕道。迂回曲折的通道会使顾客产生混乱感觉，影响顾客用餐，因此通道应尽可能宽敞。服务员流动线路长度对服务效率有影响，因此愈短愈好。餐厅应设置区域服务台，其内可存放餐具，同时方便服务，从而缩短服务员行走路线。

(2) 光线与色调设计

餐厅的光线和色调与餐饮营销效果紧密相关，餐厅应尽可能临近公路或花园，应适当发挥窗户的作用,以窗代墙。餐厅应尽可能建在高层建筑上,让顾客享受自然阳光,使顾客产生明亮宽广的感觉,在用餐时心情也比较舒适。餐厅建立在建筑物中央,可借助灯光,摆设艺术品或花卉,使光线与色调相协调。餐厅入口的照明设施很重要,可使顾客看到招牌,吸引顾客注意力,其高度应与建筑物相适应,光线应柔和,光线与色调的配合应结合餐厅主题。

（3）温度与湿度控制

顾客希望能在四季如春的舒适空间用餐,因此餐厅内温度的调节与餐厅经营效果相关。餐厅温度通常受地理位置、季节和空间的制约,地处热带的餐厅必须有凉爽宜人的室内环境、适当的湿度,因此空气调节系统是不可缺少的服务设施。

（4）辅助设施与音响效果

餐厅常设有辅助设施,方便顾客用餐,主要包括接待厅、衣帽间、结账处和洗手间等。餐厅的接待空间常提供电视机、报纸和杂志,有时设立酒吧方便等待座位的顾客。衣帽间和结账处应设在靠近餐厅的进口处。洗手间常被顾客作为评估餐厅管理水平的标志,洗手间应与餐厅在同一层楼,标记清晰,中英文对照。根据餐饮营业需要,餐厅安装音响设备很有必要,高级餐厅和大众餐厅都需要播放轻松愉快的乐曲或聘请乐队演奏以增加餐厅气氛。

4. 餐厅设施布局的基本原则

餐饮经营场所有明显的前后台区域之分。前台区域的布局偏重于美观并符合顾客的消费习惯,当然也要兼顾服务人员的工作需要。后台区域设计则在于满足生产的需要,着眼于功能性设计。餐厅设施布局设计的具体原则如下:

（1）设施布局的安全性。消防通道的宽度,防火标志的醒目度,员工通道与顾客区域的划分,员工操作方便等。

（2）服务路线的长度适中。应合理摆放设施尽量缩短服务路线的长度,减小服务者与顾客的移动距离,为二者提供工作上和消费上的方便。

（3）服务路线的清晰度较高。设施放置合理,符合消费习惯和工作习惯,并设有明显指示标志,使顾客和服务者都能感到方便。

（4）员工的舒适度较好。造就良好的工作环境,使员工感到环境整洁、舒适,各种设施、工具齐全,有助于提高劳动生产率。

（5）管理合作方便。合理的设施与恰当的人员位置以及良好的通讯工具,使管理者现场督导和沟通交流易于进行。

（6）可进入性较好。所有的设施设备都有好的可进入性，安置合理，摆放整齐，方便各种设施设备的清洁、保养及维修。

（7）空间的利用合理。各个区域空间的利用应兼顾节省成本和达到经营目标两个方面，既要有宽敞、明亮的餐厅，也应设有布局紧凑、空间合理利用的厨房、仓库，以及办公室和员工休息室。

（8）符合顾客的消费习惯。餐饮企业的前台设施，包括餐桌椅分布、各种通道、服务区间、装饰、装潢等设施合理布局，符合消费需求。

（9）具有长期发展的灵活性。各种设施设备、空间区域的布局设计不仅要满足目前服务的需要，还需具有一定的灵活性，预留扩展空间，以适应未来经营的长远发展。

5. 餐厅设施规划的具体内容

餐厅规划的主要内容包括：经营理念、无形服务、有形产品、环境氛围、设施设备、服务人员等六个方面。具体包括：

总体规划须符合餐厅主题和经营目标。包括餐厅名称、标识；具体位置、楼面层次；餐位数、客容量；营业时间、餐别；服务对象、市场特点；用餐团体平均人数预测、顾客总数预测（淡季、旺季）；顾客平均消费额预测、经营收支预测；投资规模、设施设备；人员配备计划、岗位职责；餐饮服务项目、餐饮内容；菜单种类；服务形式；规格水平；食品、酒类陈列、烹调表演；娱乐内容、形式；餐厅设计布局、配置、有关设施的连接；餐厅内客流线路规划；餐厅内物流线路规划；迎宾员柜台位置、收款员柜台位置；餐桌种类、餐位结构；自助餐设施；落菜台数量、位置；食品、酒类陈列柜数量、位置；烹调表演位置；地面升、降处理装置；餐厅娱乐区位置；厨房与餐厅连结处理；服务酒吧位置；客用卫生间、衣帽间位置；餐厅内部装饰、总体风格情调、主题特色；环境布置、墙面装潢、地面处理、桌椅式样、窗户装饰、灯光照明、色彩基调、桌面陈设、艺术品陈列、室内花木；音响装置、专用设施、烹调表演设备、服务推车、餐厅电脑终端、点菜传真设备；餐厅服务员制服式样、色彩。

6. 餐厅的主要设备及管理

餐厅的主要设备包括餐厅家具、餐厅餐具、餐厅布件、餐厅电器设备和餐厅消防设备。

（1）餐厅家具

餐厅家具主要包括餐台、餐椅、工作台等。餐厅家具必须依据餐厅的经营特点和装潢风格选择,主要考虑到使用的灵活性、服务方式、顾客类型、造型和颜色、耐用性、维修方便、成本和资金等因素。目前餐厅家具最常见的是木质家具,但金属家具也正被逐渐运用到餐厅中来。还有人造大理石和塑料等材料,清洁方便,色彩和设计多变,在咖啡厅、快餐厅用得较多。

① 餐台。餐厅所使用的餐台基本以木质结构为主,其基本形状主要有正方形、长方形和圆形。选择合适的餐台要视餐厅情况而定,但都应给予每位就餐者不少于 75 厘米的边长,高度 75 厘米为宜。许多餐厅现在专门设计或购置多功能组合餐台,可分可合。分可以各自独立,合则成多种用途,如用于自组餐、会议、展示台等。

一是方台。方台适用于中西各式餐厅,其使用功能较多,既可作为圆桌的桌腿,又可拼成会议桌、酒吧台、自助餐台等。方台规格通常高 75 厘米,边长 75 厘米、90 厘米、100 厘米或 110 厘米见方,可供 2 至 4 人就餐。

二是圆台。中餐宴会一般采用圆台。圆台的大小与座位的多少有关,以每人占 60 厘米边长为最低限。一般供 4 人用的直径为 120 厘米,6 人用的直径为 140 厘米,8 人用的直径为 160 厘米,10 人用的直径为 180 厘米,12 人用的直径为 200 厘米,14 人用的直径为 220 厘米。

三是长台。西餐厅多采长台,规格通常有两种:一种是供双人用的,宽 75 厘米,长 110 厘米;另一种是供 6 人用的,宽 120 厘米,长 240 厘米。

四是转盘。在 10 人座以上的圆台上,一般都配有转盘。转台的使用可方便顾客把所需的菜点转动到面前,一般直径在 70 至 150 厘米之间。

五是工作台。工作台又叫落台或储藏柜,是服务员为顾客提供就餐服务的基本设备,主要功能是存放开餐服务所需的各种服务用品,如餐具、调味品、菜单、餐巾等,柜面可作上下菜时的落台,酒水和菜品也放在柜面。常用落台的规格,长 100 厘米,宽 48 厘米,高 80 厘米。

② 餐椅。餐椅的款式要与餐厅的整体风格和经营方式相协调。在选用餐椅时,应遵循以下三个原则:

第一,顾客舒适度。从舒适的角度考虑,餐椅的标准高度为 45 厘米左右(不含椅背高度);餐椅的靠背与顾客肩背之间的角度应为锐角,方便顾客靠着休息。另外,根据餐厅的档次选择舒适度的高低。第二,方便服务。餐椅的选用也应考虑服务员的工作方便。靠背的高度以 45 厘米为宜,且上窄下宽,便于服务员从后面或在餐椅之间为顾客提供服务。餐椅的腿应垂直于地面。不能呈"八"字形,便于服务员在两个椅子之间走动,而不必担心脚下是否有羁绊。第三,空间合理。餐厅面积的大小与餐座面积密不可分,餐厅的面积指标以每个座位的平均面积为衡量单位。

餐椅的种类很多,可以选择适合餐厅风格的类别,主要有:一是木椅。木椅一般主要是为中式餐厅配备,可分为一般木质座椅和硬木质座椅。二是钢木结构椅。中西餐厅均可使用钢木结构椅。其主要框架为电镀钢管或铝合金管,有圆形和方形管,又有可折叠与不可折叠之分。三是扶手椅。一般不用于中餐,通常安放在西餐的长方形餐桌的两端,作为主人席位。档次高的西餐厅,也有全部都使用扶手椅的。四是藤椅。多见于南方风格的餐厅。藤椅多为扶手椅,一般放置在中餐厅或茶餐厅。五是儿童椅。为了方便带儿童的顾客前来用餐,中西式餐厅一般都配备有几把专为儿童使用的餐椅。儿童椅的提供体现了餐厅的人性化服务,代表了餐厅的服务档次。六是沙发和茶几。沙发是餐厅休息室不可缺少的家具,也常用于茶餐厅、酒吧、咖啡厅等休闲类餐厅。沙发的种类繁多,根据餐厅的种类和档次选用不同的沙发。七是其他特殊椅。如酒吧的悬空椅,自助餐和快餐厅的连接椅,椅和餐桌连接组合、旋转活动椅等。

③ 其他服务性家具。餐厅内的其他家具是提供给餐厅服务人员服务使用的,主要包括:

一是酒柜。各式餐厅内一般都在餐厅的醒目处设有条形酒柜或立式玻璃酒柜,酒柜的作用在于陈设各种酒类和菜肴的样品,起到推荐的作用,便于顾客观赏和挑选,同时又可与餐厅整体布局融为一体,起到装饰作用。

二是服务车。服务车的主要功能是为顾客提供就餐服务(如活动服务车、切割车、送餐车等),以及促销餐饮产品,方便顾客选用(如开胃品车、甜品车、烈酒车等)。

三是迎宾台。通常设置在餐厅门口的一侧,其高度以迎宾员肘部到地面的距离为宜。台面光滑、水平放置或略有倾斜。台上摆放餐厅顾客预订簿和客情资料、电话、插花等;台下部还可设有摆放用品的抽屉。此外,酒店餐厅常见的家具还有签到台、致辞台、衣帽架、雨伞架等。

(2) 餐厅餐具

餐饮业在菜肴质量方面讲究"色、香、味、形、器",这里的"器"就是指餐具。餐具是餐厅经营必需的物质条件。

① 陶瓷器皿。瓷器的种类繁多,大致可以分为一般瓷器、强化瓷和骨瓷。目

前,一般瓷器平均使用率占50%,强化瓷平均使用率占35%,骨瓷的平均使用率占15%。餐厅经营要考虑成本的关系,不可能全部选用高级瓷器,但有些餐厅经营者有时也选用较有特色的、外观和质量均属上乘的陶器来代替精美的瓷器。色彩鲜艳的瓷器固然可以提高用餐时的视觉享受,增添用餐的乐趣,但应留意其铅质和釉彩的安全卫生问题,因此纯白色仍然是瓷器色彩的永恒主题。一般餐厅只选用一种颜色和式样的瓷器。

② 玻璃器皿。餐厅里最常用的玻璃器皿以各种形状、不同用途的酒杯为最多。此外,还有各类摆台和服务过程中使用的玻璃器皿。玻璃器皿的优点是价格便宜,缺点是使用不够广泛,而且容易刮花和撞碎。

③ 金属餐具。金属餐具种类繁多,有多种系列以满足不同的需求,使用较多的有镀银餐具和不锈钢餐具。银器一般用于高档的中西餐厅,西式餐具中的刀、叉、匙、衬碟、茶壶、咖啡壶、沙司盅、盐和胡椒瓶、自助餐盘、保温炉、冰桶、酒篮、花瓶、烛台等银器最为常见;中式餐具中的筷架、骨碟垫盘、叉、匙、翅碗座、菜盘座、菜盘盖、大小公勺、温酒壶等银器也较为常见。银器分纯银和镀银两种,以镀银餐具为主。对餐具用量庞大的餐厅来说,镀银餐具的支出费用较高,而且银器在潮湿的空气中会与二氧化硫和水蒸气产生化学反应,即使放置不用也会变黄甚至发黑,所以银器必须定期抛光,并妥善保管贮存。不锈钢或普通不锈钢改良成玻璃面不锈钢的餐具,光洁明亮而平滑,能防划、耐磨。

(3) 餐厅布件

餐厅常见的布件有台布、餐巾等。布件的质地有亚麻纤维质、棉质、丝绸质、绒质和纱质等。亚麻纤维质布件手感光滑、挺括;棉质布件牢固耐用、用途广泛,两者经过双面提花制成的提花台布被视为餐桌上的优质上等布件。丝绸质布件以其绚丽明亮的色彩、轻柔顺滑的质感,而适宜作为自助餐台、展示台(柜)装饰物等的垫布,起衬托作用,所以又称为装饰布。绒质布件质地柔软,下垂感强,色彩明快而庄重典雅,桌裙就是由绒质布件缝制而成的。纱质布件轻盈、洁白、素雅,在餐桌设计和布置过程中起覆盖台布和桌裙的作用。

选用何种质地、颜色、品位的布件必须考虑餐厅的等级、顾客的类型、环境气氛以及布件的耐用度、清洗的难易程度、成本控制因素和以菜单为根据制定的服务方式等。餐厅内的布件根据具体用途可分为以下几类。

① 台布类。台布有各种颜色和图案,但传统、正式的台布是白色的。对于主题

性餐饮活动,台布的颜色和风格的选择可以多样化,不必拘泥于固定的格式。

② 装饰布类。装饰布是指斜着铺盖在正常台布上的附加布巾,其规格一般为100厘米见方或大小与台布面相适应,对于由正方形桌面拼接成的长方形桌必须加铺首尾相连的数块装饰布。圆桌装饰布规格与台布规格相当,覆盖整个台面,铺设角度与台布相错或四边平均下垂贴于桌裙前。装饰布的颜色宜与台布的颜色形成鲜明的对比,使用大红色、绿色、咖啡色装饰布除可装饰美化台面、烘托餐厅气氛外,还能保持台布的清洁。

③ 餐巾和围布类。餐巾是餐桌上的保洁布件用品,餐巾的大小规格不尽相同,边长为50—65厘米见方的餐巾最为适宜,规格小的餐巾则称为鸡尾酒巾。餐巾的颜色可根据餐厅和台布布置装饰的主色调选用,力求和谐统一。围布是指在西餐服务过程中,顾客进食龙虾、意式面条、烧烤、铁板烧等菜肴时,由服务员协助顾客系在胸前的保洁布巾,以防酱汁、油污溅染衣物。围布颜色较艳丽,同时与餐桌台布、装饰布、餐巾等协调一致。

④ 台布垫类。台布垫又称台呢,一般用法兰绒制作,铺设在台布下面,可使桌面显得柔软,放置杯盘不会发出声音;另外,还可延长台布的使用寿命,减轻银器等贵重器皿直接与台面的碰撞和摩擦。

⑤ 桌裙类。对于高档豪华宴会的餐桌、宴会酒吧、服务桌、展示台等必须围设桌裙。具体的方法是:铺好台布后,沿台形桌子的边缘按顺时针方向将桌裙用大头针、尼龙搭扣或揿钮式夹固定。桌裙款式风格各异,裙褶主要有三种类型:波浪形、手风琴褶形和盒形,较为华贵的桌裙还附加不同类型的装饰布件(如印花边或短帷幔,这两种装饰布件又可细分为体现不同国家和民族特色的类型)。

⑥ 其他类。除此之外,餐厅还有服务布巾、托盘垫巾、椅套等其他布件,此外还有以大幅棉质、丝绸质、纱质等布件缝制成帷幔装饰墙壁、镜框、窗帘等也已成为餐饮场景与装饰的时尚和趋势。

(4)餐厅电器设备

电器设备不仅体现了餐厅的档次,而且大大降低了劳动力成本,提高了服务效率,并使得餐饮服务和操作的诸多环节规范化、程序化、标准化程度更高。餐厅常见的电器设备有:

电冰箱(冰柜)。贮存各类需要冷藏的酒水饮料和新鲜水果等,如白葡萄酒、香槟酒、红葡萄酒、软饮料等。

蛋糕柜。陈设各类蛋糕及甜品,柜内配置灯光和制冷恒温系统。圆柱形蛋糕柜中的陈列架具有缓慢转动的功能。

制冰机。制冰机是自动制作冰块的电器设备,制作的冰块形状通常有方形、菱形、圆形三种。

空调系统。大型饭店的餐厅大多采用中央空调系统,不同的季节餐厅的温度通过空调的温度调节开关来调节。

音像设备。音像系统一般由播放音像设备、收视设备、麦克风、扬声器及其连线组成。

此外,还有吸尘器、地板打蜡磨光机、洗碗机、咖啡机、微波炉、消毒柜等电气设备。

(5) 餐厅消防设备

消防设备是餐厅营业、布局必须考虑的。对于高档餐厅应具有自动火警报警及自动喷淋系统、消火栓系统以及必备的灭火器材等消防要求设备。在酒店中的餐厅,常常还有隔离消防钢门将餐厅和其他营业区域加以区隔,在餐厅与厨房之间增设水幕设施,作为防火隔断。

四、餐饮生产安全管理

1. 厨房卫生管理

(1) 原料阶段的卫生管理

食品原料的卫生状况决定着餐饮产品的卫生质量。因此,从原料采购开始就要严格控制卫生质量。必须从符合食品卫生法规的供应商和物流渠道购货,严禁采购有毒的动植物原料。加强原料验收入库时的卫生检查工作,对购进的破损或伤残原料更要严格检查,不符合卫生标准的坚决不予验收。贮存原料要区分性质和进货日期,严格分类贮存,并坚持先进先出原则,防止变质和污染。厨房在领用原料时要认真检验,鉴别优劣。

(2) 菜点生产阶段的卫生管理

一是生产过程的卫生管理。

原料卫生。厨房生产从领取原料开始,鲜活原料接受后,要立即送到厨房加工成半成品进行冷藏保存。冷冻原料出库后,要采取科学安全的方法进行解冻,解冻后及时加工处理。取用罐头食品时应先清洁罐体表面,再用专用工具打开,避免金属或玻璃碎屑掉入罐内。贝类、蛋类原料去壳时,防止表面污物沾染食用部位。容易变质的原料,要尽量缩短加工时间。

配置卫生。菜点配制要用专用盛器,切忌用餐具做配料盘,尽量缩短配份后的放置时间,不能及时烹制的可予以冷藏,需要时取出。

烹制卫生。烹制加热是决定菜点卫生标准的重要工序,要充分杀灭细菌。加热杀菌要考虑原料内部应达到的温度。出锅盛装时餐具要清洁消毒,切忌使用抹布擦盘。

冷菜卫生。冷菜卫生要更加重视。切配成品应使用专用的刀具、砧板和抹布,切忌生熟不分。用具要定期消毒。拼装时尽量简化手法,装盘后不能立即出品的应用保鲜纸封闭,并要冷藏。

二是生产设备的卫生管理。

油炸锅。油炸锅一次使用的时间一般比较长,应定期过滤油中的残渣,每周至少一次把油倒出并清洗油锅。锅体外部每天擦拭一遍。

烤盘。用于做牛排或汉堡包的烤盘,是用煤气或电加热的,它的沟纹会在食品表面烙下印记。烤盘的清洁方法:第一,烤盘受热的表面应用不含盐的混合油剂擦拭,使烤焦而粘附在盘底上的残渣软化。第二,用热水加合成洗涤剂再洗,洗净后用清水漂净,揩干,再用油剂擦拭,以保护烤盘表面。

烤箱。包括利用煤气、电力和微波的各种烤箱。所有撒落下来的食物残渣都应在烤箱晾凉后扫掉。在炉膛内可以用一个刷子去扫,然后用浸透了合成洗涤剂溶液的布去擦。千万不能直接水洗,因为水可以使烫热的烤箱变形或使开关板损坏。也不能用含碱的溶液去洗内膛和外部,以免损坏镀膜或烤漆。

炒灶。炒灶是最通用的炊具,所有溢出、溅出在灶台上的东西都应及时清除,灶面和灶台应每天清洗,每月应疏通一次煤气喷嘴,清除油垢。

蒸箱、蒸锅。每次用完后及时清洗保洁,如果食品碎渣落在笼屉里面,应先用水浸泡,再用软刷刷除。有泄水阀的应打开冲洗水箱。

冰箱及其他制冷设备。冰箱的保洁工作比较容易,每天用含合成洗涤剂的温水洗净抹布擦拭并揩干即可。清洗冰箱忌用有摩擦作用的去污粉或碱性肥皂。蒸发器、冷凝器每月检查一次;冷库地面应每天用抹布擦拭,每月至少去一次霜,去霜时搬离的食物应移存另一冷库,不能使其解冰;制冰机虽然可以结冰,但不宜作为冷藏设备,应每天擦拭一次,每个月把制冰机里的冰清除一次,彻底清洗一遍机器内外。

搅拌机。每次用完后用合成洗涤剂热水溶液擦洗一遍,再用清水冲洗干净,揩干。上润滑油的部件要每月拆洗一次,然后上新润滑油。

锯骨机、切片机、去皮机等每次用完后应清除残渣,及时用合成洗涤剂溶液擦拭干净。

2. 餐饮生产安全管理

(1) 预防跌伤与撞伤

跌伤和撞伤是厨房生产中最容易发生的事故。在厨房中,跌伤与撞伤多发生在厨房通道和门口处。潮湿、油污和堆满杂物的通道及员工没有穿防滑工作鞋是跌伤的主要原因。员工在搬运物品时,由于货物堆放过高,造成视线障碍或职工通过门口粗心大意也是造成撞伤的原因。此外,厨房工作线路不明确及职工不遵守工作规范等也容易造成跌伤和撞伤。

预防措施有:第一,工作人员走路时应精神集中,眼看前方和地面;第二,保持厨房地面整洁干净,随时清理地面杂物,在刚清洗过的地面上放置"小心防滑"的牌子;第三,员工运送货物时应使用手推车,控制车上的货物高度,堆放货物的高度不可超过人的视线;第四,员工在比较高的地方放取货物时,不要脚踩废旧箱子和椅子,应使用结实的梯子;第五,走路时应靠右侧行走,不可奔跑。

(2) 预防切伤

在厨房的安全事故中,切伤发生率仅次于跌伤和撞伤,造成切伤的主要原因是员工工作精神不集中、工作姿势或程序不正确、刀具钝或刀柄滑,通常刀愈钝切割时愈要用力,被切割的食品一旦滑动,切伤事故就会发生。作业区光线不足或刀具摆放的位置不正确等原因,同时切割设备没有安全防护装置也是造成切伤的主要原因。

预防措施有:第一,管理人员认真做好安全和技术培训。第二,管理刀具。经常保持刀刃的锋利,制定持刀制度和程序,保持刀具清洁。第三,员工在接触破损餐具时,应特别注意。第四,在使用电动切割设备前,应仔细阅读设备使用说明书,确保各种设备装有安全防护设备。第五,清洗和调节生产设备时,必须先切断电源,按照规定的程序操作。

(3) 预防烫伤

烫伤主要是因为员工工作时粗心大意造成的。营业繁忙时,员工在忙乱中偶然接触到热锅、热锅柄、热油、热汤汁和热蒸汽是烫伤发生的主要原因。

预防烫伤的措施有:第一,使用热水器开关应谨慎;第二,不要将容器内的开水装得太满;第三,送热汤菜时应注意周围的人群动态。第四,烹调时,炒锅一定要放稳,不要使用手柄不结实的烹调锅,容器内不要装过多的液体,不要将锅柄和容器柄放在炉火的上方;厨师打开热锅盖时,应先打开离自己远的一边,再打开全部锅盖;将准备油炸的食物沥去水分,防止锅中的食油外溢伤人。第五,经常检查蒸汽管道和阀门,防止出现漏汽伤人事故。

(4)预防扭伤

扭伤俗称扭腰或闪腰,员工搬运过重物体或使用不正确的搬运方法会造成腰部肌肉损伤。预防扭伤的措施有:第一,搬运物体时应量力而行,不要举过重的物体并且掌握正确的搬运姿势;第二,举物体时,应使用腿力,而不使用背力,被举物体不应超过头部;第三,举起物体时,双脚应分开,弯曲双腿,挺直背部,抓紧被举的物体。

(5)预防电击伤

电击伤在厨房事故中很少发生,但是电击伤的危害很大,应当特别注意。电击伤发生的原因主要是设备老化、电线有破损处或接线点处理不当、湿手接触电设备等。

电击伤的预防措施有:第一,厨房和备餐间中所有电设备都应安装地线,不要将电线放在地上,即便是临时措施也很危险;第二,保持配电盘的清洁;第三,所有电设备开关应安装在操作人员可控制的方便位置;第四,员工使用电设备后,应立即关掉电源;第五,为电设备做清洁时一定要先关掉电源;第六,员工接触电设备前,一定要保证自己站在干燥的地方,手是干燥的;第七,在容易发生触电事故的地方涂上标记,提醒注意。

(6)防火

厨房是火灾易发地区,火灾危害顾客和员工生命,也会造成财产损失。因此,厨房防火是非常必要的。厨房防火除了要有具体措施外,还应做好培训工作,配备必要的消防设备,使厨房工作人员了解火灾发生的原因及防火知识。

案例分析 1

和合谷:探索烹饪工业化

早在20世纪70年代末,钱学森就提出了"烹饪工业化"的理念,而北京和合谷餐饮管理有限公司就是一家践行钱老理念,致力于探索烹饪工业化道路以实现健康中国人使命的中式快餐企业。和合谷在 2004 年成立之初就按照工业化思路建立了自己的中央厨房,并与店铺的终端厨房相互配合、互为补充,实现了产品的统一标准、统一加工、统一配送、统一管理,使产品的标准化、工业化生产成为可能,为产品的质量稳定、口味独特统一提供了充分的保障,保证了和合谷连锁经营和无限复制的能力,为公司的快速发展奠定了坚实的基础。

一、配送加工中心建设严格

和合谷配送加工中心的建设严格按照 ISO 22000(HACCP)食品安全体系和食品加工厂设计规范的要求进行设计、建造。配送加工中心按照功能分为员工休息区、更衣沐浴区、冷加工区、热加工区、面食加工区、包装区、常温库房、低温库房、备货区等区域,并设立了采光、通风、防虫、防蝇、防鼠、清洁、废水处理、垃圾存放和处理等设施,各区域规定了人流、物流走向,以避免交叉污染。配送加工中心的管理严格遵照 ISO 9000 质量管理体系、HACCP 的关键点控制,同时结合食品安全体系和 6T 卫生管理的要求;加工间实行分组管理。加工组内实行岗位互保互联,根据公司 45 家店铺的销售需求,保质保量地完成加工、配送产品的任务。

和合谷配送加工中心分为物流中心和加工中心两大部分。

物流中心主要负责原辅料的采购、进货、验收、仓储管理等,配有常温库、冷藏库、冷冻库等基础设施。物流中心通过信息化、智能化的系统科学管理库存,保证了原料、辅料库存量在最低库存和最高库存范围内;通过订配货系统并采用固定的第三方物流进行冷链运输,为店铺配送所需产品和其他货品。

加工中心主要分为生加工区、熟加工区、面食加工区及包装区。生加工区负责原料的预处理,主要对原料进行解冻、分选、切制、腌制、分装等。熟加工区主要负责各种流汁、酱料的熬制,各种粥类、汤类的煮制,砂锅类产品的炖制等各种由生变熟的加工制作。面食加工区进行面团的制作、醒发,加工面条、无公害油条、包子等产品。包装区分为热灌装间、冷灌装间、灭菌间、冷却线,主要对加工产品进行分装或灌装、封口、灭菌、冷却等。

二、集中采购加工保证食品安全

品牌供应,保证原材料品质。作为一个中式快餐企业,必然需要用到种类繁多的原材料,和合谷所有原材料均集中采购,直接与国家认证的大型品牌原料供应商合作,精选业内公认的最优质的原材料,从源头上保证原材料的品质。并且由于进货量大,还可以对原料的规格标准、产品质量、送货时间和方式等提出特殊要求,以保证产品的新鲜、优质,为产品质量的稳定和可靠提供了保障,同时还可降低企业原材料成本,提高品牌的市场竞争力。

通过 ISO 9000 质量管理体系和 HACCP 食品安全体系的建立,切实保证食品安全。和合谷建立了一套完整的安全控制体系及危害预防措施,并经过科学分析制定了五个关键控制点(即原辅料验收、容器具消毒、灭菌、煮制和金属检测),分别对不同的关键点设立了关键限值、监控方法及频率、纠偏措施,真正对影响食品安全的关键因素和重点环节进行了规范管理和全面控制。

首先,在原材料的遴选、采购、验收、入库、使用等方面制定了详细的技术要求和标准。每次食品原料来货,都会对运输车的卫生状况、肉类的检疫证明、货品包装和标志及生产日期等进行检查,验收合格后才将原材料登记入库,并按照"先进先出"的原则使用。其次,对产品的生产过程设置了自查、抽查、质量部检查三个层次的监控,内容包括人员和环境卫生、员工操作、原料配料、加工时间和温度等,对于最终的产品还会抽查产品的味道、颜色、状态、重量、包装等。这样层层把关,就是为了确保第一时间发现并反馈存在的问题,及时采取措施,切实保证食品的质量和安全。

三、规模定制标准化生产

规模定制,确保生产与需求相结合。和合谷配送加工中心通过自主研发的数字化物流管理系统,实现了整个配送加工中心与店铺之间、配送加工中心内部的物流中心与加工中心之间的电子化、智能化衔接。店铺每天通过系统将订货表发送到物流中心,系统自动产生各需加工产品的数量及配货总量,并将加工任务单传达到各加工组,加工中心根据各产品的保质期及店铺定制的产品和数量合理安排调整生产量,这样将加工生产与店铺需求真正结合起来,既保证了店铺的销售供应,又做到了大部分产品尤其是保质期较短的产品实现零库存,保证了产品的质量和最佳口感。

标准化生产,确保品质万遍如一。作为快餐连锁店,必须保证任何时候、任意一家店铺售出的产品口味都是一致的,而这必须依靠标准化生产来实现。和合谷每个产品的生产制作都有一个标准技术文件,其中规定了原料配料、加工方法、工艺顺序、加工温度和时间等,而员工只需按照设定的标准进行操作,就能消除传统餐饮依靠掌勺厨师而造成的人为因素的影响,保证生产出的产品的质量和口感万遍如一。

四、应用独特工艺创新先进技术

以独特的工艺保证产品特色。和合谷的产品都是自主研发的,每一样研发的产品都经过了科学的搭配、精确的测算和无数次的试验,从而形成了自己独特的配方和加工工艺。加工中心严格按照配方和工艺进行加工制作,生产出和合谷独具特色的产品,如和合谷广受欢迎的宫保鸡丁、东坡肉等,以独特的口味赢得了广大消费者的青睐,罗汉上素、麻婆豆腐也成为了同行业中独树一帜的特色产品。

不断引进先进设备,进行技术创新,保证生产技术的先进性和独特性。加工中心配备了先进进口设备,通过对设备的调整和创新使用实现了一机多能生产,为和合谷产品的多样化、大批量生产提供了有力保证;现代化的自动灌装机的引进使加工中心灌装产品的温度保证在了85度以上,且采用封闭管道在无菌环境下进行包装,大幅提高了灌装的精确度和速度,保证了产品的质量和安全性;自主研究设计了低温冷却线,采用链式传送和循环制冷形式,使冷却的效率比常规冷却提高了三倍以上,充分保证了产品质量和安全。

五、处处低碳践行环保

作为获得"北京十大商业品牌·环保创新奖"的唯一一家餐饮单位,和合谷切实将低碳落实到了各个环节。一是在配送加工中心广泛使用光效高、寿命长、无污染的LED灯,节能达85%以上,一年能节约用电55358度。二是配置安装了集热式太阳能设备,探索利用资源丰富且清洁无污染的太阳能,给加工车间提供各种清洗工作所需的热水,热效能显著,做到节约用电。三是从采购环节便严格把关,坚持净菜进后厨,这样筛选食材产生的大量垃圾被留在原产地,可直接或经过处理充当肥料;对产品进行工业化、规模化加工提高了原材料的综合利用率,最大程度地减少了原材料的浪费和餐厨垃圾的产生。四是启动了废油回收机制,委托具有合格资质的废油回收处理厂对加工中心及店铺加工制作过程中产生的废油进行集中回收、统一处理,进行资源化利用,变废为宝,同时还能避免造成资源浪费和环境污染。

案例来源:《中国餐饮产业发展报告(2011)》,社会科学文献出版社2011年版。

案例讨论

1. 案例企业原材料管理的关键环节是什么？

2. 案例企业的生产管理启示是什么？

3. 餐饮工业化发展的趋势是什么？

案例分析 2

中央厨房的新理念与新趋势

中央厨房是现代快餐的工业基础，它已成为快餐业的一种新型实用的运行模式；建立中央厨房运行系统，是团餐业突破标准化、工业化瓶颈的有效途径。

一、中央厨房的定义

中央厨房实际上是一个由硬件设施与软件管理组合而成的运行系统，是一种经营模式。从硬件方面而言，中央厨房（或称加工配送中心、中央工厂）相当于一个特殊的工厂：该工厂由若干生产车间、公用系统及辅助部门所组成。每个车间又由若干功能区域组成，分别具备生产加工功能、能源设施功能及辅助功能。见图1。

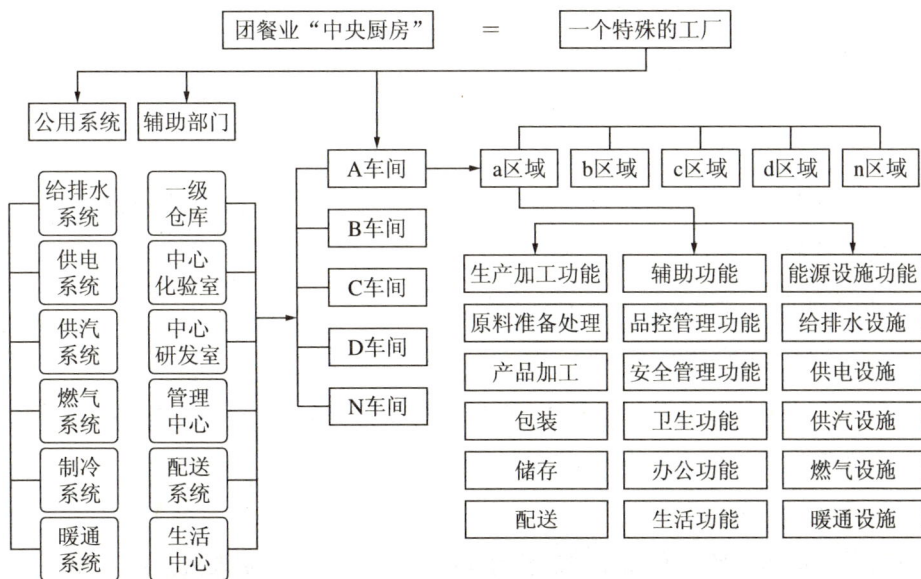

图1 中央厨房硬件系统

从软件方面而言,中央厨房是一个完整的管理体系。它是企业的理念、链条、方法及功能的组合,是核心能力组织实施的保障。一般由总部管理、中央厨房及物流中心管理、多业态客房管理三大管理体系组成。见图2。

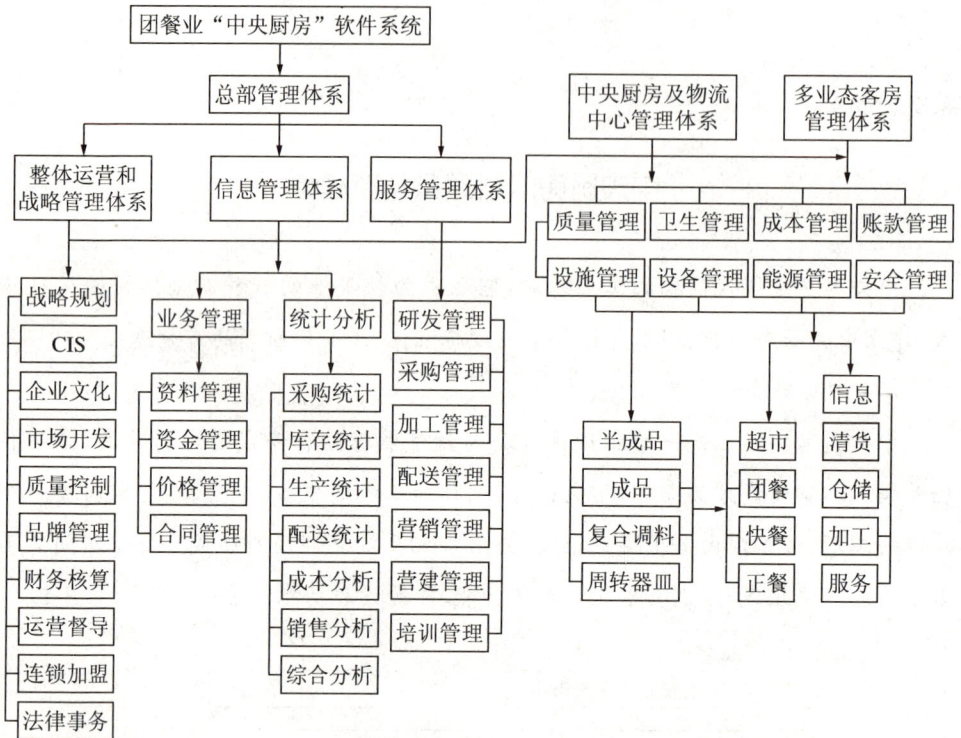

图2　中央厨房软件系统

中央厨房的定义可表述如下:中央厨房是一种由设备设施硬件系统和管理软件系统组成的,体现标准化、专业化、集约化、产业化生产特征的,进行量化生产的工业化、多元化的食物加工系统及运营模式。

二、中央厨房的现代特征

团餐业的经营特点与技术难点,决定了中央厨房具备标准化、专业化、集约化、产业化等现代快餐生产的特征。

1. 标准化特征

团餐业所面对的客户往往对供餐的口味及花色品种十分敏感。中式菜肴品种繁多,烹饪工艺(炒、煮、蒸、炸、烤)十分复杂。如何通过标准化工业化生产来保证产品色、香、味、形及温度等方面的要求,已成为团餐生产的问题之一。随着生产规模的扩大,使得团餐的生产时间、配送时间、消费者食用时间,很难匹配、控制和保证。如何保证食品安全卫生一直是团餐业另一个值得关注的问题。

为了解决上述两个问题,团餐企业的中央厨房在原料、工艺、产品、服务等环节中,充分体现了标准化的特征。根据服务标准制定产品标准,根据产品标准制定工艺标准及原料标准,为中式团餐冲破标准化、工业化批量生产的瓶颈奠定了基础,能否体现标准化特征是检验中央厨房设计成败的标准。

2. 专业化特征

为了保证标准化特征的实现,团餐业的中央厨房必须在设施、设备、人才、管理等环节中,充分体现专业化的特征。专业化的生产硬件和专业化的管理软件,在专业化人才操纵之下,真正形成标准化、工业化、大批量生产、大批量定制的多元化的食物加工管理系统及运营模式。

3. 集约化特征

生产规模大是团餐业最大的特点。无论是企业员工餐、高校供餐、学生营养餐,还是其他业态的团餐,生产规模都在 5000 份/班产以上,甚至班产可达几万至十几万份。由于生产规模的扩大,原料的供应量、储藏量、切配量随之加大。加热调理量、配餐量、配送量、销售量以及餐具洗涤、消毒、保管量变得十分巨大。因此,团餐业的中央厨房必须在采购、加工、配送、销售等环节中充分体现集约化的特征,为工业化批量生产的低成本运行、高标准化的质量奠定基础。

4. 产业化特征

"从田间到餐桌、从种子到筷子"是团餐业产业链的理念。团餐业的中央厨房运行模式充分体现了产业化的特征。种植业与养殖业、蔬菜禽蛋水产品加工业、粮油加工业、调味品加工业为餐饮业的发展提供了原料保证;冷冻冷藏保鲜业、物流及冷链物流业为餐饮业的发展提供了流通保证;中餐生产装备制造业、食品包装材料及包装机械业为中餐工业化提供了硬件设施及设备;计算机及信息业为中餐工业化提供了管理软件。

三、中央厨房的分类及其特点

随着大众餐饮业的发展,团餐业中央厨房的分类越来越具有针对性。团餐业中央厨房按业态多少可分为单一业态的专业性中央厨房及多业态的综合性中央厨房。单一业态的中央厨房服务对象单一,专业性强,规模适中;多业态的中央厨房服务对象较多,投入大,规模大,功能齐全,综合性强。

团餐业中央厨房按服务对象可分为企业员工餐、学生营养餐、高校供餐、铁路供餐、航空供餐、部队供餐、医院供餐、社区供餐等类型。

团餐业中央厨房按主要工艺流程特点可分为全热链型、全冷链型以及冷、热链混合型中央厨房。

四、团餐业关于中央厨房的最新理念

先有市场,后有工厂。中央厨房是现代快餐业的工业基础。在何时建立中央厨房运营模式,往往是令团餐业困惑的难题。所谓"先有市场,后有工厂"的理念,是许多快餐业的经验之谈。团餐业,以自投资金、滚动发展为主,中央厨房的建立、规模和功能一定要以市场为导向,要遵循规模适度、投入适度的原则。

产品设计优先。即在设计建造中央厨房之前,要优先考虑品种、产量及工艺。要明确做什么? 如何做? 拿什么做? 做到有的放矢。这是中央厨房设计的第一依据。

产品模块化设计。中式菜肴在以下几个方面还满足不了市场需求:产品多样化、个性化、差异化受到制约;对市场及消费者的需求快速反应受到制约;菜肴标准的制定工作量庞大,产品设计周期长,难以形成产品系列。

为了寻求一个缩短设计周期、快速创新、高效开发、形成系列的有效方法,从而导入产品模块化设计理念,在产品设计阶段就要考虑产品范围与生产规模的经济

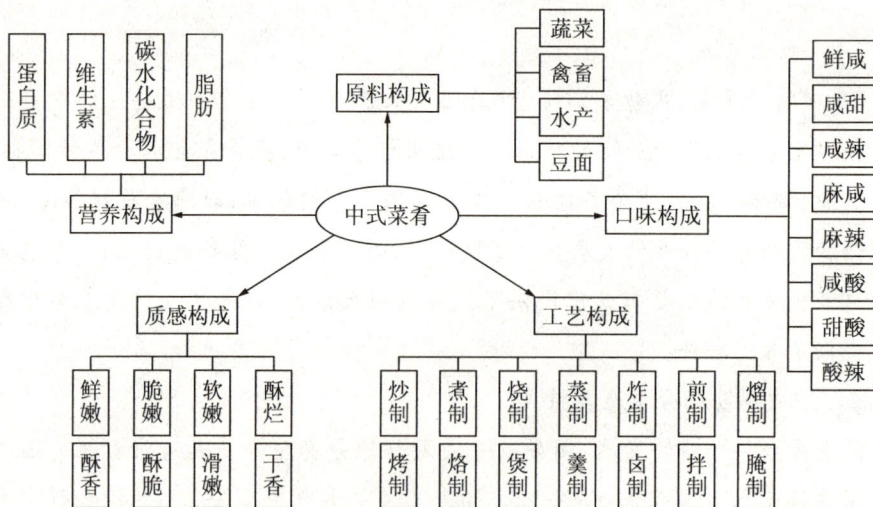

图3　中式菜肴结构分析

性,建立合理的产品系列结构,而不是单个产品的设计;设计过程扩展到设计、生产、销售、服务等整个增值链的各个环节;将产品分解为多种标准化的模块,进行不同组合,形成产品系列和产品簇,达到产品多样化、生产快速化、创新简便化的目的;在既定生产技术条件下,满足个性需求而又不丧失规模生产的成本优势。完成产品模块化设计的步骤,要对菜肴进行结构分析,找出设计依据及影响因素,优化菜肴结构,并完成标准化工作,这是模块化的基础。见图3。

案例来源:《中国餐饮产业发展报告(2011)》,社会科学文献出版社2011年版。

案例讨论

1. 中央厨房的模块设计思路。
2. 中央厨房对中餐生产有哪些影响?
3. 中央厨房的发展趋势。

练习思考

1. 食品原材料采购的方式和程序是什么?
2. 食品原材料验收的程序是什么? 如何控制验收?
3. 食品原材料库房管理程序是什么? 如何控制库房?
4. 餐饮产品生产管理有什么特点? 如何实施标准化管理?
5. 餐饮产品加工过程管理包括哪些内容?
6. 中餐制作过程如何管理? 西餐制作过程如何管理?
7. 厨房布局包括哪些类型? 厨房设计的基本原则包括什么?
8. 餐厅布局的原则是什么? 餐厅规划的基本内容包括哪些?

实训作业

考察一家餐厅的厨房,分析其设计布局合理与否;查找相关资料,分析中餐菜系的不同特点。

第七章

餐饮服务管理

第七章

学习要点

了解和掌握餐厅服务流程的主要环节,中餐、西餐零点服务过程的主要特点,酒水服务的基本要求,酒水服务过程管理方法,以及宴会经营的特点和宴会服务管理的主要内容。

基本概念

餐厅、服务、酒水、宴会

第一节　餐厅服务流程管理

餐饮业是典型的服务行业,通过有形产品与无形服务相结合向消费者提供综合性的餐饮服务来实现经营活动。餐饮经营活动的重要场所是餐厅,这也是消费者接受餐饮服务的重要场所。

一、餐厅服务管理的基本要求

1. 餐厅及餐饮服务

餐厅是通过提供菜品、酒水和服务来满足顾客饮食、精神及心理需要的经营性场所。因此,餐厅既是餐饮经营者为顾客提供餐饮服务的场所,也是餐饮消费者消费餐饮产品的地点,餐饮服务主要体现为餐厅服务。

（1）餐饮服务的一次性

餐饮服务的一次性是指餐饮服务只能当次使用,当场享受,不能被储存以备后用。表现在餐饮服务不能被保存以应对将来之需。顾客对所接受的服务的感受同样是一次性的,不存在事后弥补的问题。虽然仓库可以储存酒店在数月内所需的食品原料,但厨房却不能在一天内生产一周营业所需的餐饮产品。同样,餐厅服务员由于闲暇无事而浪费掉的时间,也不可能延迟到第二天再使用。

（2）餐饮服务的差异性

餐饮服务包含大量的手工劳动,员工的工作态度、技能技巧各有不同,因此,餐饮服务不可避免地产生质量和水平上的差异。餐饮服务的差异性是指同一家餐厅所提供的服务存在着较大差异,具体表现为同一员工在不同的时间、不同的场合或对于不同的服务对象所提供的同一餐饮产品或服务往往水平不一,质量不同。

（3）餐饮服务的无形性与有形性

餐饮服务具有无形性的特点。餐饮服务只能在顾客购买并享用餐饮产品后,凭借生理和心理的满足程度来评估其质量的优劣,所能带走的也只是服务产生的效果,即服务对顾客所产生的生理、心理、感官上的作用和影响。同时餐饮服务又是有形的,顾客品尝的菜肴、酒水是有形的产品。

（4）餐饮服务的直接性

餐饮服务的直接性表现为餐饮产品的生产、销售、消费是同步进行的。餐饮产品的生产过程,实际上就是产品的销售过程和顾客的消费过程。餐饮服务同步性决定了餐饮产品不可储存,同时也决定了顾客参与餐饮产品的生产过程。

2. 餐厅服务的基本要求

（1）环境优美舒适

用餐环境本身是餐厅服务的重要内容,是让顾客获得良好的物质享受和精神享受的前提和基础。为此,餐厅要做到环境优美、布置典雅。

第一,突出主题。主题是餐厅环境布置的主调和灵魂,它反映餐厅总体形象,形成餐厅风格,餐厅类型不同,环境布置的主题也不完全一样。

一是根据餐厅性质确定主题。餐厅性质是由餐厅所提供的产品类型决定的。中餐厅环境布置的主题必须是中国风格,反映中华民族文化特点。西餐厅环境布置的主题必须是西洋风格,反映西方民族文化特点。

二是根据餐厅饮食风格选择主题。餐厅性质只能确定环境布置的主题分类,为此,环境布置的主题选择还要在餐厅性质分类的基础上,根据不同餐厅的饮食风味来确定。同是中餐,广东风味的餐厅应突出岭南风格,具有广东地区的地方文化特色;四川风味的餐厅应突出巴蜀风格,具有四川地区的地方文化特色。

三是根据餐厅具体名称安排主题。餐厅环境布置要突出主题,还要同餐厅的具体名称结合起来,才能形成本餐厅的独特风格。

四是用装饰深化主题。字画、条幅、图案是餐厅环境布置的重要装饰手段,它和色彩、灯光及装饰手法结合,可以形成美好形象,深化主题。

第二,装饰和谐。餐厅主题是通过餐厅装饰布置来体现的,装饰要美观,并与餐厅主题相协调,以突出餐厅特点。

一是装饰方案设计要符合主题要求。餐厅装饰的主题一经确定,装饰方案设计就要围绕主题来展开。

二是装饰手法的运用要突出餐厅特点。装饰手法主要体现在天花板、墙面和地面的装修材料运用和家具造型的选择及陈设运用上。

三是家具陈设要体现餐厅风格。餐厅家具及设施的选择要与餐厅性质及风格相协调,陈设布置要进行空间分割和平面处理,要根据餐厅的主题要求来确定,才能形成餐厅的具体风格。

第三,装饰格调要高雅。格调是餐厅环境布置的规格和基调。它和餐厅环境布置的主题特点相结合,形成餐厅形象吸引力。

一是格调高低要和餐厅等级规格相适应。不同类型、不同档次的餐厅有不同的格调。西餐扒房档次最高,中餐宴会厅和宫廷餐厅规格最高,其格调高雅、豪华。大众餐厅、快餐厅等普通风味餐厅格调要求相对较低。

二是装饰布置要烘托餐厅气氛。通过色彩、灯光、服饰、配饰、配件等来突出餐厅气氛。有形的气氛要通过餐厅的位置、外观、景色、装饰、构造、布局来营造;无形的气氛要通过餐厅文化、服务人员的行为规范来体现。

(2) 餐具清洁规范

餐厅用品齐全、用具清洁规范既是满足顾客消费需求的必要条件,也是餐厅服务的基本要求。

第一,主要餐具用品齐全。餐厅的杯、碗、盘、勺必须配备齐全,成龙配套,并且要在品种、规格、质量、花纹上做到美观、舒适、统一、协调。

第二，辅助用具配备完善。餐厅的台布、口布、餐巾等要配备齐全，同餐厅等级规格相适应，台布、餐巾要翻台必换，口布要每次消毒。此外，餐牌、菜单、五味架、开瓶器等服务用品也应齐全、整洁，便于随时为顾客提供服务。

第三，餐饮用品每次消毒。餐厅各种餐具、茶具和用品是顾客共同使用的，为保证清洁卫生，防止疾病传染，必须按规定每用一次，消毒一次，保证餐具用品的清洁卫生。

（3）菜肴鲜美可口

餐厅顾客前来用餐，其物质享受主要体现在饭菜质量上，菜肴可口、味道鲜美且富特色是餐饮服务的关键环节。

第一，餐厅与厨房密切配合，确保饭菜色香味形。

饭菜质量主要取决于厨房生产质量和餐厅与厨房的配合。餐厅在点菜销售过程中，要掌握顾客对质量、花色品种与时间的要求，及时将顾客的消费要求准确传达到厨房。厨房生产人员要严格遵守操作程序，采用标准化生产，按照产品风味和点菜单的内容和顺序组织烹调制作，每个品种都要严格遵循投料、用料标准，掌握好火候，确保饭菜色香味形。

第二，产品品种齐全，满足顾客不同需求。

餐厅顾客的消费需求是多种多样的。为此，餐饮产品销售必须做到种类适当，品种齐全，以满足顾客的多种消费需求。随着市场需求和季节的变化，花色品种还应适时调整，不断推出特色菜、时令菜，以满足各种类型的顾客多层次、多方面的消费需求。

第三，产品价格合理，饭菜档次多样化。

餐厅顾客的消费水平和支付能力是各不相同的，为满足顾客多层次的消费需求，餐厅各种餐饮产品的价格要合理，饭菜档次要多样化，热菜、冷荤、汤类、生猛海鲜类、主食类、酒水饮料要齐全，价格要形成不同的档次。对于较高档次的餐厅来说，价格较贵的高档菜应保持在25％至30％左右，中档菜保持在40％至45％左右，低档菜保持在20％至25％左右，以满足不同类型顾客的点菜需要。

（4）操作规范标准

服务周到、主动热情、操作规范是餐厅服务水平的重要体现，也是餐厅服务的基本技能要求。

第一，主动提供服务。服务意识是服务态度的本质表现，是对服务工作的主观认识。主动表现为主动迎接、主动问好、主动引坐、主动推销餐饮产品、主动介绍产品风味、主动征求顾客意见。

第二，尊重顾客需求。礼节礼貌是餐厅服务质量的基本要求，服务过程中要尊重顾客的风俗习惯和饮食爱好，正确运用问候礼节、称呼礼节、应答礼节和操作礼节。同时讲求语言艺术，要做到态度和蔼、语言亲切，讲求语法语气，注意语音语调，避免与顾客争论。尊重顾客需求，给顾客以舒适感、亲切感。

第三，提供规范服务。餐厅餐饮产品销售是按一定服务程序来完成的。餐厅种类不同，销售方式也不同，服务程序的具体内容也不完全一样。餐饮服务工作要做好现场管理，加强督导检查，向顾客提供规范化、系列化和程序化的服务。

第四，体现餐厅服务文化。服务人员的仪容仪表既体现餐厅形象又体现餐厅服务的行为规范，同时也是餐厅经营文化的具体体现。服饰统一、着装规范、行为得体、操作专业是餐饮服务的基本要求。

餐厅服务的要求是多方面的，上述要求最终都要通过顾客的用餐感受来体现，它集中表现为顾客的满意程度。

二、餐厅服务流程管理的主要环节

餐厅服务具有很强的顺序性，每个环节的衔接很重要，抓住主要环节，并做好衔接是提高餐厅服务效率的重要途径。

1. 餐前准备管理

餐前准备是餐厅服务管理的前提和基础，包括管理人员和服务人员的心理准备和业务准备。

（1）了解客源，组织安排

掌握团体、会议和包饭客情。要掌握每个餐次用餐顾客的人数、标准、国籍、生活习惯和宗教信仰以及开餐时间和任务量。因宗教信仰和生活习惯不同有特殊要求的顾客，要提前做好安排，提供特殊服务。

掌握零点餐厅客情。要预测客源变化，预测就餐人数和顾客对不同餐饮产品的喜爱程度，以便开餐过程中有针对性地做好客源组织，扩大产品销售。

做好人员组织工作。在预测就餐人次的基础上，提前安排好服务人员的班次，确定每个班次的人数，明确每个区域的责任，同时，要落实迎宾领位、铺台服务、清扫卫生、开单点菜、跑菜和酒水服务等具体工作任务。

员工做好业务准备。员工要熟悉菜单的内容，正式开餐前，对重点推销菜、时令菜、季节菜、特式菜肴，要熟悉产品名称、主要原料、制作方法、产品价格和风味特点，以便有针对性地向顾客推销，扩大产品销售。

(2) 餐厅布局，整理环境

餐桌椅摆放。餐桌椅摆放要美观舒适，一般餐厅靠门边和四周摆 2 人台和 4 人台，中间摆 8—10 人台，咖啡厅摆 4 人台或 6 人台。餐厅进门处摆花坛或屏风，四角或适当位置摆盆栽或盆景。桌面摆放要整齐、美观、疏密得当，便于顾客进出，形成美好的桌面构图形象，给顾客以舒适感。

餐厅清洁卫生。要每餐清扫，桌椅擦拭干净，墙面、地面保持清洁，门窗和玻璃每餐擦拭，天花、墙角、高处玻璃、灯饰定期循环清洁，餐茶用品每餐消毒、清除油腻，台布、口布每餐换新，香巾每次消毒。整个餐厅卫生要和桌面布局结合，形成优良就餐环境，才能正式接待顾客。

(3) 准备用品，保证服务

餐茶用品的准备。正式开餐前，要组织服务人员准备好各种餐具、茶具、酒具和服务用品，做到各种餐茶用品数量适当、摆放整齐、清洁卫生、取用方便。跑菜、送菜所用的小推车、托盘和餐茶酒具都要经过严格的检查，以保证正式开餐后的需要。

服务人员的用品准备。正式开餐前，服务人员要准备围裙、点菜单、开瓶器、火柴或打火机，并检查桌号牌、牙签、烟缸等的位置摆放是否适当。同时，还要搞好个人卫生，整理着装、仪表。女服务员要化好妆，才能为正式开餐做好各项准备工作。

餐厅准备效果的检查。上述各项准备工作完成后，管理人员要逐一做好检查。如菜单是否熟悉，桌面布局是否美观舒适，清洁卫生是否达到标准，各餐室和服务人员的各种餐茶用品和服务用品是否准备恰当，服务人员的着装、仪表和个人卫生是否符合要求等。

2. 铺台服务管理

餐厅铺台种类主要有中餐铺台、西餐铺台、自助餐铺台以及冷餐会和鸡尾酒会铺台等四种。铺台方法一般是按照铺台布、放转盘(中餐)、摆餐具和口布叠花、拉座椅、摆花草、查台面等工作步骤进行的。其重点要抓住三个环节：

(1) 明确餐厅类型和销售方式，掌握铺台标准和要求

餐厅类型和销售方式不同，铺台服务的标准和具体要求也不同。如中餐铺台

和西餐铺台,其台型、餐具、铺台的具体方法和标准都不完全相同;自助餐铺台和冷餐会、鸡尾酒会铺台,其铺台方法和要求也有较大区别。为此,管理人员在组织铺台服务时,要根据餐厅产品销售类型和服务档次规格,组织服务人员按照其标准和要求做好铺台服务。

(2) 准备台面和用品,组织服务人员做好铺台服务

正式铺台前,要准备好台面,设计好台型,同时做好台布、口布、餐茶用品、必要设备和接手桌及其用品等各方面的准备工作。为此,餐厅经理要先提出方案,然后按照铺台程序指挥服务人员做好铺台服务工作,其具体方法是:

第一,铺台布。根据台面要求选择不同的台布,将折线居中,凸面朝上,四角下垂 4—5 厘米。

第二,放转盘。方台、西餐长台不放,8 至 10 人的圆台放转盘。转盘位置居中,四周间距相等。

第三,摆餐具。根据中餐、西餐、冷餐会、鸡尾酒会铺台的具体标准和要求摆放。各种餐具的具体位置和要求不同,又以宴会铺台规格最高。此外,自助餐、冷餐会、鸡尾酒会在摆餐具的同时还要摆菜台和酒台。

第四,口布叠花。口布叠花有植物造型、动物造型和实物造型三大类,其花型有几百种。主要运用整、叠、推、卷、翻、穿、提、拉等手法,将口布叠成一定花型,插在口杯中或放在盘中或桌面上,使台面美观、舒适。具体采用什么花型,要根据餐厅铺台规格和产品销售方式确定。

第五,摆花草。一般餐厅摆放花瓶,点缀环境;重要宴会餐厅摆放花坛或花环,以突出宴会规格。

第六,拉座椅。桌面铺台完成后,将座椅摆放在台面四周,做到对称统一,整齐美观,由此完成餐厅铺台服务工作。

(3) 检查铺台质量,保证铺台效果

做好铺台服务的组织工作,管理人员的工作重点是指挥服务人员铺台,检查铺台效果,保证铺台质量。由于餐厅铺台分为中餐、西餐、自助餐、冷餐会、鸡尾酒会等多种铺台,其质量标准不完全相同。为此,管理人员要按照不同的标准来检查,保证铺台效果。

3. 迎宾领位管理

迎宾领位是餐厅餐饮产品正式销售的开始。迎宾是指迎宾员在餐厅门口迎接

顾客,领位是迎宾过程的延续,迎宾员将顾客带到合适的位置就坐。

（1）选好迎宾领位员,明确工作职责

餐厅要挑选素质较高的服务员担任迎宾领位工作,明确其工作任务。迎宾领位员的基本素质要求是:服务态度端正,有强烈的服务意识,外形条件较好,同时注重仪容仪表和形体语言,有良好的礼貌修养,能耐心周到地为顾客提供优质服务,还要具有一定的英语口语表达能力。其主要工作职责是:开餐前同服务人员一起做好餐前准备,搞好铺台服务和清洁卫生,正式开餐后,在餐厅门口迎送顾客,调度客流,提供迎宾领位服务。

（2）检查着装仪表,准备迎接顾客

正式开餐前,管理人员应检查迎宾领位员的着装仪表,做到着装整洁、仪表端庄、精神饱满,同时,要强调个人卫生,不吃异味食品,并提前5分钟到达工作岗位,热情大方地准备迎接顾客。

（3）主动迎送顾客,提供优质服务

正式开餐后,迎宾领位员要主动热情地迎送顾客,协助餐厅经理做好顾客调度和协调。其基本服务方法是:

第一,主动迎接。顾客来到餐厅门口,要主动迎接问好、了解人数和有无订座、订餐,接挂衣帽和手提包。迎接顾客时,要注意按照"先主宾后随员,先女宾后男宾"的顺序迎接顾客。宴会厅、西餐扒房等高档餐厅的VIP,要先引到休息室,请服务人员提供茶水或餐前鸡尾酒服务。

第二,引客入座。将顾客引到餐厅餐位,引客入座时要注意餐厅不同区域的忙闲程度,根据餐厅餐位利用情况,合理调度客流,协调餐厅服务员工作,加快餐位周转。同时要根据顾客消费心理引导顾客,其一般规律是:商务散客多喜边角餐位,谈生意的顾客多喜靠窗餐位,团体聚餐顾客多喜居中餐位,恋爱情侣顾客多喜安静的餐位,带小孩的顾客应安排在靠角边餐位。将顾客引导到餐位后,主动拉椅让座,并介绍给桌面服务员。

第三,热情送客。顾客入座后,用餐服务由桌面服务员负责。用餐完毕,迎宾领位员要主动热情地送别顾客,征求意见。将顾客送到门口,递还衣帽、手提包,欢迎顾客再次光临,主动向顾客告别。

4. 用餐服务管理

顾客用餐是餐饮产品服务管理的中心环节,是提供优质服务、扩大产品销售的最终体现。点菜服务和餐间服务是用餐服务的关键环节。

（1）点菜服务

服务员热情问好，先送香巾、茶水和菜单，然后等候点菜、记录、询问及回答顾客问题。

第一，分析顾客心理，判断顾客需求。要从顾客的服饰、神态、举止、风度和进入餐厅时的表情等分析顾客的消费心理，判断顾客的身份、地位、职业和消费水平，以便有针对性地为顾客提供点菜服务。

第二，了解顾客嗜好，主动推销产品。点菜时要询问顾客的需求，了解顾客的嗜好。对于回头客或常客，要记住他们的姓名、饮食爱好、生活习惯或禁忌，坚持一般推销、重点推销、特别推销和酒类推销相结合。询问要清楚，开单要准确，报价要合理，算账要迅速，使顾客感到亲切、舒适、符合消费需求。

第三，迅速传单和上菜，做好桌面服务。开单点菜完成后，迅速将点菜单转给备餐室传入厨房。跑菜员要准确及时地将顾客点菜送到接手桌或餐桌，桌面服务员要严格遵守操作程序，做好斟酒、上菜和派菜服务。照顾好每一桌顾客，做到主动、热情、礼貌、耐心、周到。

（2）餐间服务

餐间服务是餐厅服务中时间最长、环节最复杂的过程。包括送点菜单、传菜、上菜、介绍菜品、更换餐具、倒茶斟酒、加工菜肴、更换食品、回答问话、提出建议、附加服务等。

第一，加强巡视检查，做好现场指挥。顾客用餐过程中，各项服务工作主要由服务员完成，餐厅经理或领班要加强巡视检查，做好现场指挥。其主要工作内容和组织方法是：检查餐厅服务员是否坚守工作岗位和严格遵守操作程序；协调餐厅各个服务区域的忙闲程度、调度客流；督促服务员做好翻台（客流量较大时）服务；处理顾客投诉；高峰时加强餐厨联系，提高上菜速度和餐位利用率；纠正服务员斟酒、上菜或派菜中可能发生的错误，亲自为重要顾客提供服务等。

第二，把握餐厅气氛，保证服务规格。顾客用餐服务过程的组织要十分重视餐厅服务气氛，特别是高档餐厅常常提供钢琴伴奏、名曲欣赏和文艺演出等服务。餐厅现场组织工作的主要内容是：根据需要适时调节灯光，指挥服务员适时上银器烛灯，做好钢琴伴奏、名曲演奏、文艺演出的协调工作，处理演奏过程中的特殊情况，接待好有关演奏人员等，要使顾客在用餐过程中享受到环境舒适、气氛高雅、心情愉快的优质服务。

5. 餐后服务管理

餐后服务既是餐饮产品销售管理的结束，也是下一餐销售管理的前奏。包括结账、送客、清理台面。

（1）善始善终，接待好最后一位顾客。在餐厅销售过程中，对最后一分钟用餐的顾客也要热情服务。顾客用餐结束，必须在最后一位顾客吃完后才能收盘收碗。要坚持善始善终，使顾客带着享受优质产品和优良服务的美好回忆离开餐厅。

（2）准确收款结账，欢迎顾客再次光临。顾客用餐快结束时，服务人员要准备好账单，礼貌地请顾客付款，对挂账签单的顾客，要核对账款，请顾客签字。收款员和餐厅服务员要密切配合，通力合作，防止发生差错。顾客离开餐厅要主动征求意见，拉椅送客，递送衣物，欢迎顾客再次光临。

（3）指挥服务员做好收盘收碗，整理餐具、用具。顾客离开餐厅后，要组织服务人员迅速整理好餐茶用具，搞好餐厅卫生，准备迎接下一批顾客。

三、中餐零点服务过程管理

在餐饮经营中，对散客的餐饮服务称为零点服务，零点服务强调顾客个性化需求及个性化服务。中餐零点服务过程管理的工作要点包括：

1. 餐前准备工作要点

在中餐零点服务中，首先做好环境卫生管理，包括餐厅墙壁、服务台、地面等的清洁工作，准备足够的餐具、台布、口布、小毛巾供开餐使用。把干净和消毒的小毛巾浸湿，叠成长方块状，整齐放入毛巾保温箱内；按中餐零点摆台标准，在开餐前30分钟摆好餐台。将洁净的托盘摆在餐厅四周的工作台上，开餐前30分钟从备餐间拿出调料、茶叶、茶壶，将点菜单等放在餐厅工作台上。将餐厅照明及空调打开。开餐前，由餐厅经理或业务主管对餐厅的准备工作进行检查，防止错漏，并主持餐前会，使全体员工了解前一天的营业情况、当天的特色菜肴及当天应当注意的问题，包括重要顾客的信息等。

2. 迎宾服务工作要点

开餐前5分钟，迎宾员和服务员各自站在指定的位置，恭候顾客到来。站立要端正，不依靠任何物体，双脚不可交叉，双手自然交叠在腹前，保持良好的精神面貌和姿态。迎宾员带领顾客入餐厅，服务员应上前微笑问候并主动协助迎宾员拉椅让座。如有儿童,应主动送童椅。顾客入座后,迎宾员将菜单和酒单送到顾客手上,要注意先递给女士或年长者,并用敬语,帮助顾客挂好衣服。

3. 接待服务工作要点

迎宾员为顾客递送菜单后,服务员为顾客递送热毛巾,应从顾客右边递送,并用敬语。服务员应征询顾客饮用的茶水并主动介绍。为顾客打开餐巾,铺在顾客的膝盖上或压在骨盘下,从筷子套取出筷子。以上服务均在顾客右边进行或根据餐厅自己的标准。斟茶时,应在顾客右边进行,并用敬语"请用茶",从主宾位顺时针进行。迟来的顾客应补上热毛巾和热茶,视顾客人数,将餐台撤位或加位。上述工作就绪后,准备好点菜单,站在适当或方便的位置准备顾客点菜。

4. 点菜服务工作要点

当顾客示意点菜,服务员应立即介绍菜肴,点菜时服务员应站在顾客右边或方便的地方,微笑,身体稍向前倾,认真记录。当顾客点了相同类型的菜肴,服务员应主动提示。根据顾客人数,主动建议海鲜类菜肴的重量,向顾客重复和确认记录的内容。点菜完毕后,向顾客介绍酒水。餐厅点菜单应一式三联。第一联,交收款员;第二联,收款员盖章后,由传菜员交厨房或酒吧作为取菜肴和饮料的凭据;第三联由传菜员使用,作为查阅资料。写菜单时,字迹要清楚,应注明日期、台号、人数、重量等。酒品、冷菜、热菜和面点要分别写在菜单上。当顾客请服务员代为点菜时,服务员应慎重考虑,细心观察,根据顾客饮食习惯、具体人数、消费需求等,作出恰当的安排,经顾客同意后才能确定菜单。

5. 酒水服务工作要点

按顾客的酒水单到吧台取酒水。取任何酒水均应使用托盘,需冷藏的酒水可用冰桶,冰桶里放冰块。根据酒水种类,在餐台摆上相应的酒杯和饮料杯,瓶装和罐装饮料必须在工作台上打开盖子,不要对着顾客打开罐装饮料。冷藏或加热的饮料应用口布包住酒瓶,然后斟倒。如顾客点了红葡萄酒或白葡萄酒,应在顾客面前打开瓶盖,用口布擦干净瓶口,白葡萄酒需要冷藏,并用口布包住,红葡萄酒不需冷藏,需放在酒架或酒篮里服务。斟倒时,先倒少量给主人品尝,经主人认可后再为其他顾客斟倒酒水。

6. 上菜服务工作要点

通常,第一道菜应在点菜后15分钟内服务到桌,如果顾客需要快速上菜,应立刻与厨房联络,使菜肴尽快上桌。当传菜员将菜肴送到服务桌时,服务员应快步迎上去将菜肴服务上桌。上菜的顺序是冷菜、汤羹、主菜、蔬菜、面点、甜点和水果或根据各地饮食习俗上菜,每上一道菜,应在点菜单上注销这道菜肴,防止漏上或错上。如果菜肴占满了餐台,应征求顾客意见,将台面上的菜肴整理后,然后再上菜,切忌将新的菜肴压在其他菜肴上。注意顾客餐桌菜肴是否已经上齐,及时查看菜单,检查上菜是否有错漏。服务员上最后一道菜肴时要主动告诉顾客,"您的菜已经上齐了"。

7. 巡台服务工作要点

巡台服务是指巡视顾客的餐台,及时发现顾客需要的服务并立即完成。良好的餐饮服务体现效率。当烟灰缸内有两个烟头或有纸团和杂物时,服务员应立即撤换烟灰缸。应随时为顾客添加酒水,随时撤去空盘和空酒瓶,及时整理餐桌。服务员撤换餐具时,应在顾客右边进行,按顺时针方向。撤骨盘时,服务员应征求顾客的意见。

8. 结账服务工作要点

根据顾客用餐情况,及时通知收款员结账,检验菜单、餐桌号、人数、所点菜肴品种、数量与账单是否相符,将账单放入账单夹内,当顾客提出结账时,及时呈上账单。当顾客签单时,应核对顾客的姓名。如果顾客用现金或信用卡结账,服务员应协助顾客。当服务员取回零钱及账单,应清点,再交给顾客,并向顾客道谢。顾客离席时应主动拉椅送客,提醒顾客所带物品并向顾客道别。

9. 餐后服务工作要点

顾客用餐后,清理餐桌时,如发现顾客遗留物品,应立即交予顾客或通知餐厅管理人员;撤掉所有用过的餐具,铺上干净台布,摆台,迎接下一批顾客。从备餐间取出清洁好的餐具、托盘、餐车,清点后分类入柜,如有损耗应做好记录。

四、西餐零点服务过程管理

1. 西餐服务过程的主要环节

(1) 餐前准备

包括餐厅清洁,吸尘,清洁餐桌、餐椅、服务桌和吧台,擦拭餐具、酒具和用具,准备好餐具和用具,准备好调料,召开餐前会,检查个人仪表仪容。

(2) 迎宾服务

当顾客进入咖啡厅或扒房时,顾客首先见到的是迎宾员的微笑,同时听到真诚亲切的问候。微笑与问候使顾客心情轻松,给顾客带来亲切感与自尊。

(3) 点菜服务

为顾客点菜是服务员推销菜肴和酒水的最好时刻,顾客点菜后,服务员应复述,在保证没有笔误后,记录在菜单上或输入计算机。

(4) 上菜服务

西餐服务讲究礼节礼貌,讲究上菜顺序,先上开胃菜,再上主菜,最后上甜点。上菜前先上酒水,先女士后男士,先长者。热菜必须是热的(80 ℃以上),并且餐盘要求是热的,冷菜必须是凉爽的。在咖啡厅,酒水服务由餐厅服务员负责;在扒房,酒水服务由专职酒水服务员负责。

(5) 巡台服务

顾客每用完一道菜肴,服务员应及时收拾餐具,及时添加酒水。顾客用餐时,餐厅经理应向顾客问好,并征求顾客对菜肴和服务的意见。

(6) 结账服务

完美的西餐服务,不仅有良好的开端、专业化的服务规范,而且还要有完美的结束服务。当顾客结束用餐时,服务员应认真、迅速、准确地为顾客结账。

(7) 送客服务

顾客离开餐厅时,服务员应帮助顾客拉椅,感谢顾客,向顾客告别。

2. 西餐服务的主要方式

(1) 美式服务(盘式服务)

以美式服务为例,西餐服务的主要程序是:迎宾—引座—鸡尾酒、餐前小吃—递送菜单—接受点菜—递送酒单—接受点酒—上菜—开胃菜—开胃汤—色拉—主菜—水果、奶酪—甜点—餐后饮料—结账—送客。

美式服务也叫盘式服务,是美国很多餐馆的服务特色,其食物都是在厨房内装好盘,然后放在顾客的面前。服务员在操作中所遵循的一般规则是:菜从顾客左边,用左手端送左面;酒类、饮料从顾客右边斟倒;脏盘子从右面撤走。这种服务是快速和廉价的,它不太拘泥形式,在餐饮服务中是较为流行的一种方式。

美式服务的主要优点在于:美式服务是快速和廉价的服务方式。一个服务员可以同时为多个餐台服务,尤其适用于西餐咖啡厅的服务;对服务的技术要求相对较低,非专业的服务员经过短期的训练就能胜任,因而在人工成本上是比较节省的。

美式服务的主要缺点在于:这种快速服务不太适合有闲阶层的消费者,顾客得到的个人服务较少,餐厅常常显得忙碌而欠宁静。因此美式服务适合于低档的西餐厅,而不适合于高档西餐厅。

（2）法式服务（餐车服务）

法式服务是所有餐厅服务方式中最繁琐、人工成本最高的一种,其主要特点是餐厅的每个服务台都需要一名服务员和一名助手。法式服务的另一大特点是每道菜的最后加工,或简或繁,都必须在顾客餐桌边完成,而通常是在一架小扒车上进行加工,因而也有人称法式服务为车式服务。

由于这种服务方式有着明显的缺点,而且一般商业性餐厅都不易做到,因而没有流传下来,现在的所谓法式服务是法国饭店企业家里茨的创造,因而也称里茨式服务。

法式服务的一般程序,除了面包、黄油及色拉外,其他所有菜肴要求服务员一律以右手从顾客的右边送上。

法式服务的优点在于:这是一种炫耀性强,显得非常豪华的服务;给予顾客的个人照顾较多。其缺点也很明显:投资大,费用高;培训费用和人工成本较高;空间利用率较低;座位周转率低。

（3）英式服务（家庭式服务）

英式服务所采用的服务方法是:服务员从厨房拿出已盛好菜肴食品的大盘和加热过的空餐盘,放在坐在宴席首席的男主人面前,必要时由男主人亲自动手切开肉菜,并把肉菜配上蔬菜分夹到空的一个个餐盘里,并由男主人将分好的菜盘送给站在他左边的服务员,再由服务员分送给女主人、主宾和其他顾客。

英式服务的特点是讲究气氛,节省人工,但服务节奏较慢,在大众化的餐厅里已不太适用。

（4）俄式服务（餐盘服务）

俄式服务是世界上较好的饭店和旅馆中最受欢迎的餐厅服务形式之一,已经形成了目前世界上所有高级餐厅中最流行的服务方式,俄式服务也被称为国际式服务。

俄式服务在许多方面和法式相似,它十分讲究礼节,风格雅致,顾客获得周到的服务。但服务方式则有所不同:一是俄式服务只需一名男服务员上菜服务;二是全部菜肴都是在厨房中完全准备好,并预先切好,由厨师整整齐齐地放在银质大浅盘中,由服务员把盘端到餐厅,再从盘中送给顾客。

3.西餐服务的一般规则

（1）上菜服务规则。美式服务要求服务员用左手从顾客左边上菜肴食品;法式服务要求服务员用右手从顾客右边上菜肴食品；俄式服务要求服务员用右手从顾客左边派菜。

（2）酒水服务规则。所有饮料、酒类都从顾客右边，用右手斟倒。

（3）下撤规则。所有餐具都从顾客右边用右手撤下，但黄油盘、面包盆则可从顾客左边撤下。

（4）服务对象顺序规则。优先服务女顾客和老幼顾客，体现文明礼仪、优良传统。

（5）菜式服务顺序规则。所有菜式都必须依照进餐程序为顾客送上，不可颠倒次序，除非顾客言明要求。通常的上菜顺序是：开胃菜—开胃汤—色拉—主菜—水果、奶酪—甜点—餐后饮料。

（6）就餐程序规则。西餐的一般进餐程序是：鸡尾酒或餐前小吃—开胃菜—开胃汤—色拉—主菜—水果、乳酪—餐后甜点—餐后饮料。

第二节　酒水销售服务管理

一、酒吧的种类及环境布局

1. 酒吧的种类

现代饭店、餐馆和独立酒吧的酒水销售场所以酒吧（包括独立酒吧和餐厅酒吧）为主，而酒吧根据其销售方式、作用以及在企业中的具体位置不同，分为四种主要形式：

（1）立式酒吧

这是饭店、餐馆和独立酒吧最常见、最典型、最具有代表性的酒吧。"立式"并不是指顾客必须站立饮酒或服务员必须站立服务，它只是一种传统的称呼而已。立式酒吧的特点是以吧台和靠凳为中心，以桌椅、沙发为凭借形成面向吧台的整体布局，为顾客提供酒水服务。

（2）服务酒吧

又称餐厅酒吧，是配合各餐厅菜点销售而设置的一种酒吧，以销售佐餐酒水和软饮料为主。这种酒吧混合饮料,即鸡尾酒的销售很少,一般也很少提供。服务酒吧的特点是吧台酒水员不直接面对顾客,顾客购买酒水是通过桌面服务员开票,再由桌面服务员到吧台将酒水提供给顾客。因此,其酒水销售以瓶装或原包装为主,酒吧布局以直线封闭型为主。

(3)宴会酒吧

顾名思义,宴会酒吧是专为宴会业务而设置的一种酒吧。它主要设在宴会厅的某一场所,其酒吧设施可以是活动结构(即可以随时撤除或移动的),也可以是永久固定型设施。宴会酒吧根据其营业形式与收款方式不同,还可以分为三种:

一是现金酒吧。即参加宴会的顾客取用的酒水,需要随取随付钱,宴会主办单位或主办人不负担宴会酒水费用。这种形式一般适用于大型宴会。二是赞助酒吧。这种酒吧的顾客取用酒水饮料无须付钱,有时凭券取酒水,酒水费用由赞助者即举办单位承担。三是一次结账酒吧。即顾客在宴会或招待会中,可随意取用酒水饮料,所有费用在宴会结束时由东道主即举办单位或举办人一次结清。

(4)鸡尾酒吧

又称鸡尾酒廊,通常设在饭店门厅或附近。不少饭店的大堂酒吧、休闲酒吧大多属于这一种。鸡尾酒吧的特点是设计高雅,环境美观、舒适,一般比立式酒吧宽敞,大多有钢琴、竖琴或小乐队演奏,气氛安静,音乐节奏缓慢,顾客可以在此尽情享受。

酒吧种类还有其他分类方法,如按客源对象划分为男士酒吧、女士酒吧、会员酒吧、公共酒吧等;按酒吧位置和重要程度划分为大堂酒吧、屋顶酒吧、中心酒吧等。

2. 酒吧的环境布局

柜台是酒水销售的固定场所。饭店、餐馆和独立酒吧的酒水销售大多是通过酒吧柜台来完成的。做好酒吧柜台设计与装饰,是保证酒水销售服务的必要条件,酒吧柜台设计与装饰,重点要做好两个方面的工作:

(1)吧台造型

现代饭店、餐馆和独立酒吧的酒吧柜台的具体形状多种多样,大体上可以分为三种类型:

一是直线或曲线封闭形。这种酒吧柜台设计的特点是吧台呈长条形,两端与墙壁相连,吧台可以突出在酒吧的中间,也可以退缩进酒吧间的一面墙中。柜台可以是直线形,也可以略带曲线。柜台长度没有统一的标准,一般根据酒吧间的座位多少来确定。吧台服务人员的配备,原则上为3∶1,即每3米长度配1名酒吧服务员。

直线或曲线封闭形吧台的优点是柜台面对酒吧,服务员站在吧台的任何位置都可面对顾客,有利于对整个酒吧的监视和控制,便于销售酒水和提供优质服务。饭店餐馆的立式酒吧、各个餐厅的服务酒吧、部分鸡尾酒吧等大多采用这种柜台设计形式。

二是圆形或空方阵形。这种酒吧的柜台设计特点是吧台呈圆形或空方阵形,凸现在酒吧间的中间或靠墙、靠边的某一部位。吧台四面凌空、亭亭玉立、造型别致,主要适合于大中型饭店的某些庭院、浴场、游泳池边等处酒吧使用。其好处是可以形成饭店庭院或环境的一种点缀、一个风景,增加美观效果。

三是马蹄形或半圆形。这种酒吧柜台设计的特点是吧台呈马蹄形(U字形)或半圆形,从三个方向突出在酒吧间里。它与直线封闭形酒吧柜台设计的主要区别是,直线形吧台的酒水陈列均靠墙一线排列,而马蹄形或半圆形的酒水陈列可以相对集中布局,三面观看。因此,这种酒吧柜台设计更富于变化,可以增加装饰效果,往往为立式酒吧、鸡尾酒吧、宴会酒吧等广泛采用。

(2) 柜台设计

柜台设计是根据吧台造型和设计要求,对酒吧柜台及服务场所进行的安装、装饰,以便为鸡尾酒制作、酒水陈列和销售创造良好的条件。酒吧柜台设计主要包括:

一是前吧柜台设计。不管酒吧柜台设计所选择的形式是直线形、圆形、马蹄形、半圆形,其柜台都是由吧台和操作台组成的,所以又称前吧。前吧柜台在设计时包括:

吧台。吧台是供靠凳顾客饮酒的地方。设计制作要美观、大方、舒适。表面多用大理石或厚真皮、塑料包裹装饰。当然,也有极少数设计比较低矮的吧台,再配低矮的沙发茶几做吧桌的。这要根据企业的实际情况来安排。

操作台。吧台的下方是服务人员的操作台,一般用不锈钢制作,便于清洗消毒。操作台的高度在85厘米至90厘米,宽度在65厘米左右。操作台一般与柜台长度相适应。

操作设备。在操作台的两边或适当位置,要配好酒吧操作设施和设备。主要有三格洗涤槽或自动洗杯机(具有初洗、刷洗和消毒功能)、水池、贮冰槽、酒瓶架、杯架、饮料与啤酒配出器等。

二是后吧设计。在酒吧间,吧台称为前吧,吧台后面的走道、橱柜、陈列架、冷藏柜等称为后吧。后吧在设计时应注意:

高度与宽度。后吧总高度一般为 175 厘米。顶层应使服务员伸手可及。后吧下层高度一般在 110 厘米左右,或与吧台等高。前吧和后吧设备之间的走道最小不应少于 95 厘米宽。若是餐厅餐位较多的服务酒吧,其宽度最多可在 300 厘米左右。

设备配置。后吧设备主要有贮藏设备和陈列设备两大类。贮藏设备包括储藏红葡萄酒、烈性酒的橱柜,安装在下部的冷藏柜(冷藏白葡萄酒、啤酒和水果饮料等)。陈列设备主要有安装在上层的酒水陈列架、酒具和酒杯陈列柜等。这些贮藏和陈列柜架,经过精心设计与安装,与前吧柜台配合,共同形成酒吧柜台的完整布局。

走道安装。前吧和后吧之间的吧台走道是酒吧服务的工作场所。由于服务员长期站立服务,容易疲劳,因此,这里的地面应采用木质地面或铺设橡胶垫板,为员工工作创造良好条件。

二、酒水服务的基本要求

1. 选择佐餐酒水

饭店、餐馆的酒水销售有相当数量的销售额是在各个餐厅和客房完成的,而不设酒吧的低星级饭店和部分餐馆,其酒水销售额则全都来源于各个餐厅。因此,酒水销售服务管理必须配合各个餐厅的食品销售,选好佐餐酒水,保证酒水销售和顾客需求的适销对路,从而提高酒水销售额。

(1)餐厅销售。没有酒吧的低星级饭店和餐馆,其佐餐酒水主要是档次适中的国产蒸馏酒(即常说的白酒)和软饮料,也可配部分酿造酒,包括葡萄酒、啤酒和中国黄酒等。酒水品种的选择一要考虑餐厅档次的高低,二要考虑顾客的档次和消费习惯,品种不宜过多,但一定要适销对路,才能扩大酒水销售,增加经济收入。

(2)酒吧销售。设有酒吧的高星级饭店和餐馆,其客源档次较高,外国消费者和追求时尚的高消费者较多,因此,其餐厅佐餐酒水的选择要适当增加高中档葡萄酒和蒸馏酒,特别是进口葡萄酒。具体品种的选择和档次高低,也要根据餐厅档次、客源构成和顾客的消费习惯、喜爱程度来确定。

2. 合理制定酒单

酒单是酒吧酒水销售的凭借和广告,也是鸡尾酒调制的依据。合理制定酒单,要根据不同酒吧的特点、档次高低、客源层次及消费水平、饮酒习惯来确定。其中,主要是鸡尾酒花色品种的选择和定价,一定要尽可能做到适销对路,适应大多数顾客的消费习惯和支付能力。鸡尾酒的花色品种有 500 种以上,而一个酒吧间一般只能选用 20 至 30 种左右。酒单的鸡尾酒一经选定,必须按照每一种鸡尾酒的配方标准来制作,保证酒水口味和质量,从而扩大酒水销售,增加经济收入。

3. 酒水服务标准化

标准化管理是现代企业管理水平的重要体现,也是酒水销售服务管理的基本要求。只有坚持标准化管理,才能保证服务质量,控制成本消耗,增加销售收入。酒水销售中的标准化管理主要包括:

(1)标准定额。它又分为标准销售定额、标准成本定额两种。标准销售定额是指一个服务员一天应该完成的酒水销售额;标准成本定额是指每销售 100 元酒水应该支出的成本额,即成本率。这两种定额都以平均数为基础制定,坚持合理的标准定额管理既能调动员工积极性,又能控制成本消耗。

(2)标准酒单。它是各种类型的酒吧所制定的酒水单。标准酒单要根据酒吧的豪华程度、客源构成、顾客档次高低、顾客消费习惯等各种因素来安排酒水档次和花色品种、鸡尾酒的种类和名称,并在封面设计、酒水安排、文字、图案等方面做到标准化,增强形象吸引力。

(3)标准配方。它主要指鸡尾酒的原料配方和调制方法。每一种鸡尾酒的原料配方及酒水用量、配料用量是各不相同的,有了标准配方,在制作销售同一种鸡尾酒时,就可以做到标准化,这样既能保证酒水口味和质量,又能维护供求双方的利益。

(4)标准基酒。基酒是鸡尾酒中的基本酒水,一种基酒可以配制出众多鸡尾酒。标准基酒就是酒吧间事先选定(大多经过试验,顾客满意后确定)的、用来配制固定的鸡尾酒的基本酒水,如苏格兰威士忌、科涅克白兰地、斯塔卡、伏特加等。酒吧在选择标准基酒时,要考虑酒吧和顾客档次、顾客消费习惯、爱好和市场供应,它一经选定,就必须保持稳定不变,形成标准。

(5)标准价格。根据酒水进价、标准成本和标准毛利来制定酒水出售的标准价格。酒吧各种酒水的标准价格一经制定,就应保持相对稳定,从而形成价格的标准化管理,适应顾客消费。

（6）标准操作程序。在酒水销售过程中，各项服务和鸡尾酒的配制，都应制定出标准操作程序，这是酒水管理中提供标准质量、标准服务的重要途径，也是酒水销售标准化管理的重要内容和基本要求。

三、酒水服务的相关概念

1. 酒水

酒是含有乙醇的饮料。乙醇重要的物理特征是，在常温下呈液态，无色透明，易燃，易挥发，沸点与汽化点是 78.3 ℃，冰点为 −114 ℃，溶于水。细菌在乙醇内不易繁殖。乙醇的分子式是 CH_3—CH_2—OH，分子量为 46。在酿酒工业中，乙醇主要由葡萄糖转化而成。葡萄糖转化成乙醇的化学反应式为：$C_6H_{12}O_6 \Longrightarrow 2CH_3CH_2OH + 2CO_2$。

酒是多种化学成分的混合物，其中乙醇是主要成分，还包括水和酸、酯、醛、醇等众多化学物质，尽管这些物质含量较低，但是决定了酒的质量和特色。

水是饭店业和餐饮业的专业术语，指非酒精饮料（Non-alcoholic Beverage），包括茶、咖啡、可可、果汁、碳酸饮料和矿泉水等。餐饮业销售的不含酒精的饮料可分为两大类：热饮和冷饮。

2. 酒精

任何含有糖分的液体，经过发酵便会产生醇。醇是一种无色透明、气味飘逸的挥发性液体。醇有很多类，酒精饮料中的主要醇类是乙醇，人们习惯称之为酒精。

酒精作为一种可食物质，并不直接影响人体的消化系统，而是通过胃壁和肠壁，不改变原有成分而直接进入血液循环系统。一般情况下，不论是否摄入酒精，人体血液内酒精正常含量约为 0.0003％，极量为 0.08％左右。正常人如每公斤体重摄入 1—1.5 毫升酒精，即可感到微醉，摄入 5 毫升就可能出现烂醉或昏迷，每公斤体重摄入量超过 6 毫升时则可以导致酒精中毒。有节制地饮酒并不会损害人体器官，反而能提神解乏，增进食欲。

中等浓度（10％—30％）的酒精液体比低浓度（1％—7％）和高浓度（40％以上）的酒精液体更容易为人体吸收。人体摄入的酒精中，约有 10％随着呼吸和体液排出体外，其余 90％则都由肝脏氧化吸收。一般来说，健康人的肝脏每小时可以氧化 7 克酒精。饮酒过度有害无益，西方国家视酒精为比某些毒品更有害的东西，因为由酗酒而引起的交通事故和刑事犯罪比吸毒所造成的社会危害更为严重。

3. 酒精饮料

任何适宜饮用的饮料,按容积计算,凡含有 0.5％至 75.5％酒精的,便是酒精饮料。因而,酒精含量 5％以下的各类啤酒,酒精含量 40％以上的白兰地、伏特加以及酒精含量高达 60％以上的我国某些白酒,同属于酒精饮料。与酒精饮料相对的是无酒精饮料,俗称"软饮料",如各种汽水、矿泉水、可口可乐及各式无酒精混合饮料。

4. Wine

在英文中,White Wine 并不与中文"白酒"相对应,而是仅指"白葡萄酒"。在英文中,Wine 虽可泛指以水果为原料发酵酿制的酿造酒,但只有用葡萄汁酿成的酒方可称作 Wine,而不必带上 Grape(葡萄)一词。若是以其他水果为原料酿制的酒,必须冠以那种水果的名称,如 Apple Wine(苹果酒),Cherry Wine(樱桃酒),等等。

Wine 一词在广义上泛指以水果为原料的一般酿造酒,在狭义上则专指葡萄酒,既不指烈酒和其他果露酒,也不包括啤酒(啤酒虽属酿造酒一类,但不是以水果为原料),更不像中文的"酒"字那样,可以作为所有酒精饮料的通称。例如在中文中,葡萄酒是酒,苹果酒是酒,伏特加也是酒;但苹果酒在英文中必须称作 Apple Wine,而伏特加则不是 Wine,而是 Spirits。

5. Dry

在酿酒行业中,"干即不甜",这是英文 Dry 直译的结果。作为一个酒类术语,"干"失去了原来的含义,被用来与"甜"相对,意为无甜味的或无糖的,如 Dry White Wine 及 Semi-dry White Wine,被译为"干白葡萄酒"和"半干白葡萄酒"。随着我国葡萄酒生产的发展和品种的增加,许多商标和广告均沿用这样的译称,但若改称为"不甜型白葡萄酒"和"微甜型白葡萄酒",则无疑更加确切易懂。

6. 酒度标准

酒度也称酒精度,指乙醇在酒中的含量。酒度标准有公制、美制和英制三种表示法,前两种较为常用。

公制酒度标准也就是国际标准酒精度,以百分比表示,即在 20 ℃左右的条件下,酒内酒精(乙醇)含量所占的体积比例。例如,12％表示酒精含量占酒液体积12％,通常称为 12 度,表示 100 毫升酒中含有 12 毫升乙醇。我国各种酒类以公制表示酒度。

美制酒度标准以 Proof 表示。在 16 ℃条件下,酒液内酒精含量达到体积的50％时,酒度为 100 Proof。因此,一个 Proof 等于 0.5％酒精含量。如果某种酒的商标上标有 86 Proof,则该酒的酒度相当于 43%。

英制酒度标准以 Sikes 表示。在 16 ℃ 条件下,酒液中酒精含量在美制 114.4 Proof 或公制 57.1%酒度时,定为 0 Sikes,然后分"不足"(Underproof)及"过量"(Overproof) 向两头计算。例如 50 Proof 或 25%酒度相当于 56.2 不足 Sikes;0 Proof 或 0%酒度则为 100 不足 Sikes;而 120 Proof 或 60%酒度相当于 5.1 过量 Sikes;200 Proof 或 100%酒度则等于 75.1 过量 Sikes。英制酒度标准与公制、美制之间的换算比较困难,在市场上也不常见到。

7. 收获年成号(Vintage Year)

国际葡萄酒商标中常有年份标志,为酿制该酒所用的葡萄的收获年成号。事实上,由于 Vintage 一词有两种含义,各地酒厂又有不同规定,因而容易引起误解。第一,Vintage 意为葡萄酒的采收、榨汁和酿造过程,所以,可以说每年都是葡萄收成年;第二,葡萄酒的酿造年份称为收获年成号,但由于一些酒厂每年都在葡萄酒商标上标明年份,另一些酒厂却只标明葡萄年成极佳的年份,因此,如果仅凭商标中有收获年成号就判断为优质葡萄酒似乎并不十分可靠。

了解某种葡萄酒质量如何,首先应看其产地、葡萄品种、酒厂和装瓶情况。一般来说,名酒产地、优良品种以及在产地装瓶的酒,质量可以得到保证,但由于每年天气情况不同,各年生产的葡萄酒质量也不一样,因此,还应该查阅有关地区、国家的葡萄酒收获年成表。葡萄酒收获年成表记录各种葡萄酒的逐年质量评分,评分分为 10 等,评分越高,葡萄酒质量越好。

四、酒的分类及其代表品种

1. 酒的分类

酒有多种分类方法,可以通过制作工艺、酒精度、酒的特色和酒的功能等因素进行分类。

(1) 按照酒精度分

① 低度酒。酒精度在 15 度以下,包括 15 度。根据酒的生产工艺,酒精来源于原料中的糖与酵母的化学反应。当发酵酒的酒精度达到 15 度时,酒中的酵母全部被乙醇杀死,因此低度酒指发酵酒。

② 中度酒。通常人们将酒精度在 16 至 37 度的酒称为中度酒。这种酒常由葡萄酒加少量蒸馏酒调制而成。

③ 高度酒。称为烈性酒,指酒精度高于 38 度的蒸馏酒,包括 38 度。不同国家和地区对酒中的酒精度有不同的认识。我国将 38 度以下,包括 38 度的酒,称为低度酒,而有些国家将 20 度以上的酒,包括 20 度的酒,称为烈性酒。

(2) 按照酒的颜色分

① 白酒。指无色透明的酒,例如,中国白酒、国外的伏特加酒。

② 色酒。指带有颜色的酒。例如,利口酒、红葡萄酒。

(3) 按照酒的原料分

① 水果酒。指以水果为原料,经过发酵、蒸馏或配制而成的酒。例如,葡萄酒、白兰地、味美思酒等。

② 粮食酒。以谷物为原料,经过发酵或蒸馏制成的酒。例如,啤酒、米酒、威士忌、茅台、五粮液等。

③ 植物酒。以植物为原料,经过发酵或蒸馏制成的酒。例如,特吉拉酒(Tequila)就是以植物——龙舌兰为原料制成。

(4) 按照酒的生产工艺分

① 发酵酒。指以发酵水果或谷物制成的酒,如葡萄酒、啤酒、米酒。

② 蒸馏酒。通过蒸馏方法制成的酒称为蒸馏酒。其特点是酒精度高,常在 38 度以上。例如,白兰地、威士忌、伏特加和中国白酒等。

③ 配制酒。将蒸馏酒或发酵酒与香料、果汁勾兑制成的混合酒称为配制酒。例如,味美思酒、雪利酒。

④ 鸡尾酒。根据传统配方配制的酒。这种酒主要由两部分组成:基本原料和调配原料。基本原料称为基酒或基础酒,调配原料包括利口酒、果汁、汽水、牛奶和鸡蛋等。

(5) 按照酒的功能分

① 餐前酒。指有开胃功能的各种酒,在餐前饮用。常用的餐前酒有干雪利酒、清淡的波特酒、味美思酒、苦酒、茴香酒和具有开胃作用的鸡尾酒等。

② 餐酒。指食用主菜或大菜时饮用的白葡萄酒、红葡萄酒和玫瑰红葡萄酒等。

③ 甜点酒。指食用点心时饮用的带有甜味的葡萄酒。这种葡萄酒酒精度高于一般葡萄酒,通常在 16 度以上。例如,甜雪利酒、波特酒和马德拉酒等。

④ 餐后酒。又称为利口酒或考迪亚酒,是人们餐后饮用的带甜味和香味的配制酒。这种酒多以烈性酒为基本原料,勾兑水果香料或香草及糖蜜等。

（6）按照酒的产地分

许多相同类别的酒，由于出产地不同，制酒原料不同、生产工艺和勾兑方法不同，因此酒的特点和酒质不同。

一是根据地区分。法国味美思，以干味而著称，有坚果香味。意大利味美思，以甜味和独特的清香及苦味著称。苏格兰产威士忌，有500年历史，味焦香，给人以浓厚的苏格兰乡土气息。波旁威士忌，以玉米为主要原料，配大麦芽和稞麦，有明显的焦黑木桶香味。

二是根据生产地分。干邑白兰地酒，以夏特朗地区葡萄园的干葡萄酒为原料，经两次蒸馏，并在橡木桶长期熟化，通过勾兑成为口味和谐的白兰地酒。亚马涅克白兰地酒，以酒味浓烈，具有田园风味而闻名于世界。

2. 酒的代表品种

酒水品种林林总总，但从制作方法分类，大体上可分为酿造酒、蒸馏酒和配制酒三大类。充分认识不同品种的酒水及其代表性品种的特点，是正确辨别酒水，提供优质服务的重要条件。

（1）酿造酒类

酿造酒是以水果、谷物等为原料，经发酵酿造后提取或压榨而得的酒精饮料。酿造酒酒精度较低，酒精含量一般在4.5％至20％之间，固形物含量较多，刺激性较弱。葡萄酒、啤酒、日本清酒、中国黄酒等均属此类。这里着重介绍葡萄酒。

葡萄酒有红白之分。红葡萄酒采用红葡萄为原料，连皮带汁发酵酿造，葡萄皮滞留时间越长，酒色愈红；白葡萄酒则是由葡萄挤汁发酵酿成，葡萄皮不参加发酵过程，因而青葡萄、红葡萄均可采用，葡萄颜色对酒色没有影响。任何葡萄酒，只要带有稍微的红色，便是红葡萄酒，因此，浅红色的玫瑰酒，也属于红葡萄酒。另一方面，白葡萄酒也不是绝对无色，相反，白葡萄酒的色泽可以有干禾色、浅黄色直至琥珀深棕色。一般来说，红葡萄酒越陈色越浅，而白葡萄酒愈陈色愈深。

第一，葡萄酒商标的识别。酒瓶上最多的可带有四枚标贴：一是瓶口封贴。通常为地区性酒商协会的产品鉴定标签，作为对产品的产地及其可靠性的补充保证。二是颈贴。一般多为酒商或进口商的标贴，如果不用颈贴，其有关内容可包括在主标贴上。三是收获年成号标贴。四是主标贴。内容较多，通常包括葡萄酒名称、类型、酒度、体积、葡萄原料品种、收获年月号、产地、酒厂名称地址和进口商名称地址等。

国外葡萄酒名称的命名标准，各地略有不同，归纳起来其商标识别可有五种基

本类型:

一是庄园装瓶命名类。多见于法国波尔多地区出产的红、白葡萄酒。

二是地区命名类。以地区名称命名的葡萄酒,其葡萄原料必须全部或绝大部分来自该地区。此类名酒有雪比利(Chablis)白葡萄酒、保社利(Beaujolais)红葡萄酒及眉多克波尔多红葡萄酒等。

三是葡萄品种命名类。有相当一部分葡萄酒是以其原料的优秀葡萄品种命名的,如雷司令、夏当尼等。

四是同类型命名类。借用名牌酒名称也是葡萄酒命名类型之一。此类酒一般都不是名酒产地的产品,但属于同一种类型,因此酒名必须注明该酒的真实产地。例如美国出产的布根地、雪比利葡萄酒,皆使用法国名酒产品的名称。

五是商标命名类。某些葡萄酒因其产地名气不大、原料品种一般或成分较杂,因此使用某一并无真实意义的商标名称,通过广告和宣传取得消费者的认可和接受,如推销成功,也能获得消费者的欢迎。较为著名的有葡萄牙的玛特斯牌玫瑰红葡萄酒、法国格兰特·马克牌葡萄酒等。

第二,葡萄酒的等级。葡萄酒根据其质量高低可分成各种等级,这些等级也通常标在酒的标贴上,不同国家或地区常有不同的分级方法。例如,法国把葡萄酒分成四个等级:

法定产区葡萄酒 AOC(Appelation d'Origine Controlee)为国家级,必须符合有关规定条件,这些酒品质是法国葡萄酒最高级别,产量只占法国产葡萄酒的极小比例。

优良地区餐酒 VDQS(Vins Delimites de Qualite Superieure)为优质葡萄酒,仅稍逊于 AOC 级酒,酒瓶上常常有该级的标贴。

地区餐酒 VDP(Vins de Pays),在葡萄品种、产地等方面都有一定规定,标贴上必须注明该酒的产地,此类酒价格不贵,适合日常消费。

日常餐酒 VO(Vins Ordinarie)为普通葡萄酒,无严格的质量规定,通常由不同地区生产的酒调兑而成。此类酒的质量依赖于酒商的知名度和可靠性。

第三,葡萄酒的分类。根据制作工艺不同,葡萄酒可分为淡葡萄酒、有汽葡萄酒、强化葡萄酒和芳香葡萄酒。

淡葡萄酒(Light Beverage),即无汽葡萄酒(Natural Still Wines)。酒精含量在14%以下的各式红、白葡萄酒,如法国波尔多红、白葡萄酒,布根地红、白葡萄酒,德国莱茵、莫泽尔葡萄酒等,我国的王朝、长城白葡萄酒也属此类。

有汽葡萄酒(Sparkling Wines)。有汽葡萄酒的酒精含量通常也在14%或以下,但因其酿造方法不同,须在瓶内进行第二次发酵,其间产生的二氧化碳气体便自然地聚集在瓶内,使酒液带上气泡。香槟酒是有汽葡萄酒的代表。

强化葡萄酒(Fortified Wines)。强化葡萄酒是在发酵酿制过程中掺加葡萄白兰地或食用酒精,使发酵中断,留下糖分,并提高酒度而得到的葡萄酒。强化葡萄酒的酒精含量一般多在14%以上,但不超过24%。有代表性的强化葡萄酒有西班牙雪利酒、马拉加酒,葡萄牙的波得酒、马代拉酒以及意大利的马赛拉酒等。

芳香葡萄酒(Aromatized Wines)。芳香葡萄酒本身也是一种强化葡萄酒,再以各种芳香剂如水果、果实、香料等浸入酒内,以改变原有的自然酒香,使之带上特殊的香味。最有名的芳香葡萄酒包括法国干味美思、意大利甜味美思、奎宁酒和其他开胃酒如杜波内酒、比尔酒、利来特酒、星酒等。

(2) 蒸馏酒类

蒸馏酒俗称烈性酒。蒸馏酒是取水果、果汁或谷物先行发酵,然后蒸馏其含酒精的发酵原液而成的。各种蒸馏酒的不同风味主要由随着酒精一起被蒸馏出来的各种物质如水果、谷物或甘蔗中所含的芳香物质、矿物质等微量成分所决定。

然而,不论使用何种原料,新蒸馏出来的酒液一般多无色透明,没有显著的差别,往往彼此相似,香味、口感甚差。当酒液中酒精含量高达180 Proof即90%时,即使是有经验的酿酒师也难以区分究竟是谷物蒸馏酒、葡萄蒸馏酒或是甘蔗蒸馏酒。

蒸馏酒必须置于橡木桶中贮存,在贮存期间,酒液吸取橡木中各种化学物质,从而变得醇厚,各自的特点也渐渐鲜明突出起来。蒸馏酒贮于透气的容器中,如橡木桶或荷兰等地所用的陶制容器中,由于氧化作用使得其组成成分发生变化,贮存越久、变化越大。氧化作用及木桶贮存使得酒内各种脂、酸成分聚集增加,醛类成分也有所增多,而酒精成分则有所减少,结果使得酒液变得较原来醇厚和香甜。但倘若把蒸馏酒密封置于玻璃瓶中,由于隔绝了空气,便不会发生上述变化。

国外著名的蒸馏酒品种主要有白兰地、威士忌、伏特加和朗姆酒。

① 白兰地。白兰地是由葡萄酒或其他发酵果汁原液蒸馏而成。用其他水果为原料制作的白兰地必须标明水果的名称,如苹果白兰地、樱桃白兰地等。饮用最广泛的是葡萄白兰地。

世界各地流行的白兰地中,数法国产品最受欢迎,而法国白兰地产品中,又以干邑地区生产的最为优美,其次是科涅克地区。科涅克白兰地必须是以法国南部夏朗德和海滨夏朗德两省间一个法定区域内所产之葡萄酿造蒸馏而成。其他地区的产品只能叫白兰地,不得称科涅克。

用字母表示白兰地质量,起先都由各酒厂随意规定。到 1955 年,这些字母方与酒龄联系起来,表示白兰地质量的字母有:V:Very,表非常、极优纯;O:Old,陈年;S:Superior,表上等、高级;P:Pale,表浅色、淡色;E:Extra 或 Especial,表特醇;X:Extra,表特级;F:Fine,表精美;C:Cognac,表科涅克。

②威士忌。威士忌被称作"生命之水",是以谷物为原料经发酵蒸馏而成的。世界上许多国家都生产威士忌,如加拿大、爱尔兰、美国、日本等,但仍以苏格兰威士忌最负盛名。

苏格兰威士忌有四个主要产区:高地(Highlands)、低地(Lowlands)、凯贝尔敦(Campbehown)和依雷(Islay)。苏格兰威士忌以苏格兰出产的大麦为主要原料。

所有威士忌都有相似之处,但又各具特色。世界各地酿制的威士忌,依其所用原料不同,可分成四类:一是麦芽威士忌(Malt Whisky)。麦芽威士忌主要由苏格兰高地地区生产。二是黑麦威士忌(Rye Whisky)。黑麦威士忌所用的原料中,黑麦的比例不得小于 51%。三是玉米威士忌(Corn Whisky)。玉米威士忌所用的原料中,玉米的比例不得少于 80%。四是谷物威士忌(Grain Whisky)。谷物威士忌由成芽小麦和成芽大麦,经糖化成麦汁,再加入未发芽的小麦或燕麦酿蒸而成的酒液。

③伏特加。伏特加原是俄罗斯的特产。伏特加的生产采用低酒度蒸馏,因此伏特加酒液无色、无香、无味,不似其他酒类都具有各自的特殊气味,伏特加入口不酸、不甜、不苦、不涩,只有火一般的刺激,这便是伏特加的特点。

芳香伏特加是在酒液中投放药材、芳草、树皮、香料和果子浸制而成,因此有些芳香伏特加带有色泽,具有甜味和果香,成为伏特加甜酒。

④朗姆酒。朗姆酒是利用蔗糖汁或蔗糖浆,但更多的是利用糖渣、泡滓或其他蔗糖副产品经过发酵和蒸馏加工而成的酒精饮料。朗姆酒的生产也采用高酒度蒸馏的办法。

朗姆酒可以分成四类。第一类,酒体轻盈、酒味极干的朗姆酒,主要由西印度群岛属西班牙语系的国家生产,其中以波多黎各朗姆最负盛名;第二类,酒体中度丰厚、芳醇适中的朗姆酒,这类酒的特点与上一类较接近;第三类,酒体甚丰厚、酒味芳醇的朗姆酒,是西印度群岛属英语语系的国家和地区的产品,主要代表有牙买加朗姆;第四类,酒体轻盈、芳香辛辣的朗姆酒,如爪哇岛出产的朗姆。

事实上朗姆酒是以产地分类的,如牙买加朗姆、波多黎各朗姆等,而且每一种朗姆酒必须注明其产地。主要有波多黎各朗姆(Puerto Rican Rum)、维尔京群岛朗姆(Virgin Islands Rum)(古巴、多米尼加、委内瑞拉、墨西哥、阿根廷、秘鲁、菲律宾、美国等地出产)、海地及德梅拉拉朗姆(Haiti and Demeraran Rums)(海地、马提尼克、巴巴多斯、特立尼达以及圭亚那等地出产)、牙买加朗姆(Jamaican Rum)、巴达维亚·阿拉克朗姆(Batavia Arak Rum)(巴达维亚是印度尼西亚首都雅加达的旧称)。

(3) 配制酒类

配制酒是以各种酿造酒、蒸馏酒或食用酒精为基酒,加入一定数量的水果、香精、药材等,经浸泡贮陈后,以过滤或复馏方法制成的酒精饮料。如各种琴酒、香甜酒和各类药酒均属此类。

① 琴酒(Gin)。琴酒也译成"毡酒"、"金酒"或"杜松子酒"。此酒无色透明,具有独特的香味。琴酒的主要原料是杜松子。可分为三大类:荷兰琴酒、干琴酒(英国和美国产的琴酒)、果味琴酒。

② 香甜酒(Liqueurs and Cordials)。Liqueur 和 Cordial 是同义词,皆指加香料制成的各种烈酒,只不过 Liqueur 多指欧洲国家的香甜酒,Cordial 多指美国出产的香甜酒而已。在法国,香甜酒被称为克罗美(Creme)。香甜酒的特点是酒度较高或适中、色泽娇艳、气味芬芳、酒味甜蜜。

香甜酒是在各种烈酒(如白兰地、威士忌、朗姆、琴酒或其他烈酒)中加入芳香物质进行混合加工或重新蒸馏而成的。

从芳香剂的类型和酒的色泽上分,香甜酒有两大类:一是水果型(或自然色)香甜酒,二是植物型(或无色)香甜酒。

香甜酒品种不下数十种,闻名的有以下几种:一是丹姆酒(Benedictine)。丹姆酒是一种植物型香甜酒,由 27 种不同的芳香剂加上等科涅克白兰地蒸馏加工配制而成。二是谢托利斯酒(Chartreuse)。此酒也是世界闻名的香甜酒之一,有"香甜酒女王"之誉,因其最初由法国谢托利斯修道院提倡苦修冥想的卡尔特派修士独家酿造,并有治疗病痛的功效,故又称修道院酒或灵酒。三是茴香酒(Anisette)。茴香酒是以大茴香子(Aniseed)为主要芳香剂加上其他配料如白芷根、苦扁桃、生茴香、柠檬皮、胡荽等,在酒液中浸泡以后蒸馏而成的香甜酒。四是可可甜酒(Creme de Cacao)。可可酒是以可可及香草为芳香剂的香甜酒,有白色和棕色两种。五是橙皮甜酒(Curacao)。亦称柑香酒、甘桂酒或乔利梳。以安的列斯群岛库拉索岛所产青橙皮为芳香剂制作而成,有橙色、白色和蓝色三种色泽品种。

五、酒水服务的设备及工具

1. 酒吧设备配置

酒吧设备多种多样,其用途各不相同,做好设备配置是保证服务员工作需要、提高工作效率和服务质量的必要条件。酒吧的常用设备见表7-1。

表7-1　酒吧的主要设备

前吧设备	后吧设备
1. 酒吧用酒瓶架 2. 三格洗涤槽 3. 冲洗水池 4. 饰物配料盘 5. 贮冰槽 6. 啤酒配出器 7. 软饮料配出器 8. 空瓶架 9. 废物箱	1. 收款机 2. 瓶酒贮藏柜 3. 瓶酒、饮料陈列柜 4. 葡萄酒、啤酒冷藏柜 5. 饮料配料冷藏柜 6. 饰物冷藏柜 7. 制冰机 8. 酒杯贮藏柜

2. 酒吧常用工具

鸡尾酒制作和酒水销售服务都离不开工具,合理配备这些工具,才能保证酒吧服务需要。酒吧常用的工具见表7-2。

表7-2　酒吧常用工具

1. 调酒壶	9. 开瓶器	17. 冰桶
2. 调酒杯	10. 滤冰器	18. 水桶
3. 电动调酒杯	11. 搅酒棒	19. 碎冰机
4. 水果刀	12. 调酒匙	20. 盐、豆蔻等调味瓶
5. 削皮刀	13. 长匙	21. 糖碗
6. 水果榨汁器	14. 长叉	22. 食签盒
7. 砧板	15. 冰夹	23. 酒吧毛巾与纸巾
8. 开瓶钻	16. 冰勺	24. 洗涤消毒剂

3. 酒吧常用配料

酒吧鸡尾酒的制作不仅需要基酒和相匹配的酒水,而且常常要加各种配料,以突出鸡尾酒的风味、颜色。各种鸡尾酒的配制方法不同,其配料品种也不一样,常用的鸡尾酒配料见表7-3。

表7-3　酒吧常用配料

1. 青橄榄	10. 苏打水	19. 鲜橙汁
2. 柠檬	11. 可口可乐	20. 菠萝汁
3. 鲜橙	12. 鸡蛋	21. 番茄汁
4. 青柠	13. 盐粉	22. 苦酒
5. 樱桃	14. 干姜水	23. 辣酱油
6. 水芹	15. 汽水	24. 牛奶
7. 菠萝	16. 汤力水	25. 奶油
8. 薄荷叶	17. 柠檬汁	26. 糖粉、方糖
9. 洋葱	18. 青柠汁	27. 豆蔻粉

4. 酒吧常用酒杯

酒吧销售不同酒水需要用不同的酒杯盛酒,不可混用,更不能用一种酒杯盛所有的酒水,特别是鸡尾酒和混合饮料销售更是如此。

酒杯是经营酒水的重要工具。不同的酒水必须使用不同的酒杯,酒杯应适应酒的风格,表现酒的特色。酒吧和餐厅应当重视酒杯式样和容量。

酒杯的名称有很多不同的命名方法,通常以酒水种类命名,如水杯、果汁杯、白葡萄酒杯、红葡萄酒杯、香槟酒杯、鸡尾酒杯、白兰地酒杯、威士忌酒杯和利口酒杯等,也有根据盛装的酒名来命名的酒杯的名称,如考林斯杯、海波杯等。此外,还可根据酒杯特点命名,例如平底杯、郁金香杯、笛形杯、碟形杯和坦布勒杯等。各种酒杯的图形见图7-1。

烈性酒杯(Shot)　　　海波杯(High-ball)　　　老式杯(Old-Fashioned)

玛格丽特杯(Margarita)　　三角形鸡尾酒杯(Cocktail)　　考林斯杯(Collins)

比尔森啤酒杯(Pilsner)　　热饮杯(Hot Beverage)　　彩虹酒杯(Pousse)

白兰地酒杯(Brandy Snifter)　　宾治杯(Punch Cup)　　啤酒杯(Beer Cup)

利口酒杯(Liqueur)　　白葡萄酒杯(White Wine)　　红葡萄酒杯(Red Wine)

雪利酒杯(Sherry)　　香槟酒杯(Champagne)　　酸酒杯(Sour)

图 7-1　各种酒杯图形

（1）白葡萄酒杯

高脚杯，杯身细而长，主要盛装由白葡萄酒、玫瑰红葡萄酒和白葡萄酒制成的鸡尾酒，常用的容量为 6 盎司，约 180 毫升。

（2）红葡萄酒杯

高脚杯，杯身比白葡萄酒杯宽而短，主要盛装红葡萄酒和由红葡萄酒制成的鸡尾酒。常用的容量为 6 盎司，约 180 毫升。

（3）雪利酒杯

雪利酒是增加了酒精度的葡萄酒,因此雪利酒杯是容量较小的高脚杯,杯身细而窄,有时呈圆锥形。常用的容量是 3 盎司,约 90 毫升。

（4）波特酒杯

波特酒是增加了酒精度的葡萄酒。波特酒杯容量较小。形状像红葡萄酒杯,只不过是小型红葡萄酒杯,常用的容量为 3 盎司,约 90 毫升。

（5）香槟酒杯

香槟酒杯是盛装香槟酒、葡萄汽酒和香槟酒配制的鸡尾酒的酒杯。香槟酒杯有三种形状:碟形（Saucer）、笛形（Flute）和郁金香形（Tulip）。香槟酒杯常用的容量为 4 至 6 盎司,约 120 至 180 毫升。

（6）威士忌酒杯

威士忌酒杯的形状是杯口宽,容量 1.5 盎司,约 45 毫升。它不仅盛装威士忌酒,还作为烈性酒的纯饮杯。威士忌酒杯不盛装白兰地酒。威士忌杯还称为"吉格杯"（Jigger）。Jigger 的含义是"任何可盛装 1.5 盎司容量液体的杯子"。

（7）白兰地酒杯

白兰地酒杯是专业销售白兰地酒的杯子。它是高脚杯,杯口比杯身窄,利于集中白兰地的香气,使饮酒人更好地享受酒中香气。白兰地酒杯有不同的容量,常用的杯子是 6 盎司,约 180 毫升。白兰地酒杯还常称为干邑杯（Cognac）和嗅杯（Snifter）。

（8）利口酒杯

利口酒杯也称为甜酒杯和考地亚杯（Cordial）,这种酒杯是小型的高脚杯或耳底杯。它的容量常在 1.5 至 2 盎司之间,约 45 至 60 毫升。利口酒杯是根据英语"Liqueur"音译的,考地亚杯是根据英语"Cordial"音译。Liqueur 与 Cordial 系同义词,都表示利口酒、香甜酒或餐后酒。

（9）混合酒杯

混合酒杯指不同的鸡尾酒杯的总称,有各种不同形状,有的杯子是高脚,有的杯子是平底。

（10）三角形杯

三角形杯是高脚杯,杯身为圆锥形或三角形,是盛装短饮鸡尾酒的杯子。容量通常是 3 至 4.5 盎司,约 90 至 135 毫升。

(11) 玛格丽特杯

玛格丽特是一种鸡尾酒的名称。该酒以墨西哥植物龙舌兰为原料制成的特吉拉酒为主要原料,加上柠檬汁混合而成。玛格丽特杯就是以这种鸡尾酒命名。这种酒杯是一种带有宽边或平台式的高脚杯,这个平台利于玛格丽特酒的装饰(沾上盐分)。玛格丽特杯容量约5至6盎司,约150至180毫升。

(12) 坦布勒杯

坦布勒杯也称平底杯,是所有平底杯的总称。是用来盛装长饮鸡尾酒、带有冰块的鸡尾酒或饮料的杯子。根据它们盛装鸡尾酒的容量及杯身形状要求,平底杯有不同的容量,通常是6至15盎司。有的杯子身宽而短,有的杯子身高而窄。最常用的平底杯有老式杯、海波杯、考林斯杯、库勒杯等。

(13) 老式杯

老式杯也称作洛克杯(Rocks)或古典杯(Classic)。这种杯子的杯身宽而短,杯口大,用来盛装带有冰块的烈性酒和古典鸡尾酒。老式杯容量常在5至8盎司之间,约150至240毫升。老式杯根据它盛装的老式鸡尾酒(Old Fashioned)命名。洛克杯是根据英语"Rocks"的音译而成。英语"Rocks"的含义是"任何不加水,只加冰块的烈性酒"。此外双倍容量的老式杯(Double Old Fashioned)容量可达390毫升。

(14) 海波杯

海波杯是盛装鸡尾酒——海波(High-ball)的平底杯,目前已经有带脚的海波杯。海波是英语"High-ball"的音译。海波杯还常被人们称作高球杯,这是因为英语"High-ball"的含义是"高球"。海波杯容量常在6至10盎司,约180至300毫升。

(15) 考林斯杯

考林斯杯也常称为高杯,它是盛装鸡尾酒——考林斯(Collins)的平底杯。由于杯子形状高而窄,因此称为高杯。考林斯杯容量常在10至12盎司之间,约300至360毫升。

(16) 库勒杯

库勒杯是较大型的平底杯,它以盛装鸡尾酒——库勒(Cooler)而得名。它的容量是15盎司,约450毫升。

(17) 啤酒杯

啤酒杯是盛装啤酒的杯子。它主要有两种类型,平底玻璃杯和带脚的杯子,常用的啤酒杯容量在8至15盎司之间(约240至450毫升)。目前啤酒杯的造型和名称愈来愈多。

（18）高波莱杯

这种杯实际上是高脚的白水杯，用于盛装冰水和矿泉水，其容量常在 10 至 12 盎司之间，约 300 至 360 毫升。

（19）果汁杯

果汁杯是平底玻璃杯，它与海波杯形状相同。只不过它的容量常常比海波杯略小一些，常在 5 至 6 盎司之间，约 150 至 180 毫升。

（20）热饮杯

盛装热饮饮料的杯子，带柄，有平底和高脚两种形状，容量常在 4 至 8 盎司之间，即 120 至 240 毫升。

六、酒水服务过程管理

1. 酒水服务的含义

酒水服务是酒水经营的重要环节。顾客到酒吧或餐厅不仅用餐，还需要享受酒水服务。酒水服务是酒水服务员帮助顾客购买和饮用酒水的全过程。该过程从餐厅或酒吧预订开始，包括引座、写酒单、开瓶、斟酒、结账等，直至顾客离开餐厅或酒吧。广义的酒水服务还包括一系列有关酒水服务的设施、酒具和酒水。

酒水服务是一种仪式。这种仪式通过酒水服务中各项程序和方法显示出来。酒水服务质量与酒水质量一起构成酒水产品质量。优秀的酒水服务应以顾客需求为目标，积极向上、诚心诚意、高效率、微笑、周到、朝气蓬勃、不断创新。优秀的酒水服务应提高服务价值，给顾客留下深刻和良好的印象。

2. 酒水服务的种类和特点

（1）餐桌服务

餐桌服务是传统的酒水服务形式，顾客坐在餐桌旁，等待服务员到餐桌写酒单、斟酒水。这种服务方式适合于一般酒吧和餐厅。享受餐桌酒水服务的顾客经常以商务或休闲为目的，通常 2 至 3 人或以团队形式到酒吧或餐厅消费。他们有充分的时间，并愿意付出服务费用（一些企业免收服务费）。

在餐桌酒水服务中，服务员常从顾客右侧斟倒酒水，从顾客右侧撤掉酒具。根据国际服务礼仪，先为女士斟倒酒水，再为男士斟倒。按照逆时针方向为每一位顾客服务。而中餐酒水服务，应先为主宾斟倒酒水，然后按照顺时针方向为每位顾客服务。

（2）吧台服务

吧台服务是调酒师根据顾客需求，将斟倒好的酒水放在吧台上、顾客的面前。在吧台前饮酒的顾客常为散客，或1至2人就座。由于吧台饮酒容易接近其他顾客，便于交流和沟通，因此吧台服务多用于酒吧或传统西餐厅。

在传统的西餐厅，欧美人在进入正式餐厅前，常在餐厅前边的小酒吧饮用餐前酒，等待其他同桌人，待全部用餐人到达餐厅后，一起进入餐厅，入座。

（3）自助服务

在鸡尾酒会、自助餐厅和冷餐会的酒水经营中，酒水服务常采用自助式。服务员在餐厅摆设好临时吧台，在吧台斟倒好酒水，顾客到吧台自己选用酒水。

（4）流动服务

在鸡尾酒会经营中，根据客户需要，服务员采用流动式酒水服务。流动式酒水服务要设立临时吧台，服务员在临时吧台斟倒好各种酒水，然后将它们放在托盘上，送至顾客面前。参加鸡尾酒会的顾客常是站立饮酒，吃些小食品。鸡尾酒会通常在1小时内结束。

酒水服务形式因经营特点不同而不同。专业酒吧适用吧台服务和餐桌服务。餐厅和酒楼适用餐桌服务和自助服务。宴会和酒会适用餐桌服务、自助服务和流动服务。酒水经营企业对各种酒水服务方法应进行标准化和程序化管理。由于酒水服务是无形产品，因此质量保证的前提是服务标准化和程序化。

许多酒水经营者采取个性化服务。个性化服务是在标准化和程序化服务的基础上，根据顾客需求，将原有服务标准进行适当调节。酒水服务设计必须体现满足顾客需求和有利于营销的原则，任何脱离这一原则的服务都不会给企业带来效益。酒水服务必须与酒水种类、顾客饮用习惯、酒具、饮用温度、开瓶方法、倒酒方法联系在一起。

3. 酒水服务的主要环节

（1）写单服务

写酒单指服务员记录顾客购买酒水的过程。顾客点酒水时，服务员应问候顾客，从顾客右侧递送酒单，先将酒单送给女士，再给男士，每人一份。为顾客点酒水时应具体介绍酒的名称、品牌、特点，留意顾客的反应。如果顾客不喜欢，立即介绍其他酒水。根据酒水特点与功能为顾客点酒水，根据顾客饮用习惯和需求为顾客写酒单。

酒水与菜肴搭配只是人们一般的习惯,并不是唯一标准。因此应根据顾客习惯和爱好写酒单,不要强迫顾客购买酒水。记录顾客所点酒水并复述一遍。将酒单第一联交收银员作结账凭证。第二联经收银员盖章后交调酒师,凭此单取酒。第三联作为服务员服务指南。

(2)开瓶服务

如果顾客点了整瓶葡萄酒、香槟酒和烈性酒,服务员应在顾客面前的餐桌上打开酒瓶。

葡萄酒开瓶服务。先将葡萄酒瓶擦干净,然后用干净的餐巾包住酒瓶,商标朝外,拿到顾客的面前。请顾客检查酒的标签、品牌、出产地、葡萄品种及级别。在确认无误后,在顾客面前打开葡萄酒。

开瓶服务时,服务员先用小刀将酒瓶封口切开,然后用干净餐巾把瓶口擦干净。用酒钻从木塞的中间钻入,转动酒钻的把手,随着酒钻深入木塞,酒钻两边的杠杆会仰起,待酒钻刚刚钻透木塞时,两手各持一个杠杆同时往下压,木塞会慢慢地从瓶中升出来,取出木塞,递给顾客,请顾客通过嗅觉鉴定(该服务程序用于较高级别葡萄酒),用餐巾把瓶口擦干净。待顾客点头示意后,斟倒少量酒给顾客品尝。待顾客品尝后,从女士开始斟酒。

香槟酒与葡萄汽酒开瓶服务。首先将酒瓶擦干净,然后放入冰桶中,冰桶放入少量冰块。连冰桶一起运送到顾客餐桌。将香槟酒从桶内取出,用餐巾将瓶子擦干,用餐巾包住酒瓶,商标朝外,请顾客鉴定酒瓶标签。

顾客同意后,将酒瓶放在餐桌上,准备好香槟酒杯,左手持瓶,右手撕掉瓶口上的锡纸。然后用左手食指按住瓶塞,右手拧开瓶盖上的铁丝,去掉瓶盖。将瓶口倾斜,瓶口不要对着顾客,用右手持干净口纸包住瓶口,这时由于酒瓶倾斜,瓶中产生压力,酒瓶木塞开始向上移动。然后用右手轻轻地将木塞拔出。用干净餐巾将瓶口擦干净。先为主人斟倒少量酒,请主人品尝,得到认可后,从女士开始斟酒。

烈性酒开瓶服务。先将酒瓶擦干净,用托盘将酒送至顾客面前,请顾客检验酒的标签,得到顾客认可后,用开瓶起子打开酒瓶。

(3)显示标签服务

在酒水服务中,顾客常购买整瓶葡萄酒、香槟酒和烈性酒。由于葡萄酒、香槟酒及烈性酒品种和产地非常多,价格相差很大,因此打开酒瓶前,应请顾客鉴定酒的名称、商标、产地和等级，防止出现偏差，同时也表示对顾客的尊重。

服务员站在顾客(主人)右侧，左手托瓶底，右手持瓶，酒的标签朝上，距顾客面部约50厘米，方便顾客检验。左手与瓶底之间垫一块干净餐巾，叠成整齐形状。

(4) 斟酒服务

斟酒时服务员应站在顾客右边，侧身，用右手为顾客斟酒。左手拿一块干净餐巾。服务员每斟一杯酒应换一个位置，移至下一个顾客右边。再继续斟酒，女士优先。中餐应顺时针方向移动，西餐应逆时针方向转动。斟酒水时，瓶口与杯边保持1—2厘米，瓶口不要接触杯子。右手握酒瓶中部，酒的标签朝上。

整瓶销售的酒水通常在餐桌上为顾客斟倒。在吧台上斟倒好的酒水，服务员应用托盘送至餐桌，放在顾客右手边。服务红葡萄酒时应将葡萄酒放在酒篮或酒架中，使酒瓶倾斜片刻后，再为顾客斟倒。斟倒葡萄酒，酒瓶颈下常衬垫一块餐巾以防酒液滴落。白葡萄酒、玫瑰红葡萄酒、香槟酒和葡萄汽酒应冷藏后再斟倒。将冰桶放在餐桌靠近主人的右边。服务员每斟一杯酒，持瓶的手要顺时针方向旋转一下。收回酒瓶时，左手用干净餐巾擦拭瓶口，防止酒洒落在餐台或顾客衣服上。

斟倒酒水时，动作应优雅大方，脚不要踏在椅子上，手不可搭在椅背上。不论斟倒任何酒，斟倒完毕，服务员都要感谢顾客。斟酒服务掌握如下规则：

无酒精饮料斟至杯中8成满；香槟酒斟至杯中2/3，先斟倒1/3，待泡沫稍去后，再斟倒1/3；白葡萄酒和玫瑰红葡萄酒斟至杯中2/3；红葡萄酒斟至杯中1/2；中国白酒斟倒8成满；零杯销售的白兰地、威士忌、伏特加及利口酒常以1盎司为销售单位(每盎司约30毫升)。

(5) 托盘服务

需要从吧台传送到餐桌的酒水，常通过托盘来完成。因此托盘是传送酒水的最基本工具。使用托盘时先将托盘擦洗干净，摆上要运送的酒水。

将托盘托在左手上，用手掌托住盘底，掌心不与盘底接触，平托在胸前，并随时掌握托盘的重量中心。行走时盘要平，肩要平，两眼平视前方并常用余光看地面和两侧，脚步要轻捷，手腕应轻松灵活，使托盘随走路节奏轻轻摆动，摆动幅度不要过大以免酒水外溢。

4. 酒水服务管理的主要原则

(1) 服务礼仪

酒吧服务人员与顾客的接触十分密切和频繁。因此，良好的个人卫生和整洁的仪容仪表显得相当重要。要求服务人员具有端庄的仪容仪表、精神饱满的仪态、礼貌服务的语言，以及良好的服务技能和素质。

（2）设备管理

服务员进入酒吧，首先要检查酒吧间的照明、空调系统工作是否正常；室内温度是否符合标准，对前吧、后吧进行检查；所有酒杯应洁净无垢；操作台上酒瓶、酒杯及各种工具、用品应齐全到位；冷藏设备应能正常工作；如使用饮料配出器，则应检查其压力是否符合标准或作适当校正。

（3）原料管理

检查各种酒类饮料是否都达到了标准库存量，如有不足，应立即开出领料单去仓库或酒类贮藏室领取；然后检查并补足操作台的原料用酒，冷藏柜中的啤酒和白葡萄酒，贮藏柜中的各种无须冷藏的酒类以及酒吧纸巾、毛巾等原料物品。同时准备各种饮料配料和饰物。

（4）卫生安全管理

预防酒水污染，在制作过程中严把质量关，做到清洁卫生、符合标准；注意个人卫生，工作人员要保持健康、良好的生活、工作习惯，定期体检，合理安排工作时间；环境卫生应保持整洁、舒适、安全、卫生；设备卫生管理要制度化，设备使用、存放、维护要定期检查；服务过程中注意安全问题，防止人身伤害、杜绝火灾隐患。

（5）结账管理

在开吧之前，酒吧出纳员须领取足够的找零备用金，认真点数并换成合适面值的零票。如果使用收银机，每个班次必须清点收银机中的钱款，核对收银机记录纸卷上的金额，并交接清楚。有的饭店为了防止作弊，往往规定每张发票的价值，如果发现丢失发票，服务员须照价赔款。因此，应检查发票流水号是否连贯无误。

5. 酒水服务的要点与技巧

酒吧服务员在整个服务过程中要特别注意服务技巧、服务态度、礼节礼貌等的现场发挥，切实提高服务质量。为此，还须做到以下几点：

（1）放心操作。配料、调酒、倒酒应在顾客看到的情况下进行，目的是使顾客欣赏服务技巧，同时也使顾客放心。服务员使用的饮料原料用量应正确无误，操作符合卫生要求。

（2）不打扰服务。调好的饮料端送给顾客以后，应立即退离吧台或离开，不要让顾客发觉服务人员在听他们对话（除非顾客直接与你交谈），更不可随便插话。

（3）公平服务。认真对待、礼貌处理顾客对饮料服务的意见或投诉。酒吧跟其他任何服务设施一样，顾客永远是正确的，如果顾客对某种饮料不满意，应立即设法补救或重调。

（4）尊重服务。任何时候都不准对顾客有不耐烦的语言、表情或动作，不要催促顾客点酒、饮酒，不能让顾客感到你在取笑他喝得太多或太少。如果顾客已经喝醉，应用文明礼貌的方式拒绝供应饮料。

（5）卫生服务。酒杯应在三格洗涤槽内洗刷消毒，然后倒置在架空的橡胶架上让其自然干燥，避免手和毛巾接触酒杯内壁。

（6）特殊服务。除了掌握饮料的标准配方和调制方法外，还应时时注意顾客的习惯和爱好，如有特殊要求，应照顾客的意见调制。

七、酒吧营业管理

酒吧营业活动是重要的酒水销售过程，酒水服务质量的好坏关系到酒吧经营目标的实现，酒吧营业活动类似餐厅服务过程，但又有所不同。

1. 酒吧营业过程

（1）营业前准备

第一，清洁工作。

用湿毛巾清洁吧台，用清洁剂喷洒吧台表面，擦抹至污迹完全消失为止，使吧台干净光亮。吧台内地面多以大理石或瓷砖铺砌，每日应用拖把擦洗地面两次以上，保持干净。每日开业前用湿毛巾将瓶装酒及罐装饮品擦干净，确保无尘土。每日清洁酒杯与用具，即使没有使用过的酒杯每天也要清洗。清洁酒吧的窗户、镜面、桌椅、墙面、灯饰、宣传品等，使酒吧有良好和舒适的环境。

第二，领取酒水和用品。

定时或每天按需填写酒水领料单，经业务主管签名，去仓库领取酒水。注意核对酒水数量、品牌、种类、级别和产地等以免造成误差。领取后要在领料单上签名以便核实查对。根据需要领取笔、记录本、棉织品、酒杯垫等。领取鸡尾酒的调料和水果。

第三，存放酒水。

将领来的酒水分类存放，需要冷藏的酒水，如啤酒、白葡萄酒、果汁等放进冷藏箱内。将先入库的酒水先使用，以免因酒水存放过期而造成浪费，特别是果汁及鲜牛奶更是如此。纸包装的鲜牛奶的存放期只有几天,应及时使用。

第四,记录酒水。

为了便于成本控制,防止酒水丢失,每个酒吧都有酒水记录本,记录酒吧每日存货、领料、售出及结存的数量。值班调酒师要准确清点酒水数目,详细记录以便控制好酒水成本。

第五,摆设吧台。

吧台摆设应美观大方,有吸引力,方便工作。酒吧的气氛和吸引力常集中在瓶装酒和酒杯的摆设上。瓶装酒要分类摆放,如开胃酒、烈性酒和利口酒等。瓶与瓶之间要有间隙,以杯为销售单位的各种酒要放在工作台前伸手可及的位置以方便工作。不常用的酒放在酒架高处。酒杯的摆放形式有悬挂式与摆放式两种。悬挂式酒杯常悬挂在吧台上方的架子上,主要作装饰,不使用,拿取也不方便,必要时取下,洗净后使用。摆放式的酒杯常摆放在展示柜中或工作台上。海波杯、高杯、古典杯和水杯应放在靠近冰桶的地方,啤酒杯和三角形鸡尾酒杯可放在冷藏箱中,方便操作。

第六,准备调酒原料与装饰物。

准备新鲜冰块,用冰桶从制冰机中取出当天制成的冰块放进工作台的冰池中,把冰块放满。没有冰池时,可用冰桶装满冰块盖上盖子放在工作台上。

较大型酒吧,自己应配备一台制冰机。准备辣椒油、胡椒粉、盐、糖、豆蔻粉等调味品,并把它们放在工作台前面,以备调制鸡尾酒时使用。准备鲜牛奶、菠萝汁、番茄汁及罐装奎宁水、汽水、苏打水等,将它们放在冷藏箱内容易拿取的地方。

准备水果装饰物,准备好柠檬、橙子并根据业务情况切成角或片。将柠檬角或柠檬片与樱桃串联在一起备用,从罐头中取出红樱桃备用。装饰物都应放在冷藏箱中。把酒杯洗净、消毒、擦干后,按需要摆放在酒杯架和工作台上。

调酒工具可放在盘内,放在工作台方便操作的地方。量杯、酒吧匙和冰夹除了放在工具盘内,有时要分放在干净的水中浸泡。吸管、调酒棒和鸡尾酒签可放在工作台上的杯子中。杯垫放在工作台上易于拿取的位置。准备好擦酒杯与擦吧台的各种布巾。

营业前要仔细检查各类电器、灯光、空调、音响、冰箱、制冰机、咖啡机和开水器等工作情况,检查所有家具、吧台、吧椅及墙纸是否完美,有无破损情况。发现任何工作不正常的设备要立即维修。

（2）营业中服务

第一，迎接顾客。

顾客进入酒吧时，服务员应面带微笑，向顾客问好。如顾客存放衣物，提醒顾客妥善保管贵重物品和现金。带领顾客到他们喜爱的座位入座。单个顾客常喜欢到吧台前吧椅上就座，两个以上的顾客常到餐桌或小台就座。帮助顾客拉椅。

第二，填写酒单。

顾客入座后递上酒单，先递给女士，再递给男士。如果几批顾客同时到达，要先请顾客入座后再递酒单。酒单要直接送到顾客手中，不要放在吧台或餐台上。酒单必须干净平整。顾客确认后，才能完成酒单。为了减少差错，酒单上要填写座号或台号、服务员姓名、酒水品种、数量、价格及特别要求等。

第三，酒水服务。

将斟倒好的酒水或调制好的鸡尾酒、口纸、杯垫和小食品放在托盘中，以左手齐胸托方式，送至顾客面前，从顾客右边将酒水和小食品摆在餐台上。为吧台前的顾客服务时，不用托盘，调酒师可直接将酒水和小食品放在顾客面前，酒水应放在顾客右手边。放酒水时应先放杯垫。随时为顾客更换烟灰缸。为顾客斟酒水，如顾客购买了整瓶酒水，当酒杯的酒水不足 1/3 时，为顾客及时斟酒水，直至将瓶中酒或饮料斟完或顾客不需要时为止。此外，只要吧台上有空瓶或空罐都要立即撤走。

第四，推销第二杯酒水。

服务员和调酒师要经常观察顾客的酒水情况。如顾客的酒杯只剩少量酒水时，服务员或调酒师应询问顾客是否再来一杯酒水。如果顾客购买的酒水与上杯不同，应该重新为顾客摆上新酒杯。

第五，结账服务。

顾客要求结账时，服务员应立即到收款处取账单，拿到账单后要认真检查一遍台号、酒水品种、数量及金额，将账单放在账单夹中，用托盘送至顾客面前。

第六，送客服务。

顾客结账后，帮助顾客拉椅子。如顾客存放了衣物，根据顾客交回的存衣牌，帮助顾客取衣物并请顾客确认。然后送顾客到门口，面带微笑，以示尊敬。然后清理台面。

2. 酒水销售服务管理控制

加强酒水销售服务管理控制是防止私自饮用、浪费酒水和酒吧作弊的重要条件,也是维护顾客权益、降低消耗、保证酒水毛利的重要措施。

(1) 酒水销售控制系统

酒吧饮料控制一般有三种形式或系统,即量杯量度、酒瓶计量表量度以及电子饮料配出系统。

① 量杯量度。用量杯量取调制饮料所需的基酒是最经济、也最精确的一种控制方法,成功的关键是每酒必量。这种方法最大的优点之一是顾客乐意接受,因为这是传统的方法。但比较熟练的酒吧服务员则不喜欢,说这种方法会影响配酒速度,而且不用量杯,他们倒酒也同样精确。但事实上,同一服务员在不用量杯的情况下,配制的饮料往往不可能完全一样,更不必说不同的服务员之间的差异了。其实,只要服务员一经习惯使用量杯,其速度与不用量杯时相差无几。不用量杯,不仅饮料得不到应有的控制,而且顾客也得不到质量相同的产品。

② 酒瓶计量表量度。由于饭店很难控制酒吧服务员做到每酒必量,于是就有人发明了酒瓶计量表。这是一种可以固定在酒瓶上,其流量可以调节、锁固并能自动记录总流量的装置。也就是说,每一次的倒出量可以预先调节固定。而且每倒出一次,计量表会作自动记录。使用这种装置,原料用量得到严格控制,而且每次倒出量完全相同,使饮料质量得到保证。只要每天开吧时和结束时分别记录表上读数,两者之差,便是这种酒当天的消耗量。

这种装置的主要缺点是倒酒速度慢,而且倘若倒出量定为每次一英两,那么当配制饮料需要 1.5 英两时,就会带来很多麻烦;其次是由于酒吧中用酒较多,大量安装这种设备,费用往往很可观。因此,酒吧一般只有在饮料成本太高且极难控制时,才使用这种装置。

③ 电子饮料配出系统。电子饮料配出系统是目前较为先进的酒吧设施。它可以与收款机连接,也可以有自身的微电脑或数据处理系统。使用这种系统,酒类贮藏室可以设在离酒吧几十米的地方,服务员只要按动配出器上的键钮,便可得到所需的规定数量的酒或配料。该设备由于省时省力、量度精确、控制严密,很受服务员的欢迎,但由于这种设备价格昂贵,而且连入系统的基酒和配料的数量受到限制,一般只能把最常用的基酒和饮料连入,因此免不了还得用其他方法量取一般的基酒和配料,这是这种系统最主要的缺点。

(2) 酒水销售控制方法

一是整装或瓶装数量控制。整装以各种啤酒饮料为主,一般用容器陈放在柜

台中。瓶装以酿造酒、蒸馏酒、配制酒为主,摆在柜台陈列架上(啤酒、饮料也有瓶装),其控制方法包括:

每日开餐前,分类做好各种酒水饮料的整装或瓶装数量记录。由于酒水饮料花色品种很多,瓶装规格各不相同,为此,要逐一核对,分别记录,防止差错。

开好领料单,逐一记录当日上货。酒吧柜台酒水饮料不足,要由调酒服务员逐一开具领料单,酒吧主管审批后,到酒水库领取,当日上货要分类逐一登记其整装或瓶装数量,并做好销售记录。

每日晚间盘点、核对数量。酒吧每日销售结束,由调酒服务员和酒吧主管共同盘点、清点柜台各种酒水和饮料的整装和瓶装数量,逐一做好记录,并用以下公式来检验整装和瓶装数量是否和实际销售数量一致:

当日售出＝日初陈列＋当日上货－晚间盘存－拆零半瓶数

如果当日盘点结束和实际销售记录一致,说明整装和瓶装的数量控制好,没有差错;如果不一致,应查明原因。在实际工作中,主要采用表格控制法分类核对。

加强制作管理,使用量酒工具。在销售过程中,调酒员在瓶装拆零销售的过程中,应按标准配制或拆零装杯,坚持使用量酒工具,做到数量准确。

二是鸡尾酒制作与销售控制。鸡尾酒是酒吧的主要产品,其制作与销售控制涉及配方、用量、成本、毛利和价格等各种因素,其控制方法是:

合理制定配方,为鸡尾酒的制作与销售控制提供客观依据。鸡尾酒的种类很多,各种鸡尾酒的配制方法不同,关键是掌握配方,合理确定每杯鸡尾酒中各种饮料的用量、价格、成本、毛利和售价,执行标准化控制与销售。

严格按配方制作,控制鸡尾酒销售。各种鸡尾酒的配方制作完成后,柜台调酒服务员要严格按配方要求制作,掌握鸡尾酒中各种酒水的杯酒用量和比例,防止超标准使用。同时也不能降低用量标准,以维护消费者利益,保证利润目标。

三是瓶装、拆零售价控制。除鸡尾酒是混制杯装销售外,各种酒水饮料还可瓶装或拆零销售。控制瓶装或拆零销售价格,是保证销售收入的重要条件。其售价控制主要是正确掌握毛利标准。

四是成本、毛利和收入控制。成本、毛利和收入是互相联系、互相依存的,管理人员事先要制定成本、毛利标准。销售过程中,每日做好统计分析,计算出实际收入、成本和毛利,同预算标准比较,其毛利和成本尾差应控制在±1%—2%左右,过高或过低,都应查明原因,采取相应措施,以实现销售控制。

五是收款控制。收款控制除了必须制定完善的收款制度外,还必须借助于一定的工具。饭店酒吧一般都使用收款机和账单。收款机有简单与复杂之分。简单的收款机仅能起计算及存放钱款的作用,并无多少控制功能;复杂的收款机则能印制原料库存日报、周报和月报表。酒吧和餐厅中适用的收款机一般应具有记录每一次交易及自动打印收据的功能,并有多个存款屉,供几位服务员分别使用。在几名服务员同时工作的情况下,收款机还要分别记录他们所做的营业交易,以帮助管理者检查评价他们的工作情况。

第三节　宴会经营与管理

宴会是以餐饮聚会形式表现的一种高品位的社交活动,是一种高级饮食享受方式。宴会的组织与经营是餐饮服务管理的重要内容。

一、宴会的类别

1. 按餐饮性质和国别文化划分

按餐饮性质和国别文化划分,宴会主要有三种。

第一,中餐宴会。提供中餐食品和中式服务,宴会厅设计布置、菜点和服务方式具有中国民族文化的特点。

第二,西餐宴会。提供西餐食品和西洋式服务,又有法式、美式、俄式等之区分,其突出特点是餐具和菜点相匹配,菜点和酒类相协调。宴会服务具有西方国家的文化特色。

第三,其他国家宴会。其宴会厅的设计布置、所用菜点及服务方式都和特定国家的民族文化特点相适应,如日餐宴会及印尼式、韩国式、印度式宴会等。

2. 按宴会举办者的类型和目的划分

按宴会举办者的类型和目的划分,宴会主要有三种。

第一,国宴。由代表国家的政府机构举办,档次规格高,隆重热烈,政治、经济和文化娱乐性较强,要挂国旗、奏国歌。其中又分欢迎、答谢、节庆活动等性质的国宴。

第二,团宴。由机关团体、企事业单位、各种社会机构为一定目的而举办的宴会。故又称团体宴会。这种宴会活动形式多样,档次规格各不相同,有欢迎、答谢、庆祝、招待、聚会、谈判、展销、会议签约等各种具体目的,是宴会活动中区别最大的一种类型。

第三,私宴。即由私人或个人以一定名义举办的各种性质的宴会。这种宴会,又可以具体分为四种:一是便宴。它以同学、朋友、同事等私人性聚餐为主,个人色彩较重,规模较小。二是喜宴。它是为订婚、新婚或结婚纪念而举办的宴会,如金婚宴、银婚宴。其特点是个人色彩较重、纪念性强、气氛热烈,宴会厅要给予特别布置,但档次规格区别较大。三是寿宴。它是为年长者庆贺生日、祝寿而举办的宴会。餐厅给予特别布置,设寿礼台,档次规格主要取决于举办者的身份地位、宴会标准和具体要求。四是家宴。它是为某种目的而举行的家庭式宴会,出席者是家庭成员和亲朋好友。

3. 按宴会中的用餐方式划分

按用餐方式划分,宴会主要有三种。

第一,冷餐会。以提供冷菜小吃为主,源于西餐,分设座位冷餐会和不设座位冷餐会两种。前者服务到桌,后者活动自由,多适用于大中型企事业单位简单宴请,社交性较强。

第二,鸡尾酒会。以鸡尾酒服务为主,伴以小吃,分设座位和不设座位两种,餐厅需特殊布置。饮酒交谈,社交活动性较强。

第三,自助餐宴会,以提供凉菜、热菜、甜点、食品为主。菜食摆在菜台上,顾客自取。其中,又有设座位和不设座位的自助餐宴会两种。

二、宴会经营服务的特点

宴会是餐饮销售的一种特定方式。各种宴会种类复杂,档次区别大,服务方式各不相同。但从总的方面看,宴会经营具有四个共同特征。

1. 宴会活动方式的多样性

宴会厅又叫多功能厅。宴会厅大多设有一个大厅和各种单间,大厅还可以隔断,形成小厅,可满足顾客多种需求。根据举办单位或个人的目的和要求不同,其活动方式主要有五大类:

一是一般宴请。这种宴会以饮宴为主要目的,活动方式比较简单,宴会经营重点是根据宴会标准保证产品质量。

二是庆祝宴会。这种宴会将庆祝活动和饮宴活动结合起来,餐厅环境要突出庆贺气氛,如婚礼宴会、开业大典、祝寿宴请、庆功宴会以及政府机构的节日庆典等。这种宴会活动方式比较灵活,除提供就餐服务外,餐前还要提供庆祝活动服务,其服务方式和工作内容需要根据主办单位的具体要求而定。

三是会议宴会。这种宴会将会议、谈判、学术交流和饮宴活动结合起来。正式开宴前,往往利用宴会厅作会场,提供会议服务,于宴时再提供饮宴服务。餐厅利用率较高,服务要求高效率、高质量。其中,国际会议、商业谈判、各种董事会议、学术研讨会等所举办的宴会,大多档次较高。

四是娱乐宴会。这种宴会将文化娱乐和饮宴活动结合起来,宴会期间同时举行文艺演出。宴会标准大多较高,活动方式灵活,产品质量和服务质量要求高,宴会厅多数需要特别布置,所用设备较多。

五是社交性宴会。这种宴会饮宴大多不是主要目的,餐食相对简单,如一般招待会、冷餐会、鸡尾酒会等。活动方式也比较灵活,餐厅布置和饮宴服务都有一定程式。

宴会活动方式的这种多样性特点,使宴会经营者必须根据主办单位的要求,明确宴会性质、目的、活动内容,从而有针对性地做好宴会的组织工作,提供优质服务。

2. 宴会顾客需求的多层次性

宴会活动都是事先预订的,顾客需求和消费水平主要取决于举办单位要求的宴会档次规格和宴会标准。档次越高,宴会标准越高,由此形成多层次的消费需求。

宴会需求的多层次性要求宴会经营者首先要加强市场开发和客源组织,尽可能多地争取高档宴会在本企业举行,同时也不放过中低档宴会;其次要掌握好每一个宴会的标准,合理安排菜单和酒水饮料,使宴会服务同其档次规格相适应;最后是在宴会服务过程中,因档次规格不同,餐食品种可以有区别,但在服务技能、态度、服务质量上要坚持一视同仁,提供优质服务。

3. 宴会经营管理的复杂性

宴会经营管理过程的复杂性主要表现在两个方面:一是宴会经营有一套复杂的工作程序,要先后经过宴会预订、预算、确认、开宴准备、宴会设计和饮宴服务等一系列的工作,才能完成整个经营管理过程;二是宴会经营管理涉及范围广泛,往往需要各级、各部门的协调配合,如原料采购、宴会预算、宴会保卫、音响安装和布置、酒水服务等,都需要各部门的配合,它是一个复杂的过程。为此,宴会经营必须树立整体观念,树立全局一盘棋的思想,以保证宴会管理工作的顺利进行,向顾客提供优质服务。

4. 宴会消费过程的享受性

宴会是餐饮经营的最高档次。宴会活动中,顾客的身份、地位大多较高,消费水平较高。顾客既追求物质享受,也追求精神享受。为此,宴会经营管理必须提供高质量、高效率、高水平的服务。宴会经营者要根据宴会标准和主办单位的要求,根据宴会的性质、目的、活动方式,从宴会预订、菜单设计、环境布置、餐台摆放、座位安排到迎宾领位、饮宴服务等各个方面,切实做好组织工作,周到服务。

三、宴会的预定管理

1. 预订前的准备

为做好宴会预订、增加客源,饭店、大型餐饮企业都设有宴会预订部门,专门负责宴会、酒会、冷餐会、团体聚餐等的预订工作。每天都要做好预订前的准备工作,其内容主要包括:

召开班前会,布置工作任务。宴会预订部负责人每天要召开班前会,通报企业和部门的有关安排和计划,听取员工汇报,通报宴会举办情况。同时,检查、布置员工工作任务,重申有关注意事项。

查阅有关信息,检查宴会预订情况。宴会预订是连续进行的,每个宴会的预订情况都会输入计算机记录。为此,预订人员每天正式外出联系宴会或接受预订前,要先查阅已经预订的若干宴会的时间、地点、参加人数等信息,以便做到心中有数并与后面的预订结合起来,防止在预订时间、厅堂使用等方面发生冲突。

准备好预订资料和用品。主要包括宴会预订单、预订表、记录表等。如果外出联系客户,应提前做好安排,防止盲目性,提高工作效率。

2. 宴会预订受理

预订受理是宴会预订的正式开始。顾客预订宴会主要有电话预订、传真预订和当面预订等形式。电话预订以一般性宴会预订为主,传真和当面预订以高中档大型宴会、会议性或娱乐性宴会等为主。不管属于哪一种,预订人员在查阅预订控

制表的基础上,只要时间、宴会厅堂、设备条件允许,都应接受顾客预订。其预订受理要重点做好以下两个方面的工作:

第一,热情主动,询问顾客需求。一般性宴会顾客多用电话预订,也有来店预订的。预订人员要主动接听电话,热情接待,询问顾客需求,了解顾客举办宴会的性质、目的、要求。顾客会问及企业是否有空宴会厅或宴会单间,其规模、设备情况,宴会菜肴、饮料、场地及其费用情况,菜单安排、厨师技术力量和技术水平情况,主办单位准备在宴会中组织的各种活动能否如愿以偿等。预订人员要逐一解答,做好宴会宣传和推销工作,将顾客的预订逐一落实,实现准确预订。

第二,接待顾客,落实宴会预订。大型宴会或档次规格较高的宴会,主办单位为保证宴会规格和宴会目的及要求的实现,其负责人大多要到企业当面预订、实地查看,并就宴会预订的详细情况进行协商。这时,预订员要热情友好地接待顾客,并带领顾客到宴会厅实地查看。对于顾客提出的各种问题和要求,要逐一回答。对设备使用、餐厅布置、座位安排、菜单设计、酒水供应、服务方式和费用安排等,要反复同顾客协商,按照顾客的要求和企业的有关规定办理。整个预订中的各个细节要逐一落实,以保证这些重要宴会预订的准确性。

第三,填写宴会预订单,处理预订资料。预订单和预订资料是联结宴会预订和宴会服务组织工作的重要依据。宴会服务都是按照预订单的内容和要求来安排的。为此,在受理预订的基础上,预订人员要做好三个方面的工作:

一是填写预订单。在受理预订的同时,预订人员要在同顾客反复协商的基础上,就宴会名称、性质、举办时间、预订人数、保证人数、宴会标准、菜单内容、酒水供应、餐厅环境布置、台型设计、座位安排和付费方式等,逐一落实,然后准确填写预订单。

对于婚礼宴会或部分特别重要、有特殊要求的宴会,在填写预订单时,还要写明一些特殊要求。如婚礼宴会要写清新郎、新娘的姓名,并根据需要写明婚礼仪式、礼服、化妆、照相及其费用安排等。举办文娱演出的宴会要写明舞台布置、设备使用、灯光照明要求、演员接待安排以及特别注意事项等。

属于国家或政府机构带有指令性的宴会预订,预订设计人员要根据预订要求和标准,制订详细接待方案。方案和菜单先报主办单位审查,经审批、修改确定后,再正式打印预订单,以保证宴会规格与质量。

二是处理预订资料。预订资料处理主要是预订单的善后处理和填写宴会预订控制表。预订单填好后,要编号存档。同时,还要将其主要内容分别填入月度宴会预订控制表和逐日控制表中，以便为以后的宴会预订提供准确的资料，保证预订的准确性。

三是处理不准确预订。在受理预订过程中，有些宴会预订是尚未最后确定的。主要有三种情况：顾客还要进一步询问和了解情况，宴会预订尚未最后确定，但如不最后确认，宴会厅将很快订满；顾客虽已确定，但还在费用和宴会地点上进行比较；顾客要求的日期或场地已经订满，但其他日期或场地还可以安排，顾客还在犹豫。对于这些不确定的宴会预订，要规定顾客在几日内答复，记下顾客的姓名、地址和联系办法，确定保留准确预订的最后期限，以便促使不准确预订最后落实。

第四，编制预算和签发宴会预订确认书。大型宴会或会议性、展览性和娱乐性宴会，举办单位为了将宴会费用控制在某一范围内或将宴会开支纳入预算之中，大都要求在接受宴会预订时提供宴会预算单。在宴会预订过程中，顾客也会问及宴会费用情况。为此，预订人员要熟悉企业宴会设备、场所、服务、菜肴等各方面的收费标准，并在同顾客协商的过程中，根据宴会预订单的内容，编制宴会预算单并及时提供给预订单位。

宴会预订有的提前时间较长，有的提前时间较短。为保证宴会预订的准确性，预订工作完成后，要签发宴会预订确认书，其内容主要是根据预订单摘录其有关项目，送交顾客。宴会预订确认书一经签发，就表示宴会客源组织得到了最后落实，宴会经营者必须保证宴会活动按时举办。

第五，取消预订的处理。在宴会预订过程中，有时顾客会取消预订。当顾客取消预订时，预订人员应尽可能问清顾客取消预订的原因。特别是大型重要宴会，要提供热情周到的预订服务。尽可能掌握同等企业的宴会预订政策和情况、宴会菜肴特点、产品风味、同等宴会的价格标准、服务质量等，以防止宴会预订取消。即使取消了，也不应放置一边，不再理会，而应坚持不懈，恰如其分地做好推销工作，必要时应调整收费标准或提供部分优惠服务项目，争取顾客不取消或下次宴会在本企业举行。

顾客已经决定取消宴会预订后，预订人员应在宴会预订控制表上作出调整，并在预订单上加盖"取消"印章。记下取消预订的单位、日期、要求、取消人姓名和受理取消的预订员姓名，然后将该预订单单独归类存放，并通知各有关部门。如果是大型、重要宴会取消，要立即报告宴会经理和餐饮部经理，以便作出相应调整和工作安排。如果未按要求提前通知取消，应收取一定损失费。

四、宴会策划及服务管理

1. 安排宴会计划

宴会对于主办单位来说无疑是一件大事。对于经营者而言,则是一项细致的工作。为此,做好联络准备,打印宴会通知单,是宴会服务管理工作的首要环节。

(1) 统一安排

宴会预订结束后,应对每天的宴会次数、时间、场地等作出具体安排。在宴会正式举办前,宴会经理要和餐饮部经理、厨师长共同研究宴会预订单,分析此次宴会可能涉及哪些部门的工作,需要哪些部门给予通力协作和配合。然后打印宴会服务通知单,以保证宴会活动的顺利开展。

(2) 分项准备

宴会通知单提前发给各部门经理或主管签收。各部门即可根据宴会通知单上的工作内容和要求及事先制定的程序和标准,分头做好各项准备。例如,工程部要安装和准备有关设备,检查灯光、音响、空调;采购部准备食品原材料,采购鲜花及相关用品;前厅部做好顾客到店的迎接、引导服务;客房部搞好公共环境卫生;管事部准备好餐茶用具;厨房按照菜肴种类和花色品种组织生产;酒吧准备好酒水饮料;宴会厅经理安排人员,做好餐厅的环境布置;安全部做好车辆调度、场地保卫的准备;财务部则准备做好宴会成本控制和收款工作。

这样,一张宴会通知单将和宴会服务有关的各级、各部门的工作统一纳入宴会业务管理之中,形成标准化、程序化和系列化管理,即可防止"运动式、经验式"管理的弊端。

2. 落实宴会方案

宴会厅经理、餐饮部经理要仔细阅读和研究宴会预订单,充分了解和把握宴会性质、目的、预订内容和顾客要求,然后和厨师长协商研究,落实厨房和宴会厅需要做好的各项工作,制订宴会接待服务方案。其内容包括宴会形式、菜肴品种、菜品质量、原料保证、上菜顺序、饮料安排、餐厅布置、台型要求、宴会节目议程、鲜花和礼品准备等等。协商结果要分别形成厨房和宴会厅接待方案,落实到具体人员,以保证宴会活动如期举行,提高服务质量。

3. 设计宴会等级

宴会厅堂设计和环境布置的要求非常高。为此,宴会厅经理在厅堂设计布置方面要重点做好环境设计和布局方面的工作。

环境设计与布置的重点是突出宴会厅气氛,使宴会环境布置同其等级规格相适应。为此,宴会厅经理首先要根据本次宴会标准、目的和等级规格,明确顾客的具体要求,然后拟订出环境设计与布置的方案,组织服务人员和工程技术人员来完成。其环境设计与布置要掌握三个基本原则和标准:

一是宴会等级规格。由于主办单位的地位和用餐标准不同,宴会的等级规格区别也较大。环境设计与布置要突出等级规格。如国宴是宴会中的最高等级,要突出隆重、庄严、热情、友好;主宾席要宽畅大方,客宾席要整齐、美观、舒适;桌面要给予精心布置,四周要摆盆栽、盆景或鲜花;有文艺演出的国宴还要作出特殊安排。相反,档次规格较低的宴会则主要突出美观、舒适和方便即可。

二是宴会性质和目的。宴会性质和目的不同,其环境设计与布置也不完全一样。如喜宴以庆祝结婚或婚后纪念为目的,要突出喜庆、热烈、典雅的就餐环境,突出新人席面,设礼品台。举行结婚仪式,还要做特殊布置。寿宴以祝贺中老年人生日为主要目的,其环境布置要突出庄重、热烈、美观的特点,多用松柏、仙鹤、花草图案,突出主桌,摆生日蛋糕,设寿礼台等。此外,招待性宴会、告别性宴会、冷餐会、鸡尾酒会,因性质和目的不同,其环境设计与布置也要有所区别。

三是主办单位的具体要求。各种宴会、特别是大中型宴会,主办单位都会对环境布置提出某些具体要求。如一般政府机关、企事业单位、跨国公司等举办的宴会,宴会厅经理在设备安排使用、餐桌椅摆放、灯光气氛、座次安排等各方面,应根据主办单位的具体要求来精心布置,保证主办单位的要求如愿以偿。

4. 宴会台型设计

台型是宴会厅堂设计的重要内容。宴会的台型设计与铺台服务受宴会形式、宴会性质、出席人数及等级规格等多种因素的影响。为此,要区别不同情况来布置。主要有五种类型:

(1) 中餐宴会

中餐宴会多用圆桌,根据出席人数的多少分 1 桌、2 桌、3 桌、4 桌以上、10 桌以内和 10 桌以上的宴会。1 至 2 桌的宴会比较简单,3 桌以上的台型要突出主桌,10 桌以上的宴会要设主宾席区。其台型有一字形、品字形、规则形、中心图案形等多种,每一种台型都要突出主宾席或主宾席区的座次安排,以体现宴会服务的等级规格,提供有针对性的优质服务。

（2）西餐宴会

西餐宴会多用长桌。根据宴会规模和出席人数的多少，其台型有一字形、U字形、山字形、工字形、T字形、口字形、分散型和豪华型等多种。每一种台型都有一个主宾席或主桌，在主桌上要特别突出主宾席位的座次安排。

（3）冷餐会

冷餐会以提供小吃、凉菜、点心、饮料为主，多用小圆桌或小方桌，其台型设计要根据出席人数的多少，形成不同的就餐区。铺台服务的重点是菜台，要做到设计美观，摆放整齐、规格、均匀、大方。其中，大中型冷餐会也要设立主宾席区，突出环境气氛。

（4）鸡尾酒会

鸡尾酒会多用小圆桌或小方桌，以提供饮料服务为主。其台型设计和冷餐会基本相同，不同的是要根据出席人数的多少分别设置酒水台。档次规格较高的大中型鸡尾酒会也要设主宾席区，突出主桌，主宾席区一般还要铺地毯、设讲台，以突出宴会规格，满足顾客祝酒、讲话的需要。

（5）自助餐宴会

自助餐宴会以顾客自我服务为主。其台型设计与布置分餐台和菜台两个方面。餐台多用圆桌或方桌，其台型设计与中餐宴会（中餐自助餐）或西餐宴会（西餐自助餐）基本相同。若用小圆桌或小方桌，则与冷餐会台型设计基本相同。菜台是自助餐宴会的重点设计对象。要铺台布、设台裙，菜点摆放要美观舒适，顾客取用方便。台面之间要留出适当通道，满足顾客取菜的需求。

在宴会环境和台型的设计与布置中，还要特别注意三个问题：一是要合理安排接手桌。无论是中餐或西餐宴会，主宾席要单设接手桌，主宾席以下每2至3个台面设一个接手桌，位置摆放要适当，有利于提供上菜服务。二是宴会铺台要严格按照中餐、西餐、自助餐、冷餐会等宴会铺台质量标准进行。管理人员要认真检查，保证铺台质量。三是宴会台面要摆放花草。大型重要宴会主宾席要设花坛或花环，也可中间设花坛，四周摆花环。客宾席则多用鲜花布置，花草布置要美观、典雅，同宴会等级规格相适应。

5. **宴会接待服务**

（1）宴会组织分工

宴会通知单下达后，厨房和宴会厅主管都要召集有关人员开会，明确宴会任务,做好组织分工。主要是向各级主管、领班和服务员讲清宴会的性质、目的、等级规格、出席人数、宴会标准、主办单位要求、菜单和酒水安排等。

一是厨房生产组织。厨房要落实原料供应、粗加工、细加工、炉灶制作、冷荤制作、面点制作、菜肴烹制顺序和主要上灶师傅等各项具体工作任务,明确人员分工、具体要求和质量标准,必要时要提前加工好半成品,保证宴会菜点供应和产品质量。

二是酒吧服务组织。酒吧要根据宴会要求,安排酒水服务员,提前准备好酒水饮料。若是鸡尾酒会或要提供餐前鸡尾酒服务的宴会,还应提前准备好各种酒杯、量具和鸡尾酒制作原料,以保证宴会服务的酒水饮料需要。

三是宴会厅服务组织。宴会厅经理或主管要根据宴会接待方案划定宴会服务区域,安排好迎宾领位、桌面服务和跑菜服务等各项具体工作,落实人员分工;并要求服务人员背诵菜单,掌握上菜顺序,保证宴会活动一开始,就能热情、主动、周到地提供优质服务。

(2)宴前各项准备

一是餐厅准备。正式开宴前1.5至2个小时,组织服务人员搞好餐厅卫生,准备好餐茶用品,按照宴会厅堂和台型设计的要求,做好各项准备工作。管理人员要做好督促检查,保证宴会厅堂设计、台型安排和铺台服务质量,并检查座次安排是否合理。在餐厅铺台服务的同时,还要检查传菜间、接手桌各种餐茶用品的准备效果,这些工作必须在开宴前30分钟完成。

二是上菜准备。中餐宴会提前10至15分钟组织服务人员上凉菜。凉菜主盘要正面朝外,面向顾客。凉菜的颜色、荤素、口味要搭配摆放,管理人员要检查上菜质量,与此同时,指挥服务员斟酒,准备迎接顾客。

三是工作检查。宴会厅经理或主管要检查服务人员对此次宴会菜单的熟悉情况。服务员要掌握主要菜点的名称、原料、烹制方法,对重要菜点了解来历、典故,以便开宴服务中有针对性地向顾客介绍,提供优质服务。

四是迎接顾客。顾客到来前,服务人员再次整理着装仪表,清理个人卫生,热情饱满地准备迎接顾客。在顾客到达前3至5分钟,迎宾领位员、桌面服务员、跑菜员和酒水员进入各自的服务区域,坚守岗位。宴会开餐服务即将正式开始。

6. 开宴服务

开宴服务是宴会管理和服务质量的最终体现。顾客来到宴会厅,迎宾领位员要面带微笑地主动迎接,热情问好,接挂衣帽,再引导顾客入座。如果是高档宴会,对主宾和重要来宾要先引到休息厅饮茶候客。当顾客进入就餐区时,服务人员要主动拉椅让座,坚持先主宾、后随员,先女宾、后男宾。在主桌或主宾席区服务人员要按座次安排引导顾客入座,提供热情礼貌的服务。

顾客入座后,要先送茶水、香巾,并为顾客铺口布。宴会开始后,服务人员要严格遵守宴会服务程序,听从管理人员的指挥,热情周到地做好各项服务工作。

(1)上菜。上菜要按顺序。中餐宴会先上凉菜,后上热菜,头一道热菜应为主菜。如鱼翅席、燕窝席、海参席,大多应是鱼翅、燕窝、海参为原料的主菜。菜点之间还应互相搭配,如上燕窝后要立即上银耳,上鱼翅后要上相应的配菜。上菜时,菜点的摆放要正确,如整只的鸡、鸭、鱼,要头向左,腹部面向主人。每上一道新菜,应在上一道菜剩1/3左右再上。撤盘要征求顾客的意见。管理人员只有按这些标准做好督导检查,才能提供优质服务。

(2)派菜。宴会服务每上一道主菜,要介绍产品名称、风味。重点菜还应介绍典故,然后为顾客派菜。派菜时应从主人右边顾客开始,再派左边顾客,然后是主人,以体现宴会礼节。每派一道菜都要掌握标准,防止过多过少,影响宴会气氛。如果是西餐宴会,还要特别注意菜点和餐具相匹配,每上一道新菜,都要先撤去餐具,再摆新的刀叉。

(3)斟酒。宴会开始,先斟白酒和红酒,饮料征求顾客意见后再斟。在饮宴过程中,斟酒也要注意顺序,要先斟少许,请主人品尝,然后再斟酒。如果是西餐宴会,酒水安排还要和菜点相匹配。其基本要求是:小吃、凉菜斟烈性酒,汤类斟雪利酒,海鲜用白葡萄酒,主菜用红葡萄酒,点心和主人讲话用香槟酒。

(4)提供点心水果。宴会服务中一般在上4至5道菜时上点心。点心的花色品种和上菜顺序要事先做好安排,上桌时要向顾客介绍。水果或冰激凌一般是最后再上,上桌前要先撤走多余的餐具,整理好桌面。上水果时要同时上水果刀,上冰激凌时则要上冰激凌勺,以方便顾客享用。

(5)提供特别服务。在宴会服务中,顾客每用一道主菜,都应先撤吃盘,再上新菜。如果上需要顾客用手进食的菜肴,如螃蟹、盐水虾等,应同时上净手盅,并上香巾擦手。整个宴会服务中,每上2至3道菜,都应上一次香巾。其他一些特殊情况,如菜汤洒出、酒水打翻、有带小孩的顾客,则应根据具体情况,提供相应的服务。各项服务工作要做得周到、细致,以切实提高宴会的服务质量。

7. 宴会现场服务

宴会服务过程中,宴会厅经理或有关管理人员重点是做好现场指挥,保证各项服务工作的协调发展和宴会服务的顺利进行。其主要工作内容是:

一是掌握宴会所需的时间。即根据宴会性质、目的、等级规格,提前同主办单位负责人协商,了解宴会所需要的时间。

二是了解主人讲话的开始时间。重要宴会主人大多要祝酒讲话,宴会厅经理要提前了解主人讲话的开始时间。当主人讲话前,要通知服务员暂停上菜。防止热菜刚上桌,主人开始讲话,祝酒讲话完了,菜也凉了。主人讲话时,服务人员要停止走动,以保持厅堂气氛。

三是安排好上菜顺序和间隔时间。正式开宴前,要和厨师长安排好重要菜点的烹制时间。开宴过程中,严格按菜单安排的顺序和间隔时间上菜。同时,要特别注意主宾席和各个餐桌的用餐情况和进餐速度,防止过快过慢,影响整个宴会的气氛。为此,要指挥服务人员通过上菜的速度和节奏来调节。

四是组织好宴会席间节目。一些重要宴会,特别是会议性、展览性、娱乐性宴会,主办单位常常在宴会中安排文艺演出、歌舞表演、名歌名曲欣赏等席间节目。为此,管理人员要和主办单位负责人认真协商,做好组织安排。如何时开始、所需时间、设备使用、灯光调节等,每一项工作都应有人具体负责,做到席间节目一旦开始,就能保证各种设施设备立即投入使用,满足节目的需要。

五是加强巡视检查,处理特殊情况。在整个宴会服务的现场指挥中,管理人员要随时做好巡视检查工作,发现问题,及时处理。如协调宴会厅各个服务区域的工作进度、处理顾客投诉、照顾好迟到和早退顾客等。总之,要做到眼观六路、耳听八方,切实做好宴会服务的现场指挥工作,以确保宴会活动的顺利进行。

8. 宴会餐后服务

顾客用餐结束时,要主动征求意见,拉椅送客,主动递送衣帽,欢迎顾客再次光临。特别是餐饮部门经理或宴会厅经理要和主办单位的负责人联系,询问顾客是否满意,还有哪些需求和意见,以便为今后的宴会预订建立联系。

顾客离开后,再组织服务人员收盘收碗,搞好宴会厅卫生,准备迎接下一个宴会的举办。每一次重要宴会或大型宴会结束后,管理人员还要总结经验,表扬好人好事,找出问题和不足之处,以便改进宴会服务工作,不断提高服务质量。同时,管理人员还应给主办单位去封信,表示感谢。至此,宴会服务管理的全部工作告终。

案例分析 1

5 分钟服务原则

Chef Chu 餐厅是美国北加州的一家由当地明星华人厨师朱镇中开办的中型餐馆,拥有 200 多个餐位,开业至今已近 30 个年头,生意越做越红火,经久不衰。每天平均接待顾客 800 人次,年销售量高达 400 万美元,现在更以每年 10% 的速度增长。美国著名的餐馆指南如 *Zagat Restaurant Guides*、*Mobile Restaurant Guides* 等均将 Chef Chu 餐厅列为北加州品尝中餐美食的最佳去处之一。那么,该餐馆成功的秘诀是什么呢?

餐馆老板朱镇中自豪地说:Chef Chu 的兴旺一靠出色的菜肴,二靠优质的服务。餐馆提供优质服务所遵循的就是所谓的 5 分钟服务原则。具体地说,5 分钟服务原则就是:First 3 Minutes and Last 2 Minutes(进门 3 分钟和临别 2 分钟)。

"进门 3 分钟"指的是顾客入座 3 分钟之内,侍应生一定要将茶水端上桌,与顾客打招呼,并递过酒单和菜单。如果顾客在入座 3 分钟之后还得不到招呼,就是冷落了顾客。

"临别 2 分钟"是指顾客离开桌子前 2 分钟,侍应生要回到顾客桌边,斟满热茶水,寒暄一下,问顾客吃得好不好,再及时递上账单。有的中餐馆上菜一结束,就给顾客上账单,显得很不礼貌;有的则等顾客催账单。Chef Chu 餐厅则强调清完桌子之后,要加最后一壶热茶,再送账单。这样就不会让顾客感到被驱逐的感觉,而赶时间的顾客也不必等账单。

关于这条原则,Chef Chu 餐厅制定了十分具体的服务要领供员工学习,其要点如下:

一、进门 3 分钟

1. 不要让顾客久候超过 60 秒

你与顾客的最初接触会奠定整个进餐质量的基础,如果让顾客久等,顾客会感到不舒服。无人理睬的时间越长,顾客的怒气就越大。即使你很忙,也要走到桌旁,微笑地招呼顾客,让他知道你会很快回来招待他。假如你忙得在 3 分钟之内根本无法开始招待他,就应请求同事的帮助。

2. 开口前要过脑

当你招待顾客时,你的脑子却在别处,顾客会觉得你有比他们更重要的事情。一旦站在餐桌旁,就要停止胡思乱想,恭敬地等候顾客的招呼。开始讲话前要知道你应该说些什么,说的时候,话语中要含着微笑。

3. 讲话时直视顾客

对着桌布或记录本说话给人的感觉总是不好,对顾客讲话时,清理头脑,面带微笑,接触他们的眼光。即使他们没有回望你,也会感到你对他们的关注。如果你是为一整桌顾客服务的话,你的注意力要每5秒钟更换一个顾客,但说话时眼光要正视与你讲话的人。关照整个餐桌的顾客,他们都会感觉受到了良好的服务。另外要注意的是,不要一边走动,一边与顾客讲话。这样给人的感觉是你还有别的重要事情要做,你不希望被耽搁。结果是,你看起来像一个小丑,而你的顾客觉得他们在你眼里并不重要。

4. 对单身顾客可为其提供读物打发时光

采用此举时,第一要务是必须弄明白,该顾客眼下确实有充裕的时间可供支配。接待单身顾客有时是件大难题,因为他(她)没有伴侣相随,餐桌上找不到谈话的伙伴供他(她)消磨时光。此时应设法使他(她)感觉轻松自在。比如把菜单在餐桌上多留一些时间,或者问他(她)要不要读当日的报纸。如果他(她)自带了书籍或提包,就把他(她)安排到光线好的餐桌上。如果可能的话,还可以在他(她)桌边多逗留一阵,和他(她)闲聊几句。

5. 要让结伴就餐的顾客轻松愉快

一大群人外出用餐,有时是件麻烦事。在餐馆里聚会时,大家忙着找座位,情形会特别乱。端菜上桌的次序安排得当,会使顾客对这个聚餐感到兴味盎然。

你可以向顾客先推荐几种开胃品,设法使其中至少有几样是你可以立即端上桌的。注意了解顾客是希望分开付账还是一起总付。如果是分开付账,可以建议用餐者平摊开胃品的账单。要是顾客不愿要开胃品,就给他们送上一点面包或别的什么,让大家开始吃起来。你再赶快给顾客送上饮料。总之要使众人感觉轻松自在。

6. 培养观察力

要满足顾客的需求,首先必须洞察、了解这些需求。一个训练有素、经验丰富的服务人员应具有敏锐的"察言观色"的能力,并及时了解顾客的需要。当然,顾客多种多样,需求也各有不同。服务生虽然不需有算命先生的"预测本领",但是培养观察力,是更好服务顾客的重要条件。观察能力强、有经验的服务员能够做到在顾客未开口之前,已察觉到他们的需要,并主动提供服务。这样的洞察力和周到服务,是以实际行动向顾客证明:顾客的需要是第一位的、最重要的。

二、临别 2 分钟

1. 为顾客结账时要手脚麻利

一旦顾客示意准备付账,你就应当立即办理,把账单快速算妥,手脚麻利地收款并找回余款。要考虑到顾客或许有急事在身,或许因为你以前服务动作快,因而他这次为付账留出的时间很紧。即便没有出现上述情况,但他们至少已表示要动身离去,你如果不能及时满足顾客的要求,那是很不礼貌的。

如果顾客是用现金付账,你应注意给顾客退回余款时数目要准确。在找回的余款里可以有意准备一些小额钞票,以方便顾客随后付小费。但你不宜为此做得过于显眼。如果顾客用信用卡付账,你别忘记附上一支笔供其使用。

此时,应该和开始接待顾客时的殷勤态度保持一致,做到有始有终。只要顾客还没有走出餐馆的大门,你就应当毫不松懈地做好服务工作。

2. 友好地为顾客将剩菜打包、装好

顾客在餐桌上留有剩菜,你为之打包分装时,应当像完成其他服务项目一样,彬彬有礼,认真对待。你应当很珍惜地对待顾客的剩菜,使人感到你为本餐馆的精美菜肴而自豪。只要不违犯餐馆所在地区的卫生法规,应尽量将剩菜送入厨房去打包,不要在餐桌上当着顾客的面做。

在打包时,设法把菜肴安排得赏心悦目,同时为顾客添加一点令人意外的花头。比如加一两片装饰性菜叶,添一点调料之类。当顾客回到家再看你为他们打包装回的剩菜时,你在上面花费的细巧心思会使他们感到惊喜。这番惊喜会使顾客把你的优良服务和你们餐馆的优质菜肴相联系,从而鼓励他们今后不断光临。而且,这种令人惊喜的举动,本身就包含一种乐趣。

3. 帮助顾客拍照片留念

如果有的顾客带着照相机前来,可能他们有拍照安排。比如有什么特别事由,使他们希望拍照留念。侍应生不妨主动提出,代为他们拍照,使全体顾客都可以摄入镜头,不使任何一位顾客因为要控制照相机而无法参加拍照。顾客也许会提议请你帮助拍照,但是由你主动提出,效果就更好。记住,拿持顾客照相机的方式要非常礼貌。如有不懂如何操作的地方,应向照相机主人开口请教。你这种小心对待别人财物的态度,会赢得顾客对你的好感。

案例来源:徐文苑、贺湘辉编著:《酒店餐饮管理实务》,广东经济出版社2005年版。

案例讨论

1. 案例中的餐厅提高服务质量的方法有什么独到之处?

2. 5分钟服务原则是针对顾客什么心理需求设计的?

案例分析2

麻辣诱惑:良性经营的三大法宝

走进任何一家麻辣诱惑的门店,人们都无法忽略她那以黑、红为主色调的设计元素,无法忽略刺激的"麻"和"辣"带来的畅快淋漓,更无法忽略每位员工富有激情的服务和脸上洋溢的热情。这就是极具诱惑力和时代感的美食专家"麻辣诱惑"所打造的餐饮特色。

麻辣诱惑成立于2002年,以水煮鱼、麻辣蜗牛、香辣盆盆虾、毛血旺等麻辣口味特色菜品享誉京城。麻辣诱惑以精致的服务、时尚的装修及美味的菜品为现代人提供了激情宣泄和尊崇享受的独特空间。麻辣诱惑在人们心中根深蒂固源于她的三大法宝。

一、法宝一:精准的市场定位

2003年1月,位于宣武区广安门内大街,仅有数百平方米的麻辣诱惑第一家门店——菜百店开业。经过八年的发展,截止到2010年初,麻辣诱惑已先后在北京、上海、天津建立起17家直营店铺。麻辣诱惑之所以能够从百余平方米小店,发展成为现在的数万平方米营业区、两千余员工的连锁餐饮企业,源于其准确的市场定位和鲜明的经营特色。

在投身餐饮市场之前,公司对全国50多个大中城市进行了历时两年多的市场深入调研,发现"麻辣"味型是一种趋势而不仅仅是一种流行。它具有鲜明的时代特征,符合现代人尤其是时尚青年人的饮食需求,具有广泛的市场基础和巨大的发展前景。因此,公司决定切入麻辣口味这一餐饮细分市场,并在众多名称中反复推敲,最终将品牌确定为"麻辣诱惑"。见表1。

表1　餐饮企业市场的定位战略比较

内　　容	麻辣诱惑的定位战略	其他类似餐饮企业的定位战略
目标顾客	22岁到35岁的年轻人，以年轻的白领女性为主	目标顾客群模糊或价格敏感性顾客
产品味型定位	麻辣口味为主导	菜系庞杂
就餐性质	休闲、健康、正餐	快餐、商务等

二、法宝二：精益求精的产品

作为中餐餐饮企业，麻辣诱惑把产品质量和创新当做企业的生命。为保持菜品的不断推陈出新，麻辣诱惑建立了一支由经验丰富的烹饪专家组成的生产研发队伍，并不断完善了相关的制度、标准。在190℃金牌水煮鱼、麻辣蜗牛、香辣盆盆虾、毛血旺等经典菜品持续占领市场的同时，研发队伍又不断推出"小米椒爱上小公鸡"、"泡椒系列菜品"、"干锅系列菜品"、"咖喱系列菜品"等令消费者青睐的佳肴。

不论是在企业初创时期，还是在成长期，产品质量始终是企业的生命线，麻辣诱惑牢牢把握住了质量第一的经营理念，并基于这一理念设立了中央厨房和配送中心。为确保原材料质量，在四川、河南分别建立了麻椒供应基地和辣椒供应基地，并采用"全面质量管理"的先进手段控制生产、服务等每一个环节。公司质量监察部为每一道菜品制定出标准生产流程和成本卡，每天通过大量的检查保证生产全过程的质量，八年来保持了始终如一的品质，不断提升了顾客满意度。此外，麻辣诱惑在内部制定了《安全管理手册》，分别从食品卫生、安全、加工操作安全和内保安全四个方面对工作进行了规范。通过逐级培训、分工负责和监督巡检，实现了保安全、促发展的既定目标。

三、法宝三：打造核心竞争力

在麻辣诱惑，每位员工都能娓娓道来"七个维度"、"MOT"的具体内容，这些概念都是近年来麻辣诱惑为打造核心竞争力创造的新名词。

1. "七个维度"的概念

麻辣诱惑人将营销学上经典的4P（产品、定价、渠道、促销）、4C（顾客、成本、便利性、沟通）理论运用到餐饮业，并将其划分出影响餐饮业的七个维度，即，产品（口味）、价格、便利性、环境、促销活动、服务、情感，并通过这七个方面的评分打造了麻辣诱惑的核心竞争优势。利用七个维度的概念能够直观地看到三家企业的得分及所处的位置。例如在口味维度上，三家餐饮企业并驾齐驱；在价格维度上，快餐A

企业占有优势;其他维度可以以此类推。见图1。

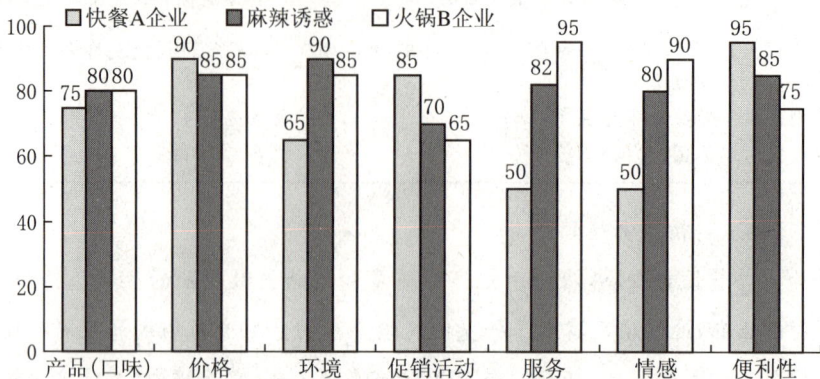

图1　麻辣诱惑与相关企业在七个维度上的对比

2. 关键时刻

"关键时刻",也叫"全面客户服务"。为客户提供全方位、高满意度的服务是麻辣诱惑的宗旨。

在冬季为了能让刚进店的顾客迅速地暖和起来,麻辣诱惑的领位员会为前来就餐的顾客准备好暖手的"小太阳";为让顾客在品尝麻辣美食之余,能亲手体验做麻辣美食的喜悦,麻辣诱惑设置了体验式厨房;为减少携带儿童就餐父母的困扰,麻辣诱惑开辟了儿童游乐区,并设专人照看儿童;而针对大部分平时上班忙碌、前来就餐的爱美白领女性,麻辣诱惑更是贴心地设置了专业免费美甲及其咨询业务。在大堂里,麻辣诱惑服务员会给受寒的客人及时送上姜丝可乐;给前来过生日的顾客免费精心布置包间,并为其拍照留念;为使恋爱中的情侣感受到温馨,麻辣诱惑会替他们预备表达爱意的玫瑰花并给他们送上祝福⋯⋯

在麻辣诱惑,员工的微笑更加热情与真诚,服务更加细致和周到,环境更加舒适兼优雅。设置体验区、游乐区、美甲台⋯⋯这些在麻辣诱惑的经营手册、服务手册里都完全寻不到踪迹的服务内容,都是源于麻辣诱惑全体员工发自内心对顾客的关怀。

3. 三个"满意度"理念

麻辣诱惑信奉的满意度责任链条是:企业满意度需要顾客满意度的支持,顾客满意度的达成则需要离顾客最近的员工满意度去支持。这是一个企业内外部满意度链条的关系。员工满意度能更好达成企业满意度,企业满意度的达成必然提高员工满意度,让员工更加有归属感、自豪感。见图2。

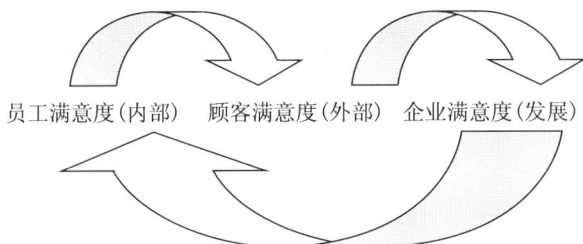

图2　麻辣诱惑满意度链条

员工满意度(内部)　顾客满意度(外部)　企业满意度(发展)

　　如果说麻辣诱惑的经营有什么特别之处,那就是认真、踏实、钻研。在处理顾客满意度与员工满意度关系这一问题上,明确提出麻辣诱惑的成就和发展来自顾客的满意,而顾客满意度则源于麻辣诱惑员工的表现。员工是企业发展的基础,是企业发展的关键。

　　基于这样的企业发展思路和所对应的管理手段,2005年至今,麻辣诱惑相继获得年度"京城十大热门餐厅"、"最受欢迎十佳餐厅"、"北京十大热门餐厅"、"北京情侣约会热门餐厅"等称号,在行业内确立了领军者的地位,赢得了广大顾客的支持和追随。

　　在满意度责任链条的指导下,麻辣诱惑引入了乔治·盖洛普Q12的理念,制定了"360度测评"、"合理化建议制度"、"温暖家人制度"等多项规章制度,力求为员工创造拴心留人的和谐环境,充分发挥每一名员工的主观能动性,使每个员工都有主人翁的精神和对自我的信心。

　　在麻辣诱惑,从衣食起居,到个人成长,再到职业发展,关注员工满意度的例子比比皆是,让每位员工时刻体会被尊重的感觉。如请专职的宿管大姐,集体给员工过生日,节日赠送员工电影票,为家庭困难和患病的员工募捐、报销费用等。麻辣诱惑更通过多种方式鼓励员工的努力和付出,如奖励优秀员工在国内、国外旅游,逢年过节发慰问金,向父母邮寄员工的生活照和问候信,形式多样的内培外训(平均每周基地都有针对员工的军事化的管理培训)。

　　内部员工满意度、外部顾客满意度与企业发展满意度,三者是一个相互责任的循环。只有把每个环节都做好了,企业才能向着目标更好地走下去。

　　案例来源:《中国餐饮产业发展报告(2011)》,社会科学文献出版社2011年版。

案例讨论

1. 案例企业的竞争优势表现在哪里？

2. 餐饮企业如何进行服务创新？

3. 案例企业的启示意义。

练习思考

1. 餐厅服务管理的基本要求是什么？

2. 论述餐厅服务流程管理的主要环节。

3. 比较中餐与西餐零点服务的异同。

4. 酒水服务的基本要求包括什么？

5. 简述酒水服务过程管理的要点。

6. 酒吧服务的过程有什么特点？如何控制？

7. 简述宴会经营服务的特点。

8. 简述宴会策划与服务管理的主要内容。

实训作业

查找有关案例资料，并实地体验，分析、讨论餐饮服务过程中如何处理意外及突发事件。

餐饮质量管理

学习要点

通过本章学习,应该了解和掌握餐饮产品质量特点及要求、餐饮产品质量控制方法、餐饮产品全面质量管理、餐饮产品质量保证体系。

基本概念

餐饮产品、餐饮产品质量、预先控制、现场控制、反馈控制、餐饮产品质量保证体系

第一节　餐饮质量控制

对餐饮经营者来讲,其生产和销售的餐饮产品既要满足消费者的物质需求,又要满足消费者的心理和精神需求。餐饮产品质量指餐饮产品的本质和数量上的规定性,不仅包括菜肴和酒水的质量,而且还包括生产和服务过程质量以及用餐环境质量。

一、餐饮产品及其质量特点

1. 餐饮产品及其组成

从物质形态角度来看,餐饮产品由满足顾客某种需求的物质实体和非物质形

态的服务构成。有形的物质实体包括顾客直接消费的菜肴和酒水等,称作有形产品;无形的非物质形态的服务包括服务效率、服务方法、礼节礼貌、餐饮环境与气氛甚至经营者的声誉等,称作无形产品。有形产品从产品外观可以看到,无形产品从外观看不到,然而顾客可以感受到。对于餐饮产品的价值而言,有形产品和无形产品同等重要,互相不能代替。

从整体产品角度来看,餐饮产品主要由三部分组成:核心产品、实际产品和延伸产品。核心产品指产品本身的功能和效用,即餐饮产品的可食性;实际产品包括餐食的营养、卫生、味道、质地、颜色、地点、数量、外观、温度和成熟度等;延伸产品指餐厅的级别、包装、设施、安全、品牌、效率、用餐环境的舒适度、品牌的声誉、餐饮服务程序与方法、礼节礼貌等。三个部分组成完整的餐饮产品。

2. 餐饮产品的质量要求

从顾客角度来考察,顾客对餐饮产品质量的要求反映了顾客对餐饮产品的基本消费需求。

(1) 安全要求。指顾客的人身、财物安全要有保证。安全服务在餐饮经营中应表现为消毒设施、工作人员的健康、消防楼梯、紧急出口、烟感器、台阶照明、地毯分色、食品饮料卫生等安全设备和与安全有关的服务标准。

(2) 规范要求。指餐饮服务的标准化程度。顾客对于餐饮产品的清洁卫生是否一直符合标准、服务人员的态度是否始终友善热情,餐饮设施是否始终保持正常使用,菜肴数量、口味是否保持不变,甚至同一菜式的装盘是否始终如一等方面均十分敏感。因此,餐饮服务必须规范化、标准化,保持服务水平的一致性,才能体现良好的餐饮产品质量,赢得顾客对餐饮产品的信赖。

(3) 态度要求。指餐饮经营者与顾客之间的关系。餐厅员工良好的服务态度能使顾客在受尊敬、受礼遇方面的需求得到满足,也是服务质量的重要体现。

(4) 环境要求。指餐饮经营者提供的消费场所的具体装饰及其产生的气氛能增进顾客进餐时的愉悦感,从而产生美好的印象。环境气氛除了与餐厅建筑有无独特风格有关外,更重要的应体现在餐厅顾客活动场所的设计布局上,环境设施的清洁度、舒适度、私密性等直接影响餐饮环境气氛的质量。

(5) 适时要求。指餐饮经营者提供服务在时间和速度上的适宜程度。掌握好适时性,能满足顾客对于支配感的需求,从而增加顾客对餐饮服务的满意感和舒适感。所谓适时,并非仅指快速,而是强调适宜。

（6）便利要求。指顾客享受餐饮服务在地点和时间上的便利程度。周围的交通道路是否通畅，停车是否方便，营业时间是否能满足顾客的需要，在餐厅就座后是否长时间等待等，这些都是餐饮服务质量的反映。

3. 餐饮产品质量的含义

餐饮产品质量是对餐饮产品所能产生的直接和间接效果的客观衡量，它反映了餐饮服务提供系统在实物、设施设备，以及劳务服务方面的质量水准。

餐饮产品质量指餐饮产品在质和量上的规定性。质是餐饮产品所固有的、本质的特点方面的规定性；量则是关于餐饮产品的范围、数量和程度的规定性。

4. 餐饮产品质量特点

由于顾客对餐饮产品质量的需求和期望不断提高，并且不同顾客对餐饮产品的质量要求不同，因此餐饮产品的质量具有综合性、主观性、短暂性和关联性等特点。

（1）餐饮产品质量构成的综合性

餐饮产品质量的构成内容既包括有形的设备设施质量、餐饮用品用具的质量、实物产品质量，又包括无形的劳务服务质量等多种因素，且每一因素又由许多具体内容构成，并贯穿于餐饮服务的全过程。其中，设备设施、实物产品是餐饮服务质量的基础，服务环境、劳务服务是表现形式，而顾客满意程度则是所有服务质量优劣的最终体现。

餐饮产品质量构成的综合性的特点要求餐饮管理者树立系统的观念，把餐饮产品质量管理作为一项系统工程来抓，多方搜集餐饮产品质量信息，分析影响产品质量的各种因素。

（2）餐饮产品质量评价的主观性

餐饮产品质量水平基本上是一个客观的存在，但由于餐饮产品质量的评价是由顾客享受服务后根据其心理满足程度进行的，因而带有很强的主观性。顾客的满足程度越高，对产品质量的评价也就越高，反之亦然。

餐饮管理者不能无视顾客对餐饮产品质量的评价，否则，将失去客源，失去生存的基础。餐饮管理者没有理由要求顾客必须对餐饮产品质量作出与客观实际相一致的评价，这实际上也是无法办到的，更不应该指责顾客对餐饮产品质量的评价存在偏见，尽管有时的确是一种偏见。这就要求餐饮管理者在服务过程中要细心观察，了解并掌握顾客的物质和心理需要，不断改善对客服务，为顾客提供有针对性的个性化服务,并注重服务中的每一个细节,重视每次服务的效果,用符合顾客需要的服务本身来提高顾客的满意程度,从而提高并保持餐饮产品质量。

(3) 餐饮产品质量显现的短暂性

餐饮产品质量中的餐饮服务质量是由一次又一次的内容不同的具体服务组成的,而每一次具体服务的使用价值均只有短暂的显现时间,即使用价值的一次性。这类具体服务不能储存,一结束就失去了其使用价值,留下的只是顾客的感受。

因此,餐饮产品质量的显现是短暂的,不像其他产品那样可以返工、返修或退换。如要进行服务后的调整,也只能是另一次的具体服务。也就是说,即使顾客对某一服务感到非常满意,评价较高,但也不能保证下一次服务就能获得好评。因此,餐饮管理者应督导员工做好每一次服务工作,争取每一次服务都能让顾客感到非常满意,从而提高餐饮产品质量。

(4) 餐饮产品质量内容的关联性

顾客对餐饮产品质量的印象,是在其进入餐厅直至离开餐厅的全过程中形成的。在此过程中,顾客得到的是各部门员工提供的一次又一次具体的服务活动,但这些具体的服务活动不是孤立的,而是有着密切关联的。

因为在连锁式的服务过程中,只要有一个环节的服务质量有问题,就会破坏顾客对餐饮产品的整体印象,进而影响其对整个服务质量的评价。这就要求餐饮各部门、各服务过程、各服务环节之间协作配合,并做好充分的服务准备,确保每项服务的优质、高效,确保餐饮服务全过程和全方位的"零缺点"。

(5) 餐饮产品质量对员工素质的依赖性

餐饮产品生产、销售、消费的同时性特点决定了餐饮产品质量与餐饮服务人员表现的直接关联性。餐饮服务质量是在有形产品的基础上通过员工的劳务服务创造并表现出来的,这种创造和表现能满足顾客需要的程度取决于服务人员的素质高低和管理者水平高低。所以,餐饮产品质量对员工素质有较强的依赖性。

餐饮服务质量的优劣在很大程度上取决于员工的即兴表现,而这种表现又很容易受到员工个人素质和情绪的影响,具有很大的不稳定性。所以要求餐饮管理者应合理配备、培训、激励员工,努力提高他们的素质,发挥他们的服务主动性、积极性和创造性,同时提高自身素质及管理能力,从而创造出满意的员工,而满意的员工是满意的顾客的基础,是不断提高餐饮服务质量的前提。

（6）餐饮产品质量的情感性

餐饮产品质量还取决于顾客与餐饮服务人员之间的关系。关系融洽,顾客就比较容易谅解餐饮服务的难处和过错;而关系不和谐,则很容易致使顾客小题大做或借题发挥。因此,餐饮服务人员与顾客间关系的融洽程度直接影响着顾客对餐饮产品质量的评价,这就是餐饮产品质量的情感性特点。真诚为顾客考虑,用服务赢得顾客,与顾客建立起良好和谐的关系,有助于餐饮产品质量的提高。

二、餐饮产品质量的内容

餐饮产品是有形产品和无形产品的有机结合,餐饮产品质量则是有形产品质量和无形产品质量的完美统一。有形产品质量是无形产品质量的载体和依托,无形产品质量是有形产品质量的完善和体现,两者相辅相成,构成完整的餐饮产品质量的内容。

1. 餐饮有形产品质量

有形产品质量是指餐饮经营者提供的用以满足顾客餐饮消费的设备设施、实物产品以及服务场所的质量,顾客的饮食消费要依托于有形的物质载体,既包括用于直接消费的餐食产品,也包括用于间接消费的物质载体,主要满足顾客物质上的需求。

（1）餐饮设备设施的质量

餐饮服务是凭借其设备设施来为顾客提供服务的。所以,餐饮设备设施是餐饮服务的基础,是餐饮劳务服务的依托,它反映出餐厅的接待能力和接待水平。同时,餐饮设备设施质量也是服务质量的基础和重要组成部分,是餐饮服务质量高低的决定性因素之一。餐饮设备设施包括客用设备设施和服务用设备设施。

客用设备设施也称前台设备设施,是指直接供顾客使用的设备设施,如餐厅、酒吧的各种设备设施等。它要求做到设置科学、结构合理,配套齐全、舒适美观,操作简单、使用安全、完好无损、性能良好。其中,客用设备设施的舒适程度是影响餐饮服务质量的重要方面,舒适程度的高低一方面取决于设备设施的配置,另一方面取决于对设备设施的维修保养。因此,随时保持设备设施完好率,保证各种设备设施正常运转,充分发挥设备设施效能,是提高餐饮服务质量的重要环节。

服务用设备设施是指餐饮经营管理所需的生产性设备设施,如厨房设备设施等。服务用设备设施也称后台设备设施,要求做到安全运行,保证供应,否则也会影响服务质量。所以,只有保证设备设施的质量,才能为顾客提供多方面的感觉舒适的服务,进而提高餐饮的声誉和服务质量。

(2)餐饮实物产品的质量

餐饮实物产品可直接满足餐饮顾客的物质消费需要,其质量高低也是影响顾客满意程度的一个重要因素,因此实物产品质量也是餐饮产品质量的重要组成部分之一。餐饮实物产品质量通常包括:

菜点酒水质量。餐饮管理者必须认识到饮食在顾客的心目中占有的重要位置以及不同顾客对饮食的不同要求。顾客通常都希望餐饮产品富有特色和文化内涵,要求原料选用准确、加工烹制精细、产品风味适口等。另外,餐饮还必须保证饮食产品的安全卫生。菜点酒水质量是餐饮实物产品质量的重要构成内容之一。

客用品质量。客用品也是餐饮实物产品的一个组成部分。它是指餐饮服务过程中直接供顾客消费的各种生活用品,包括一次性消耗品(如牙签等)和多次性消耗品(如棉织品、餐酒具等)。必须保证所提供客用品的安全与卫生。

服务用品质量。服务用品质量是指餐饮服务的过程中供服务人员使用的各种用品,如托盘、小车等,它是提高劳动效率、满足顾客需要的前提,也是提供优质服务的必要条件。服务用品质量要求品种齐全、数量充裕、性能优良、使用方便、安全卫生等。

(3)餐饮服务场所的质量

服务场所质量就是指餐饮场所体现的服务给顾客带来感觉上的享受和心理上的满足。它主要包括独具特色的餐厅建筑和装潢,布局合理且便于达到的餐饮服务条件,充满情趣并富于特色的装饰风格,以及洁净无尘、温度适宜的餐厅和仪表仪容端庄大方的餐饮服务人员。所有这些构成餐饮所特有的场所质量。它在满足顾客物质需求的同时,又可满足其精神享受的需要。

通常对餐饮服务场所质量的要求是整洁、美观、有秩序和安全。在此基础上,还应充分体现出一种带有鲜明个性的文化品位。第一印象的好坏,很大程度上是受就餐场所的影响而形成的,为了使餐厅能够产生这种先声夺人的效果,管理者应格外重视餐饮经营场所的管理。

2. 餐饮无形产品质量

无形产品质量是指餐饮经营者提供的劳务服务的使用价值的质量,即劳务服务质量,主要是满足顾客心理上、精神上的需求。劳务服务的使用价值使用以后,其劳务形态便消失了,仅给顾客留下不同的感受和满足。如餐厅服务员有针对性地为顾客介绍其喜爱的菜肴和饮料,圆满地回答顾客关于餐厅内各种服务项目信息的询问,都会使顾客感到愉快和满意。劳务服务质量是餐饮服务质量的主要内容之一。它主要包括以下几个方面。

礼节礼貌。礼节礼貌是餐饮服务提供者以一定的形式通过信息传输向顾客表示尊重、谦虚、欢迎、友好等态度的一种方式,礼节偏重于仪式,礼貌偏重于语言行动。它表明了餐饮服务人员的基本态度和意愿。餐饮礼节礼貌的要求是:服务人员具有端庄的仪表仪容、文雅的语言谈吐、得体的行为举止等。餐饮服务员直接面对顾客进行服务的特点使得礼节礼貌在餐饮管理中备受重视,因为它直接关系到顾客满意度,是餐饮提供优质服务的基本点。

职业道德。在餐饮服务过程中,许多服务是否到位实际上取决于员工的素质和责任感,因此遵守职业道德也是餐饮服务质量的最基本构成之一,它不可避免地影响着餐饮服务质量。作为餐饮业员工,应遵循"热情友好,顾客至上;真诚公道,信誉第一;优质服务,文明礼貌;不卑不亢,一视同仁;团结协作,顾全大局;遵纪守法,廉洁奉公;钻研业务,提高技能"的职业道德规范,真正做到敬业、乐业和勤业。

服务态度。服务态度是指餐饮服务人员在服务中所体现出来的主观意向和心理状态,其好坏是由员工的主动性、积极性、创造性、责任感和素质高低决定的。因而要求餐饮服务人员应具有"顾客至上"的服务意识并能够主动、热情、耐心、周到地为顾客提供服务。

服务技能。服务技能是提高服务质量的技术保证,是指餐饮服务人员在不同场合、不同时间对不同顾客提供服务时,能适应具体情况而灵活恰当地运用各种操作方法和作业技能以取得最佳的服务效果。服务技能的高低取决于服务人员的专业知识和操作技术,要求其掌握丰富的专业知识,具备娴熟的操作技能,并能根据具体情况灵活运用。只有掌握好服务技能,才能使餐饮服务达到标准,保证餐饮服务质量。

服务效率。餐饮服务效率有三类,一是以工时定额来表示的固定服务效率,二是以时限来表示的服务效率,三是有时间概念,但没有明确的时限规定,只能靠顾客的感觉来衡量的服务效率。服务效率问题在餐饮工作中大量存在。服务效率并非仅指快速,而是强调适时服务。服务效率是指在服务过程中的时间概念和工作节奏,它应根据顾客的实际需要灵活掌握,要求在顾客最需要某项服务时即时提供。

安全卫生。餐饮安全状况是餐饮服务的首要问题。餐饮安全卫生主要指餐饮环境设施清洁卫生和食品卫生。主要包括餐饮部各区域的清洁卫生、食品饮料卫生、用品卫生、个人卫生等。餐饮清洁卫生直接影响顾客身心健康,是优质服务的基本要求。

除上述内容外,劳务服务质量还包括员工的劳动纪律、服务的方式与方法、服务的规范化和程序化等内容,餐饮管理者同样应有所关注。

三、餐饮产品质量过程控制

1. 餐饮产品质量预先控制

进行有效的餐饮产品质量预先控制,必须具备若干基本条件。

(1) 制定服务规程,保证服务质量标准

餐饮服务质量标准即服务规程标准。服务规程是餐饮服务所应达到的规格、程序和标准。为了保证和提高服务质量,应该把服务规程视作工作人员应当遵守的准则和服务工作内部法规。

餐饮服务规程必须根据消费者的需求特点来制定。此外,还要考虑饮食文化习惯、餐厅类型及风格等因素,结合具体服务项目的内容和服务过程来制定标准服务规程和服务程序。

餐厅工作复杂,各岗位服务的内容和操作要求各不相同。为了检查和控制服务质量,餐厅必须分别对散餐、团体餐和宴会以及咖啡厅、酒吧等不同服务的服务过程,分别制定出迎宾、引座、点菜、走菜、酒水服务的服务程序。

制定服务规程时,首先要确定服务的环节和顺序,再确定每个环节服务人员的动作、语言、姿态、质量、时间,以及对于用具、手续、意外情况的处理和临时措施等要求。每套规程在开始和结束处应有与相邻服务过程的互相联系、互相衔接的规定。制定服务规程的具体要求如下:

第一,服务规程标准化。

标准化是指在向顾客提供各种具体服务时所必须达到的标准。设施、设备的质量标准必须和餐厅的等级和规格相适应;产品质量标准必须和价值相吻合,体现质价相符的原则;服务质量标准必须以"顾客至上,服务第一"为基本出发点,具体设置基本服务、满意服务、超值服务等不同标准。

制定标准是一项非常复杂的工作，主要包括：设备、设施质量标准，产品质量标准，接待服务标准，安全卫生标准，服务操作标准，礼节、仪容标准，语言、动作标准，工作效率标准等。

第二，服务规程程序化。

程序化是指接待服务工作的先后持续以标准化为基础，通过服务程序使各项服务工作有条不紊地进行。在制定标准程序的同时，要分析各项工作的先后次序，使之形成一个整体，要考虑人、财、物资源情况，尽量扬长避短。程序化是规范化而不是公式化，因此要有相对的灵活性，在分析顾客的风俗习惯和基本需求基础上，根据不同接待对象和服务项目来制定各项服务工作的程序。服务程序的制定要以顾客感到舒适、方便、满意为原则，而不能以服务人员自己的方便、轻松为基点。因此，程序要经过试行，并逐步修改使其完善，最后达到科学合理、提高服务质量的目的。

第三，服务规程制度化。

制度化是指用规章制度的形式把餐饮服务质量的一系列标准和程序固定下来，使之成为质量管理的重要组成部分。

餐饮制度分为两种：一种是直接为顾客服务的各项规章制度，如餐饮产品检验制度，餐具更新、补充制度等。这些制度全面而具体地规定了各项服务工作必须遵循的准则，要求餐饮工作人员共同执行。另一种是间接为顾客服务的各项规章制度，如餐饮交接班制度、工作记录制度、客史档案制度、考勤制度等。这类规章制度主要用以维护劳动纪律、保证直接对客服务制度的贯彻执行。

（2）收集质量信息，及时改进服务质量管理

餐饮管理人员应经常对服务的结果进行评估，要搜集顾客对餐饮服务是否感到满意，有何意见和建议等方面的信息，为改进服务、提高质量奠定数据基础。同时，根据餐饮服务的目标和服务规程，通过巡视、定量抽查、统计报表、听取顾客意见等方式，来收集服务质量信息。

（3）全员质量培训，实施全面质量管理

餐饮员工素质的高低对服务质量的影响很大。只有经过良好训练的员工才能提供高质量的服务。因此，新员工上岗前，必须进行严格的基本功训练和业务知识培训，不允许未经职业技术培训、没有取得上岗资格的人上岗操作。对在职员工，

必须利用淡季和空闲时间进行培训,不断提高业务技术、丰富业务知识,最终达到提高素质和服务质量的目的。

2. 餐饮产品质量现场控制

餐饮经营的特点使餐饮服务工作的质量通过现场体现出来。服务现场是服务工作的基本活动场所,也是服务工作全面质量管理的主要活动领域。

餐饮服务现场管理是以满足顾客的物质需求和精神需求为目的的。换言之,就是通过服务手段,尽可能满足顾客对餐饮产品的功能性、经济性、安全性、时间性、舒适性和文明性的要求。为满足顾客的这些要求,必须通过对人、设施、材料、服务和环境等因素进行控制的方法来实现。

(1) 餐饮物资供应现场的质量管理

顾客饮食需求的满足首先从原材料提供开始。这是服务的物质条件,它可以分为两类:一类是供给顾客直接需要的原材料,如食品、物品等;另一类是供餐饮服务需要的原材料,它是顾客需求得到满足的必备条件,相对于顾客来说也可称做间接需要,如各种服务设施、工具和用品等。这两类物资供应工作的质量水平非常重要,是进行餐饮优质服务的重要保证。

(2) 餐饮设施现场的质量管理

餐饮各项服务设施、用具的维护保养工作十分重要,它是提供服务的重要条件之一,必须建立相应的维修保养管理制度,并严格执行。设施和用具要专人负责,专人专管,职责分明,岗位清楚;还要明确设施、用具的检查项目,定期、定时进行检查;建立设施维修保养档案卡片和用具账目及损坏情况卡片,以便积累数据,掌握规律。

(3) 餐饮安全现场的质量管理

在服务过程中,保证顾客和员工的人身财产安全是第一位的。在服务过程中,避免人身伤亡事故、盗窃和其他突变事件等,是现场安全质量管理的主要内容。因此,要有目的、有组织地分析服务全过程,尽可能抓住可能发生重大事故的关键环节,制定预防对策;尽量减少事故损失;把安全教育作为质量管理教育的重要内容之一。

(4) 餐饮卫生现场的质量管理

直接服务现场属公共场所,讲究卫生、防止各种疾病交叉感染是现场质量管理的一个重要内容。如餐厅、厨房用具消毒,生熟食品分开,等等。应制定具体的条例进行贯彻,防止因制度不严、执行不力而发生食物中毒或损害健康等事故。

（5）餐饮环境现场的质量管理

环境质量管理可以起到两方面作用：一是满足顾客的需求,良好的环境将获得顾客的好感和信任,二是良好的服务环境,也会使服务人员精神焕发,工作效率提高。

（6）餐饮质量信息收集现场管理

服务现场对服务工作质量的反应最为灵敏,是各方面质量信息的汇合点。顾客对服务质量的意见和建议是最宝贵、最真实、最直观的信息,应及时分类整理,并进行分析。管理中应充分发挥所有员工在收集信息方面的作用,利用质量管理中各种简易图表、排列图、因果图、对策表等方法全面收集和分析各种信息。信息收集过程中,要保证原始记录和凭证准确完整,整理之后要及时发布质量信息。

（7）餐饮服务现场的质量管理

服务现场质量控制的主要内容包括服务程序、上菜时机、意外事件处理及开餐期间的人力组织等。

一是服务程序的控制。开餐时间,餐饮管理人员应始终站在第一线指挥服务员按标准程序服务,通过观察、判断、监督等措施,发现偏差,及时矫正。

二是上菜时机的控制。根据顾客用餐的速度、菜肴的烹制时间等,掌握好上菜的时机,做到恰到好处,既不让顾客等候太长,也不能上菜太快。

三是意外事件的控制。餐饮服务的过程是服务员与顾客面对面直接交往的过程,由于各种原因,如顾客情绪不佳、菜肴上错、语言障碍、风俗习惯差异等,极易引起顾客投诉。一旦引发投诉,餐饮管理人员一定要迅速采取措施,以防事态扩大。

四是开餐期间的人力控制。一般餐厅,实行服务员分区看台负责制,服务员在固定区域服务。但是区域分工有时并不能满足现场服务的需求,这就需要对服务员进行第二次、第三次分工。

3. 餐饮产品质量的反馈控制

餐饮产品质量的反馈控制是找出存在的问题,并采取有效措施解决问题,以提高餐饮服务质量。

反馈控制可以利用百分比图形分析法进行。餐厅在一定时期内随机调查顾客对餐饮服务质量的意见,根据数据统计得出百分比分析图,据此可以具体分析餐厅当前需要重点解决的服务质量问题。反馈控制还可以利用因果分析图形法进行。

这是利用因果分析图对质量问题产生的原因进行分析的方法。一般而言,影响餐饮服务质量的原因较多,大致可以分为五大类:人、设施、材料、方法和环境。

人:餐饮服务工作是面对人的工作,面对面的服务是其主要形式,员工服务工作的质量高低起着关键性的作用。设施:这是向顾客提供优质服务的物质基础。设施的完备和完好程度直接影响到顾客需求的满意程度。材料:包括有形的物质材料和无形的材料,这些材料都对顾客需求的满意程度产生极大影响。方法:包括服务技能、服务方式、服务程序、服务技巧以及管理方法等。环境:服务环境的影响是综合性的。环境差,使功能性、经济性、文明性等不能正常发挥,使安全性、时间性不易保障,使舒适性大为逊色。

四、餐饮产品质量内容控制

1. 菜点质量控制

(1) 菜点质量的评价要素

菜点质量是指餐饮经营者销售的菜点能满足顾客生理及心理需要的各种特性的总和。顾客对菜点质量的评价一般根据以往的经验,结合菜点质量的内在要素,通过嗅觉、听觉、味觉和触觉等感官鉴定得出。菜点质量的评价带有主观性,主要的评价要素包括:

一是安全。安全可靠,是菜点质量的首要要素,是评价菜点质量的基本标准。安全标准要求菜点原料本身是无毒无害的,在对食品原料进行加工烹制时,必须根据不同原料的特点进行加工,保证食用安全,同时不能留有异物。

二是气味。即菜点散发出的气息,这是评价菜点质量的嗅觉标准,对顾客的食欲有着直接的影响。菜点的气味大部分来自原材料本身,经过烹调处理得以发挥,也可以通过调味来创造。菜点的气味,应该是芳香浓郁、清新隽永、诱人食欲、催人下箸。

三是色彩。菜点的色彩是评价菜点质量的视觉标准,对顾客的心理产生直接的作用。菜点的色彩一般由动、植物组织中的天然色素和通过添加含有色系的调味品形成。菜点颜色以自然清新、色彩鲜明、色泽光亮、搭配和谐为佳。

四是形状。菜点的形状指菜点的成形、造型,也是菜点的视觉标准。菜点的形状一般由原料本身的形态、加工处理的技法,以及烹调装盘的拼摆而形成。菜点的形状要求是刀法一致,整齐美观,匀称和谐。

五是口味。即菜点的味道,是指菜点入口后对人的口腔、舌头的味觉系统产生作用,给人口中留下的感受。口味是菜点质量的关键要素,是评价菜点质量的最主要指标。菜点口味的最基本要求是口味纯正,味道鲜美,调味适中。

六是质感。即菜点质地方面的印象,是评定菜点质量的触觉标准。它主要取决于原料本身的质量和烹调技术水平。菜点的质感一般包括韧性、弹性、胶性、黏性、纤维性、脆性等。

七是温度。即菜点的温度。同一菜点,温度不同,口感质量会有明显的差异。菜点的温度必须依据不同菜点的特点,保持恰当的温度。菜点的温度除了取决于烹调以外,还必须注意菜点服务时间的控制。

八是器皿。即用来盛装菜点的容器,这也是顾客评定菜点质量的视觉标准。在美食与美器的搭配上要和谐。菜肴与器皿在色彩纹饰上要和谐,菜肴与器皿在形态上要和谐,菜肴与器皿在空间上要和谐,菜肴掌故与器皿图案要和谐,一席菜点的食器搭配要和谐。

以上是菜点质量评价的基本要素,除此之外,菜点的营养价值、菜点的名称、特殊菜点的光泽和声音等,也是应考虑的因素。

(2) 菜点质量的标准控制

菜点质量标准控制就是通过制定标准菜谱来规范菜点的加工制作过程,以保证菜点质量的方法。标准菜谱源于西餐,是菜点制作的工艺蓝图,其目的在于保证菜点质量的一致性和稳定性。一方面,顾客每次点选的菜点,在制作工艺和分量上都是一样的;另一方面,餐饮经营者可以保持菜点的基本成本的稳定性,从而获得基本稳定的利润率。

尽管中国菜选料广泛,烹调方法多样,调味丰富,更多的是依赖于厨师的个人经验和技艺,但制定标准菜谱,对菜点质量的控制同样能起到良好的作用。制定标准菜谱,进行菜点质量的标准控制,其关键在于:

一是主配料的原料及数量标准。主配料是菜点形成的基础,不仅要规定原料名称、规格和质量,同时还需规定主配料的比例。

二是调味品品种及用量标准。调味不仅关系到菜点的颜色、气味,而且直接决定着菜点的口味,对此既要规定调味品的品种,又要规定调味品的品牌,还要规定各种调味品的用量。

三是菜点加工烹制的步骤、方法标准。菜点的加工烹制是决定菜点质量的关键环节,大致包括四个方面:原材料的初加工,确定整理、清洁、卫生、营养、合理利用等标准;原料切配,确定成形、配份、刀工等规格标准;烹制,制作方法、火候、温度、调味、时间等标准;装盘,卫生、丰满、主料突出、造型美观、点缀合理、盛器协调等标准。

四是服务程序和要求标准。有些菜点质量与服务程序密切相关,所以,标准菜谱对某些菜点还必须规定服务方法和服务要求,包括时间要求、操作要求、餐具要求、佐料要求、菜点介绍等。

(3) 菜点质量的岗位控制

厨房生产要正常运转并保证菜点的质量,就必须明确并强化岗位责任。一是明确岗位分工。厨房业务按其运转要求,大致可分成加工部门、配菜部门、炉灶部门、冷菜部门和点心部门。餐饮管理者必须明确各部门的职能,并根据不同职能设置相应的岗位,同时,规定各岗位必须承担的工作任务和责任,使厨房生产的各项任务落到实处。二是强化岗位责任。通过相应的制度加以保证,各司其职、强化责任、保证监督、完善考核。三是合理配置人员。在数量上必须满足厨房生产,还要根据不同工种与技术特点、不同年龄、不同技术等级与技术水平合理安排人员,做到职位相称,人尽其才,团体结构优化。

(4) 菜点质量的检查控制

标准菜谱的制定,虽然为厨房的加工烹制提供了依据,但能否充分发挥作用,还有赖于贯彻实施并加强各个环节的检查督促。厨房菜点质量的检查控制主要包括以下内容。

一是工序检查制度。即菜点加工制作过程中每一道工序的员工必须对上道工序的加工质量进行检查,如发现不合标准,应退回到上一道工序。二是出品检查制度。即所有菜点出品,均需经过厨师长或专门人员检查,以确保成品达到标准。三是服务检查制度。即菜点在提供给顾客之前,服务人员对照菜谱及顾客要求进行全面核查。四是重点检查制度。对重点岗位、重点环节、重点任务、重大活动等进行重点检查,确保关键环节、关键时刻的质量。

2. 餐饮服务质量控制

餐饮服务是餐饮产品的重要组成部分,由于服务的无形性,使得餐饮服务质量难以控制。做好餐饮服务质量控制主要做好以下几方面的工作:

一是建立服务规程。即餐饮服务的规范和程序,这是餐饮服务的基本规范和标准。服务规程的建立要考虑本企业的规模和目标、顾客需求、餐饮产品特点以及不同岗位的要求,以实现餐饮服务的规范化、标准化、专业化和程序化。包括餐前服务、迎宾服务、接待服务、点菜服务、酒水服务、上菜服务、巡台服务、结账服务,以及餐后服务等。

二是明确岗位责任。管理实施以人为本,服务人员各就各位、各司其职,按照服务规程定岗位,按照服务岗位定人员,按照人员定考核。

三是重视员工培训。服务质量的竞争是人才的竞争,人才的培养来自于员工培训。通过员工培训提高员工文化素养、专业技能、服务水平。通过提高员工的专业技能来提高顾客的满意度。餐饮员工培训主要包括知识培训(职业道德、服务原则、企业文化、产品知识、顾客需求等)和技能培训(各岗位的实际操作能力)。

四是实施服务创新。由于菜点的非专利性使餐饮产品同质化竞争激烈,而优质服务是餐饮经营者实施差别化战略的关键因素。实施服务创新不仅可以提高餐饮服务的质量,而且还可以增强竞争优势。服务创新的主要内容包括服务理念创新、服务语言创新、服务项目创新、服务方式创新等。

3. 餐饮环境质量控制

餐饮消费带有许多感性成分,餐饮消费者更加重视就餐环境与气氛,要求就餐环境的场景化、情绪化。

(1) 餐饮环境质量的基本要求

一是卫生清洁,这是餐饮环境质量的基本要求。二是氛围和谐,广义上指一切可以影响顾客就餐满意度的因素,狭义上指餐厅内的人员互动产生的气氛,包括顾客与服务人员、顾客与顾客、服务人员之间的互动交流产生的情绪氛围。三是舒适惬意,顾客要求就餐时放松心情、消除疲劳。环境舒适可以帮助顾客恢复体力、增进食欲、保持健康。因此,就餐环境的设计与布局应更加人性化。四是美观雅致,餐饮消费者对就餐的要求还包括满足嗜好、追求情趣。不同性质、不同内容、不同时间、不同场合的就餐者还有许多特殊的餐饮消费心理。五是个性特色,个性化的餐饮消费一族对就餐环境有着特殊的心理需求,也造就了餐厅的不同主题风格。

(2) 餐饮环境质量控制的内容

餐饮环境质量控制主要体现在餐厅环境布局和装饰装潢,以及服务人员的服务技能。主要包括:

一是餐厅名称的设计要和谐。餐厅名称直接传递菜肴风味、装修基调、文化信息,是企业给顾客的第一印象,餐厅名称的设计要体现主题、和谐、适宜。

二是餐厅空间布局要合理。餐厅环境是艺术性和科学性的结合，设计布局要比例适中、虚实结合、主次分明、主题突出。

三是餐厅用具配套要一致。餐厅用具配套要考虑环境的和谐一致，风格统一，增强环境美感，用具的外观与舒适度同样重要。

四是餐厅色彩照明要良好。餐厅的色彩选择会影响情绪、食欲以及心情，色彩选择要考虑顾客的心理需求，利用照明可以提高色彩的效果，可以增强视觉感受。

五是餐厅背景音乐要柔和。餐厅背景音乐可以减轻噪音、营造气氛、提高情绪，适宜的音乐可以增加消费，音乐的选择要符合主题风格，满足顾客需求。

第二节　餐饮质量保证

餐饮质量管理贯穿产品设计、生产、销售的全过程，是全面质量管理。同时，餐饮质量管理又是科学化、标准化管理，需要建立完善的质量保证体系。

一、餐饮全面质量管理

1. 餐饮全面质量管理的含义

餐饮全面质量管理以餐饮质量为中心，以全员参与为基础，对市场调查、经营决策、产品的设计、生产和服务等全过程进行有效的控制。餐饮全面质量管理的本质是由顾客需求和期望驱动餐饮经营管理持续不断改善的质量管理理念。餐饮全面质量管理将关注顾客、持续改善、关注流程、精确测量和授权与员工有效结合起来从而达到长期经营。

2. 餐饮全面质量管理的内容

餐饮全面质量管理一方面体现为内部管理活动，包括制定产品质量政策，确定产品质量水平，制定产品质量保证措施并实施产品质量控制等。另一方面要关注餐饮产品质量的外部影响因素，包括购买餐饮产品的外部顾客和上下游价值活动间的员工即内部顾客，以及主管部门对餐饮产品质量的要求及政策。

（1）餐饮产品市场调查是质量管理的基础

餐饮经营者通过市场调查了解顾客对产品的原料、工艺、口味、营养、服务及用餐环境的要求和期望。在市场调查的基础上,认真分析,选择合适的产品类型和质量标准。高质量的市场调查是高质量的产品开发与设计的基础。

（2）餐饮产品开发设计是质量管理的前提

产品设计是餐饮产品质量形成的起点,顾客对产品质量的需求首先是通过产品设计来满足的。在餐饮产品设计阶段,技术人员要根据市场调查的信息,针对顾客的要求,确定适宜的产品质量标准,严格按照科学程序进行设计和研制,这样才能确保产品质量水平。

（3）餐饮产品原料采购是质量流程管理的第一环节

新鲜和符合质量标准的原材料是保证餐饮产品质量的基础,所有餐饮产品的味道和安全性首先来自原料的新鲜度,然后来自调味品的质量。根据质量标准选择原材料是餐饮产品全面质量管理流程的第一环节。

（4）餐饮产品生产管理是质量管理的关键环节

生产过程是餐饮产品形成的关键过程,也是保证产品质量的具体过程。在餐饮生产过程中,针对每一道工序制定和执行生产质量标准,运用统计方法精确测量每一个工作步骤,与质量标准进行比较,从而有效地控制影响产品质量的各种因素。

（5）餐饮产品检验制度是质量管理的保障

产品检验是保证餐饮产品质量的必要手段,是对产品质量进行有效控制的重要措施,可以防止不合格的餐饮产品流入下一道工序或传递给顾客。餐饮产品的质检首先是工作人员对上一道工序质量的检查,然后是对本职工作质量进行检查。同时由本部门管理人员负责本部门所有工作质量的检查,最后由质检部对餐饮产品进行质量检查。

（6）餐饮产品销售管理是质量管理的最终环节

餐饮销售也可称为餐饮服务,是餐饮产品质量形成的最后一个程序。作为餐饮销售人员,尽管不与餐饮产品质量直接相联系,然而顾客对餐饮质量的需求和顾客的满意度等信息都是通过销售人员来反馈的,这对于改进质量管理是至关重要的。此外,餐饮服务质量主要受餐饮销售人员的影响,这也是餐饮产品整体质量的组成部分。

3. 餐饮全面质量管理的特点

餐饮产品全面质量管理是由顾客需求驱动产品质量不断持续改善的一种管理

理念。其核心就是要关注顾客需求和期望,包括内部顾客即员工需求,注重质量的持续改善,并且关注流程管理,对所有影响产品质量的因素进行管理。餐饮全面质量管理是一种全新的质量管理理念,突破了传统的、狭隘的质量观念。

(1) 从片面质量到完整质量

传统餐饮质量观认为,只要产品符合规定的产品质量标准即为合格产品,产品质量标准越高表明餐饮质量越好。而全面质量管理更加关注完整的质量。一是关注整体质量。现代质量观将餐饮环境、生产设施、菜肴酒水、餐饮服务质量有机结合,是完整的餐饮质量观。二是关注顾客导向。现代餐饮质量不能简单地以烹调技术和服务技术指标来评价产品质量水平,只有当产品所有方面都符合顾客需要时才可称作合格产品。三是关注综合效益。餐饮产品质量必须考虑到所有受益者的期望和需要,损害其中任何一方利益,都不利于长久发展。

全面质量观体现了顾客至上的理念,体现了所有部门在质量管理中的责任。餐饮全面质量管理形成了一个综合性的产品质量管理体系,必须调动全体员工关心产品质量。

(2) 从高指标到高附加值

传统质量管理认为,产品质量指标是评价餐饮产品质量水平的主要依据,在没有对顾客需求进行详细调查和产品定位的前提下,经营者主观确定产品的各项质量指标,片面认为质量标准越高越好,造成产品质量定义不明确或由于不能满足顾客需求而经营不善。由于质量标准过高而导致成本和价格上升,也将失去竞争力或者技术力量和设施质量不能保证产品质量,最终无法有效经营。

全面质量管理认为,产品质量由消费者定义,并非质量标准越高就越受顾客欢迎。高质量的餐饮产品应保持适宜的和较高的使用价值,能充分满足目标顾客的需求。一是关注顾客价值。多数顾客在购买餐饮产品时,考虑的是价值和功能。从社会角度看,功能的剩余必然带来资源浪费,所以适用的质量标准是最佳的,满足顾客实际需求的质量是最好的质量。二是关注目标顾客。由于餐饮经营者自身的资源和素质各不相同,因此应该明确本身的餐饮消费群体、竞争对手及其资源,做到准确定位,并准确确定餐饮产品质量标准以利营销。

(3) 从表面质量到质量保证

传统质量管理认为,餐饮产品通过检验,符合规定标准就是合格的产品质量。因此不断采取措施,增加检验环节、督促员工认真工作。但是,实践证明这种管理方法不能保证质量问题不再发生,质量波动依然较大,费用较高。

全面质量管理认为,在准确定义质量水平的基础上必须完善质量保证能力,这是保持竞争力的关键。一是完善质量保证体系。影响餐饮产品质量的因素很多,并且在不断变化,所以必须建立完善的产品质量保证体系,从而对各种因素进行系统的和有效的控制。二是建设产品质量系统工程。在管理中将质量管理作为管理系统来建设,从产品设计、原料采购的源头到生产、销售、服务终端,建立起全面的质量管理系统。

(4)从对顾客负责到对全社会负责

传统质量管理认为,餐饮服务对象只是购买餐饮产品的顾客,餐饮经营的任务是满足顾客需求,并带来利润,将利润作为唯一的目标。餐饮全面质量管理则强调餐饮经营必须注重生态质量、环境质量和社会效益。作为社会经济的细胞,经营者要对全社会有所贡献,不仅要为社会创造物质财富,解决就业问题,还要为社区生活和社会公益事业提供支持,而且应确保在经营过程中不对环境造成危害,不造成资源浪费。

(5)从员工责任到管理者责任

传统质量管理认为,质量事故主要是由员工造成的,责任要由员工来承担。因此在经营中,一旦发现质量问题就将责任归咎于厨师、餐厅领班、服务员。全面质量管理认为,产品质量问题必须追究管理者的责任,员工作为人力资源的一部分,其责任与操作行为应当由标准文件加以规定,管理人员应对员工进行必要的培训。在确定质量问题的责任或根本原因时,要明确管理者有没有对整个质量体系进行策划和控制。

(6)从产品检验到零缺陷管理

传统质量管理强调产品必须通过质量检验。全面质量管理注重预防为主,追求零缺陷和一次成功。零缺陷反映了在市场经济下的正确质量经营理念,经营要以顾客为核心,顾客至上,要使顾客100%满意。而100%满意意味着没有缺陷,这种转变是市场竞争的需要,也是经济全球化的要求。此外,餐饮全面质量管理是以获得更多的经济效益为目的的,失去了经济效益而造成亏损的质量管理没有任何意义。

(7)从岗位管理到全员管理

传统质量管理认为质量是生产出来的,是检查出来的,是厨房或餐厅员工工作结果的反映。因此餐饮质量反映制作和服务过程的工作质量。实际上,产品质量在设计阶段已经开始,其重要性甚至超过了菜肴、酒水的生产和服务过程。许多质量缺陷在设计阶段已经存在,而且影响经营的全过程。此外,在食品采购甚至其他环节也会出现质量事故。因此质量问题不是某个部门或某个岗位的问题,它涉及所有的相关部门,涉及生产全过程及全体有关人员。

4. 餐饮全面质量管理的基础工作

餐饮全面质量管理是一个复杂的系统工程,是一个全方位、全过程、全体员工参与的管理活动,为保证全面质量管理顺利进行,一些基础工作必不可少。

(1) 标准化工作

为保证餐饮产品的质量达到规定的标准,并保证产品质量具有稳定性,餐饮管理人员必须努力使餐饮产品中的各质量因素达到目标顾客理想的标准,同时针对产品和服务细节制定标准并严格执行。主要包括:

设施质量标准化。厨房布局、生产设施、餐厅布局、服务设施、家具和用具、餐具与酒具等达到既定标准。

食谱和酒谱标准化。标准食谱和标准酒谱是对本饭店所销售的各种菜肴和酒水所规定的质量标准文件。一份高质量的食谱或酒谱,菜肴和酒水名称必须真实,名称必须符合原料的品种和质量标准,符合该产品的工艺标准,符合该产品的味道和特色。英语或法语名称必须准确无误。菜肴和酒水的温度控制是保证菜肴和酒水质量的重要手段。

服务质量标准化。餐饮部制定服务质量标准化文件,内容包括各服务种类、服务名称、服务内容、服务程序和服务标准等。服务标准文件不仅可以控制各项服务程序,还可以控制服务标准。此外,企业应建立用餐环境的标准,包括空间标准、清洁标准、照明标准和温度标准等。

(2) 计量工作

计量工作是餐饮产品质量管理的基础,因为所有菜肴和酒水都应达到标准食谱和酒谱规定的重量和容量标准。因此餐饮质量管理的工作之一是完善各种量具,包括各种温度计、重量量具和容量量具。

在菜肴与酒水生产和销售中,菜肴主料和配料可通过称重控制重量标准;调料可通过量杯和量匙控制重量和容量标准;酒水可通过量杯等控制容量标准。

(3) 质量培训工作

餐饮产品质量受餐饮生产和服务设施、菜肴和酒水制作技术、服务中的方法与技巧、礼节礼貌、语言表达能力的影响和制约，因此企业必须重视员工培训及培训管理。

主要的培训内容有：技术培训、礼节礼貌培训、外语培训、专项业务培训和质量培训。餐饮培训工作应认真规划、精心组织。培训部或人力资源部应协调餐饮部，对餐饮部整体培训需求进行调查分析，根据培训目标和任务、培训对象、职务范围及职工素质等因素制订培训计划和实施方案，避免盲目和随意，使培训内容与职位需求相一致。

（4）信息管理工作

信息管理是餐饮产品质量管理的基础内容之一。企业应不断调查和分析国际和国内餐饮产品发展趋势及市场需求，及时掌握餐饮产品质量动态和本饭店产品质量水平。由于现代传播媒介和信息技术的发展，要求企业提高质量信息处理能力，保证餐饮产品的开拓与创新。随着餐饮市场细分化，新的产品不断增加，这需要企业经常对自己的产品种类、特色和质量标准进行决策，这就要求企业必须获得及时、准确和适用的产品质量信息。

（5）质量责任管理工作

完善质量责任制度是餐饮产品质量保证工作的前提，餐饮质量责任必须落实到企业餐饮管理相关人员和部门及餐饮部各职务。当出现质量问题时，管理人员可分析餐饮质量问题产生的原因，找出质量责任人，并对责任人进行培训或处罚。

（6）质量检验工作

质量检验是餐饮产品质量管理不可缺少的手段。餐饮产品质量检验强调产品生产和服务中各阶段和各环节的质量检验。餐饮部管理人员应控制好餐饮生产和服务各环节的质量。通常餐饮产品需要通过三个阶段的质量检验：设施、用品和原料的采购质量检验，菜肴和酒水的生产质量检验，餐饮服务的质量检验。

二、餐饮质量保证体系

1. 餐饮质量保证体系的类型

餐饮质量保证体系指以保证餐饮产品质量为目标，运用系统的方法，依靠组织机构，把各环节的质量管理严密地组织起来，形成一个具有明确任务、职责、权限且互相协调、互相促进的质量管理体系。

根据餐饮产品的生产过程分类，可分为餐饮产品设计质量保证体系、餐饮产品生产质量保证体系和餐饮产品服务质量保证体系。

按照餐饮产品质量管理层次分类,可分为职务质量保证体系、班组质量保证体系和部门质量保证体系。

2. 餐饮质量保证体系的运转

质量保证体系作为餐饮全面质量管理的一个工作体系,是一个动态体系,包括计划阶段(Plan)、执行阶段(Do)、检查阶段(Check)和处理阶段(Action)。这四个管理工作程序简称 PDCA 循环,它反映了质量保证体系运转中应遵循的科学程序。

质量循环由美国质量管理专家戴明首先使用,也称为戴明循环。根据餐饮质量管理体系运转原理,PDCA 循环每运转一周,餐饮产品质量就会提高一步,如此循环,餐饮产品质量将持续地改进和提高。PDCA 循环的四个阶段具体如下:

(1) 计划阶段(P)

该阶段制订质量目标、活动计划、管理措施和实施方案。包括:①分析现状,找出存在的质量问题;②分析产生质量问题的原因;③从各种原因中找出主要原因;④针对主要原因制订措施和计划,确定目标。

(2) 执行阶段(D)

该阶段执行质量计划,落实计划实施方案,确保质量目标的实现。主要包括组织实施质量计划、采取必要的管理措施。

(3) 检查阶段(C)

该阶段控制计划实施进度,把实际工作结果与预期目标对比,检查执行情况,发现存在的质量问题。

(4) 处理阶段(A)

该阶段在发现问题的基础上,及时纠正偏差,解决存在的质量问题。包括:①总结经验,巩固成绩,指出并解决目前存在的问题;②将未解决的问题转入下一个循环解决。

3. 餐饮质量保证体系的内容

建立质量保证体系是保证餐饮全面质量管理顺利实施的关键。餐饮质量保证体系的内容主要包括以下几个方面。

(1) 确立质量管理组织保证

建立专、兼职质检员,在部门经理领导下行使质量管理职能。包括统一组织、计划、协调餐饮质量保证体系的活动,检查和监督各职务工作质量。组织部门外的质量信息反馈,掌握质量保证体系活动的动态。明确规定各岗位和每一名职工在质量管理方面的职责、具体任务和权限,使质量工作事事有人管、人人有专责,把与餐饮质量有关的各项工作和全体职工的积极性结合起来,形成一个严格的质量管理责任系统。

(2)制定质量管理计划目标

质量计划包括质量目标计划、质量指标计划和质量改进措施计划。质量目标计划,也称质量发展计划,是指导和组织餐饮质量保证体系的战略目标,是向全体员工提出的长远质量奋斗方向,如产品的更新换代、产品质量升级等计划目标;质量指标计划是根据质量发展目标,分别按产品制定年度和季度计划质量目标;质量改进措施计划是实现质量指标的物质技术组织基础,它按项目制定,每一项目又包括若干工作内容,计划规定每一项目完成的时间进度、负责执行的部门或执行者、估计措施费用及预期效果等。

(3)质量管理标准化和程序化

质量管理标准化,是指把重复出现的质量管理工作,按其客观性质分类归纳,并制定标准,纳入规章制度,形成规范,作为全体员工处理同类质量问题的共同准则。质量管理程序化是把质量管理过程所经过的环节、岗位、工作步骤和使用的管理凭证如实记录下来,经分析改进,使之合理化。

(4)建立质量信息反馈系统

质量信息反馈系统指质量保证体系的各环节、各工序之间,按照工艺顺序方向输送质量信息,作为质量管理的依据。质量信息反馈按其来源及信息流动方向,可分为内部信息反馈和外部信息反馈。

(5)质量管理小组活动

质量管理小组是班组员工自觉组织起来,围绕班组质量目标、质量关键或薄弱环节,运用质量管理的理论和方法,开展现场质量管理的一种质量保证基层组织。它是员工参加质量活动的有效形式,是质量保证体系的群众基础。

(6)保证合作单位的质量措施

要提高产品质量,除保证餐饮部门内各环节、各工序的质量外,还要保证外部合作单位的产品质量。例如供货商的产品质量保证,连锁店的质量管理保证等。

三、餐饮产品质量与 ISO 标准

1. ISO 9000 标准概要

ISO 9000 标准是指国际标准化组织(ISO)质量管理和质量保证技术委员会制定的国际标准,是国际上第一部通用的质量管理标准。国际标准化组织质量管理和质量保证委员会在多年协调努力的基础上,总结了各国质量管理和质量保证经验,于 1987 年 3 月正式公布了 ISO 9000 系列标准,并经过各国质量管理专家不断的补充完善,最终形成了分为三个部分的 ISO 9000 标准:第一部分,术语(ISO 8402);第二部分,质量管理和质量保证选用或实施指南(ISO 9000-1,ISO 9000-2,ISO 9000-3,ISO 9000-4)、ISO 9001—ISO 9003 质量保证要求、ISO 9004 质量管理指南;第三部分,支持性技术指南(ISO 10000)。

ISO 9000 标准的发布,使世界主要发达工业国家的质量管理和质量保证的原则、方法和程序,统一在国际标准的基础上,它标志着质量管理和质量保证走向了规范化、程序化的新高度。

2. ISO 9000 标准的指导思想

(1) 控制所有过程的质量

ISO 9000 标准是建立在"所有工作都是通过过程来完成的"这样一种认识的基础上的。这是 ISO 9000 标准关于质量管理的理论基础。对餐饮经营者而言,人员的培训是过程,物品的采购是过程,菜肴的加工是过程,为顾客服务的活动也是过程。实施质量控制时,首先要确定的是有哪些过程,然后分析每一个过程需要开展的质量活动,确定应采取的有效控制措施和方法。

(2) 过程控制的出发点是预防不合格

在产品生命周期的所有阶段,从最初识别市场需求到最终满足要求的所有过程的控制都体现了预防为主的思想。例如通过全员教育,对所有从事对质量有影响的工作人员都进行培训,确保他们能胜任本岗位的工作;防止因知识和技能的不足造成产品或质量体系要求的不合格。

(3) 质量管理的中心任务是建立并实施文件化的质量体系

质量体系是有形的系统,具有很强的操作性和检查性。典型的质量体系文件结构分为三个层次:质量手册、质量体系程序和其他质量文件。对质量体系文件内容的基本要求是:该做的要写到,写到的要做到,做的结果要有记录。

（4）持续的质量改进

ISO 9000 标准规定，当实施质量体系时，组织的管理者应确保其质量体系推动和促进持续的质量改进。为指导组织实施质量改进，ISO 9000 标准专门有个质量改进的标准（ISO 9004-4），要求各级管理者把争取使顾客满意和实现持续的质量改进作为其追求的目标，通过及时了解外界顾客需求的变化，不断改进质量跟上经营发展的步伐。

（5）质量体系应满足顾客和内部双方的需要和利益

对顾客而言，餐厅具备交付期望的产品质量并能持续保持该质量，经营者在经营上以适宜的成本达到并保持顾客所期望的质量。这两者在建立、实施质量体系的过程中应得到完美的结合。

（6）定期评价质量体系

质量体系评价的方法有两种：质量体系审核（检查部门和要素的执行情况）和管理评审（对体系的评价）。定期评价质量体系的目的是确保各项质量活动的实施结果符合计划安排，确保质量体系持续的适宜性和有效性。

（7）搞好质量管理的关键在领导

质量管理是各级管理者的职责，但必须由最高管理者领导。质量管理体系的建立是自上而下的。

3. ISO 9000 标准的主要用途

ISO 9000 系列标准共包括五项标准。它们分别是：

ISO 9000-1:1994《质量管理和质量保证标准第一部分：选择和使用指南》。

ISO 9001:1994《质量体系设计、开发、生产、安装和服务的质量保证模式》。

ISO 9002:1994《质量体系生产、安装和服务的质量保证模式》。

ISO 9003:1994《质量体系最终检验和试验的质量保证模式》。

ISO 9004-1:1994《质量管理和质量体系要素第一部分：指南》。

ISO 9000 系列标准根据其用途可将五项标准分为三类：指导选用"质量管理和质量保证标准"的标准、质量保证标准和质量管理标准。其用途分述如下。

（1）ISO 9000-1:1994 标准的用途

该标准主要用途是供给方选择质量保证和供给方选择质量管理标准时使用：在合同情况下，指导供给方选择和使用 ISO 9001、ISO 9002、ISO 9003 质量保证标准，或指导供方在选择质量体系认证和注册时使用。在合同或非合同情况下，指导供方(企业)在建立质量管理体系时,在 ISO 9004-1 标准中选择体系要素使用。

(2) ISO 9001—ISO 9003:1994 标准的用途

该三项标准是一组质量保证标准,它们是在合同情况下,供购双方签订供货合同选择质量保证标准时,或供方申请体系认证选择质量保证模式时使用的标准。根据购方订购产品结构的特点、设计和制造的复杂性、设计成熟的程度,以及产品安全性和经济性等选用三项标准之一。

选用 ISO 9001:1994 标准的条件是:产品结构复杂,设计和制造复杂性较高,设计成熟程度不够,产品具有安全性和经济性要求。当选用该标准时,供方应向购方提供产品设计、生产、安装和服务全过程的质量保证。

选用 ISO 9002:1994 标准的条件是:设计复杂性较低,设计成熟程度较高,产品结构不太复杂,制造复杂性较高,产品具有安全性和经济性要求。当选用该标准时,供方应向购方提供生产、安装和服务过程的质量保证。

选用 ISO 9003:1994 标准的条件是:产品结构简单,设计和制造复杂性较低,设计成熟程度较高,一般没有安全性和经济性要求。当选用该标准时,供方应向购方提供产品最终检验和试验的质量保证。

选用质量保证标准时,经过供购双方协商可以对标准条款进行增删,当购方若在 ISO 9001:1994—ISO 9003:1994 的质量保证模式之外再增加质量保证条件要求时,供方应将增加的质量保证条件作为体系要素,写成体系文件并贯彻实施,以确保增加的质量保证条件达到合同规定的要求。

ISO 9001:1994—ISO 9003:1994 三项质量保证标准,从标准性质来看虽属推荐性标准,但当供购双方决定选用并订入合同条款中时,则标准即具有法律效力,强制供方必须贯彻执行。

(3) ISO 9004-1:1994 标准的用途

ISO 9004-1:1994 标准,是指导企业在合同情况下和(或)非合同情况下,推进质量管理,建立健全质量管理体系,选择体系要素时使用的标准。

目前,部分餐饮企业已经开始导入 ISO 9000 标准,但比较适合于餐饮企业质量管理模式的是 ISO 9002 标准,国内已经成功通过 ISO 9002 体系认证的餐饮企业有济南净雅大酒店、北京金三元酒家等。

4. ISO 9000 标准对餐饮质量管理的作用

很多餐饮经营者经过多年的发展,建立了一整套的内部管理规章制度,但在具体执行过程中力度不够,其原因在于在经验型框架下制定的规章制度带有明显事后型特点。由于规章标准化、规范化程度低,可操作性差,各项工作缺少检查的尺度和评价的标准,不仅造成管理质量不高,同时由于缺少严密的监督、考核体系和办法,各种管理制度、标准、规范不能形成封闭循环,致使有些很好的制度规定和工作标准规范只停留在口头或纸面上,不能发挥应有的作用。各项制度之间衔接性不强,整个制度体系也缺乏内在联系。

贯彻实施 ISO 9000 标准,可以克服传统经验型管理方法的缺陷,在继承已有的管理经验基础上建立起有效的质量保证体系。ISO 9000 标准所强调的原则是事先控制和动态管理,与传统习惯操作方法有很大差异,这种科学的管理方法比经验型管理方法有较强的体系性和逻辑性。餐饮质量管理实施 ISO 9000 标准的意义在于:

(1) 提高管理效率

建立完善的质量管理体系能帮助管理者从琐事中脱身,集中精力考虑未来发展、资金运作等重大问题,通过积极授权、明确各部门质量职责、建立动态考核机制加强对质量的管理力度,彻底摆脱事必躬亲的管理模式,提高工作效率。

(2) 强化监督约束

按照 ISO 9000 标准建立起的法制化的管理模式,减少了管理对个人的依赖,而更多地依赖集体的力量和相互制约的现代机制,使内部管理职责分明,便于各级人员创造性地开展工作,并通过自我约束、自我管理的内部管理机制,增强应变能力,从而形成经营管理中标准化、规范化、程序化的管理形象。

(3) 符合顾客需求

建立质量体系并通过质量认证的餐饮产品,具有持续有效地对社会提供规范服务和符合顾客要求的产品的能力,同时向社会作出了真正的承诺,可以切实保证顾客权益。

(4) 提升餐饮产品品牌地位

通过内部质量管理可以使内部损耗减少,提高经营效益。同时,质量认证是一种品牌认同和品牌形象,可以增强投资者的信心,取得资金市场的优势。

(5) 提高员工凝聚力

对于内部员工而言,由于明确了工作职责和工作程序,可以预防或减少工作上的失误,品牌形象的提升又增强了员工的自豪感,可以大大提高员工的凝聚力。

5. 餐饮质量管理导入 ISO 9000 标准的基本思路

(1) 选择导入途径

餐饮质量管理导入 ISO 9000 标准的途径有两个:

一是管理者推动。首先按照 ISO 标准中的质量管理模式建立质量管理体系,达到预定目标后,再将其转化为质量保证体系,申请质量认证。

二是受益者推动。首先按照 ISO 标准中的质量保证标准建立质量保证体系,申请认证,将餐饮产品质量的管理置于顾客和认证机构的监督之下,然后再按照质量管理标准完善质量保证体系。

在实践中,大多数餐饮经营者在建立质量体系时都是按照受益者推动方式在操作,因为这种方式形成了外部监督机制,可以通过外部压力保证质量体系顺利运行,而且有利于利用认证机会开展质量宣传。

(2) 建立质量体系组织机构

首先成立由总经理直接领导的质量体系工作领导小组,负责制订建立质量体系工作的整体安排,监督检查工作进度、工作质量、保证质量体系建立的有效实施。其次指定一名高级管理人员全面负责建立体系的工作(ISO 标准中称为"管理者代表"),并成立由其领导的工作小组,在领导小组领导下开展工作计划。同时还要成立建立质量体系工作写作小组,负责编写质量手册、程序文件,并按照建立质量体系的要求编写管理制度、岗位规范、作业指导书等三级体系文件。

(3) 质量体系咨询工作实施过程

一是质量体系策划。咨询机构进驻,实施调研、宣传贯彻、体系策划工作。咨询机构通过实施对餐饮产品质量现状的调研,确定目前的经营管理结构与 ISO 9000 标准的差距,有针对性地对全体员工实施 ISO 9000 标准的宣传,并与领导班子成员进行质量体系策划,制定餐饮产品质量方针及质量目标,明确职权、职责,确定工作流程,明确组织结构的设置,并提供必要的资源配置。

二是质量体系培训。咨询组对质量体系的内审员、写作班子成员进行培训,主要讲授 ISO 9000 标准基本知识及概念,讲解质量体系文件编写要求及方法。

三是质量体系文件编写。咨询组指导写作小组成员进行质量体系文件编写,以文件化的形式使内部质量职责清晰、工作流程清楚。

四是质量体系运行。编写好的质量体系文件交总经理审阅,经领导班子讨论同意后,由总经理签字批准、印刷,举行文件发布仪式,宣布质量体系开始运行。

五是指导内部审核。咨询组参与内部质量体系审核过程,指导内审员开展内审工作。审核结束后,由审核组写出内审报告,提交由总经理主持的管理评审,进一步讨论体系的适宜性、有效性,做好体系维护工作。

六是模拟审核。咨询机构成立审核组对餐饮产品质量体系进行模拟审核,评价其运行是否达到标准要求,是否具备申请质量体系认证的条件。

(4) 申请质量体系认证

经内部管理评审、模拟审核,确认质量体系已建立并正常运行,认证条件确已成熟,经营者可向质量体系认证机构正式提出书面申请。

通过近年来国内贸易局质量认证办公室在商贸企业推行质量管理和质量保证标准的实践可以看出,商贸企业贯彻 GB/T 19000—ISO 9000 标准、建立质量体系的过程是逐级授权的过程,是理顺内部组织结构和机制的过程,是规范所有人员行为的过程,是清理内部规章制度的过程,是清晰工作流程的过程,是增强凝聚力的过程。

在贯彻标准时,要认真选择专业化咨询机构、管理人员要与专家一起按照"有利于经营管理、有利于提高效益、有利于服务顾客"的原则开展工作,要强调管理实际与 ISO 9000 标准的结合,同时要求全体员工积极地关心、参与这一工作,形成全新的质量意识,意识到自己的工作无论处在哪个环节都将对最终产品和服务的质量产生关键影响,并从自己做起,严格执行质量手册、程序文件和其他质量文件的要求,规范自己的操作行为和管理行为,以切实达到提高管理水平、提高服务水平、提高经营效果的目的。

案例分析 1

ISO 标准在餐饮业中的具体运用

一、公司背景

净雅集团创立于 1988 年,是一家以经营胶东活海鲜为主体的大型餐饮企业联合体,经过多年的发展,在山东、北京两地迅速扩张,截止 2009 年年底,净雅集团已经拥有总营业面积 9 万多平方米、员工 3800 余人,总资产达 10 亿元,下设山东开元净雅大酒店有限公司、威海梦海净雅大酒店有限公司、青岛银海净雅大酒店有限公司、山东净雅养生苑酒店有限公司、北京辉煌净雅餐饮有限公司、北京德盛净雅餐饮有限公司、北京金宝街净雅餐饮有限公司、北京锦绣净雅餐饮有限公司 8 家全资子公司,经营业务横跨山东、北京两大地区。净雅集团的净雅大酒店在全国是首家通过 ISO 9002 质量认证的餐饮企业。

二、质量体系的建立

净雅大酒店建立质量体系经历了一年的时间,大体上经历了以下几个阶段。

1. ISO 9002 标准的贯彻

分阶段全员贯彻标准:在建立体系的最初和运行实施的过程中,共进行了三次全员参加的标准串讲,使全体员工能够加深理解其内容。

进行专题讲解:针对各部门所属要素的不同,分部门分要素进行专题进行讲解,使员工能结合本职工作去理解标准要求。

作业文件与标准化比对讲解:利用编制完成的作业文件与标准要素要求相对比进行讲解,更加深了对标准的理解。

餐饮行业的工作特点使该酒店只能将培训工作安排在服务工作结束之后,因此员工的培训经常是延续到夜里 12 点甚至更长,而且以笔试、现场问答的方式来检查贯彻的结果,保证全员都能够理解标准,为下一步的工作奠定基础。

2. 质量体系文件的编制

质量体系的建立首先应建立一个符合标准要求而适宜企业情况的文件体系,而建立一个文件化的体系,它包括了质量手册,程序文件及作业指导书,在这方面净雅酒店做了大量的工作。

首先,成立一个由总经理直接领导的、由部门主要人员组成的文件编写组,以保证编制的文件能接近实际工作。其次,将各类文件的编制要求和任务明确下达到人,以保证进度及编写质量。

在组织工作的基础上,公司提供充分的保障。为保证编写工作不受影响,公司专门在外边租用办公地点,并配置办公用具及空调,以保证编制文件工作的顺利进行。

此外,公司领导积极参与。质量手册、所有的程序文件及主要的作业指导书,都是由总经理亲自主持编写,使得整个体系文件能充分融入总经理的管理思想,以形成特有的管理模式。

实施多级文件审核,形成三级审核制度,即人事部经理审核后,由专职咨询人员审核,最终报总经理审核,以保证文件既符合企业情况,又符合标准要求。对于文件编写中或运行中出现的问题要不断地进行修改,以使文件更具有可操作性。程序文件基本上更改了四遍。

严格的文件管理,专门成立文件管理班子。制定相应的制度,严格发放手续,保证各作业场所都能够得到相应文件的有效版本,为体系文件的运行奠定良好的基础。

三、质量体系的运作

1. 合理分配职能,建立有效的组织机构,以充分保证体系的运行

(1)合理的组织结构。公司建立扁平式的组织结构,由总经理直接管理,不设副总。管理者代表由总经理兼职,简化管理层次,以利政令的下达与监督。

(2)健全的职能分配。人事部中增加质量监督、统计分析、质量记录控制、纠正和预防措施、内部质量审核、文件和资料控制等相应职能,采购部增加分承包方评价的职能,细化了厨房信息传递职能、进货检验职能、成本核算职能、前厅的合同评审职能和过程控制职能,加强了财务部的监督管理职能,使 ISO 9002 中的 19 个要素在职能分配中充分地得到体现。

2. 明确资源需求并合理配置,为体系运行提供基本保障

(1)人力资源的配置

增加专职检查人员 4 名,专职统计人员 4 名,专职培训人员 1 名,专职保管人员 3 名,专职信息人员 1 名,专职点菜人员 4 名,主管 3 名,在人数上保证工作的需要。同时积极引进高学历人员,以提高员工队伍的整体素质。

公司建立了一套合理的人员晋级选拔制度,各级管理人员都是通过选拔而晋升的。公司针对各级人员都建立了考核制度,并建立了合理的淘汰制度。

(2)物质资源的配置

酒店新建两个仓库,以保证物资的储存和管理达到标准要求;增加了 4 套微机系统,以便进行统计分析和日常操作。公司完成并实施了 VI 视觉识别系统设计,既满足质量体系认证标准对企业标识的要求,又以全新的企业形象满足服务质量中对环境的要求。

3. 积极开展培训工作,建立并完善了一整套的培训体系

(1)完整的内容。培训的内容涉及质量体系文件、企业文化、思想意识及专业技能等方面的内容。

(2)人员的调配。在原有 2 名培训主管的基础上,增加相应培训人员,由业务

骨干管理培训工作主要目的是使培训的师资更加专业化,保证培训的效果。

(3) 资源的配置。专门在外租场地成立培训中心,中心场地分为理论培训和实际操作培训两部门,配置了电视机、投影仪、影碟机、空调及各类操作用具,在物质方面提供了充分的保障。

(4) 严格的考核。所有培训考试,员工80分及格,主管以上人员90分及格,不及格人员除做相应的经济处罚以外,必须补考,再次不及格者下岗。

(5) 综合的方式。采用大课讲解、部门学习、专题讨论和员工自学相结合的培训方式,以适合餐饮业的特殊工作时间。

(6) 全面的检查。所有的培训工作必须编制培训计划,经人事部审批后,交各部门执行。质检人员依据培训计划对培训的执行情况进行监督,以保证培训工作的按时完成。

(7) 积极地派出。公司派厨师多次到香港、厦门、大连等地学习高档菜品的制作,同时由厨师长组队到全国有关城市进行交流学习,吸取各大菜系的精华;组织高层管理者到马来西亚、新加坡、泰国、中国香港等地参观学习;经常派中层管理人员参加国家及行业组织的培训班用以培养其服务意识和技能。组织员工参观海尔集团、许继电器厂、南街村等全国著名企业,学习他们先进的管理理念和经验。

4. 建立健全质量控制系统,保证产品质量达到体系的要求

(1) 建立多级日常监督检验体系。公司建立以人事部专职质检员为主,所有管理人员为辅的检验体系,为进货、服务过程、菜品加工过程进行全面的监督检验,及时发现不合格,并采取纠正和预防措施。

(2) 及时传递质量信息。公司规定所有检验中发现的不合格除记录在相应的检验表中之外,必须填制不合格传递表,定时传递到人事部,以保证有关质量方面的任何不合格信息能全面及时汇总。

(3) 全方位的统计工作。专职统计人员将每天传来的各类质量记录和不合格传递表进行分类统计分析,及时发现重复出现或影响产品和服务质量的不合格,提出纠正措施要求。

(4) 了解顾客的感受,不断改进体系。将各类服务项目细化后形成顾客意见调查表,请顾客填写,以了解顾客对公司质量的评价。

(5) 注重顾客投诉,满足顾客要求。公司规定不论菜品、服务、卫生或环境等方面,只要顾客明确指出不合格的情况均视为投诉。凡投诉就当质量事故对待,除采

取补救措施外,必须分析原因,采取纠正措施。

(6) 定期进行内部质量审核。体系运行的半年中先后进行了三次全要素、全部门的内部质量审核,及时发现体系运行中的不合格并加以改进。

经过近一年的努力,质量保证体系已能正常运行。在此基础上,公司申请进行认证审核。2000 年 4 月 7 日至 10 日,由中国方圆认证委员会组成的审核组及中国质量体系国家认可委员会、国内贸易局的专家共同对公司的质量体系进行了为期 4 天的审核,并一次性顺利通过。在全国餐饮行业中净雅大酒店是首家获得认证证书的餐饮企业,这表明该公司已建立了一个能够自我完善的、有效的质量体系,为建立具有净雅特色的管理体系奠定了良好的基础。

案例来源:黄浏英、李菊霞、林翔编著:《餐饮品牌营销》,辽宁科学技术出版社 2003 年版。

案例讨论

1. 根据案例分析净雅大酒店的质量保证体系建立的背景是什么?
2. 净雅大酒店质量体系是如何导入的?
3. 案例的启示在哪里?

案例分析 2

卡尔顿饭店集团的质量管理战略

卡尔顿饭店集团是一家世界著名的饭店连锁企业,总部在美国。至 1999 年,该集团已拥有了遍布美国、澳大利亚、墨西哥、西班牙和中国香港地区的 30 家连锁店。

1997 年,该集团赢得了一项大奖——马尔科姆国家质量奖,从前没有任何一家美国酒店连锁店得过这样的奖项。马尔科姆国家质量奖是在 1987 年由美国国会创立的,给那些因提高其产品或服务质量而取得卓越成绩的公司一定的荣誉认可。

卡尔顿采纳了全面质量管理的原则,它一直在为赢得马尔科姆国家质量奖而努力。早在 1983 年开始运营时,就热切地关注服务质量的提高。它设立了两个基本的质量战略:一是在每一个新的卡尔顿饭店中开展“七天倒计时”活动,二是设立“金标准”。

一、基本的质量战略

“七天倒计时”活动包括由公司最高经理(包括总裁)对每一个饭店的新员工所

进行的 7 天强化定位和培训活动。

卡尔顿所设立的"金标准"的四个要素是：①卡尔顿的信条；②服务的三个步骤；③卡尔顿的基本原理；④"我们以绅士淑女的态度为绅士淑女服务"的座右铭。

卡尔顿的信条是：卡尔顿以对顾客真诚的关心并使其舒适为最高的责任——"我们保证为我们的客户提供最好的个人服务和设施，让他们总是处在一个温暖的、休闲的、优雅的环境中。来卡尔顿的顾客会感受到生命的活力，会找到幸福的感觉，而且能够得到意外的收获。"

服务的三个步骤是：①温暖而真诚的问候。有可能的话，使用顾客的名字；②猜测并满足顾客的需要；③温暖的离别词。向他们友好地挥手再见，有可能的话，使用他们的名字。

卡尔顿服务的基本原理是：员工要熟知并掌握信条，更要将信条化为实际的行动。

卡尔顿服务的座右铭是："我们以绅士淑女的态度为绅士淑女服务。"我们要协力合作，以创造一个良好的工作环境。

二、基本的质量管理要求

1. 所有员工都要实践服务的三个步骤

所有员工都要通过培训考试，以确保他们能够在位置上成功地执行卡尔顿标准。

每一个员工都要理解在每一个战略计划中所设置的有关他的工作区域及旅馆所要实现的目标。

所有的员工都要知道他们的内部和外部客户（员工和顾客）的需要，以提供他们想要的产品或服务。有关顾客喜好的活页簿应该被用来记录顾客特定的需要。

每一个员工都要不断地体察整个饭店的不足之处。任何一个收到顾客投诉的员工，都要"自己拥有"这个投诉，也就是说他有责任去帮顾客解决这个问题。

每一个员工都要确保自己能立刻解决问题。在 20 分钟内以电话进行追踪，以证实问题已经解决，顾客因此而感到满意。做好每一件你可以做到的事情，不要失去任何一个顾客。顾客问题表格被用来记录和传达每一个顾客不满意的事件。

每一个员工都被授权解决问题，并防止其再次发生。

保持清洁是每一个员工的责任。

无论在工作环境内，还是环境外都要成为你的旅馆的使节。谈论皆要采取正面的态度,不要进行反面的评论。

陪同顾客到旅馆的某个区域,不要只简单地为其指一下方向。

对旅馆的有关信息了如指掌,以回答顾客的咨询。在推荐那些外部设施之前,先推荐本旅馆的零售店和食品饮料市场。

使用恰当的电话礼节。在铃声响过三遍之内接电话,并用声音传达"微笑"。如有必要,可以这样询问——"我可以让您稍等吗?",不要对电话那头的人进行盘问,尽可能地减少电话转接。

制服要整洁。穿着合适和安全的鞋袜,并且佩戴名字标牌。表情要充满自豪,还要带有关心他人的态度(符合所有的修饰标准)。向顾客微笑,对顾客保持正面的眼神接触,使用恰当的词汇与顾客对话(诸如"早上好","当然","我将很高兴……"和"乐意为您效劳"等)。

确保所有的员工都知道他们在紧急关头时的作用,并且知道消防和逃生的应对措施。

如遇危险、伤害、设备问题,或你需要得到帮助时,要立刻通知你的上司。对旅馆资产和设备要进行恰当的维护和修理。

保护卡尔顿的资产是每一个员工的责任。

2. 卡尔顿基本原理中所使用的词汇和短语

"Mr. BIV"是错误、重做、故障、无效率和变化这五个单词的头字母组合,这些都是一个公司存在的、有害的表现特征。公司的员工要持续地关注并报告旅馆的不足之处。

"侧面的服务"概念意味着鼓励员工(即使在不同的部门工作)之间协调合作,旨在传递更高质量的客户服务。

在卡尔顿饭店还有一些其他的核心词汇,比如说"第一次就将事情做好"和"即刻的修正"。员工要确认旅馆营运中的缺点和错误,并尽可能地解决问题以使抱怨的客户满意。

卡尔顿确认了一个饭店中的720个工作区,每个工作区域每个月都要准备一份质量检测报告。员工要定期完成这些报告,指明那些可能对服务质量和顾客满意度起到反面影响的缺点或问题。员工要在收到顾客投诉的10分钟内作出反应,并在20分钟内用电话跟踪调查问题解决的情况。每一个员工都被授权可以花费2000美元以内的资金来使一个不满意的顾客高兴。

　　卡尔顿集团由于使用了独特的管理手段,成为提高服务质量的典范。自从集团 1997 年获得马尔科姆国家质量奖以来,许多组织想与之分享其"成功的秘密"。卡尔顿也毫不吝啬地向大家披露了自己的成功秘诀。

　　案例来源:陈觉、何贤满编著:《餐饮管理经典案例及点评》,辽宁科学技术出版社 2005 年版。

　　案例讨论

　　1. 卡尔顿的基本质量战略包括哪些内容?

　　2. 卡尔顿的质量管理有何特色?

练习思考

1. 餐饮产品质量有何要求、特点?

2. 餐饮产品质量的内容包括什么?

3. 论述餐饮产品质量过程控制和内容控制。

4. 简述餐饮全面质量管理的含义、内容及特点。

5. 餐饮产品质量保证体系有哪些类型、如何运转及主要内容是什么?

6. 分析 ISO 质量标准的内涵、指导思想、用途。

7. 餐饮企业导入 ISO 标准有何意义?

8. 餐饮企业如何导入 ISO 标准。

实训作业

　　查找相关资料,搜集企业导入 ISO 质量标准体系的案例,分析案例。

第九章

餐饮管理的创新趋势

学习要点

了解和掌握餐饮目标管理创新、餐饮组织结构创新、餐饮管理沟通创新以及餐饮管理核心团队创建。

基本概念

目标管理、组织结构、管理沟通、核心团队、流程再造

第一节 餐饮管理职能创新

组织、领导与控制是保证计划目标实现所不可缺少的基本管理职能。从某种意义上来说,它们同属于管理的"维持职能",其任务是保证系统按预定的方向和规则运行。但是,餐饮管理是处在动态环境中的,仅维持是不够的,还必须不断调整系统活动的内容和目标,以适应环境变化的要求——这便是经常被人们忽视的管理的"创新职能"。

许多餐饮管理创新没有实际成效,是因为其创新的目标锁定在追求服务质量的完美和菜肴质量的突破上,而忽视了管理职能的创新。

一、餐饮目标管理创新

战略性计划所确定的目标在时间和空间两个维度具体地规定了组织的各个部门从目前到未来的各个较短时期,特别是最近的时段中,应该从事的活动,以及从事该种活动应达到的要求,因而为各组织成员在近期内的行动提供了行动依据。在餐饮管理实践中,计划的组织实施的行之有效的方法之一就是目标管理。

目标管理是美国管理学家彼得·德鲁克于1954年提出的。我国企业于20世纪80年代初开始引进目标管理法,并取得较好成效。其基本思想是:企业的任务必须转化为目标;目标管理是一种程序;分目标是总目标的保证;员工依据目标自我管理;分目标是考核的依据。

作为一种相当普及的管理技术,目标管理已经在餐饮业应用了很多年。现代管理学之父德鲁克在他的《管理实践》一书中提出的"目标管理"制度的基本思想,其核心在于"目标管理"能成为一种将组织的整体目标转换为组织单位和每个成员目标的有效方式。

对于餐饮管理者来说,无论上级下达的经营目标的难度有多大,都必须想方设法使这些目标能逐级分解,最终细化为所有员工清晰无误的个人目标。

表面上看,大多数餐饮经营目标的制定过程似乎无可非议,其基本过程是:从整体的部门目标到各经营单位目标,再到班组目标,最后到个人目标。但问题出在目标额的设定原则上。"目标管理"主张用参与的方式来设定目标,通过上下级之间的协商过程,经过反复推敲后,制定的目标更具可操作性,这样的协商过程本身就是下级参与决策的过程,即民主化管理的过程。根据目标管理的核心思想,餐饮目标管理创新的基本思路包括:

1. 制定总体战略目标

高层管理者设定餐饮总目标是整个目标管理程序的开端,这些目标通常都具有战略性。既包括了定量指标,如销售额、市场份额或者营业利润等,也有定性指标,如成为某个细分产品市场的领头羊或全面提高顾客满意度等等。只有当这些总目标基本确立并经过反复论证确实可行之后,才能组织下属各部门、各餐厅及员工来完成总目标的分解。

2. 分配部门目标

目标分解就是在各主要餐厅和营运部门(如酒水部、营业部)之间分配主要的目标。根据经营计划将整体目标有机分解，并具体化为各下属餐厅及二级部门的初步目标，在与各业务单元负责人充分协商讨论后，再进行整体协调并最终将目标下发。各单元依照同样的方法逐层进行目标分解下发和协商，直至最基层的普通员工。因为这些目标中有一些是比较难以直接度量的定性指标，所以管理者应该结合实际情况选择一些显性指标进行量化。

3. 讨论制定分目标

分目标的制定是各单元的管理者和上级管理者一起设定本单元的具体目标。目标自上而下的分解只是整个任务分配的第一回合，因为具体的部门和员工能否有信心完成目标还需要管理者进一步去核实。管理者不能以行政压力简单地使下级屈服，因为最终失败的责任还必须由他们悉数承担，所以任务下压是不可取的。只有经过了充分的协商和论证，排除对经营前景的盲目乐观或悲观，这样的目标才显得真实可信。同样，也只有真实可信的目标才能真正激发各级员工的工作热情。

4. 协商行动计划

管理者和团队成员确立了目标之后，必须一起来制定行动计划。因为所处职位的差异，不同级别和岗位的员工所掌握的资源和信息也不相同。在商讨具体的行动计划时，管理者可以充分收集不同的意见，然后进行综合统筹。在此过程中，管理者还可以将拟订的多种行动方案与预定目标进行比较。这样既能进一步论证目标的可行性，也能及时发现为完成目标需要进行什么样的资源调配，从而确保计划能顺利实现。

5. 评估目标进展

管理者要定期检查实现目标的进展情况，并进行绩效评估和细节调整。评估频率应取得一致同意。工作表现获得良好评价的员工，也就是基本完成份内目标的人。如果目标没有达到，管理者将和其他团队成员一起来会诊，找出问题，采取方法来积极补救。如果出现的偏差是不可更改的，那么就必须对整个目标体系尤其是接下来几期的目标及时进行修正。

总之，餐饮目标管理创新并不是脱离管理活动的特殊工作，创新工作本身就是管理过程的重要一环，而且是最为重要的管理活动。创新是发展的基础，是获取经济增长的源泉，是谋取竞争优势的利器，是摆脱发展危机的途径。

目标管理模式有四个最基本的核心要素，即明确目标、参与式决策、规定期限和及时的全程绩效反馈。

二、餐饮组织结构创新

餐饮整体经营目标初步设定之后,管理者还必须将总目标细化落实到人。制定一套关于每个工作岗位的任务和要求的标准,并以此标准来衡量员工的工作表现,最终确保权力和责任能精确落实到每个具体员工头上,从而有利于整体工作效率的提升。让合适的人做合适的工作,让合适的工作有合适的人做,这需要科学的岗位设计和职务分析。

1. 餐饮岗位设计的关键问题

在基本确定经营目标和组织结构形式后,接下来的任务就是设计好每个具体的工作岗位。餐饮经营可供选择的组织结构类型非常有限,但是工作岗位的类别相对要丰富得多。

餐饮岗位设计的关键问题包括:分工合理、工作激励、创新岗位。随着现代管理技术尤其是信息技术的应用,很多传统岗位可能会被裁撤,同时也会增加一些过去在餐饮业中没有的新岗位。对传统流程的简化、信息分析技术的进步以及对创新的关注,导致许多新的部门和岗位的出现,如有些餐饮经营者新增设了营业部或者宴会设计师职位,营业部负责收集、整理和安排宴会运作,对宴会全过程从洽谈开始进行专项跟踪,并定期对宴会数据进行研究,指导制作部门进行产品设计和调整,帮助服务部门进行宴会服务改进等,宴会设计师负责宴会的策划、安排、服务等细节问题的处理。

2. 餐饮职务设计的关键问题

在岗位设计基本完成后,就需要对整理划分出来的每一个岗位进行详尽细致的职务分析。这是一项基础工作,也是规范组织管理的重要突破口。

餐饮职务设计的关键问题包括:职务分析、职务说明书、岗位责任制。岗位责任制要发挥其应有的作用,必须具备前提条件:一是必须有科学的任务分析、组织设计和岗位职务分析作为基础,二是必须建立起以量化指标为依据的绩效考核和责任分析机制。这是使责任真正落实到个人,并形成内在激励动力的关键。

三、餐饮管理沟通创新

影响餐饮管理执行力的因素有很多,既有薪酬激励等体制层面的原因,也有一些如上下级沟通效率之类的技术性原因。很多中基层管理人员忠于职守、兢兢业业,但却总是缺乏对所辖团队的领导力,下级员工无论是从言语上还是行动上都不同程度地表现出对直接上司的抵触。管理者不知不觉中就将自己变成了其他员工的监督者而不是领路人,过于依赖职位权力而很少有意识地去培养自己的人格魅力和知识感召力,这也是餐饮管理沟通过程中出现各种障碍的根本原因所在。

首先,提高沟通效率。餐饮管理实践中,管理沟通效率偏低是几乎所有中层管理人员都非常头疼的问题。这与管理者心目中习以为常的一些工作方式有关系。传统管理者认为,上级与下属之间的沟通是一件非常简单而纯粹的事情。实际上,提高沟通效率的关键在于有效发布管理指令。表面上看来,沟通效率低似乎主要是管理人员对员工心理状况了解不够,语言表达不够清晰明了,员工听从管理指令的动力激励不足。但事实上,中基层管理人员如果不能有效、及时、清晰地发布管理指令,与下属的沟通就会不畅。

其次,发挥领导职能。一方面,管理者要重视基层的执行力。当管理者的指令发布之后,必须使接受这些指令的员工具备完成这些任务所需要的知识和能力。如果是需要补充显性知识,如新菜品知识的话,那么就组织员工进行培训,如果是需要补充隐性知识,如一些处理对客服务问题的判断力和应对复杂局面的能力的话,那么就必须采取更复杂的培训手段,或者是给员工们配备有经验的老员工辅助,或者是领导亲自进行细节跟踪和指导。另一方面,管理者要重视部门之间的协调度。管理人员在分派任务的同时,还必须承担指导、指挥、带领、引导、鼓励的责任。管理者不再只是现场的监工,更应成为员工们行动的导师。

再次,适当授权。授权是很多经营和管理活动得以有序进行的重要手段,很多看上去非常重要的事情并不一定非要经理们亲自动手。事实上,现代餐饮管理过程中,通过合理分权、授权,管理者可以进一步把很多重要的工作分配给那些有专业知识的人去操作,使人尽其用。过于放权会导致由于管理者期望值太高,在员工不能完成任务时非常失望;而过于集权又会引发员工不满,使其无法有效开展工作。关于权力的收与放,管理者和下属员工之间始终在进行博弈,只要不能达到均衡,双方就存在严重分歧,就势必会为管理沟通带来巨大障碍。

最后,管理者的有效性。餐饮管理者是通过实施各种管理职能有效配置资源,提高管理效率的人。管理者有效分配工作时间可以提升管理的有效性。美国休斯敦大学希尔顿酒店管理学院著名餐饮管理学教授斯塔茨曾经根据对美国若干饭店与餐饮企业的观察,提出了餐饮业管理人员有效分配工作时间的 20 条原则,这对于餐饮管理者来说相当有借鉴价值。

（1）每天就必须完成的工作制订计划；

（2）定出每天、每周、每月和每年的经营管理目标；

（3）找出不同事务间的轻重缓急，分类进行处理；

（4）每天刻意安排两个小时在不受打扰的环境下静悄悄地工作；

（5）每天安排几个小时与别人在一起专题讨论，有成文的研讨记录；

（6）任何一个文件都不要处理两次，一旦接手务必一次性解决；

（7）充分利用现代管理手段和办公设备，尤其是计算机辅助信息统计和经营分析；

（8）尽量缩短阅读公文时间，学会跳读，减少废话；

（9）每天只召集一个会议，集中处理最重要的问题，其他问题私下协商解决；

（10）利用喝茶休息及午餐时间办公；

（11）每天至少进行 20 分钟有氧运动；

（12）将所有事务性工作尽可能地授权下属代办，牢记自己最关键的工作是什么；

（13）集中精力处理问题，当感觉精力不济时暂时离开管理现场一会儿；

（14）记住当务之急是什么，必须把最重要的事情在最短时间内彻底解决；

（15）每日准备"备忘录"，详细记载工作进展情况；

（16）充分观察自己的工作规律，弄清楚自己工作效率的高峰与低谷时间；

（17）学会对一些毫无章法的管理决策说"不"，及时制止下属员工的错误行为；

（18）学会掌握时间，逐日逐时检讨自己的工作效率；

（19）妥善处理一些比较费时的事务，尽量避免后遗症；

（20）避免拖延时间，为所有列入工作计划的事情设置最后完成期限，"今日事，今日毕"。

第二节　餐饮管理组织创新

餐饮管理创新活动最终都将通过一定的组织技巧来转化为组织知识和员工个

人的行为习惯。对于现代产业环境下的餐饮管理者来说,能否有效地从单纯追求数字效益的思维惯性转变到高度重视组织能力和成长性的管理范式上来,并将各种复杂新锐的管理理论转化为一线员工的高效率和高业绩表现,是衡量其管理水平高低的最终标准。

一、餐饮管理组织职能的关键

餐饮经营是一个复杂的系统,各个环节环环相扣,彼此关联。高强度的现场管理就像是对系统的即时监控和现场调试,但仅有现场管理不足以参与行业有效竞争。餐饮管理者组织职能的发挥,对于提升组织执行力至关重要。

1. 组织设计

组织设计是管理者的首要任务,因为现代餐饮经营早已不是"一摊一桌,三两个人手"的小规模发展,而是专业化的运作。再勤奋的管理者也会有精力和能力所不能及的时候,专业化授权分工是现代管理的大势所趋。权力的授让,职责的分工,协作运行都需要管理者在组织设计的过程中予以解决。许多可以预见的规律性问题要在体制层面解决,从而避免将所有的问题都留到具体业务流程中去解决。

2. 绩效评价

管理的科学性和公正性很多时候都必须通过令人信服的绩效评价来体现。员工并非纯粹的经济人,他们更需要对自身能力和努力程度的公正评价,这就需要建立起对内部竞争一视同仁的裁决机制。目前很多餐饮管理者将绩效评价权力过分下放给基层主管,评价手段和过程又充满了随意性和主观色彩,这不但会严重影响薪酬支付的准确度,而且也会从根本上削弱员工的斗志和创造力。

3. 薪酬杠杆

管理者不能忽视经济杠杆对于员工心理的影响,薪酬管理是重要的激励手段,也是科学的管理制度的重要内容。员工需要的并不是虚高的报酬,更多的是对自身努力和贡献的准确回报。员工的任何一点创造和奉献都应该及时在他们的工资表上体现出来,这对于提升管理效率是非常重要的。管理者最大的责任就是保证薪酬制度的公正和准确。

4. 人员配置

环境在变化,员工在变化,员工与任务之间的契合程度也在不停地变化,管理者需要不间断地审视组织运行的效率,考察各个岗位上的员工称职与否、有无潜力可挖掘。管理者不应该只把注意力盯在产品和顾客身上,应该更多地关注创造这些产品和服务这些顾客的员工。除了关注员工行为,还要观察其内心世界和工作欲望,并将人员与岗位真正匹配,真正做到人尽其用。

5. 专项培训

管理者要设计出有针对性的培训计划。员工岗前培训、在职培训、脱产培训、轮岗培训等方式的采用要有针对性,员工的知识培训和技能培训也要符合员工素质和岗位需求。餐饮员工的技能和知识具有复杂、繁琐、专业的特点,员工培训对于提升员工素质和管理效率必不可少。

6. 会议效果

会议是管理者常用的方法,但高效率会议却是完全不同的另一个概念。普通会议往往准备不足,例行公事,漫无边际,落不到实处。高效率会议则不然,开会前必须设定明确的主题,并围绕主题做充分的资料调研,征求意见,广泛交流,在会议上思路明确,深入交流,论述完整,论据齐全,这样才能快速澄清错误认识,迅速达成共识,进行高效决策。

7. 制度规范

制度规范本身就是管理经验的浓缩和决策意志的体现,制度本身还是一把双刃剑,订立容易执行难,树权力容易树权威难。制度拟订之后,考验管理者的就是如何落实,如何细化,如何维护。

总之,通过对餐饮组织框架的重新构建,不但可以改变组织的汇报体制和分工模式,还可以消除实际流程中的很多潜在隐患。

二、餐饮核心管理团队建设

对于所有的餐饮管理者来说,在经营过程中最匮乏的往往不是资金,不是技术,也不是客户资源,而是管理上的规范框架和成熟文化,这一点最直接的表现就是一个高水平的核心管理团队尚未形成。几乎每一个餐饮业主都有做"百年餐饮"的梦想,但事实上能存活三到五年的都非常罕见。对于餐饮经营者来说,一时的红火可以靠市场造势或者人脉经营,而永续经营的成功却必须依靠一个优秀的核心管理团队。

1. 餐饮核心管理团队的基本特征

核心管理团队不等于普通的工作团体。一个只是按部就班、忠于职守的管理班子是很容易组建的。优秀的餐饮管理团队应该具有如下特征。

（1）人员稳定

餐饮业与大规模制造业不同，其核心管理团队人员量少质精，一般为 2—5 人，每人都有着非常明确的分工并且能独当一面。一旦有人员变动如跳槽或者休病假，其工作空缺很难找到合适的人选来顶替，所以团队成员相互间都配合默契，要么高度稳定，要么同进同退。

（2）能力互补

团队成员相互间的默契不是建立在知识能力结构同质化的基础上，而是因为意识到各自在知识和阅历上的不同和互补之处，合作才会真正达到集体凝聚力提升的目的。一般来说，餐饮核心团队成员既有技术上的能手，也有管理上的好手；既有精通市场行情的里手，也有熟悉业务流程的熟手。

（3）配合默契

在高水平的管理团队中，个人未必很突出，其能力在同行中甚至算不上出类拔萃，但一旦整合在管理团队里，以团队的形式来操作项目或管理则威力倍增。一个成熟的餐饮管理团队往往是经历了较长时间的磨合、辩论、沟通和合作后才会逐步成型。

（4）勇于奉献

区别核心团队和普通的职业团体的一个重要标志就是管理团队成员的奉献精神。核心团队由于具有共同的愿景和使命感，乐于为长远发展贡献力量，因而具有共同的战略目标。

（5）乐于创新

很多餐饮高层管理者普遍擅长于餐饮日常运营管理，但在策划大型主题活动、菜品有计划大规模创新研发以及新的商业连锁模式拓展等方面却"心有余而力不足"。很多在单店经营中获得了巨大成功的经营者都会遭遇到"由店面向公司转变"时的种种障碍。这需要管理团队在发展战略、经营方针等方面不断创新。

2. 餐饮核心管理团队的构成

我国餐饮业发展面临的市场竞争已经由单纯的产品竞争、资本竞争上升为全方位的战略竞争和人才竞争。面对这样的竞争态势，餐饮管理核心团队成员的构成自然有着与过去截然不同的新要求。一个高水平的餐饮管理团队除了必须擅长基本的运营管理，具备扎实的管理基本功之外，还必须是一个乐于创新的创业型团

队,其成员的知识结构也应较传统经营模式更多元化、现代化。主要包括:

(1) 战略规划设计者

这是特指总经理应该扮演的角色。餐饮管理长期以来看重的是经验管理,立足于"开一家店便做好一家店,做稳了一家再开下一家"。但事实上餐饮经营到底选择什么样的顾客,定位于什么样的市场,设计什么样的产品方案以及弘扬什么样的特色等等都需要周密的计划和不断的调整。这需要具备企业家角色和概念技能的战略规划设计者参与核心团队的管理。每天将有限的精力耗费在日常营运管理的总经理是不合格的。

(2) 经营理财能手

传统的餐饮经营中,从物品材料的申购开始到打烊后的会计核算,财务管理基本靠经验,原始单据不健全,报账不及时,仓储不科学,损耗不合理,既没有准确测算出毛利率、保本点,也没有制作标准食谱,规范菜品酒水的材料成本结构。因此,餐饮经营长期陷入应收账款过多,现金流短缺的困境。一个真正意义上的理财能手,一个懂得现代进销存管理、熟悉资本运作的财务经理是餐饮管理和核心团队必不可少的,这是普通会计和简单意义上的勤俭节约制度所不能替代的。

(3) 菜品研发主持者

厨师长承担菜品研发和设计的主要责任,也是餐饮管理核心团队的重要成员。既能始终保持高强度的创新力度,又能在产品的升级换代过程中逐步提炼形成鲜明的自有特色的餐厅才能抵挡住同类产品的竞争,才能化解对手的模仿,才能始终领导行业的消费潮流。

(4) 市场营销主管

餐饮市场拓展缺乏针对性、营销手段缺乏战略性,主要原因是缺乏专业的市场营销主管。很多餐厅也配备了专职的营销人员,但其职责定位主要是招徕客户,而没有从餐饮经营的高度去思考产品定位、客户开发,更没有以此为基础去策划有针对性的营销主题活动。没有高水平的营销主管,餐饮经营仍然停留在单纯的"人员推销阶段"。

(5) 服务管理能手

很多餐厅的服务水平下降,服务质量不稳定,主要是因为缺乏专门的服务管理能手。服务主管不仅要尽职尽责,还必须负责整个流程的服务技术水平的提高。专门的服务管理能手能够根据行业发展的趋势,积极引进新的服务技术、服务设备和服务方法,而不是将主要精力放在餐厅的服务现场管理。

三、餐饮流程管理创新

餐饮管理的流程设计和执行能力是战略规划和组织设计目标实现的保证。传统管理模式不重视战略规划、文化建设和组织管理,习惯用高强度的现场管理来控制经营成本和管理费用,信息技术的应用也被忽视了。

1. 表单管理技术与流程创新的关系

传统型的管理人员喜欢高密度地亲临现场,用自己的经验来分析问题,用即兴式的命令指挥来保证经营运行效率;而现代型的管理人员则利用各类表格单据将各个流程环节串联起来,将大量的分析和决策工作建立在客观的数据资料而不是主观经验之上。

传统的口头管理和经验管理已经难以适应餐饮市场的变动和复杂的业务流程,在管理实践中流程执行不彻底、业务交接不到位以及制度规范无法贯彻等一系列问题不能有效解决。管理者意识到效率的提升必须依靠更加规范化、标准化和制度化的管理体系,但缺乏相应的技术实现手段和评估工具,很多雄心勃勃的管理变革始终只能停留在经理的口头宣言上。表单管理通过对流程的细化和业务指标的及时记录等方式,为餐饮管理绩效提升和克服流程混乱提供了非常实用的解决方法。

(1)表单系统促进规范化管理

衡量餐饮管理水平最有效的办法就是看在管理过程中实际运用标准制式的表格和单据的频率和范围。规范化管理是餐饮业不可逆转的必然趋势,也是对低水平的口头管理模式的全面替代,所以,表单在整个规范化管理体系中无疑是最基本的实用工具之一。为此,首先应该建立数据库。克服口头管理,必须改掉落后的用大脑记忆业务数据的坏习惯。餐饮管理一旦深入到一定层次后,所需要的业务数据无论是从量上还是质上来说都是个人的记忆容量所不能承载的。采用表单管理,可以将顾客信息记录到电脑的数据库里,并为顾客建立相应的消费资料档案以便于及时分析和随时调阅。其次应该及时记录。表单管理有助于克服传统管理中凭印象和直觉分析问题的习惯,尽可能地改变下达管理指令时"说过就忘"和跟踪工作进度时"人盯人"的传统方式,利用表单可以有效记录问题,便于反馈。

(2)表单系统促进业务流程优化

很多餐饮经营者都曾费尽千辛万苦编制出大量的业务流程与规范大全,但大部分实际流程可能并没有被包括在其中,而且已经做出来的表单可能"为表单而表单"。

一个设计得当、行之有效的表单必须与流程的实际需要、员工的工作条件以及个人能力素质等因素相适应,绝不是表格越多越好。设计表单时应该充分考虑员工的实际工作流程,同时还可以采用计算机系统辅助管理,使表单设计与业务流程相辅相成。

(3) 表单系统有助于服务质量评价和绩效评价

餐饮服务质量评价十分复杂,利用表单可以及时、方便调查顾客的满意度以及顾客的各种信息,汇总之后可以确定质量改进目标。利用表单还可以评价员工的服务技能,专门的人员管理表单可以反映员工的离职率、培训次数、抽查情况等数据,用来衡量工作业绩。

2. 餐饮业务流程再造

流程再造(Business Process Reengineering,简称 BPR)是 20 世纪末流行于美国企业界的热门话题。所谓企业流程再造,按照其概念创始人哈默和钱皮所下的定义,就是对企业的流程、组织结构、文化进行彻底的、急剧的重塑,以达到绩效的飞跃。

在这一过程中,再造的对象是经营战略、增值、营运流程,以及支撑系统、政策和组织结构。再造的初级目标是达到工作流程和生产效率的最优化,最终目标是将以职能为核心的传统经营模式改造成以流程为核心的能对市场快速反应的新型经营模式。

流程再造已经形成了比较完备的理论体系,其核心观点主要有:一是实施再造必须跳出传统的思维定式,最大限度地提高顾客对产品、服务、形象的整体满意度,提高顾客的忠诚度,对现行的运转流程和工作方式进行根本性的反省和革命性的创新。二是再造的本质就是改善过去以高度专业化分工来追求效率最大化的做法,通过组织和管理模式上的变革将被职能部门组织结构形式所割裂的过程重新连接起来,形成一个完整的、连续的、优化的流程,进而实现对顾客服务、成本和效率的全局优化。三是再造很大程度上就是完成对核心流程的再造,然后围绕这个经过改造的核心流程,将其他流程系统作适应性的调整。

餐饮业全面导入流程再造的主要途径有:打破传统的层级化组织结构模式,简化以职能为基础的部门分工机制,以流程为核心重建组织体系,提高组织的快速反应能力;从资源基础实际出发,重新规划资源结构,突出优势资源;构建核心能力,将不具备技术优势的业务职能合理"外包";不拘泥于价值链的完整性,以顾客需求为导向,突出价值增值活动的地位,形成品种丰富、形式灵活的特色产品系列。

就目前餐饮业的流程再造实践来看,大多数餐饮经营者的流程再造尝试主要集中在以下四个方面:

第一,对个别部门业务流程的再造。

全面的流程再造需要建立真正面向流程管理的扁平化的组织体系,尤其是要将专业化分工时代被分解得支离破碎的技术过程重新整合成完整流畅的流程,这就需要经营者放弃人们早已习以为常的组织结构和行为方式,进行组织建设上的重大变革。毫无疑问,这将招致极大的阻力,甚至可能导致流程再造的失败。

事实上,在餐饮行业,由于至今尚没有成功的全面再造的典型案例,流程再造大都只能在不动摇原来组织体系根本原则的情况下在局部范围内展开。

第二,对个别工种业务流程的再造。

在传统的管理模式中,餐饮管理的基本组织构架是各职能部门,绩效衡量的基本过程是命令自上而下地传达和执行,报告自下而上地传递和汇总,流程被人为地割裂成一个个独立的活动或任务,衡量员工绩效的标准是员工的工作时间或工作量。

就员工个人角度而言,工作任务是相对简单而又确定的,对知识和能力的要求也比较具体和单一;从整体角度来看,员工个人的简单任务组合起来就变成相当复杂的技术过程了,在实践中,这种过于复杂的技术过程不仅耗费了越来越多的资源,而且在很大程度上转移了管理者的注意力,导致对客服务质量无法同步提高。

近年来,餐饮业内对于各工种工作任务的变革十分普遍,其目的就是要通过加强员工的岗位自我管理能力来降低管理的复杂程度。

第三,对跨部门业务流程的有限再造。

在以职能管理为核心的传统餐饮模式下,部门之间、班组之间、前后台之间的横向沟通是通过非常复杂的组织程序来实现的。大量的文字报表、协调会议和临时性横向组织的设置都是被反复运用的沟通方式,员工花费了大量的时间精力来做反复的信息传递、甄别和筛选工作,单独的部门或个人都无法也无须对整个业务流程负责,整体运行模式呈现出高度层级化特征,并进而导致了管理效率的持续下降。

在实践中,沟通不畅、反应迟缓的管理现状已经引起了经营者们的高度重视,许多餐饮经营者开始尝试采用项目管理方式来克服组织结构的层级化趋势,并取得了一定的效果。在项目管理模式中,管理的核心不再是简单的职能分工和考核,项目实施的进度、结果就成为业务流程的实施质量,并为经营者所关注。

第四,对跨工种业务流程的有限再造。

传统餐饮管理模式的弊端通过产品和服务质量反映出来。在实践中,尽管越来越多的管理者已经意识到了质量是餐饮的生命线,但常规的"事后监督型"管理模式却无法从根本上解决这一难题。产品和服务质量的提高最终还必须通过广大员工所直接从事的价值增值活动的效率优化来实现,这就要求管理者必须将传统模式下员工的"简单任务"转变为复合型的综合任务,将员工的指标型服务转变成为智能型服务,扩大员工在服务过程中的自我管理和决策权限,彻底打破职能型工种对于员工积极性和创新意识的束缚。

尽管上述各种流程再造的尝试在实践中取得了较大的成效,并已经得到了越来越多的餐饮经营者的认同和效仿,但这种局部的再造毕竟只是在巨大的市场压力下的被动反应,而且由于缺乏系统的理论指导,这种再造工程往往很难达到改造整个流程体系和组织体系的高度,因而无法从根本上改善资源配置的效率,提升餐饮经营的整体竞争能力。

案例分析 1

全聚德:传承与创新

"不到长城非好汉,不吃烤鸭很遗憾",这恐怕是每一个到北京旅游的人常听到的一句话了。始于清朝同治三年的全聚德,经历了 148 年风雨磨砺,见证了中国从清朝到现代几个时代的变迁,不仅没有老去的迹象,反而越来越"容光焕发"。全聚德的成功之处,就在于它在传承与创新中引领了一个饮食的文化故事。

一、体制创新快速发展

回顾全聚德的发展历程,每一步都是坚实的足迹。1952 年,"全聚德"成为第一批实现公私合营的企业;1993 年,组建中国北京全聚德烤鸭集团公司;1994 年成立"北京全聚德烤鸭股份有限公司";2003 年,与北京华天饮食集团共同组建聚德华天控股有限公司;2004 年,与首旅集团、新燕莎集团实现战略重组,仿膳饭庄、丰泽园饭店、四川饭店进入全聚德集团,组建中国全聚德(集团)股份有限公司;2007 年,

"全聚德"在深交所挂牌上市,为传统的餐饮产业注入了现代市场经济的新元素。

可以毫不夸张地说,全聚德集团按照现代企业制度的要求,从改革企业产权关系入手,历经多次体制和机制变革,已逐步建立起产权明确、两权分离、分层管理的资产运营管理体制,从传统国有企业、单一品牌餐饮企业发展成为多品牌融合的集团化上市公司,形成了较为规范的现代化企业管理制度。

二、机制创新激励约束

全聚德集团自成立以来,严格按照公司法的要求,建立健全法人治理结构,按程序操作,切实发挥股东大会、董事会、监事会和经营班子的作用,提高了决策的科学性。

全聚德连续五次不间断地进行劳动、人事、分配三项制度的改革,实行了全员劳动合同制,制定了"企业用工自主,员工进出自由,择优考核录用,双向动态签约"的新型劳动用工制度。全聚德对管理人员坚持通过竞聘上岗,实行"双向选择、任期聘任、业绩考核、能上能下"的干部任用制度;与劳动和人事制度改革配套,实行"三工并存、年度考核、岗位浮动、薪随岗变"的岗位薪酬制度;对高级管理人员和高级技术人员执行年薪制度,拉开分配档次。

三、管理创新科学管控

全聚德建立健全ISO质量/食品安全/环境管理体系,编制了43万字的体系文件,并投资30多万元建立了自己的食品安全实验室。完备的体系构架、详尽的文件内容、细致规范的操作细则、严谨量化的验证措施为企业构建了管理的壁垒,使全聚德在科学化、现代化、标准化的企业管理道路上迈上了一个新的台阶。

为提高配送效率、降低采购成本、保障产品质量、强化源头控制,全聚德集团组建了配送中心和食品、半成品加工基地,建立了集采平台,通过公开招标、实地考察、资质验证、质量认定、品牌优化等程序,构建一条优质、安全、价廉的原料供货渠道,确保了产品的高品质和安全性。

全聚德集团运用现代化管理手段,不断优化操作流程,通过信息化实现资源最佳配置,成功开发并推广了全聚德餐饮管理计算机内控系统,实现了前台从点菜、收银结算到客户消费统计的数字化管理;厨房从原材料切配、领用、菜品烹制、质量验收到每一份菜品的单项成本控制的数字化管控。

强化食品安全,加强源头控制,提高市场准入标准。为确保2008年北京奥运会、残奥会全聚德烤鸭供应的食品安全,全聚德集团成功地建立了产品可追溯体系,为鸭胚编制了识别身份的电子条码标签,实现了产品从农场到餐桌的全程可追溯。2009 年全聚德集团所属各直营企业全面实施了产品可追溯体系。2010 年全聚德作为北京市选派参与世博会服务供应工作的唯一餐饮团队,做到了供应不断档,质量严要求,安全无事故,服务零投诉,高标准、高质量地完成了上海世博会的服务供应工作,为世博盛会的圆满成功做出了应有的贡献。

四、模式创新连锁发展

中餐企业要壮大,必须冲破前店后场、以师带徒、因循守旧、坐店等客的传统经营模式。全聚德集团组建以来,坚持正餐精品战略,按照有形资产投入与无形资产使用两线运营的原则,借鉴麦当劳和肯德基发展的成功经验,在国内餐饮界率先引进了连锁经营的发展模式,建立和健全了发展连锁经营所必需的一整套体系,逐步构建起"前方连锁化、后方产业化"的产业格局,为探索中式正餐连锁经营模式做出了有益尝试和积极贡献。全聚德现已成为汇聚全聚德、仿膳、丰泽园、四川饭店等众多京城老字号品牌,涵盖烧、烤、涮、川、鲁、宫廷、京味等多口味,拥有 90 余家成员企业,年销售烤鸭 600 余万只,接待宾客 750 万人次,品牌价值 118.72 亿元的餐饮集团。

五、科技创新提升水平

全聚德悠久的发展历史,积累和流传下来许多不可替代的技艺,正是这些传统技艺成就了全聚德鲜明的中国特色和文化内涵,"全聚德挂炉烤鸭技艺"和"仿膳(清廷御膳)制作技艺"分别列入国家级非物质文化遗产项目。

"全聚德"不仅以烤鸭而饮誉海内外,而且以全鸭席、特色菜、创新菜、名人宴为代表的系列精品菜肴形成了全聚德海纳百川的菜品文化。

在百余年里,全聚德菜品经过不断创新发展,形成了以独具特色的全聚德烤鸭为龙头,集"全鸭席"和 400 多道特色菜品于一体的全聚德菜系,备受各国元首、政府官员、社会各界人士及国内外游客喜爱,被誉为"中华第一吃"。

为了保证全聚德菜品质量和风味的统一,达到实质性的连锁,探索中餐标准化和规模化的实现形式,全聚德集团组成了专门的技术攻关小组,由具有丰富实践经验的老技师和具有现代科技知识的技术人员相结合,进行全聚德传统特色菜品的量化定标工作。通过反复试验和精密测试,全聚德对菜品的主料、辅料、调料进行了具体到毫克的量化,制定了精确的投料标准,现已完成了含烤鸭、冷菜、热菜、面点在内的 49 个传统特色菜的标准,为实现全聚德传统特色菜品的质量统一、品质一致提供了保证。全聚德对菜式繁多的中餐进行量化,在中餐发展史上具有"吃螃蟹"的首创意义。

在继承传统技艺的同时,全聚德没有忘记"科技是第一生产力"的真理,坚持推进技术革新,大力开展自主创新,形成了一批科研成果,推动了餐饮业技术升级,取得了良好的经济效益。目前,全聚德集团已拥有 11 项国家专利,获得中国商联会科学技术进步二等奖 4 项,获得北京市经济技术创新奖 7 项,大大提升了全聚德的品牌价值。

六、营销创新锻造品牌

全聚德组建集团以后,积极拓展新的营销理念,开展多种多样的营销活动,以品牌拉动销售,以销售提升品牌,取得了经济效益和社会效益双丰收。

开拓多种营销手段,着力全聚德品牌延伸。1998 年全聚德集团采用品牌"联姻"的形式,与具有 300 多年历史的德国费迪南德·碧洛德葡萄酒有限公司合作,推出"全聚德·碧洛德"葡萄酒;与红星股份公司合作定制销售"全聚德·红星二锅头";与奥地利斯伯特酒庄合作,成立了中国全聚德奥地利帝国酒庄,推出"全聚德斯伯特"葡萄酒;与北京邮政速递局合作推出了"185 速递全聚德烤鸭"业务;与中国国际航空公司联手推出"全聚德烤鸭飞上蓝天"的营销活动,大大延伸了全聚德品牌。

充分发挥全聚德百年历史文化底蕴,利用老字号得天独厚的品牌效应,开展丰富多彩的营销活动,丰富全聚德品牌的内涵,扩大全聚德品牌的社会影响。2006 年在纪念毛主席"全聚德要永远保存下去"的讲话发表 50 周年之际,公司举行了隆重的座谈会和纪念墙揭幕仪式;在全聚德建店 135 周年、140 周年和 145 周年庆典活动中,推出了全聚德第 1 亿只、1.15 亿只和 1.48 亿只烤鸭出炉仪式;2007 年把握住前门大街改造前门老店闭店装修的机会,变不利为有利,化被动为主动,倾全力策划并成功举行了前门店火种保存仪式,创造影响力,得到了社会各界的广泛关注,扩大了全聚德品牌影响力。2008 年,举全集团之力,倾心竭力圆满完成奥运服务接待工作,受到了来自世界各国运动员的青睐。"全聚德烤鸭"被誉为中国获得的第52 枚奥运金牌。

七、文化创新凝心聚力

企业文化是企业核心竞争力的重要组成部分,全聚德发挥文化底蕴深厚的优势,充分挖掘,精心整理,大胆利用,促进经营,形成了用文化引导营销,用营销促进文化发展的良性循环,现已形成较成熟的全聚德品牌文化体系,并随着仿膳饭庄、丰泽园饭店、四川饭店三个品牌的进入,建立既主导又兼容的品牌文化体系,形成了《全聚德集团企业文化理念识别手册》、《全聚德集团企业文化行为识别手册》和《全聚德集团企业形象识别手册》,促进了多品牌文化的融合,形成了强大的文化合力。

全聚德的企业文化还体现在文化艺术领域,组织专门力量,编印出版了《全聚德今昔》、《全聚德的故事》、《品味全聚德》、《媒体话说全聚德》等书籍。

根据全聚德的传奇历史,由北京人民艺术剧院排演的话剧《天下第一楼》和北京电影制片厂拍摄的电影《老店》,以其独到的历史魅力和文化品位分别荣膺国内、国际艺术大奖。此外,全聚德还专门聘请中央民族乐团著名词、曲作家先后创作了全聚德集团歌《一炉百年的火》和《全聚时刻》,并在1999年举办的"全国企业之歌"大赛中,一举夺得大赛金奖。2004年,全聚德参与投资拍摄的32集电视连续剧《天下第一楼》在中央电视台第一频道黄金时段播出后,全国观众反响强烈,掀起了一股品尝全聚德烤鸭的旋风,全聚德各店出现了排队就餐的喜人景象。2005年,全聚德展览馆建成开馆,500多件翔实、珍贵的文献、照片和实物,将全聚德的历史和现实有机地结合起来,不仅展示了全聚德百余年的发展历程,更传承了中华民族源远流长、博大精深的餐饮文化,使广大顾客深刻体会到全聚德的品牌价值。2008年,全聚德集团与《关东大先生》剧组合作,将全聚德文化元素和故事情节植入该剧中,取得了良好的宣传效果。

案例来源:《中国餐饮产业发展报告(2012)》,社会科学文献出版社2012年版。

案例讨论

1. 餐饮企业创新路径。

2. 案例企业创新的基本经验。

3. 餐饮服务创新的影响因素。

案例分析 2

餐饮管理"五常法"的创新

中餐业的管理历来是经验型管理,尤其是厨房管理更是谁当大师傅谁说了算。

再加上从业人员流动频繁、文化素质较低、缺乏管理意识，即使是一项通常很好的管理方法也很难贯彻到每一个操作岗位并长期坚持。餐馆的安全、卫生、品质、效率、形象难以保证，经常会发生问题，甚至威胁到餐馆的生存。本案例介绍的五常管理法(简称"五常法")，就是新近应运而生的诊治餐饮企业上述积弊的一帖良药。

"五常法"是香港何广明教授借鉴日本"5S"管理法精神，并结合香港实际创建的现代餐饮优质管理方法，它不仅对餐饮业，而且对各行各业也具有普适性。上海饮食业行业协会近年从香港引进"五常法"，结合上海餐饮业实际，创建餐饮优质管理，很快就取得了显著成效。

上海天天渔港是"五常法"管理的示范店，它将过去容易生蛀虫、蟑螂的木质货架换成了不锈钢货架，每个橱柜上都贴上标记，如：1号A柜调料类、1号B柜液体类。打开冰箱，各种原料分放在不同的保鲜盒内，上面标明原料名称，让人一目了然；刀具等用具上还贴着不同颜色的标记，红色用来切熟食，蓝色切生食，以防交叉感染……该酒店在实行"五常法"管理后，解决了传统餐饮动态管理差的问题，使烦琐、凌乱的管理工作做到了规范化、制度化、长效化。员工能在各自岗位上，高效自律地完成工作任务，创造安全舒适的工作和经营环境，更好地为顾客提供优质服务，使企业的品牌形象得到进一步的提升。

"五常法"在餐饮管理中的要义及应用如下：

1. 常组织

判断出完成工作所必需的物品，并把它与非必需的物品分开，将必需品的数量降低到最低程度，并把它放在一个方便的地方，进行分层管理。

在实际应用中，仓库的物品应实行分层管理，根据物品的使用量按低、中、高分层存放。高用途的物品库存量通常按1—1.5天来存放，同时采取先进先出的措施，保证产品质量；每一类库存物品制定最低、最高存储数量，低于一定数量则要补齐。如处理印刷品的积压问题，可以先确定宣传册的最低、最高数量分别是20本和50本，在20本处贴上一根有颜色的胶带，低于20本就要进货，这样方便管理，一目了然。

由于社会餐饮与高星级酒店不同，特别是员工更衣室很难处理，因此酒店员工的私人物品应降到最少，并集中存放。例如，员工的喝水杯应集中放置于茶水间的墙架上，达到统一管理的目的。

工作中要做到统筹安排，这是至关重要的。每天都要制订一张工作计划表，按照计划实施，并召开一小时工作会议，总结前一天工作中取得的成绩和存在的不足,同时制定新一天的工作目标。

2. 常整顿

要使工作效率提高,先要决定物品的"名"和"家",旨在用最短的时间可以取得或放好物品,其步骤很简单:分析物品现状并进行归类,确定好的存储方法并切实执行。

工作中我们常会遇到因物品摆放不正确所带来的不必要的麻烦,为了提高工作效率,应把物品归好类,放置适当的位置,方便取用。如厨房间的生食、熟食、蔬菜往往因管理不规范,容易出现混乱,这样既不卫生,也降低了工作效率。五常法,则把生食、熟食、蔬菜事先归类,将其放置在三个不同的冰柜里面,并在柜外贴上有颜色的标签。红色代表"熟食",蓝色代表"生食",绿色代表"蔬菜",标签上则有存放物品的名称,真正做到了有"名"有"家"。除此之外,还可以推广应用至更宽的层面,比如工具间里存放的工具,可利用钉子将其挂在墙壁上,并贴好标签,方便存取和管理。员工的衣物、日用品等也有明确的位置。这种方式大大节省了找寻物品所花费的时间,真正做到 30 秒内可取出和放回物品。同时,每个分区位置也应有负责人的标签,各区落实到责任人身上,避免了互相扯皮、推诿现象,从长远看有利于改善员工之间的人际关系。

3. 常清洁

这是由整个组织所有成员一起来完成的,每个人都有自己负责清洁的地方和范围。要遵循的守则不仅是"我不会使东西变脏",而且是"我会马上清理东西",提高员工保持清洁的积极性。

其实,"常组织"、"常整顿"做好了,"常清洁"也就容易了。由于各个分区的划定,只需责任人养成习惯按时清扫就可以了,但好习惯的养成并非如此容易。因此,这就需要领导带头,特别是厨师长身体力行地按时检查、清扫,所谓"榜样的力量是无穷的",这样才会调动全员的积极性。除了自身养成卫生习惯外,酒店在设计上也要讲求人性化设计,如货物架应与地面留出 15 厘米的距离,便于清扫隐蔽的地方;散装物品要加盖存放,防止老鼠、蟑螂的滋生;油和水的管道口处应放有容器,以免溅到地上,便于员工清扫;洗漱间的水池应用不同颜色分开,形成"一刮"、"二洗"、"三过"、"四消毒"的程序化设计,就如工业生产的流水线一样方便、快捷,卫生程度也明显改善。养成随时清扫的习惯,有助于整个酒店提高卫生程度,也降低了日后大扫除的难度。

4. 常规范

重点维持透明度、视觉管理及园林式环境,包括利用创意和全面视觉管理的方法,获得和坚持规范化的条件,提高办事效率,实现视觉安全管理,进而使管理达到标准化。

采购是酒店管理中的一个重要环节,能否保证原材料的规格和新鲜度,直接影响到菜肴的质量,因此,酒店必须制定一套行之有效的采购标准,将原材料的规格、用量拍成彩照,并按标准审核。无关的菜种不予考虑,尽量购买净菜,使其充分利用,减少厨房垃圾,这样会大大降低资金成本和劳动成本。

从以人为本的角度出发,一定要制定设备安全规范,设备上要标明操作规程,对报修的物品挂故障牌;危险装置如煤气管道应有醒目标识,严禁乱拉电线,切实做到安全管理有保障。此外,要注意酒店的节能工作,灯的开关要有醒目标识,尽量减少耗电量,达到能源的最大化利用。有的酒店在实现能源利用的规范化后,每月能节能 2 万多元。

员工活动区域也要规范化管理,贴"五常法"墙报,挂"五常法"结构图,将管理负责人的照片、名字、分工以及工作业绩都明确标出,形成"看板效应",无形中督促了员工。同时,要规范员工的仪表仪容,张贴标准仪态的照片,旁边放一面镜子,方便员工及时更正,有利于工作中提高服务质量。

5. 常自律

创造一个具有良好习惯的工作氛围,持续地、自律地执行上述"四常",有助于员工养成遵守规章制度的习惯,这也是"五常法"的落脚点。

要做到"常自律",一定要营造一个良好的工作氛围,领导要以身作则,每天收工前五分钟带头检查"五常",定期交流,及时发现问题,进一步完善《员工"五常法"手册》,并将其发放到每个人的手中,经常学习,时间一久,员工们便能潜移默化地养成自律的好习惯。

"五常法"作为现场实物管理的有效方法,也是餐饮优质管理的创新之法,它突破了传统的经验型管理,实行全员管理,有助于餐饮产品和服务质量的提升,同时,也为实行中餐标准化提供了可能。

案例来源:王大悟、刘耿大编著:《酒店管理的 180 个案例品析》,中国旅游出版社 2009 年版。

案例讨论

1. "五常法"的基本内容是什么?

2. "五常法"有哪些管理创新?

3. "五常法"对于餐饮服务质量的提升有何作用?

练习思考

1. 简述餐饮目标管理创新思路。
2. 分析餐饮组织结构创新的主要内容。
3. 餐饮管理组织创新的关键点包括什么？
4. 核心团队有何特点？餐饮管理核心团队人员构成是什么？

实训作业

搜集资料,分析服务创新理论的演变,结合餐饮企业创新实践讨论服务创新理论的应用。

参考文献

Jack D. Ninemeier 著,张俐俐、纪俊超主译:《餐饮经营管理(第三版)》,中国旅游出版社 2006 年版。

蔡万坤编著:《餐饮管理(第二版)》,高等教育出版社 2007 年版。

陈觉主编:《餐饮经营失败与案例评析》,辽宁科学技术出版社 2007 年版。

陈觉、何贤满编著:《餐饮管理经典案例及点评》,辽宁科学技术出版社 2005 年版。

甘华蓉主编:《餐饮管理与实务》,对外经济贸易大学出版社 2009 年版。

郭琰主编:《餐饮管理》,郑州大学出版社 2006 年版。

黄浏英、李菊霞、林翔编著:《餐饮品牌营销》,辽宁科学技术出版社 2003 年版。

李国如、杨春梅主编:《餐饮服务与管理》,中国人民大学出版社 2007 年版。

林德荣编著:《餐饮经营管理策略》,清华大学出版社 2007 年版。

饶勇:《现代饭店餐饮管理创新》,旅游教育出版社 2007 年版。

王大悟、司马志:《酒店管理实践案例精粹》,中国旅游出版社 2009 年版。

王天佑:《饭店餐饮管理》,清华大学出版社、北京交通大学出版社 2007 年版。

王天佑编著:《酒水经营与管理》,旅游教育出版社 2008 年版。

徐文苑、贺湘辉、章建新编著:《酒店餐饮管理实务》,广东经济出版社 2005 年版。

杨柳、荆林波主编:《中国餐饮产业发展报告(2010)》,社会科学文献出版社 2010 年版。

杨柳、荆林波主编:《中国餐饮产业发展报告(2011)》,社会科学文献出版社 2011 年版。

杨柳、荆林波主编:《中国餐饮产业发展报告(2012)》,社会科学文献出版社 2012
　　年版。

杨柳、荆林波主编:《中国餐饮产业发展报告(2013)》,社会科学文献出版社 2013
　　年版。

杨砚儒主编:《餐饮企业管理实战模板》,广东经济出版社 2008 年版。

周志宏、陈江主编:《餐饮服务与管理》,中南大学出版社 2006 年版。

修订后记

　　本书作为高等院校旅游管理专业课程通用教材,于2011年出版了第一版,在编写过程中充分考虑了旅游管理专业的应用性和实践性,在吸收国内外有关教材优点的基础上,参阅了相关文献资料,并依据管理学基本原理,结合餐饮管理实践中的问题,试图将最新的管理理论研究成果与餐饮经营管理的实用方法融入本书。

　　本书第二版在广泛征询教材使用单位、学生、教师、有关专家学者,以及出版社宝贵意见的基础上,结合餐饮管理最新理论研究成果及实践中的热点问题,编著者做了修订,删除了已经过时、陈旧的统计资料,更新了部分案例,使教材的内容与时俱进,更加贴近现实。

　　全书共计九章内容,以餐饮管理基本内容为线索,以案例教学为导向。此次第二版修订过程中,作者更新了部分案例,主要体现在第一章、第三章、第五章、第六章、第七章和第九章,引用了餐饮产业实践发展和理论研究的最新资料,补充了我国餐饮产业的转型与升级态势、餐饮业用工荒与人力资源管理创新、成功餐饮企业集团的产品创新、中餐工业化发展、现代中央厨房的发展趋势、餐饮品牌经营与管理,以及餐饮企业创新路径等方面的研究成果及问题探讨。

　　在本书的再版修订过程中,作者参考了诸多学者的研究成果和文献资料,对此表示感谢。由于作者研究视角的局限,书中的不当叙述及错误之处敬请专家学者及使用者联系作者(wy6282@sina.com)批评指正。

徐文燕

2014 年 1 月

图书在版编目(CIP)数据

餐饮管理:第2版/徐文燕编著. —2版. —上海:
格致出版社:上海人民出版社,2014
高等院校旅游学科21世纪规划教材
ISBN 978 - 7 - 5432 - 2339 - 4

Ⅰ.①餐… Ⅱ.①徐… Ⅲ.①饮食业-经济管理-高
等学校-教材 Ⅳ.①F719.3

中国版本图书馆 CIP 数据核字(2014)第 016978 号

责任编辑 王亚丽
装帧设计 路 静

高等院校旅游学科21世纪规划教材

餐饮管理(第二版)

徐文燕 编著

出 版	世纪出版股份有限公司　格致出版社 世纪出版集团　上海人民出版社 (200001　上海福建中路193号　www.ewen.cc) 编辑部热线　021-63914988 市场部热线　021-63914081 www.hibooks.cn	印 刷	苏州望电印刷有限公司
		开 本	787×1092　1/16
		印 张	22.5
		插 页	1
		字 数	374,000
		版 次	2014 年 2 月第 1 版
发 行	上海世纪出版股份有限公司发行中心	印 次	2016 年 1 月第 2 次印刷

ISBN 978 - 7 - 5432 - 2339 - 4/F・707　　　　　　　　　　　　定价:42.00 元